Müller-Salget · Heinrich von Kleist

Klaus Müller-Salget

Heinrich von Kleist

Philipp Reclam jun.
Stuttgart

Mit 19 Abbildungen

Die Deutsche Bibliothek – CIP-Einheitsaufnahme

Müller-Salget, Klaus:
Heinrich von Kleist / Klaus Müller-Salget. –
Stuttgart : Reclam, 2002
(Universal-Bibliothek)
ISBN 3-15-017635-2

Universal-Bibliothek Nr. 17635
Alle Rechte vorbehalten
© 2002 Philipp Reclam jun. GmbH & Co., Stuttgart
Gesamtherstellung: Reclam, Ditzingen. Printed in Germany 2002
RECLAM und UNIVERSAL-BIBLIOTHEK sind eingetragene Marken
der Philipp Reclam jun. GmbH & Co., Stuttgart
ISBN 3-15-017635-2

www.reclam.de

Inhalt

Einleitung 7

I
Leben

1 Frankfurt (Oder), Berlin 1777–1792 18
2 Die Militärzeit 1792–1799 25
3 Frankfurt (Oder). ›Würzburger Reise‹.
  Berlin 1799–1801 33
4 Dresden, Paris, Thun 1801/1802 58
5 Weimar, Leipzig, Dresden. Schweiz. Paris, St. Omer,
  Mainz, Paris 1802–1804 68
6 Berlin, Königsberg. Fort de Joux,
  Châlons-sur-Marne 1804–1807 76
7 Dresden. Österreich 1807–1809 88
8 Berlin 1810/1811 104

II
Werk

1 Einführendes 124
2 Die Vieldeutigkeit der Welt und das Problem des
  Vertrauens:
  *Die Familie Schroffenstein, Die Verlobung in
  St. Domingo, Das Erdbeben in Chili* 142
3 Männliche Gewalt und weibliche Identität:
  Amphitryon, Die Marquise von O.... 169

Inhalt

4 Um Recht und Gerechtigkeit:
   Der zerbrochne Krug, Michael Kohlhaas 186

5 Das Scheitern der Non-plus-ultra-Tragödie:
   Robert Guiskard, Herzog der Normänner 211

6 Das Plus und das Minus der Algebra:
   Penthesilea und *Das Käthchen von Heilbronn* . . 217

7 Kleists Lyrik 248

8 Politischer Furor: Dichtungen und Schriften im
   Umkreis der österreichischen Erhebung von 1809 250

9 Ein »vaterländisches« Traumspiel:
   Prinz Friedrich von Homburg 264

10 Die *Berliner Abendblätter* 277

11 Eingriffe von ›oben‹? *Das Bettelweib von Locarno*
    und *Die heilige Cäcilie oder die Gewalt der Musik* 284

12 Bündelungen: *Der Findling – Der Zweikampf* . . 292

Siglen 309

Bibliographie 310

Verzeichnis der Abbildungen 345

Werkregister 347

Personenregister 350

Zum Autor 359

Einleitung

Heinrich von Kleist, der heutzutage unbestritten als einer der bedeutendsten Autoren der sogenannten Goethezeit gilt, ist zu Lebzeiten fast ganz erfolglos geblieben. Kaum ein Drama von ihm hat das Licht der Bühne erblickt, kaum eine Erzählung von ihm den ungeteilten Beifall der wenigen Kenner gefunden; die von ihm gegründeten Zeitschriften, das Kunstjournal *Phöbus* und dann die *Berliner Abendblätter*, sind jeweils nach kurzer Zeit wieder eingegangen. Einem größeren Publikum bekannt geworden ist er erst durch seinen Aufsehen erregenden Selbstmord am 21. November 1811. Gerade dieser Selbstmord aber bestärkte wiederum das Urteil jener Kritiker, die in Kleist eher einen Kranken haben sehen wollen, allen voran der alte Goethe, der 1826 mitteilte: »Mir erregte dieser Dichter, bei dem reinsten Vorsatz einer aufrichtigen Teilnahme, immer Schauder und Abscheu, wie ein von der Natur schön intentionierter Körper, der von einer unheilbaren Krankheit ergriffen wäre.« (NR, Nr. 274). Zwar hat Goethe ganz allgemein das Klassische als das Gesunde und das Romantische (dem er Kleist zurechnete) als das Kranke eingestuft, und die Spätergeborenen sind ihm da nicht immer gefolgt; im Falle Kleist aber blieb sein Urteil weithin repräsentativ für die Rezeption im 19. Jahrhundert. Nur einzelne, wie die Brüder Grimm oder Ludwig Tieck, der 1821 Kleists *Hinterlassene Schriften* edierte und dann noch zwei größere Ausgaben veranstaltete, oder Heinrich Heine oder, vor allem, Friedrich Hebbel haben der Einschätzung durch Goethe mehr oder minder dezidiert widersprochen.

Erst gegen Ende des 19. Jahrhunderts ist es zu einem Meinungsumschwung gekommen, teilweise basierend auf einem vereinseitigenden Missverständnis, auf der Etikettierung Kleists als eines vaterländischen Dichters, als der »Fackel Preußens«, wie Joachim Maass noch 1957 seine Kleist-Biographie übertitelt hat. Im ›Dritten Reich‹ verstieg man sich sogar zu der Behauptung, Kleist sei »der erste nationalsozialistische Dichter der Vergangenheit« gewesen (vgl. KJb 1992, S. 190).

Kleists Erfolglosigkeit zu Lebzeiten hatte eine ganze Reihe von Gründen; ausschlaggebend war die sein Werk prägende Ungleichzeitigkeit mit den herrschenden Strömungen der Epoche. Zum einen blieb er seinen aufklärerischen Wurzeln verhaftet und insofern ein Mensch des 18. Jahrhunderts; zum anderen und vor allem aber war er über das Harmoniestreben der Klassik schon wieder hinaus; geradezu lustvoll zerstörte er das Menschenbild, das Goethe in seiner *Iphigenie auf Tauris* vor Augen gestellt hatte, indem er diesem, nach Goethes eigenem Urteil, ›verteufelt humanen‹ Schauspiel seine rasende *Penthesilea* entgegenstellte. Dem ästhetischen Programm der Frühromantik wiederum, das er als ästhetizistisch empfand, konnte er nichts abgewinnen, weil er darauf beharrte, die Kunst als ein Instrument der Wahrheitsfindung zu verstehen, der Wahrheitsfindung, an deren Möglichkeit seine radikale Erkenntniskritik ihn gleichzeitig zweifeln, zuweilen verzweifeln ließ. Verschärft wurde diese Erkenntniskritik durch seinen ebenso radikalen Zweifel an der Fähigkeit der Sprache, das Eigentliche, das Wahre tatsächlich zum Ausdruck zu bringen. Gerade diese fundamentale Sprachskepsis wurde das Movens für sein damals unerhörtes und auch manchen heutigen Leser noch befremdendes Experimentieren mit der Sprache.

Eben das, was den Zeitgenossen unheimlich war: die radikale Erkenntniskritik und die ebenso radikale Sprachskepsis, gepaart freilich mit einer unvergleichlichen Fähigkeit zum plastischen Ausdruck und mit einem erstaunlichen psychologischen Blick für die menschlichen Abgründe, ist es dann gewesen, was Kleists Werken im 20. Jahrhundert den späten und großen Erfolg verschafft hat. Eben das, was Goethe mit Etiketten wie »ein großer Geist des

Widerspruches« und »gründliche Hypochondrie« (LS, Nr. 384) meinte abwerten zu sollen, wurde nun als modern und heutigem Empfinden entsprechend aufgefasst, als Ausdruck nämlich der höchst angefochtenen Stellung des einzelnen Menschen in einer Welt, der die globalen Erklärungsmodelle religiöser, philosophischer und gesellschaftlicher Provenienz abhanden gekommen sind, als Ausdruck dessen also, was die Existenzphilosophie die »Geworfenheit« des Menschen genannt hat. Mit gutem Grund ist Kleist ein Lieblingsautor Franz Kafkas gewesen.

Der Umstand, dass nicht gleich nach Kleists Tod eine intensive Pflege seines Werks einsetzte, hat schmerzhafte Verluste zur Folge gehabt. Die meisten an Kleist gerichteten Briefe und wohl auch einige Manuskripte hat er offenbar selbst vernichtet; anderes ist im Laufe der Jahrzehnte verloren gegangen oder von den Herausgebern zunächst unterdrückt worden. Das Letztere gilt zum Beispiel für die politischen Schriften aus dem Jahre 1809, die Ludwig Tieck als »zu sehr für den Augenblick geschrieben« (*Heinrich von Kleists hinterlassene Schriften*, LVII) aus seinen Editionen ausgeschlossen hat. Als Rudolf Köpke sie 1862 endlich herausbrachte, wies die ihm vorliegende Kopistenhandschrift bereits eine Lücke auf. Auch sehr viele Briefe Kleists sind entweder erst sehr spät veröffentlicht worden (so diejenigen an seine Halbschwester Ulrike 1860 und die an seine zeitweilige Verlobte Wilhelmine von Zenge 1884) oder verloren gegangen bzw. vernichtet worden. So haben wir keinen einzigen Brief Kleists an seinen Bruder Leopold, mit dem er eine recht intensive Korrespondenz geführt hat, und von den außerordentlich wichtigen Briefen an Marie von Kleist, die Seelenfreundin seiner letzten Jahre, sind die meisten verloren, die wenigen anderen fast ausschließlich in – zumeist auch noch fragmentierten – Abschriften auf uns gekommen.

Diese Lückenhaftigkeit der Überlieferung ist hauptverantwortlich dafür, dass wir über einige Phasen in Kleists

Leben nur ganz unzulänglich informiert sind. Manche Unklarheit hat allerdings auch er selbst bewirkt, weil er über mehrere seiner Unternehmungen den Schleier des Geheimnisses geworfen hat.

Das gegen Ende des 19. Jahrhunderts wiedererwachende Interesse an Kleist hat seinen Niederschlag unter anderem in einer ganzen Reihe von Werkausgaben gefunden. Ausführlich unterrichtet hierüber die zweibändige Darstellung von Klaus Kanzog (B 2: 1979). Die erste historisch-kritische Ausgabe der bis dahin bekannten Werke Kleists hat 1885 Theophil Zolling veranstaltet. In den Jahren 1904 bis 1906 folgte die lange Zeit maßgebende, auch einen Brief-Band enthaltende Ausgabe von Erich Schmidt. Sie ist bis heute wichtig geblieben, weil Schmidt und seinen Ko-Editoren Georg Minde-Pouet und Reinhold Steig noch Materialien vorgelegen haben, die seither verschollen sind. Minde-Pouet hat in den Jahren 1936 bis 1938 eine zweite, vermehrte Auflage der Schmidt'schen Ausgabe vorgelegt, die leider nach Beginn des Zweiten Weltkriegs nicht zu Ende geführt wurde; der vorgesehene Band mit den Lesarten und dem Kommentar ist nicht erschienen. Mitarbeiter an dieser Ausgabe war schon damals Helmut Sembdner, der im 7. Band die »Kleinen Schriften« herausbrachte, d. h. alle Aufsätze und Anekdoten sowie alle Beiträge Kleists in den *Berliner Abendblättern* (soweit Sembdner sie erschließen konnte) bis hin zu den kleinsten Miszellen und redaktionellen Erklärungen. Sembdner arbeitete damals an seiner Dissertation über die *Berliner Abendblätter*, die 1939 gedruckt wurde und der wir eine Fülle von Aufschlüssen verdanken.

Als Sembdner nach dem Zweiten Weltkrieg daranging, eine Leseausgabe zusammenzustellen, sah er sich einer zweifachen Schwierigkeit gegenüber. Zum einen war viel Material infolge des Kriegs verschollen, so dass hinsichtlich der meisten Briefe und auch anderer Texte auf die Ausgabe Minde-Pouets zurückgegriffen werden musste; zum anderen bestand der Hanser-Verlag damals, 1952, nicht nur auf einer Normalisierung von Orthographie und Zeichensetzung, sondern sogar auf der Modernisierung veralteter Wendungen (z. B. »anheften« statt »anplacken«). Hiergegen hat Sembdner sich seit der 2. Auflage seiner Edition (1961) erfolgreich durchgesetzt. Vor allem hat er, gegen die von Schmidt und Minde-Pouet vorgenommenen Normalisierungen der Interpunktion, die originale Zeichensetzung der Manuskripte bzw. der Erstdrucke wiederhergestellt. Waren Schmidt und Minde-Pouet noch relativ behutsam verfahren, so fanden sich in den gängigen Ausgaben der Fünfzigerjahre radikale Normalisierungen, so dass z. B. von den fünf Kommata im ersten Satz der Erzählung *Michael Kohlhaas* nur zwei übrigblieben. Sembdner aber hat erkannt und energisch darauf hingewiesen, dass Kleists Interpunktion nicht nur und nicht in erster Linie syntaktischen Regeln folgt, sondern vor allem den Rhythmus und die Sprachmelodie zu strukturieren und damit die Aufmerksamkeit und das Verständnis des Lesers zu lenken sucht. Von Kleist wird berichtet, dass er erwogen habe, Gedichte mit einer Art musikalischer Vortragszeichen zu versehen, um ein seinen Intentionen entsprechendes Lesen sicherzustellen (Bülow, B 6: 1848, 45). Eben dieser Absicht entspringt seine eigenwillige Zeichensetzung.

Sembdners Ausgabe, zuletzt (1993) in 9., revidierter und vermehrter Auflage erschienen, gilt mit Recht als die beste Leseausgabe, die wir haben. Gleichwohl gibt es einige Kritikpunkte. Zum einen ist Sembdner insofern inkonsequent verfahren, als er die zahlreichen Apostrophe in Kleists Texten größtenteils getilgt hat. Diese Auslassungszeichen bei synkopierten oder apokopierten Wörtern sind zwar beim Sprechen nicht vernehmbar, gehören aber ins Schriftbild und erleichtern beim Lesen die Identifikation von Wörtern, über die man sonst wohl stolpern mag (z. B. *Penthesilea*, V. 1181: »kauert ich«, V. 1246: »blühnd«, V. 1406: »Wem auch gelten diese Pfeil« usw.). Auch begnügte Sembdner sich nicht mit der Modernisierung der Orthographie, sondern ersetzte zuweilen veraltete Schreibungen durch die uns geläufigen, so z. B. in der Erzählung *Der Findling* das Wort »Comtoir« durch »Kontor«, griff also in Lautstand und Rhythmus ein. Ferner ist Sembdner in gewisser Weise zum Opfer seiner Entdeckerfreude geworden. Ausgehend von seinen Untersuchungen zu den *Berliner Abendblättern* war er bemüht, für noch weitere anonym oder pseudonym erschienene Texte Kleist als Autor nachzuweisen. So finden sich in der 9. Auflage seiner Edition aus den Hamburger *Gemeinnützigen Unterhaltungsblättern* nicht nur zwei Texte, die bislang lediglich als Quellen für Kleists Adaptionen gegolten haben, sondern gleich noch zwei weitere. Die Begründungen für diese Zuweisungen sind nicht unbedingt überzeugend. Auch bei seinem Bestreben, undatierte Briefe Kleists nach Möglichkeit doch genau zu datieren, ist Sembdner zum Teil, vor allem hinsichtlich sehr wichtiger Briefe aus Kleists letztem Lebensjahr, zu sehr fragwürdigen Festlegungen und Deutungen gekommen. Das ist insofern bedauerlich, als manche seiner Mutmaßungen von der Forschung als Tatsache aufgenommen worden ist. Ein letzter Kritikpunkt betrifft die – allerdings vom Verlag vorgegebene – Knappheit des Kommentars.

In dieser Hinsicht weiter fortgeschritten ist die vierbändige Ausgabe, die erstmals 1978 im Aufbau-Verlag erschienen ist, herausgegeben von Siegfried Streller, Peter Goldammer, Wolfgang Barthel, Anita Golz und Rudolf Loch. Eine erweiterte Lizenzausgabe ist 1986 als Insel-Taschenbuch-Kassette publiziert worden; sie ist text- und seitenidentisch mit der 3. und der 4. Auflage der Original-Ausgabe, die der Aufbau-Verlag 1993 und 1995 vorgelegt hat. Dem Kommentar wird hier, vor allem hinsichtlich der Rezeption von Kleists Werken, sehr viel mehr Platz eingeräumt; in der Normalisierung der Orthographie und in der Datierung der Briefe ist man aber Sembdner gefolgt.

Eine weitere vierbändige Ausgabe ist in den Jahren

1987–97 im Deutschen Klassiker Verlag erschienen. Hinsichtlich der Textdarbietung haben die Herausgeber sich, der Konzeption der »Bibliothek deutscher Klassiker« entsprechend, auf einen Kompromiss einlassen müssen. Zwar geben sie Kleists Interpunktion einschließlich der Apostrophe originalgetreu wieder, ebenso seine Groß- und Kleinschreibung sowie die Schreibung der Eigennamen; im Übrigen aber haben sie eine ›behutsame Modernisierung‹ der Orthographie vornehmen müssen, soweit sie den mutmaßlichen Lautstand nicht antastet. Schon der Umstand, dass nach den neuen Rechtschreibregeln manches wieder zurückkorrigiert werden müsste/dürfte (»gräulich« – »greulich« – »gräulich«), zeigt, dass dieses Verfahren wohl nicht als glückliche Lösung betrachtet werden kann. Lediglich der Brief-Band stellt mit seiner strikt originalgetreuen Textwiedergabe eine Ausnahme dar. Gegenüber früheren Editionen zeichnet diese Ausgabe sich dadurch aus, dass sie alle Entstehungsstufen der Werke abdruckt, entweder in chronologischer Reihenfolge oder im Paralleldruck, der einen unmittelbaren Vergleich erlaubt und Kleists Arbeitsweise leichter erkennbar macht. Ferner bringt die DKV-Ausgabe einen sehr viel gründlicheren und umfangreicheren Kommentar als alle anderen Editionen sowie eine Revision etlicher Brief-Datierungen und der daran geknüpften Deutungen.

Einen ganz anderen Weg hat der Verlag Stroemfeld / Roter Stern eingeschlagen mit seiner 1988 gestarteten, zunächst Berliner, jetzt Brandenburger Kleist-Ausgabe genannten Edition, die auf insgesamt 25 Bände angelegt ist, von denen bislang 14 erschienen sind. Die hohe Bandzahl erklärt sich aus dem Umstand, dass jeder größeren Erzählung und jedem Drama (einschließlich der Reproduktion der Handschrift, sofern vorhanden) ein eigener Band gewidmet wird. Hinsichtlich der Texte haben die Herausgeber, Roland Reuß und Peter Staengle, sich auf eine kompromisslose Wiedergabe der Originale verpflichtet (was allerdings nicht immer eingehalten wird). Als bemerkenswerter Wurf kann der *Penthesilea*-Band bezeichnet werden, der neben den verschiedenen Druckfassungen ein vorzügliches Faksimile enthält, darstellend eine Schreiber-Kopie mit eigenhändigen, oft schwer entzifferbaren Korrekturen Kleists, die durch ein spezielles Verfahren besser lesbar gemacht worden sind. Einer Anregung Hans-Jochen Marquardts folgend, haben die Herausgeber inzwischen auch die *Berliner Abendblätter* als Ganzes in die Edition aufgenommen. Irritationen haben die jedem Band beigegebenen *Kleist-Blätter* erregt, die teilweise sehr gute und hilfreiche Informationen enthalten, andererseits und hauptsächlich aber essayistische Aufsätze von Roland Reuß, in denen Information, Polemik und spekulative ›Interpretation‹ eine oft wunderliche Mischung eingehen. Hiernach kann man Skepsis hegen bezüglich der als Abschluss der Ausgabe geplanten Kommentar-Bände, doch sollte man sich in Geduld fassen und abwarten, wie die Ausgabe und die Editoren sich weiterentwickeln.

Seit Ende des 19. Jahrhunderts sind etliche Gesamtdarstellungen zu Kleists Leben und Werk erschienen, die zumeist als überholt gelten müssen. Lesenswert und lehrreich geblieben sind die Bücher von Walter Müller-Seidel (B 8: 1961, ³1971), Hans Joachim Kreutzer (B 8: 1968, ²1976) und Jochen Schmidt (B 8: 1974). Kürzer gehalten sind die Rowohlt-Monographie von Curt Hohoff, die aber im Wesentlichen aus dem Jahre 1958 stammt und dringend durch eine Neufassung ersetzt werden müsste, ferner die 1988 in der »Sammlung Metzler« erschienene Darstellung von Thomas Wichmann, die leider allzu viele Fehlinformationen und seltsame, auf mangelhafter Kenntnis beruhende Urteile enthält. Eine notgedrungen kurze, aber wohlfundierte Einführung gibt dagegen das in der Reihe »Literaturwissen für Schule und Studium« bei Reclam erschienene Kleist-Bändchen von Sabine Doering (B 8: 1996). Aus der Fülle neuerer Untersuchungen sind die Monographien von Anthony Stephens (B 8: 1994) und von Hilda Meldrum Brown (B 8: 1998) sowie die von Gerhard Neumann bzw. von Christine Lubkoll und Günter Oesterle edierten Sammelbände (B 7: 1994 bzw. 2001) hervorzuheben. Einen originellen (wenn auch in sexualibus zuweilen etwas obsessiv wirkenden) Zugang bietet die als »Wörterbuch« gestaltete Darstellung von László F. Földényi (B 8: 1999), während Bernhard Greiners gedankenreicher, aber allzu forcierter Versuch, Kleists Gesamtwerk als Auseinandersetzung mit Kants *Kritik der Urteilskraft* zu lesen (B 8: 2000), auch auf Grund etlicher Fehllesungen und zahlreicher Verbiegungen der Texte im Interesse der Generalthese, wenig überzeugend ausgefallen ist.[1]

Reiche Materialsammlungen bieten die von Helmut Sembdner herausgegebenen Bände *Heinrich von Kleists Lebensspuren* (B 5: 1996) und *Heinrich von Kleists Nachruhm* (B 5: 1997). Neuere Tendenzen der Kleist-Forschung werden im *Kleist-Jahrbuch* dokumentiert, das seit 1980 von der Heinrich-von-Kleist-Gesellschaft herausgegeben wird. Ferner publiziert das Kleist-Museum (früher: Kleist-Forschungs- und Gedenkstätte) in Frankfurt (Oder) nunmehr alljährlich *Beiträge zur Kleist-Forschung*, und auch das Kleist-Archiv Sembdner in Heilbronn tritt mit diversen Veröffentlichungen, darunter den halbjährlich erscheinenden *Heilbronner Kleist-Blättern*, an die Öffentlichkeit.

Insgesamt ist die Forschungsliteratur zu Kleist in den letzten Jahrzehnten so angeschwollen, dass selbst Spezialisten sie kaum noch überschauen können. Zudem sind Autor und Werk seit einiger Zeit Gegenstand postmodernistischer Spekulationen in solchem Maße geworden, dass sie im Nebel der Subjektivismen und/oder augurenseliger Begriffsakrobatik zu entschwinden drohen. Die vorliegende Darstellung versucht dagegen, möglichst nüchtern den Autor,

---

[1] Grundsätzliche Kritik an Greiners Methode hat (mit Bezug auf einige Vorveröffentlichungen) Peter Ensberg angemeldet (B 8: 1999).

seine Dichtungen und seine Schriften zu beschreiben, und verzichtet darauf, ihnen dieses oder jenes Theoriekonzept überzustülpen bzw. subjektive Assoziationen als Interpretation auszugeben. Den vorhersehbaren Vorwurf der Unzeitgemäßheit nimmt der Verfasser gerne in Kauf.

Heinrich von Kleist
Miniaturporträt von Peter Friedel, 1801

I
Leben

1
Frankfurt (Oder), Berlin
1777–1792

Die Probleme hinsichtlich einer korrekten Darstellung von Kleists Biographie beginnen schon mit dem Tag seiner Geburt. Als Bernd Heinrich Wilhelm von Kleist am 27. Oktober 1777 in der Garnisonskirche zu Frankfurt (Oder) getauft wurde, vermerkte der Pfarrer im Kirchenbuch, die Geburt habe am 18. Oktober um 1 Uhr nachts stattgefunden. Kleist selbst aber und seine Familie haben stets den 10. Oktober als seinen Geburtstag angesehen, eine Annahme, die von der Forschung lange Zeit zugunsten des quasi-amtlichen Eintrags im Kirchenbuch als irrig betrachtet worden ist. Inzwischen aber hat Horst Häker mit allem Nachdruck dafür plädiert, auf Kleists eigene, doch offenbar von seinen Eltern und Geschwistern vermittelte Angabe zu vertrauen und davon auszugehen, dass das Kirchenbuch irrt (Häker: B 6: 1993): Der Pfarrer habe den Termin jedenfalls nur aus zweiter Hand erfahren, wobei ein Hör- oder später ein Schreibfehler unterlaufen sein könne; die Kirchenbücher früherer Zeiten enthielten des öfteren solche Fehler, zumal sie bis etwa 1750 ohnehin nur die kirchlichen Handlungen selbst (Taufe, Eheschließung, Begräbnis) verzeichneten und den Geburtstermin, da unerheblich, gar nicht erwähnten. Diese Argumentation scheint schlüssig.

Die Familie von Kleist gehört zu den ältesten, bedeutendsten und am weitesten verzweigten pommerschen Adelsgeschlechtern und lässt sich mindestens bis ans Ende des 13. Jahrhunderts zurückverfolgen. Sie war wendischen, also slawischen Ursprungs und stammte aus der Gegend von Belgard (auf halbem Wege zwischen Stettin und Danzig). Die Kleists haben in der preußischen Geschichte vor allem auf militärischem Gebiet eine große Rolle gespielt. Schon zu Beginn des 19. Jahrhunderts hatte die Familie achtzehn Generäle hervorgebracht; 1806 wies die Rangliste der preußischen Armee fünfzig Offiziere mit dem Namen Kleist auf. Noch im Zweiten Weltkrieg hat der Panzergeneral Ewald von Kleist es bis zum Generalfeldmarschall gebracht. Diese soldatische Tradition der Familie, in die auch Heinrich von Kleist zunächst hineingezwungen wurde, ist für ihn ebenso bedeutend wie belastend gewesen.

Es hatte aber auch schon zwei Dichter in der Familie gegeben. Ewald von Kleist (1715–1759), ein Vetter sechsten Grades von Kleists Großvater, war im 18. Jahrhundert berühmt als Autor der Hexameter-Idylle *Der Frühling*, und wenn zu Kleists Lebzeiten von einem Dichter Kleist gesprochen wurde, so war fast stets dieser entfernte Großonkel gemeint. Ewald von Kleist hatte, wie so viele seiner Verwandten, die militärische Laufbahn eingeschlagen, die ihm zunehmend Widerwillen erregte, die er aber mangels anderweitiger Einkünfte nicht verlassen konnte. Ironischerweise hat er dann den militärischen Ruhm der Familie noch durch eine Art Heldentod vermehrt: In der Schlacht bei Kunersdorf am 12. August 1759 schwer verwundet, wurde er nach Frankfurt (Oder) gebracht, wo er am 24. August gestorben ist. – Näher war die Verwandtschaft zu dem früh verstorbenen Modedichter Franz Alexander von Kleist (1769–1797), einem Vetter dritten Grades, aus dessen Werken Heinrich des Öfteren zitiert und dessen Biographie einige Parallelen zu seiner eigenen aufweist, insofern auch Franz Alexander den Militärdienst zugunsten eines Universitätsstudiums quittierte und es später auch im Zivildienst nicht lange ausgehalten hat.

Kleists Vater, Joachim Friedrich von Kleist (geb. 1728), stammte aus Schmenzin in Pommern, war 1750 in den Militärdienst eingetreten, hatte 1763 zugunsten eines jüngeren Bruders gegen eine Geldentschädigung auf das Schmenzin'sche Erbe verzichtet, brachte es als Offizier aber nicht weiter als bis zum Range eines Majors in der Garnisonsstadt Frankfurt (Oder). Immerhin gelang es ihm, seine vielköpfige Familie standesgemäß zu unterhalten. Er kaufte ein stattliches Haus, das der Familie auch nach seinem Tod erhalten blieb und bescheidene Renditen abwarf, während ein von ihm erworbenes Gut in der Nähe von Cottbus 1797 verkauft werden musste.

Joachim Friedrich von Kleist hat zweimal geheiratet, zunächst, 1769, die vierzehnjährige Caroline Louise von Wulffen, die zwei Töchter gebar und eine Woche nach der zweiten Geburt, im Alter von erst 19 Jahren, im Kindbett gestorben ist. Die mutterlos aufgewachsene Tochter Ulrike ist später die wichtigste Bezugsperson ihres Halbbruders Heinrich geworden. Dass sie sich entgegen Heinrichs heftigem Zureden stets geweigert hat, die angeblich naturgemäße Rolle als Gattin und Mutter zu übernehmen, mag mit dem abschreckenden Beispiel zusammenhängen, das ihr der frühe Tod der eigenen Mutter gegeben hat. – 1775 heiratete Joachim Friedrich von Kleist Juliane Ulrike von Pannwitz, die fünf Kinder gebar, an dritter Stelle und als ersten Sohn den Dichter Heinrich von Kleist. Auch diese Stellung als ›Stammhalter‹ des Geschlechts dürfte er später als Belastung empfunden haben.

Die engere Verwandtschaft des Vaters hat im weiteren Leben Kleists keine Rolle gespielt, abgesehen von dem Cousin Philipp von Stojentin, der 1794 Kleists Schwester Friederike heiratete und mit ihr auf einem Gut bei Stolp in Pommern lebte, wo Ulrike sich des Öfteren aufgehalten hat. Umso wichtiger wurde die Verwandtschaft der Mutter, d. h. die vielfach miteinander verschwägerten Familien von Pannwitz und von Schönfeldt, die Güter in der Nähe von Cottbus besaßen. Kleists Großeltern mütterlicherseits waren Otto Heinrich von Pannwitz und Juliane Charlotte von Schönfeldt. Der ältere Bruder von Kleists Mutter, Carl Wilhelm von Pannwitz, hatte wiederum eine Cousine aus dem Hause Schönfeldt geheiratet, und einer seiner Söhne, Wilhelm von Pannwitz, heiratete 1802 Kleists Schwester Auguste und wurde der Verwalter von Kleists bescheidenem Vermögen.

Zusammen mit diesem Cousin Wilhelm von Pannwitz und mit Ernst von Schönfeldt, einem Vetter zweiten Grades, ist der zehnjährige Kleist 1788 nach Berlin geschickt worden, um bei dem hugenottischen Prediger Samuel Henri Catel und in der Privatschule von dessen Schwager Frédéric Guillaume Hauchecorne erzogen und unterrichtet zu werden, nachdem er zuvor in Frankfurt Privatunterricht durch Christian Ernst Martini erhalten hatte (zusammen mit Wilhelms jüngerem Bruder Carl). Martini war Rektor der Frankfurter Bürgerschule und blieb für Kleist eine wichtige Bezugsperson.

Die Erziehung durch Hugenotten in Berlin war für Angehörige der märkischen Adelsgeschlechter nichts Ungewöhnliches, in Kleists Fall zusätzlich motiviert durch den Umstand, dass Ernst von Schönfeldts Mutter, eine geborene Baronesse Digeon de Monteton, selbst Hugenottin war.

Wichtig an dieser Episode in Kleists Jugend ist zweierlei: zum einen die enge Verbindung mit Wilhelm von Pannwitz und Ernst von Schönfeldt, die ein Leben lang erhalten blieb und ihn zusätzlich zu den sechs Geschwistern an die Familie fesselte; zum anderen die frühe und intensive Berührung mit französischem Geist, und zwar noch vor der Revolution von 1789, die Kleist als knapp Zwölfjähriger politisch wohl kaum hat beurteilen können, von der er dann vor allem die negativen Auswirkungen für Preußen und für das »Heilige Römische Reich Deutscher Nation« wahrgenommen und erlebt hat: die Koalitionskriege sowie die Eroberungs- und Unterdrückungspolitik Napoleon Bonapartes – was ihn aber nie daran gehindert hat, der französischen Literatur und der französischen Philosophie seine Hochschätzung zu bewahren.

Offenbar ist die Ausbildung in Berlin abgebrochen worden, als am 18. Juni 1788 der Vater starb. Er, der schon bei Kleists Geburt 49 Jahre zählte, ist nur knapp 60 Jahre alt geworden. In den überlieferten Zeugnissen von Kleists Hand findet sich kein einziges Wort über den Vater. Das muss, angesichts der lückenhaften Überlieferung, nicht unbedingt etwas bedeuten. Vergegenwärtigt man sich aber die im Ganzen sehr fragwürdigen Vatergestalten in Kleists Dichtungen, so wird man vermuten dürfen, dass er hier eine Leerstelle in seinem Gemütshaushalt empfunden und dass er sich nach einem Ersatzvater gesehnt hat. Christoph Martin Wieland dürfte eine Zeitlang diese Rolle für ihn eingenommen haben. Auffällig ist auch der Umstand, dass Kleist die Söhne des Michael Kohlhaas nach sich selbst und seinem Bruder, nämlich Heinrich und Leopold genannt hat. Von daher könnte man den rebellischen Kohlhaas als eine Wunschprojektion auffassen, als ein Gegenbild zum Vater, der sich mit der Zurücksetzung durch die Könige Friedrich II. und Friedrich Wilhelm II., mit der Verweigerung einer weiteren Beförderung nämlich, resignierend abgefunden hatte. Doch das muss Spekulation bleiben.

Über Kleists Erziehung und Entwicklung in den vier Jahren zwischen dem Tod des Vaters und dem Eintritt in den Militärdienst wissen wir buchstäblich nichts. Wahrscheinlich ist der Privatunterricht durch Martini wieder aufgenommen worden. Vergebliche Eingaben der Mutter an Friedrich Wilhelm II. deuten auf finanzielle Probleme der jetzt mit sieben Kindern alleinstehenden Frau. Es ist anzunehmen, dass ihr Bruder Carl Wilhelm von Pannwitz und andere Verwandte ausgeholfen haben. Die Angewiesenheit auf finanzielle Hilfe von Seiten der Verwandtschaft ist ein Leitmotiv in Kleists Leben geblieben. Dass er den Ansprüchen, die die Familie und die Familientradition an ihn stellten, nicht gerecht werden konnte, ist ihm nicht etwa gleichgültig gewesen. Mehrmals formulierte er in Briefen sein Bedürfnis, »zu so vielen Kränzen noch einen auf unsere Familie herabzuringen« (SWB IV,320), ihr »einmal, durch meine Arbeiten und Wercke, recht viel Freude und Ehre zu machen« (SWB IV,508). In einem Brief vom 10. November 1811 nennt er als einen der Gründe für seinen Entschluss zum Selbstmord das Verhalten zweier Schwestern, die ihm zu verstehen gegeben hätten, er sei »ein ganz nichtsnütziges Glied der menschlichen Gesellschafft, das keiner Theilnahme mehr werth sey« (SWB IV,509; Abschrift durch Marie von Kleist).

Nicht umsonst spielt das Thema ›Familie‹ in seinem Werk eine zentrale Rolle, angefangen von dem Dramen-Erstling *Die Familie Schroffenstein* bis hin zur utopischen Vorstellung einer ›neuen‹, aber eben nicht auf Blutsbanden gründenden Familie in *Prinz Friedrich von Homburg*. In der *Familie Schroffenstein* erschlagen die Väter ihre eigenen Kinder; auch im *Erdbeben in Chili*, dessen Mittelteil die Utopie einer allgemeinen Menschenfamilie ausmalt, wird am Schluss Jeronimo Rugera vom eigenen Vater umgebracht. In der *Marquise von O....* wie in der Erzählung *Der Zweikampf* erweisen die herkömmlichen Familienbindungen sich als brüchig; ihnen entgegengestellt werden ›illegitime‹ Verbindungen und Zeugungen: im *Erdbeben*, in der *Marquise von O....*, in der *Verlobung in St. Domingo*, auch im *Amphitryon* und im *Käthchen von Heilbronn*. Der Hoffnungsschimmer am Ende der *Erdbeben*-Erzählung, hervorgerufen durch die Adoption des illegitimen Kindes, wird grausam konterkariert in der Geschichte vom *Findling*.

Ganz offensichtlich hat Kleist die Familie nicht als Hort der Geborgenheit erfahren, sondern als eine Art Gerichtsversammlung, vor der er sich verantworten sollte, wohl wissend, dass er nicht in der Lage sein würde, seinen von der Familiennorm abweichenden Qualitäten ihr Recht zu verschaffen. Die Überansprüche, die er an sich selbst stellte, gründen in diesem Zwang zur Rechtfertigung gegenüber Normen, die nicht die seinen waren, die zu verwerfen oder zu ignorieren er aber auch nicht vermochte. Das ihn kennzeichnende Schwanken zwischen Euphorie und tiefster Depression, das auf eine manisch-depressive Persönlichkeitsstruktur deutet, scheint in dieser schon früh angelegten Diskrepanz zwischen teilweise verinnerlichtem Fremdurteil und nicht zu zerstörendem Selbstwertgefühl zumindest mitbegründet zu sein. Noch in jenem Brief vom 10. November 1811, in dem er von der demütigenden Behandlung durch die Schwestern berichtet, beharrt er auf dem »Verdienst, das ich doch zulezt, es sey nun groß oder klein, habe« (SWB IV,508 f.).

Kleists Geburtsstadt, in der er die ersten vierzehn Lebensjahre hauptsächlich zugebracht hat, war im 18. Jahrhundert dank mannigfacher Verbindungen in die östlich und südlich gelegenen Gebiete Preußens eine nicht unbedeutende Handelsstadt und veranstaltete drei Messen im Jahr, deren Bedeutung allerdings schon abnahm. Ferner war Frankfurt, da an einem wichtigen Oder-Übergang gelegen, eine Garnisons- und Soldatenstadt. Um das Jahr 1800 zählte sie etwa 12500 Einwohner, darunter 2110 Militär-Angehörige. Außerdem verfügte Frankfurt über eine im Jahre 1506 gegründete Universität, die zu Kleists Zeit nach damaligen Maßstäben eine mittlere Größe hatte: Um 1800 gab es 19 ordentliche Professoren, nebenamtliche Professoren und Privatdozenten und im Durchschnitt 220 Studierende. Ein besonders hohes Ansehen genoss diese Universität nicht, doch verfügte sie über gute Verbindungen zu den Universitäten in Halle und Göttingen. Trotz der Existenz der Universität kann von einem tatsächlichen Kulturleben im damaligen Frankfurt wohl kaum die Rede sein. Wer entsprechende Bedürfnisse hatte, musste ins 80 km entfernte Berlin reisen, das auch nicht eben den Ruf einer Kulturmetropole genoss. Man muss also davon ausgehen, dass der junge Kleist in einer ziemlich beengten, kulturell wenig anregenden Umgebung aufgewachsen ist und eine seinen Begabungen kaum entsprechende Ausbildung erhalten hat.

2
Die Militärzeit
1792–1799

Zum 1. Juni 1792, nach offenbar mehreren Gesuchen der Mutter, wurde der vierzehnjährige Kleist in die preußische Armee aufgenommen, und zwar in das renommierte Regiment Garde zu Potsdam, als 5. Gefreiter-Korporal im Range eines Unteroffiziers. Damit begann eine Zeit von, wie er später schrieb, »sieben unwiderbringlich verlornen Jahren« (SWB IV,39). Für die Familie war es natürlich wichtig, den ältesten Sohn ›versorgt‹ zu wissen. Sein eineinhalb Jahre jüngerer Bruder Leopold trat 1795 ebenfalls in die Armee ein, wo er es bis zum Major brachte, während Heinrich im April 1799 als Sekondeleutnant seinen Abschied nahm.

Bereits im Februar 1793 starb die Mutter, erst 46 Jahre alt. Den Frankfurter Haushalt führte von da an eine ältere, verwitwete und kinderlose Schwester der Mutter, Auguste Helene von Massow, und an sie ist auch der erste erhaltene Brief Kleists gerichtet. Nach dem Begräbnis der Mutter war er seinem bereits Ende 1792 nach Frankfurt am Main abmarschierten Regiment nachgereist, und in dem Brief vom 13. und 18. März 1793 berichtet der Fünfzehnjährige ausführlich von seinen Reiseeindrücken, beklagt »eine verlorne zärtliche Mutter« und beschwört zweimal seine Zuversicht, doch wenigstens »keine *verlaßne* Waise« zu sein (SWB IV,13 und 15), also doch noch den Rückhalt in der Familie zu besitzen. Viel gibt auch das hinsichtlich seiner tatsächlichen inneren Biographie nicht her. Für ihn bedeutsam und zeitweise wohl auch bedrückend wurde der Umstand, dass er nach dem Tod der Mutter von Amts wegen unter die Vormundschaft des Frankfurter Stadtsyndikus George Friedrich Dames gestellt wurde und während dieser Vormundschaft auch über sein kleines Vermögen nicht selbständig verfügen konnte. Volljährig wurde man im damaligen Preußen erst mit 24 Jahren, Kleist also im Oktober 1801.

In den Jahren 1793/94 nahm sein Regiment an den Kämpfen des Ersten Koalitionskrieges gegen Frankreich teil, an der Belagerung und Eroberung des republikanischen Mainz sowie an den Gefechten bei Pirmasens, Kaiserslautern und Trippstadt. Wie wenig von Kriegsbegeisterung erfüllt der junge Kleist war, zeigt sein 1792 oder 1793 geschriebenes Gedicht *Der höhere Frieden* (SWB III,401), das vom Postulat einer allgemeinen Menschenliebe ausgeht, wie Kleist es, zusätzlich zu seiner aufklärerischen Erziehung, der für jene Jahre von ihm bezeugten Lektüre von Wielands *Sympathien* entnommen haben mag. Im zweiten uns überlieferten Brief Kleists, den er am 25. Februar 1795 an die Halbschwester Ulrike richtete, heißt es: »Gebe uns der Himmel nur Frieden, um die Zeit, die wir hier so unmoralisch tödten, mit menschenfreundlicheren Thaten bezahlen zu können!« (SWB IV,18). Dieser Wunsch wurde erhört. Am 5. April 1795 schloss Preußen mit Frankreich in Basel einen Separatfrieden. Kleists Regiment kehrte nach Potsdam zurück.

Mit dem Separatfrieden von Basel hatte Preußen unter Verletzung seiner Reichs- und Bündnispflicht die erste Koalition gegen das republikanische Frankreich entscheidend geschwächt; 1797 musste sie sich mit dem Frieden von Campo Formio geschlagen geben. Der Grund für das Ausscheren Preußens lag im Osten. 1793 hatten Russland und Preußen die zweite Teilung Polens beschlossen, was im Jahr darauf einen Aufstand der Polen bewirkte, der von der russischen und der preußischen Armee nur mit Mühe niedergeschlagen werden konnte (an diesem Feldzug hat Kleists Bruder Leopold teilgenommen). Das Ergebnis war die dritte Teilung Polens, besiegelt im Oktober 1795, die ein selbständiges Polen für mehr als ein Jahrhundert von der Landkarte verschwinden ließ.

So konnte Friedrich Wilhelm II. bei seinem Tod im November 1797 zwar ein territorial vergrößertes Königreich hinterlassen, das Ansehen Preußens aber war bei den anderen europäischen Mächten und innerhalb des »Heiligen Römischen Reiches Deutscher Nation« durch den Verrat von 1795 schwer beschädigt. Das Heer galt als verwahrlost, und die Beamtenschaft war weder quantitativ noch qualitativ in der Lage, die neu erworbenen Gebiete sinnvoll zu integrieren. Die Finanzen befanden sich in großer Unordnung, der Staat war hoch verschuldet.

Auf den neuen König, Friedrich Wilhelm III., richteten sich viele Hoffnungen, die aber bald enttäuscht wurden, weil der bieder-skrupulöse Herrscher sich nicht aufraffen konnte, die dringend notwendigen Reformen in die Wege leiten zu lassen. Solcher Reformen hätte vor allem auch das Heer bedurft, und dass sie ausblieben, hat sicherlich Kleists Entschluss von 1799, der Armee den Rücken zu kehren, mitbestimmt.

Allzu eintönig sollte man sich sein Leben in den Jahren 1795 bis 1799 allerdings nicht vorstellen. Zwar mussten während der zwei Manövermonate im Frühjahr alle Offiziere und Soldaten bei der Truppe sein, aber für die übrige Zeit galten großzügige Urlaubsregelungen. So ist für den Sommer 1796 eine Reise Kleists mit Ulrike und wohl auch anderen Geschwistern auf die Insel Rügen bezeugt; dort lernte er Ludwig von Brockes kennen, der ihn vier Jahre später auf der sogenannten ›Würzburger Reise‹ begleiten sollte. Außerdem fand Kleist einige Kameraden, die dann lebenslange Freunde geworden sind. Schon 1793 war Carl von Gleißenberg sein Regimentskamerad; später wurde er Lehrer an der École militaire in Berlin, und 1804 heiratete er Kleists Cousine Caroline von Pannwitz. 1795 kam der fünfzehnjährige Otto August Rühle von Lilienstern als Fahnenjunker zum Regiment; 1797 folgte der siebzehnjährige Ernst von Pfuel.

Pfuel ist wahrscheinlich derjenige gewesen, der Kleist emotional am nächsten gestanden hat. 1803 hat er den Freund, um ihm die Arbeit am *Robert Guiskard* zu ermöglichen, in die Schweiz, dann nach Paris begleitet, wo es zu einem Zerwürfnis kam, für das Kleist sich später, im Januar 1805, mit einem regelrechten Liebesbrief entschuldigt hat. Der Kontakt mit Pfuel blieb auch während Kleists Königsberger, dann Dresdner Zeit, also bis zum Jahre 1809, bestehen, ist dann anscheinend abgebrochen. Pfuel war 1809 in österreichische Dienste getreten und hielt sich 1810/11 in Prag und Wien auf. Später hat er es noch weit gebracht. 1812 trat er in russische, 1815 wieder in preußische Dienste und fungierte nach der Einnahme von Paris dort als Stadtkommandant. Im Revolutionsjahr 1848 wurde er, inzwischen zum General avanciert, Gouverneur von Berlin, im Herbst Ministerpräsident und Kriegsminister von Preußen, nahm dann aber seinen Abschied und ist 1866 im gesegneten Alter von 86 Jahren gestorben.

Auch August Rühle von Lilienstern, der lange geschwankt hat, ob er nicht wie Kleist den Soldatenstand verlassen sollte, hat später Karriere gemacht, war 1813 Mitglied von Blüchers Generalstab, wurde 1822 Chef des Großen Generalstabs in Berlin, 1844 Generalinspekteur des Militärerziehungs- und -bildungswesens, ist allerdings nicht so alt geworden wie Pfuel, sondern als 67-jähriger 1847 gestorben. Auch als Militärschriftsteller hat er sich einen Namen gemacht, 1807 mit einem Bericht über den unglücklichen preußischen Feldzug gegen Napoleon, 1810/11 mit einem ebensolchen über die österreichische Erhebung von 1809, 1813 mit einem *Kriegskatechismus für die Landwehr*. – Die Lebensläufe Pfuels und Rühles zeigen, was aus Kleist hätte werden können, wenn seine Andersartigkeit ihn nicht daran gehindert hätte, in traditionellen Geleisen weiterzufahren.

Kleist, Gleißenberg, Rühle und Hartmann von Schlotheim haben damals ein musikalisches Quartett gebildet und – einer Rühle-Biographie zufolge – einmal auch als fahrende Musikanten einen Ausflug in den Harz unternommen und sich vom Ertrag ihrer Darbietungen ernährt (LS,

Nr. 18). Kleist soll ein ausgezeichneter Klarinettist und Flötist gewesen sein.

Neben der offenbar recht intensiven musikalischen Kunstausübung haben Kleist und Rühle sich, teils autodidaktisch, teils unter Anleitung eines Lehrers, mit Mathematik und Philosophie, auch mit dem Studium des Griechischen und des Lateinischen beschäftigt. Hinzu kam der Verkehr in der Potsdamer Gesellschaft, wobei für Kleist vor allem zwei Häuser wichtig geworden sind. Das eine war das von Christoph Wilhelm und Adolphine von Werdeck, mit denen er später einen Teil seiner zweiten Schweizreise unternommen hat und mit denen er 1803/04 in Paris zusammen war. An Adolphine von Werdeck hat er schon 1801 von Paris aus zwei umfang- und inhaltsreiche Briefe gerichtet.

Noch viel wichtiger wurde die Begegnung mit Marie von Kleist, der Gattin eines ganz entfernten Verwandten, des Stabskapitäns Friedrich Wilhelm von Kleist. Marie, sechzehn Jahre älter als Kleist, war eine geborene von Gualtieri, Tochter eines Hugenottenpredigers, dessen angeblichen Adel Friedrich II. 1769 anerkannt hatte. Der erste uns bekannte Brief Kleists an Marie datiert vom 20. Juli 1805; nachweislich hat es frühere Briefe gegeben, ohne dass sich sagen ließe, wie weit die Korrespondenz zurückreicht. Dass wir überhaupt Briefe bzw. Fragmente von Briefen Kleists an Marie kennen und dass sie einer sogar erhalten geblieben ist, muss schon als Glücksfall bezeichnet werden, denn die meisten dieser Briefe hat sie entweder selbst vernichtet oder nach ihrem Tod auf testamentarische Verfügung hin vernichten lassen. Das ist umso bedauerlicher, als Marie spätestens ab 1807 die wichtigste Vertraute Kleists gewesen ist, der er nicht nur über seine privaten Befindlichkeiten, sondern auch über seine Dichtungen am offensten geschrieben hat. Abgesehen von drei Originalbriefen, von denen zwei seit dem Zweiten Weltkrieg wieder verschollen sind, kennen wir drei weitere in Abschriften, die Marie selbst angefertigt hat, und dann noch einmal acht als Teil-Abschriften von Wilhelm von Schütz, die Marie für Tiecks Ausgabe der *Hinterlassenen Schriften* von 1821 herzustellen erlaubt hatte, in denen aber einige Passagen, die ihr wohl zu persönlich schienen, nochmals rigoros gestrichen worden sind; auch die Identität der Adressatin wurde damals verschwiegen. Den Grund für ihre Vernichtungsaktion hat Marie von Kleist in einer Aufzeichnung vom 17. Februar 1830 benannt, in der sie eine glühend leidenschaftliche Liebe Kleists zu ihr behauptet, sich darüber beklagt, dass er sich gleichwohl zu den Füßen einer anderen erschossen hat, und fortfährt: »Was ist alle Liebe der Sterblichen hier auf Erden, was sind alle Romane, alle Gedichte in Vergleich mit seiner Liebe und seinen Briefen. Solch ein Feuer konnte nur in seiner Seele, in seinem Herzen, in seinem Busen lodern. Aber eben daher mußte ich sie verbrennen. Solche Briefe können nur für *einen* Gegenstand [d. h.: nur für *einen* Menschen] geschrieben sein, die sind das Heiligste im Menschen.« (NR, Nr. 95a). – Marie neigte, wie auch andere Zeugnisse zeigen, zur Exaltation, und so mag die glühende Leidenschaft dahingestellt bleiben. Die vertrauteste Freundin Kleists aber ist sie sicherlich gewesen, vor allem, nachdem das Verhältnis zu Ulrike sich in Kleists letzten zwei Lebensjahren abgekühlt hatte. Marie von Kleist hat sich immer wieder für den schwierigen Vetter eingesetzt und ihre Stellung als Hofdame der Königin Louise dazu benutzt, ihm seit 1805 eine Pension von monatlich 5 Louisd'or (= 25 Reichstaler) zukommen zu lassen, die sie als Zahlung der Königin selbst ausgab, in Wahrheit aber aus eigener Tasche bestritt.

In Potsdam residierte auch die königliche Familie, mit der der junge Kleist als Angehöriger des Uradels problemlos in persönlichen Kontakt trat. Der spätere König Friedrich Wilhelm III. hatte ebenso wie Kleist mit dem Regiment Garde am Rheinfeldzug teilgenommen und war ihm wohl schon von daher bekannt. Wie selbstverständlich für

Kleist der Umgang mit den Angehörigen des Herrscherhauses war und wie unbefangen er darüber dachte, erhellt aus einem Brief vom 25. November 1800 an die Halbschwester Ulrike, in dem es heißt: »Als ich diesmal in Potsdam war, waren zwar die Prinzen, besonders der jüngere, sehr freundlich gegen mich, aber der König war es nicht – u wenn er meiner nicht bedarf, so bedarf ich seiner noch weit weniger. Denn mir mögte es nicht schwer werden, einen andern König zu finden, ihm aber, sich andere Unterthanen aufzusuchen.« (SWB IV,168).

Obwohl also Kleists Potsdamer Jahre einigermaßen abwechslungsreich verlaufen sein dürften, wurde ihm die Aussicht, die Erfüllung seines Lebens im Militärdienst finden zu sollen, zunehmend unerträglich. Im März 1799 hat er in einem langen Brief an seinen ehemaligen Lehrer Christian Ernst Martini die Gründe dargelegt, die ihn bewogen, seinen Abschied zu nehmen und ein Universitätsstudium zu beginnen. Die negativen Gründe lassen sich zusammenfassen in Kleists auch später noch mehrfach bekundetem Widerwillen dagegen, »fremden Zwecken dienen« zu sollen, d. h. handeln zu müssen, ohne selbst die Gründe und die Ziele dieses Handelns überprüfen zu dürfen. Speziell auf den Soldatenstand bezogen, ging es um das Prinzip von Befehl und Gehorsam. Kleist schrieb: »die Offiziere hielt ich für so viele Exerciermeister, die Soldaten für so viele Sclaven, und wenn das ganze Regiment seine Künste machte, schien es mir als ein lebendiges Monument der Tyrannei.« Er persönlich sei in einen Konflikt zwischen seinem Menschsein und seinen Aufgaben als Offizier geraten: »Ich war oft gezwungen, zu strafen, wo ich gern verziehen hätte, oder verzieh, wo ich hätte strafen sollen; und in beiden Fällen hielt ich mich selbst für strafbar.« (SWB IV,27).

Als Schüler der Aufklärung sah Kleist seine Aufgabe darin, sich entsprechend seinen Anlagen und entsprechend einer allgemeinen Moral auszubilden, um auf diesem Weg zu wahrem, auf Tugend gegründetem Glück zu gelangen. Diesen positiven Aspekt seiner Entscheidung hat er damals, teilweise im gleichen Wortlaut wie im Brief an Martini, in einer langen Abhandlung dargelegt, die er dem Freund Rühle widmete und die den Titel trug: *Aufsatz, den sichern Weg des Glücks zu finden und ungestört – auch unter den größten Drangsalen des Lebens, ihn zu genießen!* Dieser Aufsatz, in dem Kleist stoisches und epikureisches Gedankengut verschmolz, ist noch getragen vom Vertrauen in eine gütige Gottheit, die »die Sehnsucht nach Glück« nicht täuschen werde, »die sie selbst unauslöschlich in unsrer Seele erweckt hat« (SWB III,515).

Als Weg zur Selbstverwirklichung nannte Kleist im Brief an Martini seine Absicht, sich »den Wissenschaften« zu widmen, konkreter: Nach einem vorbereitenden Studienjahr an der Frankfurter Universität wollte er in Göttingen ›höhere Theologie‹, Mathematik, Philosophie und Physik studieren. (Unter ›höherer Theologie‹ verstand er wahrscheinlich eine Zusammenschau der drei anderen genannten Wissenschaften im Sinne der Physikotheologie, die den Glauben an Gott aus der Zweckordnung der Natur zu begründen suchte, ein Unternehmen, dem freilich Immanuel Kant schon 1790 mit der *Kritik der Urteilskraft* den Boden entzogen hatte.)

Um Kleists Vorhaben einschätzen zu können, muss man wissen, dass preußischen Adligen damals, sofern sie nicht von den Erträgen ihrer Landgüter leben konnten, nur drei Berufssparten offen standen: der Militärdienst, der Zivildienst als Beamter oder die Existenz als Gelehrter. Kleist hätte also, wenn er einen anderen Beruf hätte ergreifen wollen, seinen Adel aufgeben müssen; das hat er im Herbst 1800 zwar erwogen, aber dann doch nicht getan. Wohl aber hat er bereits den Brief an Martini, wie dann fast alle Briefe bis ins Jahr 1803, nicht mehr mit dem Adelsprädikat »von« unterschrieben, sondern schlicht als »Heinrich Kleist« bzw. hier: »Ihr Freund Kleist«.

Es ist auch sehr unwahrscheinlich, dass er schon 1799 an einen anderen Beruf gedacht haben könnte, ganz gewiss nicht an eine Existenz als Dichter. Diese Berufung ist ihm erst relativ spät bewusst geworden. Noch in einem Brief vom 10. Oktober 1801 hat er den Gedanken an »*Bücherschreiben* für Geld« weit von sich gewiesen: »ich begreife nicht, wie ein Dichter das Kind seiner Liebe einem so rohen Haufen, wie die Menschen sind, übergeben kann.« (SWB IV,273 f.). Dichtung galt ihm damals noch als persönlicher, intimer Ausdruck. Sein erstes Trauerspiel, *Die Familie Schroffenstein*, hat er anonym erscheinen lassen, und erst in einem Brief an Rühle vom 31. August 1806 hat er sich zum Dichten als seinem Beruf bekannt, von dem er auch sein finanzielles Auskommen erhoffte.

1799 verband er mit dem geplanten Studium überhaupt noch keine Berufsperspektive. Dem Gedanken, eine »Brodwissenschaft« studieren zu sollen, erteilte er eine klare Absage; ihm ging es darum, sich »für das Allgemeine, für das Leben« zu bilden (SWB IV,32 f.). Dass die Familie und der Vormund sich diesen wolkigen Vorstellungen des 21-jährigen, der eine scheinbar gesicherte Karriere aufgab, letztlich nicht verweigert haben, bleibt bemerkenswert und zeugt von Kleists energischem Willen.

3

Frankfurt (Oder). ›Würzburger Reise‹. Berlin
1799–1801

Den erbetenen Abschied erhielt Kleist am 4. April 1799, und am 10. April wurde er an der Frankfurter Universität immatrikuliert. Er studierte Physik und Mathematik, hörte Vorlesungen über Philosophie, Kulturgeschichte und Naturrecht, suchte nebenher seine Lateinkenntnisse zu vervollkommnen. Drei Semester lang hat er das durchgehalten und ist durchaus fleißig gewesen, aber schon im November 1799 klagte er in einem Brief an Ulrike, bei all diesen »ernsthaften abstrakten Dingen« finde zwar der Geist seine Nahrung, aber »das arme Herz« gehe leer aus; »u doch wohnt das Glück nur im Herzen, nur im Gefühl, nicht im Kopfe, nicht im Verstande.« (SWB IV,44 f.). Diese Entgegensetzung von Geist und Herz, von Gefühl und Verstand findet sich noch öfter bei Kleist; einige zeitweise maßgebende Interpreten haben diesen Gegensatz verabsolutiert und Kleist zum Irrationalisten zu machen gesucht. Kleists Angriffe haben aber stets nur einer *einseitigen* Verstandeskultur, einem *bloßen* Rationalismus gegolten, und dass auch das Gefühl trügen kann, war ihm sehr wohl bewusst. Ihm ging es um eine Vereinigung beider Kräfte; in diesem Sinne schrieb er am 7. Januar 1805 an Pfuel: »Ich kann ein [Diffe]rentiale finden, und einen Vers machen; sind das nicht die beiden Enden der menschlichen Fähigkeit?« (SWB IV,336). In einem *Fragment* für die *Berliner Abendblätter* hat er diesen Gedanken wieder aufgegriffen; es lautet: »Man könnte die Menschen in zwei Klassen abteilen; in solche, die sich auf eine Metapher und 2) in solche, die sich auf eine Formel verstehn. Deren, die sich auf beides verstehn, sind zu wenige, sie machen keine Klasse aus.« (SWB III,555).

Im Herbst 1799 freilich litt Kleist offenkundig unter einer als einseitig empfundenen abstrakt rationalen Beschäftigung, vermisste die Potsdamer Freunde und die seit längerem bei auswärtigen Verwandten weilende Ulrike, und erstmals spricht er auch davon, wie schwer es ihm falle, seine Gedanken und Empfindungen angemessen auszudrücken, von seiner ihn peinigenden Gehemmtheit in Gesellschaft, die, späteren Zeugnissen zufolge, wohl mitbedingt war durch einen nervösen Sprachfehler. Achim von Arnim jedenfalls berichtete im Februar 1810 in einem Brief an Wilhelm Grimm, Kleist habe »eine gewisse Unbestimmtheit in der Rede, die sich dem Stammern nähert« (LS, Nr. 347), d. h. Kleist neigte anscheinend, vor allem wenn er erregt war, zum Stottern.

In jenem Novemberbrief an Ulrike erwähnt er auch erstmals die Familie von Zenge, die das Haus neben den Kleists bewohnte. Der General Hartmann von Zenge war 1799 von Berlin nach Frankfurt versetzt worden; mit seiner Frau hatte er insgesamt vierzehn Kinder, deren ältestes, die 1780 geborene Wilhelmine, Kleists Braut werden sollte. Auch von ihr ist in diesem Brief bereits die Rede, und zwar folgendermaßen: »Die älteste Zengen, Minette, hat sogar einen feineren Sinn, der für schönere Eindrücke zuweilen empfänglich ist; wenigstens bin ich zufrieden, wenn sie mich zuweilen mit Interesse anhört, ob ich gleich nicht viel von ihr wieder erfahre.« (SWB IV,47). Das klingt nicht eben verheißungsvoll. Immerhin vermochte Kleist die Zengeschen Töchter, soweit sie schon alt genug waren, für seine Studien zu interessieren; sie hörten zusammen mit ihm und anderen eine Privatvorlesung von Christian Ernst Wünsch über Experimentalphysik und akzeptierten Kleist selbst als ihren »Unterlehrer« (LS, Nr. 36).

In einer Art Rechtfertigungsbrief hat Wilhelmine von Zenge im Juni 1803 ihrem nachmaligen Gatten Wilhelm Traugott Krug geschildert, wie es zur Verlobung gekommen ist. Eines Abends (wohl gegen Ende des Jahres 1799) habe Kleist ihr einen Brief zugesteckt, dem sie zu ihrer größten Verwunderung entnahm, »daß er mich schon lange herzlich liebe, und ich ihn durch meine Hand sehr beglücken könne.« (LS, Nr. 38). Da sie ihn zwar achtete, aber nicht liebte, bat sie ihn um Aufrechterhaltung bloßer Freundschaft; er ließ aber nicht locker, zwang sie, ihm aufzuschreiben, wie denn der Mann beschaffen sein müsse, der sie glücklich machen könnte, versuchte auch, so ihr Eindruck, diesem Bilde ähnlich zu werden, so dass sie schließlich nachgab. Auch ihre Eltern willigten ein, allerdings mit

Wilhelmine von Zenge
Miniaturporträt, um 1800

der Maßgabe, die Verlobung erst bekannt zu geben, wenn der Bräutigam »ein Amt habe«, eine Anstellung im Zivildienst also, die es ihm erlauben würde, eine Familie zu ernähren. Damit brachten sie Kleist in einen unauflöslichen Zwiespalt.

Kleists Verhältnis zu Frauen zu beurteilen ist schwierig. Zwar sind von den uns überlieferten Briefen die meisten und die wichtigsten an Frauen gerichtet: an Ulrike und Marie von Kleist, an Wilhelmine von Zenge und ihre Schwester Louise, an Adolphine von Werdeck sowie an Henriette und Karoline von Schlieben; auch sind ihm in seinen Dichtungen die eindrucksvollsten, dabei unterschiedlichsten Frauengestalten gelungen; ob er aber je eine echte, womöglich auch sexuell erfüllte Liebesbeziehung erlebt hat, mag man bezweifeln. Hierüber existieren fast nur Legenden. Was Henriette Vogel betrifft, so hat er sie ausdrücklich als Todes- und nicht als Lebensgefährtin gewählt (12. November 1811 an Marie von Kleist). Von den Briefen an Wilhelmine von Zenge hat die Empfängerin später gesagt, sie seien »alle in der höchsten Leidenschaft geschrieben« (NR, Nr. 167), ein Urteil, über das man zumindest heutzutage nur den Kopf schütteln kann. Was dem heutigen Leser an diesen Briefen vor allem auffällt, ist eine fast unerträgliche Schulmeisterei, verbunden mit einer doktrinären Aufteilung der Geschlechterrollen, die die Superiorität des Mannes fraglos voraussetzt, z. B.: »Da findet nun die Urtheilskraft zuerst, daß der Mann nicht bloß der Mann seiner Frau, sondern auch noch ein Bürger des Staates, die Frau hingegen nichts als die Frau ihres Mannes ist« (SWB IV,58). Auch die wiederholte Lobpreisung der Frau als Mutter ist Bestandteil dieser patriarchalischen Sicht der Dinge, die schon zu Kleists Zeiten ins Wanken geraten war, wenn auch Johann Gottlieb Fichte sie 1797 in seiner *Deduktion der Ehe* nochmals zu rechtfertigen versucht hatte. – Die pietistisch erzogene Wilhelmine von Zenge freilich hat die ihr zugewiesene Rolle offenbar gänzlich verinnerlicht, wie aus ihrem Rechenschaftsbericht für Traugott Krug hervorgeht (vgl. LS, Nr. 38).

Offenkundig fürchtete Kleist sich damals vor einer selbständigen, am Ende gar ›starken‹ Frau, und das deshalb, weil er seiner selbst in keiner Weise sicher war, weder seines inneren Wertes noch seiner gesellschaftlichen Stellung noch seines künftigen Weges (seiner »Bestimmung«, wie er es nannte) noch selbst seiner Identität als Mann.

Wenn man die ersten erhaltenen Briefe an Wilhelmine liest, ist es geradezu mitleiderregend, wie Kleist darum bettelt, sie möge ihm ihre Zuneigung nicht nur durch ihr Verhalten zu erkennen geben, sondern ihm wörtlich aufschreiben: »*ich liebe Dich.*« (SWB IV,54). Immer wieder verlangt er in der Folgezeit Beweise der Liebe und des Vertrauens (zwei Begriffe, die für ihn fast zu Synonymen wurden), eines unbedingten Vertrauens auch dann, wenn er seine Unternehmungen in geheimnisvolles Dunkel hüllt. Sogar eine Tasse hat er Wilhelmine geschenkt, deren Aufschriften den Spruch ergeben: »Vertrauen auf uns, Einigkeit unter uns.« Wer so viel Vertrauen braucht, misstraut sich wohl selbst.

Was seine »Bestimmung« angeht, so ist ein Brief sehr aufschlussreich, den er im Mai 1799 an Ulrike gerichtet hat und in dem er der Halbschwester dringendst ans Herz legte, sich auf *ihre* Bestimmung zu besinnen, auf ihre »heiligste Pflicht«, nämlich darauf, Gattin und Mutter zu werden (SWB IV,42). Nachdrücklich spricht er von der Notwendigkeit eines »Lebensplans«, der den Menschen davor bewahre, »ein Spiel des Zufalls, eine Puppe am Drathe des Schicksaals« zu werden (SWB IV,40); von sich selbst behauptete er, sein Lebensplan verschaffe ihm Seelenruhe in der Gegenwart und im Hinblick auf die Zukunft. Welchen Inhalts dieser Lebensplan war, geht aus dem Brief freilich nicht hervor, und sehr viel weiter als bis auf das Ziel ›Bildung durch Studium‹ kann dieser ›Plan‹ nicht gediehen gewesen sein, wie Briefe an die Braut noch ein Jahr später belegen. Die Chimäre seines Lebensplans war hauptsächlich eine Hilfskonstruktion, beschwörend aufgerichtet gegen die Furcht davor, »ein Spiel des Zufalls, eine Puppe am Drathe des Schicksaals« zu werden. Mit gutem Grund kehrt eben dieses Bild zwei Jahre später wieder, nach der sogenannten Kant-Krise. Da heißt es in einem Brief an die Braut: »Ach, Wilhelmine, wir dünken uns frei, u der Zufall führt uns allgewaltig an tausend feingesponnenen Fäden fort.« (SWB IV,214f.).

Was schließlich Kleists Identität als Mann betrifft, so gibt auch da sein Brief an Ulrike vom Mai 1799 einen gewissen Aufschluss, insofern er gegen die männlichen Züge der Halbschwester protestiert und ihr den ›unweiblichen‹ Gedanken an ein unabhängiges Leben verweisen will. Deutlicher wurde er in einem Gedicht zum Neuen Jahr 1800 an Ulrike:

Amphibion du, das in zwei Elementen stets lebet,
Schwanke nicht länger und wähle dir endlich ein sichres
                Geschlecht.
Schwimmen und fliegen geht nicht zugleich, drum verlasse
                das Wasser,
Versuch es einmal in der Luft, schüttle die Schwingen und
                fleuch!

(SWB III,406)

Im Juli 1801, während der gemeinsamen Paris-Reise mit Ulrike, schrieb Kleist an Adolphine von Werdeck: »O es giebt kein Wesen in der Welt, das ich so ehre, wie meine Schwester. Aber welchen Mißgriff hat die Natur begangen, als sie ein Wesen bildete, das weder Mann noch Weib ist, u gleichsam wie eine Amphibie zwischen zwei Gattungen schwankt?« (SWB IV,253). Man geht wohl nicht fehl in der Annahme, dass die Eigenart der Schwester Kleist deshalb so beunruhigte, weil er in ihr ein komplementäres Gegenbild zu seiner eigenen Veranlagung gesehen hat. Solche Vermutungen werden bestätigt durch seine ›Liebesbriefe‹ an Friedrich Lose (SWB IV,288–291) und Ernst von Pfuel

(SWB IV,335–337). Gleichwohl berechtigen die vorliegenden Zeugnisse kaum zur Konstatierung eindeutiger Homosexualität. Vielmehr dürfte Kleist sich selbst ähnlich wie die Halbschwester als »Amphibion« empfunden haben, als schwankend zwischen dem Männlichen und dem Weiblichen, und diese Unsicherheit wird ihn zutiefst beunruhigt haben. Nicht nur zu seiner Zeit galt die Homosexualität ja als strafwürdiges ›unnatürliches Laster‹, und Kleist, der, als Schüler Rousseaus, immer wieder »die Natur« als maßgebende Instanz angerufen hat, musste hier in schwere Konflikte geraten. Andererseits könnte gerade seine schwankende sexuelle Identität ihn mit dazu befähigt haben, seine ungewöhnlichen Frauengestalten zu schaffen. Wohl unbewusst hat Goethe ganz Richtiges getroffen, als er über die *Penthesilea* schrieb: »Sie ist aus einem so wunderbaren Geschlecht und bewegt sich in einer so fremden Region, daß ich mir Zeit nehmen muß, mich in beyde zu finden.« (SWB IV,410). Das Wunder-, sprich: Sonderbare und das Fremdartige ergeben sich aus der befremdenden Mischung des Weiblichen und des Männlichen in der Gestalt der Penthesilea, von der Kleist an Marie schrieb: »Es ist wahr, mein innerstes Wesen liegt darin [...]: der ganze Schmutz zugleich und Glanz meiner Seele.« (SWB IV, 397 f.).

Die übereilte Verlobung mit Wilhelmine von Zenge und die Überfrachtung dieser Beziehung mit Ansprüchen und Erwartungen müssen wohl als Versuch Kleists gesehen werden, Ordnung in sein Leben und in seine Emotionalität zu bringen, sich bürgerlichen Forderungen anzupassen, als ein Versuch – wie der ähnlich veranlagte Thomas Mann nach seiner Eheschließung an den Bruder Heinrich schrieb –, sich »eine Verfassung« zu geben.

Wie ernst Kleist diesen Versuch genommen hat, zeigt das Unternehmen der sogenannten ›Würzburger Reise‹, von der sich mit Bestimmtheit nicht mehr sagen lässt, als dass ihr Zweck die Beseitigung eines Ehehindernisses gewesen ist und dass dieser Zweck nicht erreicht wurde. Kleist selbst hat in den überlieferten Briefen über das Ganze einen Schleier des Geheimnisses geworfen, den zu lüften der Forschung trotz beträchtlicher Anstrengungen bis heute nicht gelungen ist. Ob die Lösung des Rätsels uns zu einem besseren Verständnis seiner Dichtungen verhelfen würde, mag dahingestellt bleiben, scheint aber möglich, da in den Briefen von dieser Reise sich erstmals Ansätze zu einer poetischen Adaption und Überformung von ›Wirklichkeit‹ finden.

An Fakten ergibt sich Folgendes: Im Sommer des Jahres 1800 brach Kleist sein Studium ab, verabschiedete sich überstürzt von Ulrike und von der Braut und reiste über Berlin nach Koblentz bei Pasewalk, wo er mit Ludwig von Brockes (1767–1815) zusammentraf, den er vier Jahre zuvor auf Rügen kennen gelernt und mit dem er anscheinend in der Zwischenzeit die Verbindung aufrechterhalten hatte (Briefe an und von Brockes sind nicht überliefert). Zusammen mit Brockes, den er Ulrike und Wilhelmine gegenüber als »edeln, weisen Freund« bzw. als »*weisen, ältern* Freund« bezeichnete (SWB IV,67 und 74), begab er sich auf eine Reise, die ursprünglich nach Wien führen sollte und von deren Zweck er mitteilte, er sei »der Verehrung jedes edeln Menschen werth.« (SWB IV,80). Ulrike habe er sich nicht anvertrauen können, weil sie eine Frau sei (SWB IV,67). Vor der Abreise musste er unbedingt noch den Minister Struensee sprechen, »um mir auf jeden Fall den Rückzug zu sichern.« (SWB IV,83). Karl August von Struensee war preußischer Minister für »Akzise-, Zoll-, Kommerzial- und Fabrikwesen«. Mit ihm oder mit dem ihm unterstellten Christian Kunth hat Kleist in der Tat eine Unterredung gehabt und offenkundig den 1. November als spätesten Rückkehrtermin vereinbart. Bemerkenswert ist auch noch der Umstand, dass Kleist und Brockes sich für die Reise Pseudonyme zulegten: Brockes nannte sich Bernhoff, Kleist (unter Verwendung der Buchstaben seines eigenen Namens) Klingstedt. Unter diesen Pseudonymen und mit der Angabe, sie stammten aus Schwedisch-Pommern (dem damals noch zu Schweden gehörigen Teil Pommerns westlich der Peene einschließlich der Insel Rügen), ließen sich die beiden am 1. September an der Leipziger Universität inskribieren, was den einzigen Zweck hatte, die Immatrikulationsbescheinigungen als Ersatz für die nicht vorhandenen Pässe zu benutzen. Richtige Pässe auf die falschen Namen hofften sie, aus nicht bekannten Gründen, von dem englischen Gesandten am sächsischen Hof in Dresden zu bekommen. Dieser, Hugh Elliot, hat ihnen offenkundig keine Pässe ausgestellt, sie aber davon abgebracht, nach Wien weiterzureisen. Vermutlich hat er sie darüber unterrichtet, dass der zwischen Frankreich und Österreich bestehende Waffenstillstand brüchig geworden war, dass Kriegshandlungen bevorstanden und die Weiterreise deshalb zu gefährlich sei. Nun hieß das Reiseziel Straßburg oder Würzburg, und kurz nach dem Eintreffen in Würzburg am 9. September teilte Kleist mit, sie würden dort bleiben. Zunächst wohnten sie in einem teuren Hotel, dem »Fränkischen Hof«, übersiedelten aber bald in das Haus des »Wundarztes Zweiter Klasse« und Stadt-Chirurgus Joseph Wirth. – Erst am 27. Oktober brach Kleist wieder auf und kehrte in nur fünf Tagen nach Berlin zurück, um den Termin 1. November nicht zu versäumen.

Aus der Zeit vom Aufbruch aus Berlin bis zur Rückkehr dorthin sind uns zwar acht zum Teil sehr umfangreiche Briefe an Wilhelmine von Zenge überliefert, seltsamerweise aber kein einziger an die Halbschwester Ulrike, der er von Berlin und Pasewalk aus noch sehr ausführlich geschrieben hatte und bei der er sich auch nach seiner Rückkehr sofort meldete. In einem Bericht über ihren Bruder, den sie im Jahre 1828 von einer Nichte hat aufschreiben lassen, übergeht sie die Reise mit Stillschweigen; später soll sie gesagt haben, »die Reise wäre politischer Natur gewesen« (LS, Nr. 40). Auch die Briefe an die Braut sind nicht vollständig erhalten; ein Brief vom Anfang Oktober, den

Kleist selbst »einen *Haupt-Brief*« genannt hat (SWB IV,138), ist verloren.

Den überlieferten Zeugnissen ist Folgendes zu entnehmen: Der Zweck der Reise war laut Kleist ein solcher, den »jeder edle Mensch, der ihn fassen kann, ehren *muß*« (SWB IV,82), der aber unbedingt verheimlicht werden müsse (SWB IV,66 f.). Es gehe um sein und Wilhelmines Glück (SWB IV,81), ja, er »sorge« mit dieser Reise nicht nur für Wilhelmine, sondern auch für ihre Eltern (SWB IV,108), und immer wieder malt er sich und der Braut den Triumph aus, der ihn nach seiner Rückkehr erwarte, wenn er ihr alles erzählen könne: »Wie wirst Du an meinem Halse weinen, heiße innige Freudenthränen! Wie wirst Du mir mit Deiner ganzen Seele danken!« (SWB IV,117). Er habe auf dieser Reise Wilhelmines Glück »mit unglaublichen Opfern erkauft«, ja für ihr Glück »*sein Leben*« gewagt (SWB IV,122). – Am 10. Oktober, seinem Geburtstag, erwähnt er eine Aufzeichnung Wilhelmines als Anlass wenn nicht für die Reise überhaupt, so doch für die Beschleunigung seines Vorhabens. Diese Aufzeichnung sei das erste Blatt eines Aufsatzes gewesen, um den er sie gebeten hatte und in dem sie darlegen sollte, »was Du Dir denn eigentlich von dem Glücke einer künftigen Ehe versprächst?« (SWB IV,139). Von diesem ersten Blatt schreibt er: »Es zog mein ganzes Herz an Dich, aber es stieß mich zugleich unwiderruflich aus Deinen Armen – Wenn ich es jetzt wieder lesen werde, so wird es mich dahin zurückführen. Damals war ich Deiner nicht würdig, jetzt bin ich es. […] Damals quälte mich das Bewußtsein, Deine heiligsten Ansprüche nicht erfüllen zu können, und jetzt, jetzt – – Doch still!« (SWB IV,140). Im weiteren Verlauf dieses Briefes stellt er dar, was er als *seine* große Idee für Wilhelmine bezeichnet, nämlich ihre Ausrichtung auf die Mutterschaft und die Bildung edler Menschen. Nachdem er bereits den Brief vom 19. September mit der übermütig vorausgreifenden Adresse »An die Frau von Kleist, gebohrne von Zenge« versehen hatte

(SWB IV,667), schließt er den Briefteil vom 10. Oktober mit den Worten: »Gute Nacht, Wilhelmine, meine Braut, einst meine Gattin, einst die *Mutter* meiner Kinder!« (SWB IV,143). – Dieses »einst« ist ernst zu nehmen; denn schon am 23. September bezeichnete er Frankfurt als den Ort, »an dem Du doch noch lange ohne mich wirst leben müssen« (SWB IV,137), und am 10. Oktober spricht er von einer bevorstehenden Prüfungszeit: »In fünf Jahren, hoffe ich, wird das Werk fertig sein.« (SWB IV,140). Worum es geht, erfahren wir nicht.

Diese und weitere, noch zu erwähnende Puzzle-Teile hat die Kleist-Forschung zu bisher fünf verschiedenen Lösungsmöglichkeiten zu kombinieren versucht, die allesamt den Fehler haben, dass stets einige Teile nicht passen wollen.

Aus dem Umstand, dass sowohl Wien (das zunächst anvisierte Ziel) als auch Straßburg und Würzburg ›ausländische‹, d. h. nichtpreußische Universitätsstädte waren, leiten sich zwei Hauptrichtungen dieser Lösungsversuche ab: Entweder habe Kleist bei einer medizinischen Kapazität Hilfe gegen ein körperliches Leiden gesucht, das ihn eheuntauglich machte, z. B. eine Phimose (eine schmerzhafte Vorhautverengung), oder aber es sei ihm darum gegangen, an einer auswärtigen Universität mit Hilfe einer wissenschaftlichen Arbeit ein ›Amt‹ zu erlangen, konkret: sich zu habilitieren, was ja die Forderungen von Wilhelmines Eltern befriedigt hätte. Demgegenüber haben die Verbindung zum Ministerium Struensee, die Annahme falscher Namen und Andeutungen in einem Brief Kleists an Ulrike vom 25. November 1800 schon früh auf die Vermutung geführt, es sei um Spionage im Interesse der preußischen Industrie gegangen, eine Deutung, die Eberhard Siebert 1986 noch einmal ausführlich begründet hat (B 6: 1986). In jüngster Zeit hat Dirk Grathoff die These aufgestellt, es sei Kleist um Aufnahme in eine Freimaurerloge gegangen: Er habe den damals in Wien und anderwärts verfolgten Freimaurern die Abfassung einer Verteidigungs- oder Reformschrift angeboten und sei in Würzburg mit den prominenten Freimaurern Hufeland und von Schlabrendorf zusammengetroffen.

Für die Phimose-Theorie wird immer wieder ein ausführlicher Bericht Kleists über seinen Besuch im Würzburger Julius-Spital im Brief an Wilhelmine vom 13. September angeführt, insbesondere die Schilderung eines 18-jährigen Jünglings, den angeblich »ein unnatürliches Laster wahnsinnig gemacht hatte« (SWB IV,119). Ferner kann für die sexualtherapeutische Operation sprechen, dass Kleist im Brief vom 10. Oktober einerseits euphorisch die Mutterschaft preist, andererseits mitteilt, »jetzt« könne er Wilhelmines »heiligste Ansprüche« erfüllen. Hinzu kommt noch, dass Kleist in einem späteren Brief (vom 31. Januar 1801) von wiederholten Arztbesuchen auf seinem Zimmer spricht (SWB IV,193). – Aber: 1. Wenn Wilhelmine auf jenem ersten Blatt ihres Aufsatzes die Mutterschaft als höchstes Eheglück genannt hätte, wie käme Kleist dann dazu, in seinem Brief vom 10. Oktober die Mutterschaft als *seine »große Idee*, die ich für Dich im Sinne habe« (SWB IV,140) zu bezeichnen? 2. Da Kleist nachweislich im Julius-Spital *nicht* behandelt worden ist und die Phimose-Theoretiker deshalb annehmen, er habe sich von seinem Mietherrn Joseph Wirth behandeln lassen: Ist es glaubhaft, dass Kleist auf der Suche nach einer Kapazität eine weite Reise unternimmt, um sich dann doch einem einfachen Feldscher unters Messer zu legen? 3. Die schon erwähnte wiederholte Ausmalung von der triumphalen Aufdeckung des Geheimnisses sowie die Beteuerung, dass er mit seinem Vorhaben nicht nur für Wilhelmine, sondern auch für deren Eltern »sorge«, passen schlecht zur These von der sexualtherapeutischen Operation. 4. Auch Hans-Jürgen Schrader, der die Phimose-Theorie 1983 noch einmal scharfsinnig zu begründen versucht hat, ging davon aus, dass Kleists Vorhaben gescheitert ist, d. h. hier: dass die Operation entweder misslungen oder doch von Kleist als misslungen betrachtet worden ist (B 16: 1983, 139). Dem widersprechen Kleists Bekundungen im Brief vom 13. November 1800 an Wilhelmine: »Ich fühle, daß es mir nothwendig ist, *bald* ein Weib zu haben. Dir selbst wird meine Ungeduld nicht entgangen sein – ich muß diese unruhigen Wünsche, die mich unaufhörlich wie Schuldner mahnen, zu befriedigen suchen. Sie stören mich in meinen Beschäfftigungen – auch damit ich moralisch gut bleibe, ist es nöthig – [...] o werde *bald, bald,* mein Weib.« (SWB IV,154). 5. Zu Beginn der Reise, am 21. August, hatte Kleist an Wilhelmine geschrieben, er habe »über den Gedanken dieses Planes schon lange lange gebrütet. Sich dem blinden Zufall überlassen, u warten, ob er uns endlich in den Hafen des Glückes führen wird, das war nichts für mich.« (SWB IV,83). Wie hätte er die Heilung eines physischen Sexualhemmnisses vom »blinden Zufall« erwarten können?

Kürzlich hat Uffe Hansen die medizinische Hypothese insofern abgewandelt, als er nachzuweisen sucht, dass Kleist sich in Würzburg einer ›magnetischen‹ Kur unterzogen haben könnte, wobei zur behandelten Krankheit nichts gesagt wird und Hansen, im Gegensatz zu Schrader, davon ausgeht, dass die Kur Erfolg gehabt habe (B 6: 1997). Der – hinsichtlich der verschiedenen Richtungen des Heilmagnetismus sowie bezüglich der damaligen Somnambulismus-Theorien und Kleists entsprechenden Kenntnissen sehr aufschlussreiche – Aufsatz arbeitet allerdings mit so vielen unbewiesenen Hypothesen (immer wieder heißt es: »Nehmen wir an«, »Wir dürfen also vermuten« usw.), dass vorläufig nicht mehr als ein interessanter Gedanke konstatiert werden kann. Zumindest zur Art der angeblichen Krankheit und zur Verbindung mit Wilhelmines Wünschen müsste Klärendes nachgetragen werden.

Das von Kleist behauptete lange Brüten über seinem Plan und die Versicherung, er »sorge« mit seiner Unternehmung für Wilhelmine und ihre Eltern, lassen auf berufliche Gründe für die Reise schließen. Zur Vermutung, er habe ein akademisches Lehramt angestrebt (Gall, B 8: 1977), könnte passen, dass er Ulrike im Brief vom 14. August bat, ihm »meine Schrift, über die Kantische Philosophie« sowie »die Kulturgeschichte« nachzusenden (SWB IV,67) – wobei freilich zu fragen bliebe, warum er sie nicht gleich mitgenommen hat. Offenbar handelte es sich um Ausarbeitungen auf der Grundlage seiner Universitätsstudien. Seine Mitteilung vom 10. Oktober: »In fünf Jahren, hoffe ich, wird das Werk fertig sein« wäre dann so zu verstehen, dass Würzburger Professoren das ihnen Vorgelegte wohlwollend geprüft, den Kandidaten aber auf die Notwendigkeit hingewiesen hätten, eine fundiertere Arbeit einzureichen. Seine im Lauf des Winters 1800/01 entwickelten Pläne, populärphilosophische Schriften zu verfassen und/oder die Kantische Philosophie in Frankreich zu verbreiten, wären dann als Modifikationen dieses Plans anzusehen. – Ungeklärt bleibt bei dieser These, wieso Kleist, wenn er sich habilitieren wollte, unter größten Heimlichkeiten eine auswärtige Universität meinte aufsuchen zu müssen, obwohl ihm dieser Weg in Preußen selbst ohne weiteres offen gestanden hätte; jedenfalls hat ihm Christian Kunth, als er sich im November um eine Beschäftigung unter Struensee bewarb, ohne jedes Bedenken »den Rath gegeben, sich« doch lieber »auf irgend einer Universität als öffentlicher Lehrer zu habilitiren« (LS, Nr. 46).

Ausgangspunkt für Dirk Grathoffs Freimaurer-These (B 6: 1993, 29–78) waren eben die Geheimniskrämerei Kleists und der Hinweis von Elke Clauss auf die Ähnlichkeiten dieser Technik verhüllender Enthüllung mit dem freimaurerischen Diskurs (B 16: 1993, 242–244). Wenn Kleist Freimaurer werden wollte (wie sein Vormund Dames, sein Cousin Wilhelm von Pannwitz sowie seine Universitätslehrer Wünsch und Madihn), dann war ihm das in Preußen nach Erlass des Freimaurer-Edikts vom 20. Oktober 1798 vor seinem 25. Geburtstag nicht möglich und durfte auch nicht bekannt werden. Die Annahme falscher

Namen wäre von daher ebenso zu erklären wie Kleists Mitteilung an Ulrike: »eine Frau konnte meine Vertraute nicht werden« (SWB IV,67), eine Aussage, die bislang für die sexualmedizinische Hypothese reklamiert wurde. Da die bloße Aufnahme in eine Loge Kleists Problem hinsichtlich einer möglichst baldigen Heirat mit Wilhelmine von Zenge nicht gelöst hätte, mutmaßte Grathoff weiter, Kleist habe den Freimaurern anbieten wollen, gegen Honorar eine Schrift zur Verteidigung oder zur Reformierung des Freimaurertums zu verfassen. Diese Theorie steht auf sehr schwachen Füßen, selbst wenn zuträfe, dass Kleist in Würzburg sowohl Christoph Wilhelm Hufeland als auch (welche Annahme aber wohl irrig ist) Gustav von Schlabrendorf getroffen hätte. Denn warum sollten prominente Freimaurer an einem solche Angebot des gänzlich unbekannten jungen Kleist, eines Außenstehenden obendrein, interessiert gewesen und sogar eigens seinetwegen nach Würzburg gereist sein? Auch hier bliebe also noch vieles zu klären und einzufügen.

Die Auffassung, Kleist sei mit einem Industriespionage-Auftrag unterwegs gewesen, hat angesichts der Abstimmung der Reise mit dem Ministerium Struensee zunächst einiges für sich. Dass Industriespionage im ›Ausland‹ tatsächlich zu den Aufgaben der dem Ministerium unterstellten »Technischen Deputation« gehörte, steht außer Zweifel. Ferner hat Eberhard Siebert ermittelt, dass sowohl in Wien als auch in Straßburg und Würzburg Färbe- bzw. Bleichverfahren entwickelt worden waren, die für die aufstrebende preußische Textilindustrie hätten wichtig werden können. Die in den August-Briefen immer wieder betonte Notwendigkeit, vor der Abreise den Minister Struensee zu sprechen, und der offensichtlich schon damals festgelegte Rückkehr-, vielleicht auch Anstellungstermin 1. November deuten ebenfalls auf »Geschäfte« im Interesse des Ministeriums, wozu Kleist allerdings am 14. August gleich einschränkend bemerkte, dies sei nur »zum Theil wahr« (SWB

IV,67). Seine Mitteilung, er müsse mit dem Minister sprechen, »um mir auf jeden Fall den Rückzug zu sichern« (SWB IV,83), kann auf zweierlei Weise gedeutet werden: Entweder war eine Anstellung im Ministerium als Ausweichmöglichkeit gedacht für den Fall, dass der eigentliche Reisezweck verfehlt werden sollte (so Grathoff), oder es ging um die Möglichkeit einer »Intervention Struensees im Falle einer Festnahme« Kleists (Siebert, B 6: 1986, 193). Nicht eindeutig ist auch der Passus in Kleists Brief an Ulrike vom 25. November 1800:

> Die Reise war das einzige, das mich reizen konnte, so lange ich davon noch nicht genau unterrichtet war. Aber es kommt dabei hauptsächlich auf List u Verschmitztheit an, u darauf verstehe ich mich schlecht. Die Inhaber ausländischer Fabriken führen keinen Kenner in das Innere ihrer Werkstatt. Das einzige Mittel also, doch hinein zu kommen, ist Schmeichelei, Heuchelei, kurz Betrug – Ja, man hat mich in diese Kunst zu betrügen schon unterrichtet – nein, mein liebes Ulrikchen, das ist nichts für mich.   (SWB IV,170)

»Die Reise«, von der da gesprochen wird, *kann* die ›Würzburger Reise‹ meinen; eher aber ist mit Paul Hoffmann anzunehmen, dass die mit der Anstellung in der »Technischen Deputation« verbundene Reisetätigkeit überhaupt gemeint ist, *das* Reisen also (B 6: 1903, 116). Hierfür spricht der Nachsatz: »so lange ich *davon* noch nicht genau unterrichtet war«. Es geht also wohl nicht um eine Rekapitulation eigener desillusionierender Erfahrungen, sondern um einen Bericht über Mitteilungen bezüglich der Aufgaben eines Mitglieds der »Technischen Deputation«, die ihm inzwischen, wahrscheinlich von Kunth, gemacht worden waren.

Trotzdem hat von den Indizien her die Spionage-These einiges für sich. Von Kleists Persönlichkeit her aber scheint

sie ganz abwegig. Es ist kaum denkbar, dass er von einem
solchen Zweck der Reise gesagt hätte, er sei »der Verehrung
jedes edeln Menschen werth«, und dass er von der Ausführung solch subalterner Spitzeldienste Ruhm und Bewunderung von Seiten der Familien von Kleist und von Zenge erwartet haben sollte: »Lorbeern«, den Dank »Deiner ganzen
Seele«, »*ewige innige zärtliche Dankbarkeit*« (SWB IV, 131,
117, 122). Allenfalls lässt sich denken, dass Kleist neben
dem eigentlichen Zweck der Reise auch noch eine Art Probeauftrag für das Ministerium Struensee auszuführen versucht hat.

Dieser eigentliche Zweck bleibt vorerst in eben jenen
Schleier gehüllt, den Kleist so kunstvoll über das ganze Unternehmen geworfen hat. Der Ertrag der Reise war ganz
anderer Art; denn etliche Passagen in den Briefen an die
Braut können als erste Fingerübungen des *Dichters* Kleist
angesehen werden. Die ironische Schilderung eines Besuchs
in der Würzburger Leihbibliothek enthält auch schon einen
echt Kleistschen Dialog (SWB IV,121). Was die Landschaftsbeschreibungen betrifft, die nach dem Geschmack
der Zeit von ›sinnigen‹ Ausdeutungen überquellen, so finden sie sich teilweise wortwörtlich in sehr viel späteren
Briefen wieder. Den Main bei Würzburg (SWB IV,143 f.)
schilderte Kleist mit denselben Worten wie ein Jahr später
den Rhein bei Mainz (SWB IV,239 und 252), ähnlich auch
die Elbe bei Dresden (SWB IV,225 f. und 238). Diese und
andere auffälligen Wiederholungen erklären sich wohl aus
dem Umstand, dass Kleist, wie er am 18. November 1800
an Wilhelmine schrieb, ein »Ideenmagazin« angelegt hat
(SWB IV,164), Gedanken und Formulierungen enthaltend,
die er weiterzuverwenden gedachte. In eben diesem Brief
findet sich auch ein Sprachbild, das Kleist am Jahresende
durch eine Zeichnung ergänzte und das er später in der
Penthesilea wiederaufgenommen hat, eine Reminiszenz an
den Würzburger Aufenthalt:

Da gieng ich, in mich gekehrt, durch das gewölbte Thor, sinnend zurück in die Stadt. Warum, dachte ich, sinkt wohl das Gewölbe nicht ein, da es doch *keine* Stütze hat? Es steht, antwortete ich, *weil alle Steine aufeinmal einstürzen wollen* – u ich zog aus diesem Gedanken einen unbeschreiblich erquickenden Trost, der mir [...] immer mit der Hoffnung zur Seite stand, daß auch ich mich halten würde, wenn Alles mich sinken läßt. (SWB IV,159)

Im Sommer 1803 hat Christoph Martin Wieland, der einige Teile des *Robert Guiskard* kannte, Kleist brieflich beschworen, das Drama zu Ende zu schreiben: »Sie *müssen* Ihren Guiscard vollenden, und wenn der ganze Kaukasus und Alles [wohl: Atlas] auf Sie drückte.« (SWB IV,317). Aus beiden Metaphern wird in der *Penthesilea* die beschwörende Anrede Prothoes an die Königin: »Sinke nicht, / Und wenn der ganze Orkus auf dich drückte! / Steh, stehe fest, wie das Gewölbe steht, / Weil seiner Blöcke jeder stürzen will!« (V. 1347–50). Auch dies ist wieder ein Beleg für die starke Identifizierung Kleists mit seiner Figur Penthesilea.

Nach seiner Rückkehr aus Würzburg richtete er am 1. November 1800 ein Gesuch an Struensee, in dem er um die Erlaubnis bat, »den Sitzungen der technischen Deputation beiwohnen zu dürfen, damit ich in den Stand gesetzt werde, aus dem Gegenstande der Verhandlungen selbst zu beurtheilen, ob ich mich getrauen darf, mich dem Commerz und Fabriken Fache zu widmen.« (SWB IV,149). Es ging also nicht um ein ›Amt‹, sondern um bloße Hospitation, und nicht einmal das war ernst gemeint. Vermutlich hat Kleist den Antrag nur deshalb gestellt, weil Ähnliches vor Antritt der Reise vereinbart worden war, er sich die Gunst des Ministers nicht verscherzen und Zeit gewinnen wollte. Gleich nach dem 1. November ist er nämlich nach Frankfurt gereist, um Wilhelmine für andere Pläne zu ge-

winnen. Eine überschlägige Berechnung seines und ihres
Vermögens ergab, dass sie davon nicht würden leben können. Nach Berlin zurückgekehrt, legte Kleist in einem Brief
vom 13. November die Gründe dar, warum er »kein Amt
nehmen« könne. Es sind die gleichen Gründe, die ihn 1799
zum Abschied aus der Armee veranlasst hatten: Er könne
nicht bloßes Werkzeug für ihm fremde Zwecke sein. Ihm
gehe es um »Liebe, Bildung u Freiheit« (SWB IV,152). Er
beabsichtige jetzt, sich dem »schriftstellerische[n] Fach« zu
widmen, z. B. nach Paris zu gehen und »die neueste Philosophie in dieses neugierige Land [zu] verpflanzen« (SWB
IV,153); in etwa sechs Jahren hoffe er von solcher Tätigkeit
leben zu können. Fürs Erste schlug er Wilhelmine vor, mit
ihm nach Frankreich zu gehen, am besten in die französische Schweiz, dort Unterricht in der deutschen Sprache
zu geben und sich selbst im Französischen zu vervollkommnen.

Wilhelmine von Zenge hat sich mit diesen Plänen offenkundig und verständlicherweise nicht anfreunden können.
Kleist nahm den Winter hindurch an den Sitzungen der
»Technischen Deputation« teil, schwankte, ob er nicht
doch, wenn schon ein ›Amt‹, dann noch am ehesten ein
akademisches Lehramt anstreben sollte, setzte daneben seine philosophischen Studien fort und geriet darüber im
März 1801 in eine tiefe Krise, die in der Forschung als
»Kant-Krise« bezeichnet wird. In passagenweise gleichlau-
tenden Briefen an Wilhelmine von Zenge und an Ulrike
vom 22. und 23. März hat er von dieser Erkenntniskrise berichtet. Die frühere Forschung hat hier den entscheidenden
Wendepunkt in Kleists Entwicklung gesehen, während man
heutzutage eher dazu neigt, das Ganze nicht so ernst zu
nehmen und zu unterstellen, Kleist habe einen willkomme-
nen Vorwand dazu benutzt, die ungeliebte Tätigkeit in Berlin hinzuwerfen und sich überhaupt aus dem Staub zu machen. Gegen eine solche Bagatellisierung spricht aber doch

der Ton existenzieller Betroffenheit (»Mein einziges, mein höchstes Ziel ist gesunken«, heißt es in beiden Briefen), und dagegen spricht auch Kleists seither immer wieder ausgesprochene Skepsis in Bezug auf die Erkennbarkeit der Wahrheit, eine Skepsis, die weitreichende Folgen für sein dichterisches Werk gehabt hat.

Ausgelöst wurde die Krise, nach Kleists Worten, durch seine Beschäftigung »mit der neueren sogenannten Kantischen Philosophie« (SWB IV,205), eine Formulierung, um die es viel Rätselraten gegeben hat und noch gibt. Denn einige Werke Kants muss Kleist schon vorher gekannt haben, hatte ja auch bereits eine Schrift »über die Kantische Philosophie« verfasst (SWB IV,67), und man muss annehmen, dass mit der ›neuesten Philosophie‹, die er nach Frankreich ›verpflanzen‹ wollte, die Kantische gemeint war. Die Formulierung von der »neueren sogenannten« Kantischen Philosophie hat Ernst Cassirer darauf gebracht, ein Werk in der *Nachfolge* Kants als Kleists Lektüre zu vermuten, nämlich Fichtes im Jahre 1800 erschienene Schrift *Die Bestimmung des Menschen* (Cassirer, B 8: 1921). Demgegenüber hat Ludwig Muth ein Werk von Kant selbst, die 1790 publizierte *Kritik der Urteilskraft*, als Auslöser wahrscheinlich zu machen gesucht, vornehmlich deren zweiten Teil, die »Kritik der teleologischen Urteilskraft« (Muth, B 8: 1954).[2] Dort verneint Kant eine objektive Zweckmäßigkeit der Natur, aus der die Physikotheologie den Gottesglauben abzuleiten versucht hatte, und die Physikotheologie war ja wohl gemeint, als Kleist 1799 seine Absicht bekundete, in Göttingen »höhere Theologie« zu studieren. Wahrscheinlicher noch als Muths Annahme ist die These von Ulrich Gall, Kleist habe ein Buch des Kant-Schülers Karl Leonhard Reinhold gelesen, nämlich den 1789 erschienenen *Versuch einer neuen Theorie des menschlichen Vorstellungsver-*

---

2 Bernhard Greiner (B 8: 2000) hat diese These wieder aufgegriffen und erweitert.

mögens (Gall, B 8: 1977). Reinhold war im Jahre 1788 von Kant als berufener Exeget seiner Philosophie benannt worden, und da Kleist seinerseits die Absicht hatte, diese Philosophie in Frankreich zu verbreiten, ist die Vermutung naheliegend, dass er sich mit dem damals sehr erfolgreichen, der Auslegung und Begründung des Kritizismus dienenden Werk Reinholds befasst hat. Außerdem hat Reinhold Kants Erkenntniskritik ins Subjektivistische und Psychologische verschoben und eine unauflösliche Verschiedenheit zwischen den Dingen und den Vorstellungsinhalten behauptet. Nur diese schroffe Entgegensetzung, die sich bei Kant selbst nicht findet, erklärt Kleists betroffene Reaktion. Im Brief an Wilhelmine fasste er die Ergebnisse seiner Überlegungen in ein Bild:

> Wenn alle Menschen statt der Augen grüne Gläser hätten, so würden sie urtheilen müssen, die Gegenstände, welche sie dadurch erblicken, *sind* grün – und nie würden sie entscheiden können, ob ihr Auge ihnen die Dinge zeigt, wie sie sind, oder ob es nicht etwas zu ihnen hinzuthut, was nicht ihnen, sondern dem Auge gehört. So ist es mit dem Verstande. Wir können nicht entscheiden, ob das, was wir Wahrheit nennen, wahrhaft Wahrheit ist, oder ob es uns nur so scheint. Ist das letzte, so *ist* die Wahrheit, die wir hier sammeln, nach dem Tode nicht mehr – u alles Bestreben, ein Eigenthum sich zu erwerben, das uns auch in das Grab folgt, ist vergeblich – (SWB IV,205)

Der Schluss des Zitats erklärt sich aus einem vorhergehenden Passus. Dort berichtet Kleist, schon früh habe er sich den Gedanken angeeignet, der Zweck der Schöpfung sei die Vervollkommnung; weiter:

> Ich glaubte, daß wir einst nach dem Tode von der Stufe der Vervollkommnung, die wir auf diesem Sterne erreichten, auf einem andern weiter fortschreiten wür-

den, u daß wir den Schatz von Wahrheiten, den wir hier sammelten, auch dort einst brauchen könnten. Aus diesen Gedanken bildete sich so nach u nach eine eigne Religion, [...] *Bildung* schien mir das einzige Ziel, das des Bestrebens, *Wahrheit* der einzige Reichthum, der des Besitzes würdig ist. (SWB IV,204)

Der hier zugrunde liegende Gedanke der Seelenwanderung war im 18. Jahrhundert weit verbreitet, findet sich bei Leibniz, Wieland, Herder und anderen, ebenfalls die Vorstellung, dass die anderen Planeten unseres Sonnensystems und die zu anderen Fixsternen gehörenden Trabanten ebenso bewohnt seien wie die Erde, und schließlich auch die Meinung, dass die menschliche Seele im Zuge ihrer Vervollkommnung von Existenz zu Existenz und damit von Stern zu Stern fortschreiten könne. Kleist nennt als Quelle dieser Anschauungen »eine Schrift von Wieland« (SWB IV,204), und in der Tat finden sich in dessen Lehrgedicht *Die Natur der Dinge* entsprechende Passagen (vgl. Stephens, B 8: 1999, 458); Ähnliches könnte Kleist auch den seinerzeit sehr erfolgreichen *Kosmologischen Unterhaltungen für junge Freunde der Naturerkenntniß* entnommen haben, die sein Universitätslehrer Christian Ernst Wünsch verfasst hatte und die er seiner Braut in einem Brief vom 18. November 1800 ausdrücklich zur Lektüre empfahl (SWB IV,163).

Offenkundig hat der junge Kleist aus diesem Glauben, nicht auf eine einzige irdische Existenz beschränkt zu sein, großen Trost gezogen. In Briefen an Wilhelmine vom 13. November und an Ulrike vom 24. November 1800 heißt es fast gleichlautend: »wenn ich auch auf dieser Erde nirgends meinen Platz finden sollte, so finde ich vielleicht auf einem andern Sterne einen um so bessern.« (SWB IV,152; vgl. 171). Was dann in der »Kant-Krise« zusammenbrach, war nicht so sehr die Vorstellung von einer Existenz nach dem Tode überhaupt, wohl aber der Glaube an die Möglichkeit einer stufenweisen Vervollkommnung durch »Bildung«. Wenn es nicht möglich war, ›hier‹ auf Erden einen Schatz von Wahrheit zu sammeln, »ein Eigenthum sich zu erwerben, das uns auch in das Grab folgt«, dann bedeutete das für Kleist die Sinnlosigkeit einer Existenz als Wissenschaftler, die Sinnlosigkeit erst recht seiner Absicht, »die Sätze einer traurigen Philosophie«, wie er nun sagte (SWB IV,244), in Frankreich verbreiten zu wollen. Das, woran er sich über Monate, während der ihn frustrierenden Beschäftigung in der »Technischen Deputation«, festgehalten hatte, fiel in sich zusammen.

Wahrscheinlich hätte Kleist den radikalen Folgerungen aus seiner Lektüre stärkeren Widerstand entgegengesetzt, wenn nicht sein Glaube an die Wissenschaft ohnehin schon unterhöhlt gewesen wäre. Als sehr wichtig dürfte der Einfluss seines Freundes Brockes einzuschätzen sein, der Mitte November 1800 aus Dresden nach Berlin gekommen war und bis Januar 1801 blieb. In einem Brief an Wilhelmine vom 31. Januar zeichnete Kleist ein enthusiastisches Bild von Brockes und erwähnte als ein hervorstechendes Charakteristikum des Freundes, dass er scharf trenne zwischen Verstand und Gefühl und dass er dem Verstand zutiefst misstraue; seine Maxime laute: »Handeln ist besser als Wissen« (SWB IV,189), eine Maxime, die Kleist sich im nächsten Brief an Ulrike bereits zu Eigen machte (SWB IV,200). In beiden Briefen berichtet er, sein Universitätslehrer Huth sei nach Berlin gekommen und habe ihn »in die gelehrte Welt eingeführt, worin ich mich aber so wenig wohl befinde, als in der ungelehrten. Diese Menschen sitzen sämmtlich wie die Raupe auf einem Blatte, jeder glaubt seines sei das Beßte, u um den Baum bekümmern sie sich nicht.« (SWB IV,198). Diese treffende Kritik am Spezialistentum gewisser Wissenschaftler kehrt in den Briefen aus Paris wieder.

Man darf wohl davon ausgehen, dass Kleist schon im letzten seiner drei Studiensemester gespürt hatte, dass das

Programm ›Bildung durch Wissenschaft‹ im Grunde nicht das seine war. Es fällt ja auf, dass der objektiv naheliegende Gedanke, nach der ›Würzburger Reise‹ das Studium wieder aufzunehmen und zu Ende zu führen, in keinem Brief auch nur erwogen wird. Die Vorstellung, sich als populärwissenschaftlicher Schriftsteller durchzubringen, ist wohl eher als Notlösung anzusehen. Die »Kant-Krise«, so schmerzlich sie empfunden wurde, hat für Kleist diese Möglichkeit zerstört und ihn letztlich frei gemacht für seine Wende zur Kunst. Dezidiert der Dichtung hat er sich wohl erst 1802 in der Schweiz zugewandt. Aber schon in einem Brief vom 21. Mai 1801 an Wilhelmine berichtet er aus Dresden, einer Zwischenstation auf der Paris-Reise, er habe einen der vielen Maler dort gefragt, »ob man, wenn man sonst nicht ohne Talent sei, sich wohl im 24ᵗ Jahre noch mit Erfolg der Kunst widmen könnte?« (SWB IV,225).

Gedacht war die Reise zunächst, wie Kleist am 9. April an Wilhelmine schrieb, nur »als ein großer Spaziergang« (SWB IV,214), als ein Mittel, Abstand zu gewinnen und zu sich selbst zu kommen. Nun hatte er aber Ulrike versprochen, sie bei einer Auslandsreise zumindest zu fragen, ob sie mitkommen wolle. Obgleich er alles tat, um ihr die Schwierigkeiten und die hohen Kosten vor Augen zu stellen, ließ sie sich nicht abschrecken. Um mit Anstand aus der Tätigkeit in der »Technischen Deputation« herauszukommen, behauptete Kleist wahrheitswidrig, seine Neigung habe sich »für das Rein-Wissenschaftliche ganz entschieden« (an Kunth; SWB IV,218) und er wolle in Paris Mathematik und Naturwissenschaft studieren. Damit hatte er sich selbst eine Falle gestellt; denn man beglückwünschte ihn von allen Seiten und gab ihm Empfehlungsschreiben an Pariser Gelehrte mit. Im Brief vom 9. April an Wilhelmine fragte er: »soll ich nun zurückkehren über den Rhein, so wie ich hinübergieng? Habe ich nicht selbst die Erwartung der Menschen gereizt? Werde ich nun nicht in Paris im Ernste etwas lernen *müssen*?« (SWB IV,215). Da er das nicht tat, jedenfalls nicht im angekündigten Sinne, hat er die fälschlich gereizten Erwartungen nachher mehrmals als Grund für die Unmöglichkeit seiner Rückkehr in die Heimat angeführt. Man kann natürlich fragen, ob Kleist sich wirklich eine Falle gestellt oder ob er nicht vielmehr mit der Erregung falscher Erwartungen, halb und halb bewusst, die Schiffe hinter sich verbrannt hat: ob er nicht einen Grund *brauchte*, um nicht mehr nach Berlin zurückzukehren. Auffällig ist jedenfalls der Umstand, dass er zwar noch Zeit fand, dem Maler Peter Friedel für das bekannte Miniaturporträt Modell zu sitzen, nicht aber dafür, sich von Wilhelmine von Zenge persönlich zu verabschieden. Statt seiner schickte er ihr das Bild, eine Gegengabe zu einem Miniaturporträt Wilhelmines, das sie ihm zuvor geschenkt hatte.

4

Dresden, Paris, Thun
1801/1802

Die von Heinrich und Ulrike von Kleist am 15. April 1801 angetretene Reise wurde alles andere als bloß ein »großer Spaziergang«, wuchs sich vielmehr zu einer regelrechten Bildungsreise aus, einer Reise zur Kunst, an deren Ende der Dichter Heinrich von Kleist vor uns steht. Wie wenig eilig er es hatte, nach Paris zu kommen, zeigt schon der Umstand, dass die Reise zunächst nach Süden ging, nach Dresden, das damals mit Recht als eine deutsche Kulturmetropole galt. Im Jahr zuvor, auf der ›Würzburger Reise‹, hatte Kleist »die berühmte Bildergallerie« nur flüchtig besichtigt und an Wilhelmine geschrieben: »Eigentlich habe ich daraus nicht mehr gelernt, als daß hier viel zu lernen sei.«

(SWB IV,99f.). Das holte er jetzt ausgiebig nach. Ulrike hat 1828 berichtet: »Er sah die Gemälde, die Kunstwerke, und lebte nur für die Kunst. Er machte Bekanntschaft mit einem jungen Maler Loos [gemeint ist Friedrich Lose], der ihn rumführte, und statt, wie er glaubte, Heinrich belehren zu können, verwundert dastand, und ihm zuhörte, was er über die Kunstwerke sagte. Er hielt es für unmöglich, daß ein nicht selbst Maler so Gemälde beurteilen, so darüber sprechen könnte. [...] Heinrich konnte sich nach langem Zaudern erst spät zur Abreise entschließen.« (LS, Nr. 54a, 55a und 56). In Briefen hat Kleist die Besuche in der Bildergalerie, im Antikenkabinett und in der Kupferstichsammlung ausführlich beschrieben und seine Bewunderung vor allem für Raffaels *Sixtinische Madonna* bekundet, ferner von dem großen Eindruck berichtet, den katholische Kirchenmusik ihm gemacht habe. Von einem in der Hofkirche demutsvoll Niederknienden schrieb er neidisch: »Ihn quälte kein Zweifel, er *glaubt* – Ich hatte eine unbeschreibliche Sehnsucht mich neben ihn niederzuwerfen, u zu weinen – Ach, nur einen Tropfen Vergessenheit, und mit Wollust würde ich katholisch werden –.« (SWB IV,225). Offenkundig war Kleist auf der Suche nach neuer Orientierung, sei es in der Kunst, sei es in der Religion, einer Orientierung, die er auf »dem traurigen Felde der Wissenschaft«, wie es im gleichen Brief heißt (SWB IV,224), nicht hatte finden können. Allerdings war die Wissenschaft noch nicht ganz abgetan, denn im weiteren Verlauf der Reise haben die Kleists auch mehrere Universitätsprofessoren aufgesucht, Mathematiker, Philosophen, Anthropologen, die Kleist in einem Brief aus Göttingen immer noch »die Lehrer der Menschheit« nannte (SWB IV,231). Mathematik und Physik sind ihm auch weiterhin wichtig geblieben.

Bezeichnender scheint gleichwohl der Besuch bei dem greisen Dichter Johann Wilhelm Ludwig Gleim (1719–1803) in Halberstadt; denn dieser Besuch galt mit Gewissheit nicht Gleim als dem anakreontischen Lyriker, sondern

Gleim als dem ehemaligen engen Freund Ewald von Kleists. Gleim erzählte denn auch eine von Kleist wiedergegebene Anekdote, wie sein Freund überhaupt zur Dichtung gefunden habe: Ewald habe nach einem Duell mit einer Verwundung darniedergelegen und Gleim habe ihn mit einem Gedicht so erheitert, dass beim Lachen der Verband der unsachgemäß versorgten Wunde aufgeplatzt sei, der herbeigerufene Feldscher nun die richtige Diagnose habe stellen und den sonst todgeweihten Freund habe retten können. Schluss: »Aus Dankbarkeit widmete Kleist der Dichtkunst das Leben, das sie ihm gerettet hatte.« (SWB IV,232). Dass Dichtung Leben zu retten vermag, dürfte Heinrich von Kleist als einen Fingerzeig empfunden haben. Auch Gleims Worte über seine verstorbenen Freunde haben ihn offenbar nachhaltig beeindruckt: »Da ist keiner, sagte er, der nicht ein schönes Werk schrieb, oder eine große That begieng. Kleist that beides u Kleist steht oben an –« (SWB IV,231). Bei Heinrich wurde daraus die oft zitierte, aus einem Brief an Ulrike vom 1. Mai 1802 stammende Formulierung, er wolle gerne sterben, »wenn mir drei Dinge gelungen sind: ein Kind, ein schön Gedicht, und eine große That.« (SWB IV,307).

Nach mehreren anderen Begegnungen, auch bedeutenden Naturerlebnissen (vor allem einer Fahrt auf dem Rhein), eilten die Geschwister schließlich von Straßburg nach Paris, um rechtzeitig zum französischen Nationalfeiertag am 14. Juli an Ort und Stelle zu sein. Über diese Feiern in Erinnerung an die Zerstörung der Bastille im Jahre 1789 sowie aus Anlass der Friedensschlüsse von Lunéville und Florenz hat Kleist sich ebenso abwertend geäußert wie über das Leben und Treiben der Pariser überhaupt. Es ist nicht anzunehmen, dass er mit einer vorgefasst negativen Meinung nach Paris gekommen war; auch werden seine Berichte von anderen Zeitgenossen bestätigt. Zu verstehen sind seine harschen Urteile von der Diskrepanz her, die er zwischen den ihm bekannten Werken französischer Philosophen und der gesellschaftlichen Realität empfand (was man naiv nennen kann), ferner der Diskrepanz zwischen den Verheißungen der Französischen Revolution und dem, was unter dem Konsulat Napoleon Bonapartes aus den Idealen von Freiheit, Gleichheit, Brüderlichkeit geworden war. Die Verlorenheit des Einzelnen in der großen Stadt hatte er schon in Berlin beklagt, und da er seit der Rückkehr aus Würzburg immer wieder das idyllische Bild eines zurückgezogenen häuslichen Glücks in einem ›grünen Häuschen‹ beschwor (SWB IV,150, 216, 273), musste er wohl von Anfang an dem als unnatürlich empfundenen Leben in der Großstadt Paris fremd gegenüberstehen. Auch mit den französischen Gelehrten, bei denen ihn Wilhelm von Humboldt und der preußische Gesandte Lucchesini einführten, konnte er nichts anfangen, klagte über ihre »cyklopische Einseitigkeit« (SWB IV,257). Was ihn in Paris wirklich interessierte und beeindruckte, waren die Kunstschätze der französischen Hauptstadt: die von Bonaparte aus Italien geraubten Antiken wie der Apoll von Belvedere, Gemälde von Raffael und solche der Niederländer; neben Raffael schätzte er besonders Guido Reni, von dem er schon auf der Hinreise in Kassel ein Bild gesehen hatte, und Eustache Le Sueur.

An Wilhelmine von Zenge schrieb er während des viereinhalb Monate währenden Aufenthalts in Paris nur viermal, wobei die zwei letzten Briefe im Grunde schon die Trennung vorbereiteten. Deren erster datiert vom 10. Oktober 1801, dem Tag also, an dem Kleist 24 Jahre alt und damit volljährig wurde, was ihm die Verfügungsgewalt über sein kleines Vermögen bescherte. Wie auf den Tag genau ein Jahr zuvor entwickelt er auch hier einen Zukunftsplan, von dem er freilich gewusst haben dürfte, dass die Braut nicht darauf eingehen würde: »ich habe noch etwas von meinem Vermögen, wenig zwar, doch wird es hinreichen mir etwa in der Schweiz einen Bauerhof zu kaufen, der mich ernähren kann, wenn ich selbst arbeite. […] Ich will im eigentlichsten Verstande ein *Bauer* werden, mit einem etwas wohlklingenderen Worte, ein Landmann.« (SWB IV,274 f.). Am 27. Oktober schickte er ein verklärendes Lob des Landlebens hinterher, teilte aber zugleich mit, Wilhelmine solle ihm ihre Antwort nach Bern schicken, stellte sie also vor nahezu vollendete Tatsachen. Ihr Brief hat ihn dann doch noch kurz vor der Abreise in Paris erreicht. Wie zu erwarten, war sie alles andere als begeistert, schrieb (seiner Entgegnung vom 2. Dezember zufolge) von ihrer Anhänglichkeit an die Eltern, von ihrer zu schwachen körperlichen Konstitution und handelte sich eine ziemlich ruppige Abfertigung ein. Am besten sei es, schrieb Kleist, ihren Brief zu vergessen; zwar zweifle er noch nicht an ihrer Liebe, aber ... Am Schluss berichtet er, der Diener ihres Bruders Carl, der ihn und Ulrike begleitet hatte, habe sie zwei Tage vor der Abreise verlassen, und er schließt mit dem einigermaßen impertinenten Ausruf: »Giebt es denn nirgends Treue? – – Ach, Wilhelmine!« (SWB IV,286). Monatelang hat er dann gar nichts von sich hören lassen. Als Wilhelmine im April 1802 von seinen Schwestern endlich seinen Schweizer Aufenthaltsort erfahren hatte und ihm einen langen rührenden Brief schrieb, in dem sie unter anderem vom frühen Tod ihres auch Kleist nahestehenden Bruders Carl berichtete, antwortete er mit einem ziemlich schnöden Abschiedsbrief, bat sie, ihm nicht mehr zu schreiben, und legte höchstwahrscheinlich, um die Trennung zu besiegeln, Wilhelmines Brief und ihr Miniaturporträt dazu (das wäre jedenfalls eine plausible Erklärung für den Umstand, dass Brief und Porträt sich dann wieder in Wilhelmines Besitz befanden). – Sie selbst hat 1803 berichtet: »Ich hatte die Kraft mich von seinem Gemälde [dem Friedelschen Miniaturbildnis] zu trennen, welches ihm sehr ähnlich war, schrieb noch einmal an ihn, tröstete ihn als Freundin, und sagte er möchte wenigstens seine Freundin nicht vergessen, sondern mir zuweilen schreiben wie es ihm ginge, denn gewiß würde ich immer den lebhaftesten Anteil an seinem

Schicksal nehmen. Hierauf hat er nicht geantwortet.« (LS, Nr. 62a).

Kleist hatte inzwischen seine »Bestimmung« gefunden und sein erstes Drama geschrieben. Den Mut aber, die Trennung von der Braut offen und ehrlich vorzunehmen und zu begründen, hat er nicht aufgebracht.

Sein Vorhaben, »im eigentlichsten Verstande ein *Bauer* [zu] werden«, ist von der Forschung lange Zeit entweder als bloßes Abschreckungsmittel gegenüber der Braut oder als weltfremdes Hirngespinst aufgefasst worden. Kleist hat diesen Plan aber durchaus ernsthaft verfolgt, der auch so unrealistisch nicht war (Loch/Pruns, B 6: 1993). Dass schließlich nichts daraus wurde, lag zum einen an Kleists doch nicht ausreichenden finanziellen Mitteln, zum anderen an den unsicheren politischen Verhältnissen. Im Gefolge der Französischen Revolution und militärischer Interventionen Frankreichs war das schroff autokratische Patrizierregiment der Eidgenossenschaft zusammengebrochen. 1798 wurde in Abstimmung mit Napoleon Bonaparte die »Helvetische Republik« proklamiert, was das vorläufige Ende des föderalistischen Systems bedeutete. 1799 war die Schweiz Hauptschauplatz des Zweiten Koalitionskriegs und geriet noch tiefer in die Abhängigkeit von Frankreich. Zwei Staatsstreiche der Föderalisten veranlassten Bonaparte zur Einsetzung einer neuen Verfassung (30. April 1801), die aus der Schweiz wieder einen Bundesstaat machte, allerdings mit einer »Helvetischen Tagsatzung« (einem zentralen Parlament). Als die Anhänger der Einheitspartei, die Unitarier, in dieser Tagsatzung die Mehrheit errangen, bemächtigten sich die Föderalisten durch den Staatsstreich vom 28. Oktober 1801 der Regierung. Im Jahre 1802 spielte Bonaparte die verfeindeten Parteien gegeneinander aus, gestattete den Unitariern zwar, die föderalistische Regierung durch einen vierten Staatsstreich am 17. April zu stürzen und Anfang Juli eine neue Verfassung zu oktroyieren, zog dann aber plötzlich die französischen Truppen ab, was zum

Bürgerkrieg zwischen Föderalisten und Unitariern führte. Am 19. September wurde die Hauptstadt Bern von föderalistischen Truppen besetzt; die helvetische Regierung flüchtete nach Lausanne. Am 30. September übernahm Bonaparte die ihm wiederum angetragene Vermittlung und ließ eine neue, den Konservativen entgegenkommende Verfassung ausarbeiten (die Mediationsakte vom 19. Februar 1803), die bis 1813 Bestand hatte.

Kleist verfolgte die Geschehnisse sehr aufmerksam und war schon Mitte Februar 1802 von dem Gedanken abgekommen, sich in dem »neue[n] Vaterland«, wie er kurz nach seiner Ankunft in Basel noch geschrieben hatte (SWB IV,287), häuslich niederzulassen. Er fürchtete, Frankreich könne sich die Schweiz einverleiben. An Heinrich Zschokke schrieb er am 2. März: »Mich erschreckt die bloße Möglichkeit, statt eines Schweizerbürgers durch einen Taschenspielerskunstgriff ein Franzose zu werden.« (SWB IV,301).

Mit Zschokke, den er vielleicht schon aus dessen Studien- und Privatdozentenzeit (1790–95) in Frankfurt (Oder) kannte, hatte er sich gleich nach seiner Ankunft in Basel am 13. Dezember 1801 in Verbindung zu setzen versucht. Der gebürtige Magdeburger war 1796 als Leiter einer Erziehungsanstalt in die Schweiz gegangen, bekleidete ab 1798 auch politische Ämter, war in den Jahren 1800/01 Regierungsstatthalter im Kanton Basel, welches Amt er im Gefolge des föderalistischen Staatsstreichs vom 28. Oktober 1801 niederlegte. Im Frühjahr 1802 erwarb er Schloss Biberstein im Aargau, zu dem auch ein landwirtschaftlich genutzter Betrieb gehörte. Im Jahre 1804 wurde ihm das Schweizer Staatsbürgerschaftsrecht verliehen, und von da an ist er wieder in verschiedenen öffentlichen Ämtern tätig geworden. Zschokke war auch ein sehr fruchtbarer Schriftsteller, als Historiker wie als Erzähler. Außerdem gab er mehrere Zeitschriften heraus, so das Volksblatt *Der aufrichtige Schweizerbote* und, ab 1807, die *Miszellen für die neueste Weltkunde*, aus denen Kleist in den *Berliner*

Abendblättern mehrfach zitiert hat. Zschokkes Autobiographie, 1842 unter dem Titel *Eine Selbstschau* erschienen, enthält wichtige Mitteilungen über Kleists Schweizer Aufenthalt.

Denn Kleist war Zschokke nach Bern gefolgt und fand in ihm einen kompetenten Ratgeber. Ende Januar übersiedelte er nach Thun und wohnte ab Anfang April auf einer von ihm gemieteten kleinen Insel am Ausfluss der Aare aus dem Thuner See, dem Oberen Inseli, heute auch Kleist-Inseli genannt. Das Häuschen, in dem er damals gelebt und gearbeitet hat, ist leider im Jahre 1940 wegen Baufälligkeit abgerissen worden. Von diesem auch heute noch außerordentlich schönen Ort aus schrieb er am 1. Mai 1802 an Ulrike einen Brief, in dem er seine glückliche Existenz, wohl nicht ohne Ironie, poetisierend noch überhöhte: Ein »freundlich-liebliches Mädchen, das sich ausnimmt, wie ihr Taufname: Mädeli« führe ihm die Wirtschaft, »während ich arbeite für die Rückkehr zu euch; [...]; Sonntags zieht sie ihre schöne Schwyzertracht an, ein Geschenk von mir, wir schiffen uns über, sie geht in die Kirche nach Thun, ich besteige das Schreckhorn, u nach der Andacht kehren wir beide zurück. Weiter weiß ich von der ganzen Welt nichts mehr.« (SWB IV,306). Das Schreckhorn, 4078 m hoch, liegt mehr als 40 km von Thun entfernt, und auch das näher gelegene Stockhorn ist mit seinen 2190 m wohl kaum während eines Gottesdienstes zu besteigen. Offenbar wollte Kleist der Halbschwester, die seinen Plänen so skeptisch gegenübergestanden und sich auf der Rückreise in Frankfurt am Main von ihm getrennt hatte, mit dieser übertrieben idyllischen Schilderung eins auswischen.

Mit der ›Arbeit‹, von der er Ulrike gegenüber auch in den vorhergehenden Briefen immer nur andeutungsweise spricht, waren seine ersten Dichtungen gemeint. In dem guten halben Jahr, das er in der Schweiz zubrachte, schrieb er, nach einem vielleicht schon in Paris entstandenen Entwurf mit dem Titel *Die Familie Thierrez*, das Drama *Die*

Das von Kleist 1802 bewohnte Haus auf der Aare-Insel mit Blick
auf den Thuner See, Schadau sowie Mönch, Eiger und Jungfrau
Kolorierter Kupferstich von Daniel Simon Lafond, 1792

Familie Ghonorez, das er dann noch zur *Familie Schroffenstein* umarbeitete, ferner Teile des *Robert Guiskard*, erhielt zumindest die Anregung für den *Zerbrochnen Krug* und wahrscheinlich auch für die erst 1811 niedergeschriebene Erzählung *Die Verlobung in St. Domingo*.

Bestärkt wurde er in seinem Schaffensdrang durch einen Freundeskreis, zu dem außer Heinrich Zschokke vor allem Ludwig Wieland und Heinrich Geßner gehörten. Ludwig Wieland war der Sohn, Heinrich Geßner der Schwiegersohn Christoph Martin Wielands, den Kleist von früher Jugend an verehrte. Ludwig Wieland schriftstellerte selbst, Heinrich Geßner, Sohn des Idylldichters Salomon Geßner, hatte in Bern einen Verlag, in dem dann Ende 1802 *Die Familie Schroffenstein* herauskam. Über die Zusammenkünfte der vier Literaten hat Zschokke in der *Selbstschau* berichtet:

Zuweilen teilten wir uns auch freigebig von eignen poetischen Schöpfungen mit, was natürlich zu neckischen Glossen und Witzspielen den ergiebigsten Stoff lieferte. Als uns Kleist eines Tages sein Trauerspiel »Die Familie Schroffenstein« vorlas, ward im letzten Akt das allseitige Gelächter der Zuhörerschaft, wie auch des Dichters, so stürmisch und endlos, daß, bis zu seiner letzten Mordszene zu gelangen, Unmöglichkeit wurde. Wir vereinigten uns auch, wie *Virgils* Hirten, zum poetischen Wettkampf. In meinem Zimmer hing ein französischer Kupferstich, »La cruche cassée«. In den Figuren desselben glaubten wir ein trauriges Liebespärchen, eine keifende Mutter mit einem zerbrochenen Majolika-Kruge, und einen großnasigen Richter zu erkennen. Für Wieland sollte dies Aufgabe zu einer Satire, für Kleist zu einem Lustspiele, für mich zu einer Erzählung werden. – Kleists »Zerbrochner Krug« hat den Preis davon getragen. (LS, Nr. 67a)

Im Sommer 1802 erkrankte Kleist offenbar ernstlich, musste sich nach Bern in ärztliche Behandlung begeben und schrieb an den Schwager Wilhelm von Pannwitz einen dramatischen kurzen Brief (»Ich bitte Gott um den Tod und dich um Geld«), der mit einem dreimaligen »Lebet wohl« endete (SWB IV,309). Als Ulrike von diesem Brief erfuhr, machte sie sich sofort auf den Weg, schlug sich in der Schweiz trotz starker Truppenbewegungen durch bis Bern, wo sie den Bruder am 17. September zu ihrer Verwunderung vollständig genesen und munter vorfand. Nachdem zwei Tage später föderalistische Truppen die Stadt besetzt hatten und etwas Ruhe eingekehrt war, fuhren die beiden nach Thun, wo sie von der Aare-Insel aus Wanderungen unternahmen. Eigentlich wollte Kleist nun nach Wien; schon am 1. Mai hatte er von diesem Plan geschrieben, damals mit der Begründung: »weil es mir hier an Büchern fehlt« (SWB IV,307). Wahrscheinlich ging es um

Quellenliteratur für den *Robert Guiskard*. Kleist ist damals so wenig nach Wien gekommen wie im Jahre 1800, als er mit Brockes dorthin wollte, oder 1809, als Napoleon ihm zuvorkam.

Im Herbst 1802 war es die Solidarität mit Ludwig Wieland, die die Reise nach Wien verhinderte. Wieland hatte sich auf der Seite der Unitarier exponiert und wurde ausgewiesen. Da er über keine Geldmittel verfügte, beschlossen die Kleists, ihn zu begleiten, ihm dadurch die Fahrtkosten zu ersparen und ihn zu seinem Vater nach Weimar zu bringen. Ludwig Wieland zog es dann vor, zunächst in Erfurt bei einer Freundin zu bleiben; Ulrike reiste nach Hause, Heinrich, nachdem man ihm lange genug zugeredet hatte, alleine zum alten Wieland, den Briefe seines Sohnes schon neugierig gemacht hatten auf den jungen Herrn von Kleist.

5

Weimar, Leipzig, Dresden. Schweiz.
Paris, St. Omer, Mainz, Paris
1802–1804

Weimar stellte damals bekanntlich ein Zentrum des deutschen Geisteslebens dar. Dem hauptsächlich von Wieland erzogenen Herzog Carl August von Sachsen-Weimar-Eisenach war es gelungen, nicht nur den acht Jahre älteren Goethe, sondern auch Johann Gottfried Herder, Friedrich Schiller und andere an seine eher ländliche Residenz zu binden. Von Kleist wissen wir aus den frühen Briefen, dass er zumindest den *Don Karlos* und den *Wallenstein* von Schiller mit Begeisterung gelesen hatte, und seine eigenen Gedichte zeigen, dass auch Schillers Lyrik ihm bekannt war. Gleichwohl hat er in Weimar keinen Versuch unternommen, Schiller seine Aufwartung zu machen. Das Gleiche gilt für Goethe. Offenbar war Kleist viel zu schüchtern, hatte ja auch noch nichts vorzuweisen. *Die Familie Schroffenstein*, ohne Nennung des Verfassers im November 1802 erschienen, musste erst einmal bekannt werden. Als am 4. März 1803 Ludwig Ferdinand Huber in August Kotzebues Zeitschrift *Der Freimüthige* eine enthusiastische Besprechung des Dramas veröffentlichte, hatte Kleist schon weiterreisen müssen.

Zunächst, im November und Dezember 1802, hatte er in einem billigen Weimarer Gasthof gewohnt und Wieland auf seinem nahegelegenen Gut Oßmannstedt mehrmals besucht, auch das Weihnachtsfest dort verbracht. Wieland erfuhr durch seinen Sohn Ludwig von Kleists beengten Wohnverhältnissen und lud ihn ein, ganz zu ihm nach Oßmannstedt zu ziehen. Kurz vor diesem Umzug in der zweiten Januarwoche schrieb Kleist an Ulrike, er habe sich entschlossen, das Angebot anzunehmen »trotz einer sehr hübschen Tochter Wielands« (SWB IV,311). Gegen Ende des Monats schrieb er: »Ich habe aber mehr Liebe gefunden, als recht ist, und muß über kurz oder lang wieder fort; mein seltsames Schicksal!« (SWB IV,312). Wielands knapp vierzehnjährige Tochter Louise hatte eine heftige Neigung zu ihm gefasst, die sie fälschlich erwidert glaubte. Wieland ahnte von alledem nichts, aber die Situation wurde unhaltbar, und auf Louises wie ihrer Schwester Caroline Wunsch räumte Kleist das Feld.

Für ihn war die Begegnung mit Wieland aus ganz anderen Gründen von größter Bedeutung. Denn Wieland ist die einzige der damaligen literarischen Autoritäten gewesen, die Kleists Bedeutung erkannt und ihn aufs Nachhaltigste zu ermutigen versucht hat. 1804 hat er in einem Brief an Georg Wedekind geschildert, wie es ihm gelungen war, Kleist dazu zu bewegen, ihm einige Szenen aus dem *Guiskard* vorzusprechen; er fuhr fort:

Und ich gestehe Ihnen, daß ich erstaunt war, und ich glaube nicht zu viel zu sagen, wenn ich Sie versichere: Wenn die Geister des Äschylus, Sophokles und Shakespear sich vereinigten eine Tragödie zu schaffen, so würde das sein was Kleists *Tod Guiscards des Normanns*, sofern das Ganze demjenigen entspräche, was er mich damals hören ließ. Von diesem Augenblicke an war bei mir entschieden, Kleist sei dazu geboren, die große Lücke in unserer dermaligen Literatur auszufüllen, die (nach meiner Meinung wenigstens) selbst von Goethe und Schiller noch nicht ausgefüllt worden ist [...]. (LS, Nr. 89)

Als Wieland im Juli 1803 von Kleists fortdauernden Problemen mit dem *Guiskard* erfuhr, schrieb er ihm einen Brief, von dem leider nur ein Auszug bekannt ist. Noch einmal beschwor er Kleist, sich durch nichts an der Vollendung »eines Meisterwerks, wozu Sie einen so allmächtigen innerlichen Beruf fühlen«, hindern zu lassen (SWB IV,317).

Man kann sich vorstellen, was dieser begeisterte Zuspruch von Seiten Wielands für den noch unbekannten jungen Dramatiker bedeutete: sein *Guiskard* auf einer Stufe mit den Werken des Aischylos, des Sophokles und Shakespeares und höher zu schätzen noch als die Dramen Schillers und Goethes. Voller Stolz schickte Kleist im Juli 1803 Wielands Brief an Ulrike; im Oktober, als er an seinem Unternehmen verzweifelt war, erbat er ihn sich zurück, und im Juni 1804, nach einer deprimierenden Unterredung mit dem hirnlosen Generaladjutanten des preußischen Königs, schrieb er an Ulrike: »Ich laß auf dem Wege Wielands Brief [...] und erhob mich, mit einem tiefen Seufzer, ein wenig wieder aus der Demüthigung, die ich so eben erfahren hatte.« (SWB IV,324). Offenbar hat er Wielands Brief wie einen Talisman bei sich getragen.

Ende Februar 1803 verließ Kleist Oßmannstedt und ist, nach kurzem Aufenthalt in Weimar, zunächst nach Leipzig gereist. Dort nahm er unter anderem Deklamationsunterricht, um den *Guiskard* besser vortragen zu können. Wir haben aus dieser Zeit nur einen ziemlich aufgewühlten Brief an Ulrike, der von starken emotionalen Schwankungen zeugt und in dem es heißt: »Ich weiß nicht, was ich dir über mich *unaussprechlichen* Menschen sagen soll. – Ich wollte ich könnte mir das Herz aus dem Leibe reißen, in diesen Brief packen, und dir zuschicken.« (SWB IV,313). Vor einer Rückkehr nach Frankfurt schreckte er zurück: »Wenn ihr mich in Ruhe ein Paar Monate bei euch arbeiten lassen wolltet, ohne mich mit Angst, was aus mir werden werde, rasend zu machen, so würde ich – ja, ich *würde*!« (SWB IV,314). Auf die enthusiastische Besprechung seiner *Familie Schroffenstein* im *Freimüthigen* machte er mit eher wegwerfender Geste aufmerksam, bat dringend darum, seine Autorschaft geheim zu halten und vor allem das Drama selbst nicht zu lesen: Es sei »eine elende Scharteke«, eine Kennzeichnung, die er dann freilich wieder durchstrich. Zum einen sollte man diese Bemerkungen wohl nicht allzu wörtlich nehmen; man kann sie auch genau umgekehrt verstehen als verklausulierte Bitte, das Stück sehr wohl zu lesen (und sich vielleicht einige Gedanken darüber zu machen, warum ›Familie‹ dort in einem so düsteren Licht erscheint). Andererseits ist wohl anzunehmen, dass Kleist das, was ihm mit dem *Guiskard* vorschwebte, für unvergleichlich viel besser hielt als seinen dramatischen Erstling, den aber nicht nur *Der Freimüthige* rühmte, sondern der auch in der *Zeitung für die elegante Welt* vom 30. Juli 1803 als »ein sehr ausgezeichnetes, geniales Produkt« angezeigt wurde (LS, Nr. 99) und bei etlichen Zeitgenossen große Erwartungen weckte. Gerade diese Erwartungen, vor allem die großen Hoffnungen, die Wieland auf ihn setzte, haben sich auf das *Guiskard*-Unternehmen wahrscheinlich verhängnisvoll ausgewirkt.

Im Frühjahr 1803 reiste Kleist von Leipzig nach Dresden, wo er sich wieder an Henriette und Karoline von

Schlieben anschloss, die er zwei Jahre zuvor kennen gelernt hatte. Karoline war mit dem Maler Friedrich Lose verlobt (der sich inzwischen in Mailand aufhielt). Unter ein Porträt ihrer Schwester Henriette hat sie später geschrieben: »Kleists Braut«. Diese Angabe gehört aber wohl, wie so vieles in Bezug auf Kleist und die Frauen, in den Bereich der Legende. In Dresden traf Kleist auch wieder mit Ludwig Wieland und Ernst von Pfuel zusammen. Pfuel bot ihm an, auf seine Kosten mit ihm in die Schweiz zu reisen, damit er dort unter seinen Augen den *Guiskard* beenden könne. Kleist, dessen kleines Vermögen aufgezehrt war, bat Ulrike – mit Erfolg – um das Reisegeld, schrieb von der »großen Bestimmung« seines Lebens und von der Gewissheit, sich »den Kranz der Unsterblichkeit zusammen zu pflücken.« (SWB IV,316 f.).

Pfuel und Kleist reisten am 20. Juli 1803 von Leipzig aus zunächst nach Bern, wo sie sich mit dem Ehepaar von Werdeck treffen wollten, dann nach Thun, trafen die verspäteten Werdecks in Meiringen und unternahmen mit ihnen zusammen eine ausgedehnte Reise, die sie bis nach Mailand führte und über die wir fast ausschließlich durch das Reisetagebuch der Adolphine von Werdeck unterrichtet sind. Gegen Ende August besuchten die vier Friedrich Lose in Varese, und von Crevola aus sind Pfuel und Kleist dann alleine nach Thun zurückgekehrt, wo sie wohl den größten Teil des September verbrachten. Gegen Ende des Monats hat Kleist den *Guiskard*-Plan aufgegeben. Am 5. Oktober teilte er Ulrike aus Genf mit, er sei auf dem Weg nach Paris, »sehr entschlossen, ohne große Wahl zuzugreifen, wo sich etwas finden wird.« (SWB IV,321). Über den *Guiskard* schrieb er: »Ich habe nun ein Halbtausend hinter einander folgender Tage, die Nächte der meisten mit eingerechnet, an den Versuch gesetzt, zu so vielen Kränzen noch einen auf unsere Familie herabzuringen: jetzt ruft mir unsere heilige Schutzgöttinn zu, daß es genug sei.« Er habe einsehen müssen, dass er sich etwas vorgenommen habe, was über seine Kräfte gehe, was vielleicht ein anderer, »ein Jahrtausend« später, vollbringen werde: »Denn in der Reihe der menschlichen Erfindungen ist diejenige, die ich gedacht habe, unfehlbar ein Glied« (SWB IV,320).

Er reiste dann mit Pfuel über Lyon nach Paris, wo sie am 14. Oktober auch die Werdecks wiedertrafen. In den folgenden Tagen kam es zu einer heftigen Auseinandersetzung mit Pfuel, in deren Folge Kleist sein Manuskript verbrannte. Im Oktober und im November ist er zweimal nach Boulogne bzw. nach St. Omer an der französischen Nordküste gewandert, um sich in das von Bonaparte für eine geplante Invasion Englands gesammelte Heer aufnehmen zu lassen. Dem lag nicht etwa ein totaler Wandel in Kleists Einschätzung des Korsen zugrunde, den er 1802 verächtlich und zornig den »Aller-Welts-Consul« genannt hatte (SWB IV,300), sondern es handelte sich um ein Selbstmord-Unternehmen, was bestätigt wird durch den Abschiedsbrief an Ulrike, den Kleist am 26. Oktober 1803 in St. Omer geschrieben hat und in dem es heißt: »Der Himmel versagt mir den Ruhm, das größte der Güter der Erde; ich werfe ihm, wie ein eigensinniges Kind, alle übrigen hin. [...] ich stürze mich in den Tod. [...] ich werde den schönen Tod der Schlachten sterben. [...] unser aller Verderben lauert über den Meeren, ich frohlocke bei der Aussicht auf das unendlich-prächtige Grab.« (SWB IV,321).

Bei seinem zweiten Versuch Ende November / Anfang Dezember bat er von St. Omer aus den preußischen Gesandten Lucchesini, er möge den französischen Kriegsminister Berthier von seinem Wunsch unterrichten, in das bei Boulogne stehende 10. leichte Infanterieregiment aufgenommen zu werden. Lucchesini, der am 31. Oktober schon einmal über Kleists halsbrecherisches Unternehmen nach Berlin berichtet hatte, kam trotzdem diesem Wunsch nach, schickte aber auch einen zweiten Bericht nach Berlin und legte Kleists Brief bei, der das Missfallen des Königs erregte. Der französische Kriegsminister wiederum wies am

12. Dezember den Lagerkommandanten von St. Omer an, er möge Kleist ausrichten, fremde Offiziere, die der Regierung nicht genau bekannt seien, würden in die Armee nicht aufgenommen (LS, Nr. 121c). Daraufhin hat Kleist seinen Plan aufgegeben, ist nach Paris zurückgekehrt, hat dann, wohl Ende Dezember, die Heimreise angetreten, die in Mainz fürs Erste abgebrochen wurde.

Über die Folgezeit hat er in einem Brief an Henriette von Schlieben vom 29. Juli 1804 mitgeteilt, er sei krank gewesen und habe »nahe an fünf Monaten abwechselnd das Bett oder das Zimmer gehütet« (SWB IV,330). Er hatte sich in Mainz, wohl auf eine Empfehlung hin, zu Dr. Georg Wedekind begeben, der sich in einem nicht überlieferten Brief ratsuchend an Christoph Martin Wieland wandte. Aus dessen (leider auch nur in einer gekürzten Druckfassung vorliegender) Antwort ergibt sich, dass Wedekind »traurige Nachrichten von seinen [Kleists] Umständen« übermittelt hat, dass Kleist mit dem Gedanken spielte, »sich in Coblenz zu einem Tischler zu verdingen«, dass andererseits Wedekind erwog, »ihn in einem Büreau bei [seinem] Freunde M* unterzubringen« (LS, Nr. 125a). Mit diesem »M*« war wohl Charles-François-Philibert Masson gemeint, der damals dem »Département de Rhin-et-Moselle« vorstand. Den Plan einer Anstellung bei den französischen Behörden bestätigt auch der Bericht Ulrike von Kleists aus dem Jahre 1828, nicht aber das Faktum einer tatsächlich schweren Erkrankung. Da heißt es vielmehr: »Er bleibt längere Zeit bei Wedekind, und dieser rät ihm Tätigkeit, das sei seines Bedünkens alles, was ihm fehle.« (folgt der Anstellungsplan; LS, Nr. 126).

Anscheinend sind Wedekind und Kleist dann auf eine andere heilsame Beschäftigung für ihn verfallen. Der in Paris lebende Carl Bertuch, ein guter Bekannter der Werdecks, hat ein Tagebuch hinterlassen, dessen entscheidende Passagen Hilda M. Brown 1977 veröffentlicht hat (Brown, B 6: 1977). Aus diesen Aufzeichnungen ergibt sich, dass Kleist zwischen dem 4. Februar und dem 10. Mai 1804 mehrfach wieder in Paris gewesen ist. Helmut Sembdner hat das zwar nicht glauben wollen und für die Auffassung plädiert, hier handle es sich um einen (freilich unbekannten) Namensvetter des Dichters (B 6: 1991); alle Indizien weisen aber darauf hin, dass der Kleist von 1804 mit dem in Bertuchs Tagebuch von 1803 ebenfalls mehrfach erwähnten Heinrich von Kleist identisch ist. Offen bleibt die Frage, was Kleist in Paris wollte und getan hat. Hilda M. Brown und Richard Samuel hielten in ihrem Buch über »Kleist's Lost Year« für wahrscheinlich, dass Kleist von dem ehemaligen Jakobiner Georg Wedekind nach Paris geschickt worden sei, um über die dortigen Vorgänge Informationen aus erster Hand zu beschaffen, wobei diese Tätigkeit zugleich einen therapeutischen Zweck erfüllen sollte (Samuel/Brown, B 8: 1981, 67–87). Das hat insofern einiges für sich, als damals in Paris tatsächlich wichtige Dinge geschahen: Im Februar wurde eine gegen Bonaparte gerichtete Verschwörung aufgedeckt, im März der Herzog von Enghien entführt und auf Bonapartes Befehl erschossen, und im Mai wurde eine neue Verfassung verabschiedet, die Napoleon zum erblichen Kaiser der Franzosen erhob.

Dirk Grathoff hat eine andere These aufgestellt, fußend auf seiner (wahrscheinlich irrigen) Annahme, dass Kleist und Gustav von Schlabrendorff schon im Herbst 1800 in Würzburg zusammengetroffen seien und ihre Bekanntschaft während Kleists Aufenthalten in Paris vertieft hätten. Schlabrendorf hat im Jahre 1804 ein antinapoleonisches Buch veröffentlicht, das in drei rasch aufeinander folgenden Auflagen anonym und mit dem mystifizierenden Erscheinungsort »Germania«, tatsächlich aber in Hamburg erschienen ist (*Napoleon Bonaparte und das französische Volk unter seinem Consulate*). Bonaparte hat fieberhaft, aber erfolglos nach dem Verfasser fahnden lassen. Natürlich konnte Schlabrendorf die Manuskripte und die Korrekturen nicht der französischen Post anvertrauen, sondern

musste sich eines vertrauenswürdigen Kuriers bedienen.
Dieser Kurier, meint Grathoff, könnte Kleist gewesen sein,
nicht gleich bis Hamburg, wohl aber zwischen Paris und
Mainz (Grathoff, B 6: 1993, 107–110). Unmöglich ist das
nicht (auch wenn man nicht an die frühe Begegnung in
Würzburg glaubt); aber es fehlt jeder Beleg. – Dass Kleist
nach seiner Rückkehr in die Heimat niemandem von irgendeiner politischen Mission in Paris erzählt hat und lieber eine fünfmonatige Krankheit vorschützte, wäre nur zu
verständlich.

6

Berlin, Königsberg. Fort de Joux, Châlons-sur-Marne
1804–1807

Im Juni 1804 war Kleist wieder in Berlin, nachdem er
wahrscheinlich zuvor noch einmal Wieland in Weimar besucht hatte. Seine Situation war bedenklich. Bei seinem
Ausscheiden aus der preußischen Armee im April 1799 hatte er sich schriftlich verpflichten müssen, ohne königliche
Erlaubnis in keinerlei auswärtige Kriegs- oder Zivildienste
einzutreten (SWB IV,35 f.). Im schlimmsten Fall drohte ihm
jetzt also ein Hochverratsverfahren. In einer demütigenden
Audienz beim königlichen Generaladjutanten von Köckeritz suchte Kleist sein Bemühen um Aufnahme in die französische Armee mit einer Gemütskrankheit zu erklären
und bat, offenbar gedrängt von seiner Familie, um eine
neuerliche Anstellung im Zivildienst. Köckeritz putzte ihn
herunter, unter anderem mit der sarkastischen Bemerkung,
er habe ja auch »Versche gemacht« (die *Familie Schroffenstein*), verwies ihn schließlich an den König selbst (SWB
IV,322–324). Kleist schrieb das Gesuch an Friedrich Wil-

helm III., erwog aber, da er wenig Hoffnung auf dessen Entgegenkommen setzte, zwischenzeitlich einen anderen Plan. Der Bruder der Marie von Kleist, Pierre de Gualtieri, sollte nämlich als Gesandter nach Madrid gehen und hätte Kleist gerne mitgenommen. Kleists Familie hatte beschlossen, ihm, unter der Bedingung, dass er sich endlich einer ›vernünftigen‹ Tätigkeit widmete, auf drei Jahre monatlich 25 Reichstaler zu geben, und es ist schon mitleiderregend zu lesen, wie er, der sich als Dichter gescheitert glaubte, alle Entscheidungen der Familie demütig akzeptierte. Der Spanienplan wurde hinfällig, als Kleist am 31. Juli erfuhr, dass der König sein Anstellungsgesuch wider Erwarten doch günstig beschieden hatte. Auf die Anstellung selbst musste er allerdings noch bis Ende des Jahres warten. Derweil lernte er den damals 19-jährigen Karl August Varnhagen von Ense kennen, den nachmaligen Gatten der Rahel Levin, ferner wohl auch den Dichter Adelbert von Chamisso und andere Mitglieder des literarischen »Nordsternbundes«. Es scheint möglich, dass er schon damals wieder zu schreiben begonnen hat, wenngleich erst zwei Jahre später davon wieder die Rede ist. Vielleicht saß aber der *Guiskard*-Schock zu tief, und er hat sich darauf konzentriert, in die Geheimnisse der Finanzwissenschaft einzudringen.

Sein Förderer wurde der aus Ansbach in Franken gebürtige Karl Freiherr von Stein zum Altenstein. Ansbach und Bayreuth waren 1791 an Preußen gefallen, und seit 1803 fungierte Altenstein in Berlin als Geheimer Oberfinanzrat und Mitglied des Generaldirektoriums mit den Geschäftsbereichen Zollangelegenheiten, Armensachen und Medizinalwesen für die fränkischen Provinzen. Hinsichtlich Kleists war an eine Anstellung in Ansbach gedacht. Von Januar bis April 1805 arbeitete er aber noch in Berlin im Finanzdepartement unter Altenstein, zu dem er eine große Zuneigung fasste und den er bis an sein Lebensende verehrt hat.

Um Kleist zu einer gehörigen Ausbildung zu verhelfen, wurde er dann nach Königsberg in Ostpreußen geschickt.

An der dortigen Universität lehrte der damals maßgebende Nationalökonom Christian Jacob Kraus, und unter dem Oberpräsidenten von Ostpreußen, Hans Jakob von Auerswald, sollte Kleist sich in die Praktiken einer reformerischen Agrar-, Steuer- und Gewerbepolitik einarbeiten. Gerade für den letzten Punkt, für die Abschaffung der Zünfte nämlich und die Wiederherstellung der Gewerbefreiheit, hat er nach eigenem Bekunden großes Interesse entwickelt (SWB IV,354).

Im Juli erfuhr er durch Marie von Kleist vom plötzlichen Tod ihres Bruders Pierre de Gualtieri in Spanien, eine Nachricht, auf die er mit großer Betroffenheit reagierte, weil er Gualtieri als eine wesensverwandte Seele empfunden hatte. Einige Zeit zuvor scheint er über Marie auch die Korrespondenz mit seiner ehemaligen Verlobten wieder aufgenommen zu haben. Wilhelmine von Zenge hatte im Januar 1804 den Frankfurter Philosophieprofessor Wilhelm Traugott Krug geheiratet und am 18. März 1805 einen Sohn geboren. Vielleicht hat Kleist dies zum Anlass genommen, sich wieder zu melden. Jedenfalls findet sich auf dem Brief an Marie von Kleist vom 20. Juli 1805 eine Nachschrift, die von der Adressatin sorgfältig unleserlich gemacht wurde, die Stefan Ormanns aber doch hat entziffern können: »Inliegenden Brief, meine theuerste Cousine, bitte ich mit einer Adresse von Ihrer Hand zu versehen: an die Frau Professorin Krug zu Frkfurt/Oder; und ihn auf die bewußte Art zu besorgen. Sie sind doch nicht böse über die Wiederhohlung dieses wunderlichen Auftrags?« (SWB IV,346). – Traugott Krug war 1804 als Nachfolger Immanuel Kants auf den Philosophie-Lehrstuhl der Universität Königsberg berufen worden, folgte diesem Ruf aber nach langem Zögern erst zum Wintersemester 1805/06. Es ist dann auch zu einer Wiederbegegnung Kleists mit Wilhelmine gekommen, die zuerst nicht ohne Peinlichkeit abging, von Krug und Wilhelmines Schwester Louise aber in die Bahnen einer anhaltenden guten Bekanntschaft gelenkt wurde (LS, Nr. 144).

Im Winter 1805/06 wohnte Ulrike von Kleist bei ihrem Halbbruder. In dieser Zeit ist der später berühmt gewordene Aufsatz *Über die allmählige Verfertigung der Gedanken beim Reden* entstanden, der freilich erst 1878 publiziert worden ist.

Im September 1805 begann sich abzuzeichnen, dass Napoleons Unternehmungen wieder einmal (wie 1802 in der Schweiz) darauf hinausliefen, Kleists Pläne zunichte zu machen. Während des Dritten Koalitionskrieges marschierten die Truppen des französischen Generals Bernadotte unter Verletzung der preußischen Neutralität durch das Fürstentum Ansbach-Bayreuth, um den in Bayern eingedrungenen Österreichern in den Rücken fallen zu können. In Berlin war man empört, erwog, sich der antinapoleonischen Koalition anzuschließen, doch der unentschlossene König beschränkte sich auf zögerliche Maßnahmen gegen das französisch besetzte Hannover, und sein nach Wien gesandter Verhandlungsführer Haugwitz ließ sich von Talleyrand so lange hinhalten, bis Napoleon am 2. Dezember in der sogenannten Dreikaiserschlacht bei Austerlitz einen glänzenden Sieg errungen hatte. Haugwitz unterzeichnete daraufhin am 15. Dezember 1805 in Schönbrunn einen französisch-preußischen Bündnisvertrag, in dem Preußen zwar Hannover zugesprochen bekam, gleichzeitig aber, unter anderem, Ansbach abtreten musste. Damit war Kleists Vorhaben, dort tätig zu werden, gegenstandslos geworden.

Dieser verlorene Krieg hat bekanntlich nicht nur für Preußen, sondern auch für Österreich und für das »Heilige Römische Reich Deutscher Nation« die gravierendsten Folgen gehabt. Im Frieden von Preßburg vom 26. Dezember 1805 musste Österreich Venetien an das Königreich Italien, Tirol und Vorarlberg an Bayern, die übrigen vorderösterreichischen Lande an Württemberg und Baden abtreten. Im Juli 1806 schlossen sich unter Napoleons Protektorat sechzehn deutsche Fürsten zum »Rheinbund« zusammen und sagten sich vom Reich los. Folgerichtig legte Franz II. am 6. August 1806 die deutsche Kaiserkrone nieder.

Im Dezember 1805, offenbar noch ohne Kenntnis von der Schlacht bei Austerlitz, schrieb Kleist an Rühle von Lilienstern einen Brief, in dem er die Halbherzigkeiten seines Königs bitter kritisierte und die weitere Entwicklung ziemlich zutreffend voraussagte. Napoleon nannte er »diese[n] glückgekrönte[n] Abendtheurer«, und er fragte: »Warum sich nur nicht Einer findet, der diesem bösen Geiste der Welt die Kugel durch den Kopf jagt.« (SWB IV,352).

Schon zuvor hatte Kleist sich wieder der Dichtung zugewandt. Am 31. August 1806 meldete er in einem Brief an Rühle frohgemut die Beendigung des *Zerbrochnen Krugs* und dass er nun »ein Trauerspiel unter der Feder« habe (daraus wurde die *Penthesilea*); darüber hinaus muss er aber bis zum November 1806 auch den *Amphitryon* und die Erzählung *Das Erdbeben in Chili* fertig gehabt haben; den *Michael Kohlhaas* hatte er begonnen, vielleicht auch schon *Die Marquise von O.....*

Wie nicht anders zu erwarten, brachte die dichterische Produktion Kleist wieder in Konflikt mit der gerade erst begonnenen Ämterlaufbahn. Am 30. Juni 1806 klagte er in einem Brief an seinen Gönner Altenstein über eine anhaltende Depression und über körperliche Beschwerden, die es ihm unmöglich machten, seinen Dienst hinreichend verantwortungsvoll zu versehen. Ähnliche Meldungen an Hans von Auerswald und Karl August von Hardenberg folgten. Hardenberg, der im Berliner Generaldirektorium Kleists oberster Vorgesetzter war, gewährte ihm Mitte August einen sechsmonatigen Urlaub zur Wiederherstellung seiner Gesundheit, ermahnte ihn aber, »sich sodann, binnen wenigen Monaten noch die zu seiner Prüfung erforderliche Qualification zu verschaffen.« (LS, Nr. 151a). Eine Prüfung stand also bevor, und man darf vermuten, dass Kleists (wahrscheinlich auch übertrieben dargestellte) gesundheitliche Probleme einerseits aus Prüfungsangst, andererseits aus schlechtem Gewissen gegenüber seinem Förderer Altenstein resultierten. In Wahrheit glaubte er jetzt wieder an seine schriftstellerischen Fähigkeiten, wenn auch nicht mehr mit jenem Überanspruch wie drei Jahre zuvor. Der schon erwähnte Brief an Rühle vom 31. August 1806 bringt die Zusammenhänge klar zur Sprache:

> Meine Vorstellung von meiner Fähigkeit ist nur noch der Schatten von jener ehemaligen in Dresden. Die Wahrheit ist, daß ich das, was ich mir vorstelle, schön finde, nicht das, was ich leiste. Wär ich zu etwas Anderem brauchbar, so würde ich es von Herzen gern ergreifen: ich dichte bloß, weil ich es nicht lassen kann. Du weißt, daß ich meine Carriere wieder verlassen habe. Altenstein, der nicht weiß, wie das zusammenhängt, hat mir zwar Uhrlaub angeboten, und ich habe ihn angenommen; doch bloß um mich sanfter aus der Affaire zu ziehen. Ich will mich jetzt durch meine dramatische Arbeiten ernähren; [...]. In drei bis vier Monaten kann ich immer ein solches Stück schreiben; und bringe ich es nur à 40 Frid. d'or, so kann ich davon leben. Auch muß ich mich im Mechanischen verbessern, an Übung zunehmen, und in kürzern Zeiten, besseres liefern lernen. (SWB IV,362)

Die Vorstellung von einer Art dramatischer Serienproduktion war allerdings illusorisch. Noch im Februar 1810 berichteten Clemens Brentano und Achim von Arnim in Briefen an Wilhelm Grimm, Kleist arbeite »sehr schwer und mühsam«, mit stetem »Ausstreichen und Abändern« (LS, Nr. 346 und 347). Immerhin aber war er wieder auf seine Bahn gekommen, und bemerkenswerterweise ließ er sich auch dann nicht davon abbringen, als dem Staate Preußen und ihm selbst das nächste Unglück widerfuhr. Im Oktober 1806 kam es zum Krieg Preußens gegen Frankreich, weil die preußische Führung sich durch Napoleons undurchsichtige Diplomatie düpiert fühlte und weil die Demütigung durch die im Vorjahr erzwungenen Verträge tief saß, kurz: aus sehr viel schlechteren Gründen, als sie im Herbst 1805 bestanden hatten. Die völlig überalterte und auf veraltete militärische Prinzipien festgelegte Armeeführung erwies sich als unfähig, Napoleons moderner Kampftechnik auch nur eine Woche standzuhalten. Nachdem der heißspornige Prinz Louis Ferdinand bereits bei einem eigenmächtigen Vorhutgefecht am 10. Oktober 1806 zu Tode gekommen war (das ist eine der Anregungen für Kleists Gestaltung des Prinzen von Homburg), erlitt die Hauptarmee am 14. Oktober bei Jena und Auerstedt eine entscheidende Niederlage, der eine teilweise regellose Flucht, am 28. Oktober die wenig ehrenvolle Kapitulation der Rest-Armee, sodann die oft kampflose Übergabe der preußischen Festungen folgten. Der Hof floh nach Königsberg, Napoleon zog am 27. Oktober in Berlin ein.

Auf die Nachrichten von der Schlacht bei Jena und Auerstedt reagierte Kleist mit besorgten Anfragen bei Ulrike und Marie von Kleist; denn sein Bruder Leopold und auch seine Freunde Pfuel und Rühle hatten an den Kämpfen teilgenommen, waren aber, wie sich dann herausstellte, unversehrt geblieben. Im Brief an Ulrike vom 24. Oktober finden sich über Napoleon folgende Sätze:

> Es wäre schrecklich, wenn dieser Wütherich sein Reich gründete. Nur ein sehr kleiner Theil der Menschen begreift, was für ein Verderben es ist, unter seine Herrschafft zu kommen. Wir sind die unterjochten Völker der Römer. (SWB IV,364)

Man mag hier, in diesem damals allerdings nicht sehr originellen historischen Vergleich, den Keim für Kleists *Herrmannsschlacht*-Drama sehen, das er zwei Jahre später schrieb.

Am 6. Dezember klagte er wieder einmal über die Wankelmütigkeit des Königs, der sich nicht entschließen konnte, den Krieg, wie zahlreiche Berater es wollten, unter Aufgebot aller Kräfte wieder aufzunehmen. Rühmend hob er dagegen die Haltung der Königin Louise hervor: »Sie versammelt alle unsere großen Männer, die der K. [König] vernachläßigt, und von denen uns doch nur allein Rettung kommen kann, um sich; ja sie ist es, die das, was noch nicht zusammengestürzt ist, hält.« (SWB IV,367). Wenn es im gleichen Brief heißt: »Es scheint mir, als ob das allgemeine Unglück die Menschen erzöge, ich finde sie weiser und wärmer, und ihre Ansicht von der Welt großherziger« (SWB IV,366), dann haben wir es offenkundig mit einem Anklang an die Erzählung *Das Erdbeben in Chili* zu tun (SWB III,207: »Und in der Tat schien, mitten in diesen gräßlichen Augenblicken [...] der menschliche Geist selbst, wie eine schöne Blume, aufzugehn. [...] als ob das allgemeine Unglück Alles, was ihm entronnen war, zu *einer* Familie gemacht hätte.«). Ob Kleist die Situation in Königsberg nachträglich mit der in seiner Erzählung assoziierte oder ob er das *Erdbeben* erst jetzt (fertig)geschrieben hat, muss offen bleiben. – Am Schluss des Briefes heißt es, angesichts des allgemeinen Desasters und mit Bezug auf seine endgültige Wendung zur Dichtung: »Vielleicht habe ich doch den beßten Weg eingeschlagen, und es gelingt mir, Dir noch Freude zu machen.« (SWB IV,367). Die Dichtung ist es denn auch gewesen, die ihn in den nächsten Monaten aufrechterhalten hat.

Inzwischen war auch Ernst von Pfuel, der wie die meisten preußischen Offiziere auf Ehrenwort aus der Gefangenschaft entlassen worden war, in Königsberg eingetroffen. Er beabsichtigte, sich einem der damals entstehenden Freikorps anzuschließen, die auf eigene Faust den Kampf gegen die Franzosen weiterführen wollten. Kleist begab sich gegen Ende Januar 1807 mit Pfuel und zwei verabschiedeten Offizieren namens Gauvain und Ehrenberg, von denen man sonst nicht viel weiß, auf den Weg nach Berlin. Angeblich wollte er nach Dresden weiterreisen, um sich dort ganz der Dichtung zu widmen. Nachdem Pfuel sich kurz vor Berlin von seinen Reisegefährten getrennt hatte, trafen Kleist und Gauvain am 27. Januar in Berlin ein, Ehrenberg einen Tag später. Am 30. Januar wurden sie von den französischen Militärbehörden unter Spionageverdacht verhaftet. Die heutige Forschung ist sich nicht mehr sicher, ob dieser Verdacht tatsächlich unbegründet war. Jedenfalls stellte es einen bodenlosen Leichtsinn dar, sich ohne ausreichende Papiere aus dem preußischen Hauptquartier Königsberg hinter die französischen Linien zu begeben. Es herrschten ja immer noch lediglich Waffenstillstandsbedingungen, und im Osten gingen die Kämpfe zwischen den Franzosen und den damals Preußen unterstützenden Russen weiter. Auch der Prinz August, ein Bruder Louis Ferdinands, war am 25. Dezember 1806 in Berlin verhaftet und als Kriegsgefangener nach Frankreich gebracht worden.

Am 30. Januar 1807 verfügte der französische Stadtkommandant von Berlin, der General Hulin, dass Kleist, Gauvain und Ehrenberg als Gefangene aufs Fort de Joux bei Pontarlier zu bringen und bis zum Friedensschluss festzuhalten seien. Bei einem Zwischenaufenthalt in Marburg an der Lahn schrieb Kleist am 17. Februar an Ulrike einen Brief, der eine für seine Verhältnisse erstaunliche Gelassenheit widerspiegelt. Da heißt es: »[...] wenn nur dort meine Lage einigermaßen erträglich ist so kann ich daselbst meine litterarischen Projecte eben so gut ausführen, als anderswo.« (SWB IV,371). Ähnlich schrieb er am 10. März vom Fort de Joux aus an Wieland: »Die ganze Veränderung mindestens, die *ich* dadurch erleide, besteht darin, daß ich nunmehr in Joux, statt in Dresden oder Weimar dichte; und wenn es nur *gute Verse* sind, was gilt das Uebrige?« (SWB IV,372).

In der Tat hat Kleist offensichtlich in der Gefangenschaft an der *Penthesilea* weitergearbeitet und wohl auch mit der *Marquise von O....* zumindest begonnen. Über die Gefangenschaft selbst hat er zwar, je länger sie dauerte, durchaus

Heinrich von Kleist
Dilettanten-Porträt aus der französischen Gefangenschaft, 1807

geklagt und brieflich sowohl Ulrike als auch Marie von
Kleist bestürmt, sich in Berlin für seine Freilassung einzusetzen (was auch geschah), aber über die Verantwortlichen
auf französischer Seite hat er sich ein sehr moderates Urteil
bewahrt. Den General Clarke, der als Gouverneur der Provinz Berlin und Vorgesetzter Hulins die Maßnahmen veranlasst hatte, nannte er schon im Brief aus Marburg einen
»überall als vortrefflich bekannten Mann« (SWB IV,370f.),
und dem General Hulin selbst hat er 1810 in den *Berliner
Abendblättern* mit der Anekdote *Franzosen-Billigkeit* ein
Denkmal gesetzt (SWB III,354).
In der Gefangenschaft ist auch das zweite zweifelsfrei
authentische Kleist-Porträt entstanden, eine Dilettanten-Arbeit mit der Aufschrift »Subjet suspect | Henry de
Kleyst | Poète Prussien«.
Mitte April 1807 wurden die drei Gefangenen aus dem
unwirtlichen Fort de Joux in das Kriegsgefangenenlager in
Châlons-sur-Marne gebracht, wo sie sich auf Ehrenwort
relativ frei bewegen konnten. Im Juli hatten die Bemühungen Ulrike von Kleists und anderer endlich Erfolg. Clarke
hatte sich an den französischen Kriegsminister gewandt
und dessen Plazet erhalten; am 12. Juli traf in Châlons der
Entlassungsbefehl ein. Kleist musste noch einige Tage um
das Reisegeld kämpfen und ist vielleicht erst Ende des Monats abgereist. Am 7. Juli war auch der für Preußen katastrophale Friede von Tilsit abgeschlossen worden; die meisten Mitgefangenen Kleists sind aber erst im Lauf des Jahres
1808 entlassen worden.
Kleists Freunde waren in der Zwischenzeit nicht untätig
geblieben. Rühle war nach Dresden gegangen und hatte
dort nicht nur ein eigenes Buch über den Krieg von 1806
geschrieben, sondern sich auch für die Manuskripte Kleists
eingesetzt. Schon im Februar 1807 hatte er Adam Heinrich
Müller dafür gewonnen, den *Amphitryon* mit einer Vorrede
zu versehen und herauszugeben. Müller, der damals in
Dresden *Vorlesungen über die deutsche Wissenschaft und*

Litteratur hielt, war begeistert von der Verbindung zwischen Antike und Moderne, die er im *Amphitryon* zu finden glaubte, wobei er das Moderne allerdings in der vermeintlich christlichen Einfärbung sah (LS, Nr. 173). Seine Vorrede benutzte er ferner dazu, in bekannter Manier die »Bedeutung« dieses deutschen *Amphitryon* gegen die »Frivolität« des Molière'schen auszuspielen (SWB I,380). Das Buch erschien im Mai bei Arnold in Dresden und erregte bei den Kritikern viel Beifall, fand auf Grund der bewegten Zeitläufte aber kein größeres Publikum. Goethe, der das Stück am 13. Juli in Karlsbad las, war eher befremdet. Nachdem Müller ihm am Ende des Monats außer dem *Amphitryon* auch ein Manuskript des *Zerbrochnen Krugs* übersandt hatte, antwortete er am 28. August, seinem 58. Geburtstag also, hinsichtlich des *Amphitryon* eher ablehnend, versprach andererseits, sich in Weimar um eine Aufführung des *Zerbrochnen Krugs* zu bemühen, obgleich er das Stück, seines analytischen Aufbaus wegen, als nicht eigentlich dramatisch empfand (LS, Nr. 182a–185).

Auch für die Erzählung *Das Erdbeben in Chili* hatte Rühle einen Verleger gefunden, den renommierten Johann Friedrich Cotta, der sie im September in seinem *Morgenblatt für gebildete Stände* veröffentlichte. Dort trug sie den Titel *Jeronimo und Josephe. Eine Scene aus dem Erdbeben zu Chili, vom Jahr 1647*; zumindest der Haupttitel dürfte von Kleist selbst stammen, wie sich aus seinem Brief an Cotta vom 17. September ergibt (SWB IV,387).

7
Dresden. Österreich
1807–1809

Kleist war am 14. August in Berlin angekommen, reiste dann weiter, zunächst in den Bezirk Cottbus, wo er Verwandte besuchte, die Pannwitzens und Schönfeldts, bei denen sich auch Ulrike aufhielt, dann nach Dresden, wo er am 31. August eintraf. Er wurde aufs Beste empfangen, lernte Adam Müller nun auch persönlich kennen, traf nicht nur Rühle wieder, sondern auch Ernst von Pfuel. Den Anlass für dieses Zusammentreffen bildete der damals 15-jährige Prinz Bernhard von Sachsen-Weimar-Eisenach, ein Sohn des Herzogs Carl August. Der Prinz diente nämlich in der sächsischen Armee, lebte deshalb in Dresden und wurde bereits seit 1806 unter anderem von Adam Müller erzogen. Im September 1807 trat Rühle hinzu, und im Oktober folgte Pfuel als Lehrer der Kriegswissenschaften. Von Kleists neuen Bekannten sind hervorzuheben: (1) der Oberappellationsgerichtsrat Christian Gottfried Körner, der ein enger Freund Schillers gewesen war und in dessen Pflegetochter Julie Kunze Kleist sich heftig verliebt haben soll; (2) Gotthilf Heinrich Schubert, der in Dresden Vorlesungen mit dem Titel *Ansichten von der Nachtseite der Naturwissenschaften* hielt; Kleist hat diese Vorlesungen mit dem größten Interesse verfolgt, und was er dort über den sogenannten tierischen Magnetismus und über Somnambulismus erfuhr (zusätzlich wohl zu schon bestehenden Kenntnissen), hat er im *Käthchen von Heilbronn* und in *Prinz Friedrich von Homburg* verarbeitet; (3) der französische Gesandte Jean-François de Bourgoing, dem an einer Vermittlung zwischen deutscher und französischer Kultur gelegen war und der sich mehrfach für Kleist verwendete; (4) der österreichische Geschäftsträger in Dresden, Joseph Freiherr von Buol zu Berenberg und Mühlingen, der eine

Privataufführung des *Zerbrochnen Krugs* plante, sich beim Wiener Burgtheater für Kleist einsetzte und maßgeblich an dessen entschiedener Hinwendung zu ›patriotischen‹ Themen im Jahre 1808 beteiligt gewesen sein dürfte; in Buols Haus wurde Kleist am 10. Oktober 1807, an seinem 30. Geburtstag also, mit dem Dichterlorbeer gekrönt; (5) der von Adam Müller verehrte Maler Ferdinand Hartmann, der wahrscheinlich den Anstoß zur Gründung des *Phöbus* gegeben hat.

Zunächst plante man die Eröffnung einer eigenen Verlagsbuchhandlung, wozu es aber eines königlichen Privilegiums bedurfte, das auf Einspruch der schon in Dresden ansässigen Buchhändler verweigert wurde. Inzwischen hatten aber Rühle, Pfuel und auch Ulrike 2100 Reichstaler zusammengebracht, und so gingen Kleist und Müller das Wagnis ein, das anspruchsvolle Kunstjournal *Phöbus* im Selbstverlag herauszubringen. Kleist hatte inzwischen die *Penthesilea* und auch die *Marquise von O....* vollendet und mit dem *Käthchen von Heilbronn* angefangen. Seine und Müllers Absicht war, den *Phöbus* für den Abdruck eigener Schriften zu benutzen (was auch geschah), darüber hinaus aber einen illustren Kreis von Mitarbeitern zu gewinnen, und das misslang gründlich. Weder Wieland noch Goethe noch die Brüder Schlegel noch Ludwig Tieck noch andere prominente Autoren haben Beiträge geliefert. Jean Paul sagte zwar zu, ließ dann aber nichts mehr von sich hören. Den Grund für die Zurückhaltung der prominenten Autoren mag man zum Teil in der großsprecherischen Reklame suchen, die in der ersten Ankündigung des *Phöbus* getrieben wurde, ferner in dem dort von Adam Müller formulierten Programm, das auf seine 1804 veröffentlichte *Lehre vom Gegensatz* zurückging; in einer noch unentwickelten Dialektik hatte Müller dort den Gegensatz, den Widerspruch als das belebende und forttreibende Prinzip sowohl in der Natur als auch im Geistesleben dargestellt (eine Theorie, die Kleist höchlich interessierte). In der Ankündigung des *Phöbus*, die am 10. und 11. Januar 1808 in mehreren großen Zeitungen und auch als Sonderdruck veröffentlicht wurde, hieß es entsprechend dieser Theorie:

> Kunstwerke, von den entgegengesetztesten Formen, welchen nichts gemeinschaftlich zu sein braucht, als Kraft, Klarheit und Tiefe, die alten, anerkannten Vorzüge der Deutschen – und Kunstansichten, wie verschiedenartig sie sein mögen, wenn sie nur eigentümlich sind und sich zu verteidigen wissen, werden in dieser Zeitschrift wohltätig wechselnd aufgeführt werden. (SWB III,645)

Einen »Wettlauf« wolle man eröffnen, einen »erhabenen Streit« (SWB III,645f.). Man wird fragen dürfen, warum Goethe und Wieland sich wohl hätten bemüßigt fühlen sollen, an einem »Wettlauf« mit den Herren Müller und von Kleist teilzunehmen. Auch die in einer weiteren Anzeige bekräftigte Absicht, »in jedem einzelnen Hefte die allerentgegengesetztesten Ansichten, Werke und Künste zu versammeln« (SWB III,647), dürfte bei den älteren Herrschaften nur Kopfschütteln bewirkt haben. Von einem »Kunstjournal« erwartete man wohl eher eine klare Linie und nicht den von Kleist und Müller angestrebten Charakter eines lebhaften Diskussionsforums.

Als immerhin gemeinsames Ziel aller ›Mitstreiter‹ wurde in der Ankündigung des *Phöbus*, z. B. mit dem Hinweis auf »die alten, anerkannten Vorzüge der Deutschen«, so etwas wie eine Selbstbehauptung deutscher Kunst und Kunstwissenschaft in schwerer Zeit angesprochen, mit gebührender Vorsicht natürlich, da man sich in der Hauptstadt eines Rheinbundstaates befand. In Briefen wurden die Herausgeber je nach Adressat deutlicher. Diese Zielsetzung zu betonen ist deshalb wichtig, weil Kleist für den nicht zustande gekommenen Verlag Projekte genannt hat, die verwundern mögen und jedenfalls von Kleists Verwandten als so kompromittierend empfunden wurden, dass sie die entspre-

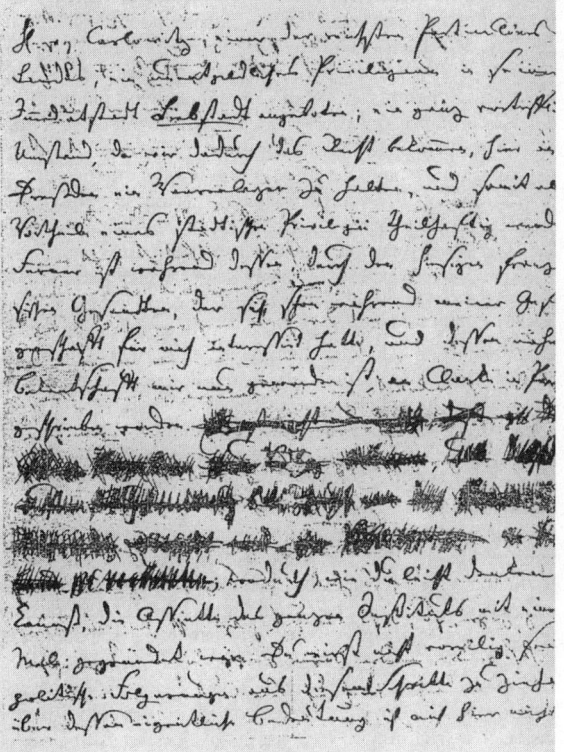

Brief Kleists an Ulrike von Kleist vom 25. Oktober 1807, Seite 2

chenden Briefstellen unleserlich zu machen versucht haben. Es handelt sich um einen Brief an Ulrike vom 25. Oktober 1807, in dem Kleist von der Förderung durch den französischen Gesandten Bourgoing berichtet und fortfährt: »Es ist nicht unmöglich, daß wir den Codex Napoleon [gemeint ist der Code Napoléon, das französische Zivilgesetzbuch von 1804, das von einigen Rheinbundstaaten übernommen wurde] zum Verlag bekommen, und daß unsere Buchhandlung überhaupt von der französischen Regierung erwählt wird, ihre Publicationen in Deutschland zu verbreiten« (SWB IV,391). Als Propaganda-Publizist im Solde Frankreichs ist Kleist schwer vorstellbar; zwei Sätze weiter schreibt er denn auch: »Du wirst nicht voreilig sein, politische Folgerungen aus diesem Schritte zu ziehn, über dessen eigentliche Bedeutung ich mich hier nicht weitläufiger auslassen kann.« (Ebd.). Vermutlich ging es um zwei Dinge, zunächst einmal um die Schaffung einer materiellen Basis; im gleichen Brief heißt es: »Mein Auskommen wird mir in der Folge, wenn Alles gut geht, aus einer doppelten Quelle zufließen; einmal aus der Schriftstellerei und dann aus der Buchhandlung.« (SWB IV,392). Von den erhofften Einkünften her muss man das wohl umgekehrt lesen: die Einnahmen aus der Buchhandlung als Polster für die ungestörte dichterische Produktion. Zweitens hätte die Herausgabe offizieller französischer Publikationen eine Art Schutz bieten können: Man hätte im *Phöbus* noch klarer für die deutsche Kunst eintreten können, ohne zu riskieren, einer antifranzösischen, und das hieß in Sachsen damals auch: regierungsfeindlichen Haltung bezichtigt zu werden. Die anvisierte Ausrichtung des Verlags hätte eine Art Alibi-Funktion für die Zeitschrift erfüllen können. Später, in den *Berliner Abendblättern*, hat Kleist die Kunst der Tarnung, der indirekten, scheinbar unverfänglichen Mitteilung zur Meisterschaft entwickelt.

Dass solches auch hier schon im Spiel war, zeigt das erste Heft des *Phöbus*. Zwei Prachtexemplare ließen Kleist und

Müller dem Kaiser von Österreich überreichen; ein weiteres aber ging ausgerechnet an Napoleons Bruder Jérôme, damals König von Westfalen. Man könnte es charakterlos finden, dass auf solche Weise in möglichst allen Lagern Aufmerksamkeit und Wohlwollen für den *Phöbus* geweckt werden sollten. Andererseits schmuggelte Kleist aber schon in dieses erste Heft Konterbande ein: Sein dem Anschein nach religiöses Gedicht *Der Engel am Grabe des Herrn* ist in Wahrheit ein getarntes politisches Gedicht, in dem es vordergründig um die Auferstehung Christi, versteckt aber um die erhoffte ›Auferstehung‹ Deutschlands geht (SWB III,407 f. und 971–973 sowie Müller-Salget, B 8: 2002).

Bei aller Dankbarkeit gegenüber dem französischen Gesandten und bei aller fortdauernden Hochschätzung für die französische Kultur war Kleist nach wie vor nicht bereit, sich mit dem Faktum der französischen Oberherrschaft anzufreunden.

Von dem hohen Anspruch des »Kunstjournals« zeugt schon der Name *Phöbus*. Phöbus (›der Glänzende‹) war der Beiname des Gottes Apollon, der als Patron der Künste und als Führer der Musen galt, aber auch mit dem Sonnengott Helios identifiziert wurde. In dieser Funktion, als Lichtbringer, erscheint er auch auf dem von Ferdinand Hartmann entworfenen Titelbild zum ersten Heft und in dem von Kleist stammenden *Prolog* (SWB III,406 f.). Das (ursprünglich gar nicht für den *Phöbus*, sondern für einen Theatervorhang entworfene) Bild dürfte von Kleist auch für sich genommen von einigem Interesse gewesen sein; denn in der *Penthesilea* hat er den ersten Auftritt Achills wie, man möchte sagen: *als* einen Sonnenaufgang gestaltet (V. 356–369), und Penthesilea wird dann im Liebeswahn Achill mit Helios verwechseln (V. 1385). Als bedeutsame Metapher begegnet der Sonnenaufgang auch in anderen Werken und in Briefen Kleists. – Interessant an Hartmanns Bild ist schließlich auch noch die Auswahl und Anordnung der Tierkreiszeichen: Im Zenith steht die Waage, Kleists

Der von Ferdinand Hartmann gestaltete Umschlag für die ersten vier Hefte des *Phöbus*

Sternbild, links davon und tiefer die Jungfrau (Goethe), rechts davon und ebenfalls tiefer der Skorpion (Schiller) (vgl. Mommsen, B 8: 1974, 70–72). Ob diese ›Rangordnung‹ auf Zufall beruhte, ob sie von Kleist veranlasst oder von Hartmann als Huldigung an Kleist ins Bild gerückt wurde, wissen wir leider nicht.

Das *Penthesilea*-Fragment, das im ersten Heft dem *Prolog* folgte, musste auf alle Liebhaber der klassischen Tragödie als Provokation wirken, auch ohne den kannibalischen Schluss, den Kleist weggelassen hatte. Die dionysischen Mächte der Antike, das Dunkel-Dämonische und Blutige, in Goethes *Iphigenie auf Tauris* mühsam durch die Reinheit des Herzens bezwungen, trat hier wieder grell hervor. Man muss fragen, ob Kleist allen Ernstes geglaubt hat, dass Goethe, dem er das erste Heft »auf den ›Knieen meines Herzens‹« zueignete (SWB IV,407), dieser Art der Antikenadaption seinen Beifall würde geben können. Hier zeigt sich der Grundwiderspruch des ganzen *Phöbus*-Unternehmens: Man wollte etwas durchaus Neues und hoffte doch auf die Zustimmung der Alten, sogar auf ihre Mitarbeit; man wollte provozieren und war dann enttäuscht über die Reaktion der Provozierten.

Ein allerdings ziemlich miserables Beispiel für eine solche Reaktion bot der Archäologe, Altphilologe und Kritiker Karl August Böttiger, Hofrat zu Dresden, der den *Amphitryon* noch gelobt hatte, nun aber Heft für Heft den *Phöbus* der hämischsten Kritik unterzog, vor allem Kleists Sprache und seinen Versbau immer wieder der Lächerlichkeit preiszugeben suchte. Das geschah anonym im *Freimüthigen*, also in eben der Zeitschrift, die fünf Jahre zuvor anlässlich der *Familie Schroffenstein* die »Erscheinung eines neuen Dichters« verkündet hatte.

Es gab auch freundliche Kritiken, aber im Ganzen klaffte der Widerspruch zwischen den großmächtigen Ankündigungen und der dann doch im Wesentlichen auf die Autoren Kleist und Müller eingeschränkten Mitarbeiterschaft zu tief. Hinzu kam die Konkurrenz. Gerade im Jahre 1808 gab es eine ganze Reihe vergleichbarer Zeitschriftengründungen, von denen der *Prometheus* in Wien tatsächlich Goethe, Wieland und die Schlegels als Mitarbeiter gewinnen konnte und trotzdem das Jahr 1808 nicht überlebte. Hinzu kam auch noch der Misserfolg der von Goethe veranstalteten Aufführung des *Zerbrochnen Krugs* am 2. März 1808 in Weimar, ein Misserfolg, der das ungünstige Urteil von Kritik und Publikum über Kleist bestärkte. Den Zeitungsberichten zufolge hat das gelangweilte Publikum gegen Schluss lärmend seinem Unwillen Ausdruck gegeben, und das unerhörterweise in Gegenwart des Herzogs (LS, Nr. 247–248b). Kleist hat die Schuld bei Goethe gesucht, der das Stück durch die Aufteilung in drei Akte absichtlich in die Länge gezogen habe. Goethe war aber wohl wirklich von der besten Absicht geleitet, nur hat er anscheinend die Eigenart des Stücks nicht verstanden, dessen ›Handlung‹ nicht aus dramatischen Aktionen besteht, sondern hauptsächlich in der Sprache stattfindet, im Stocken und Sichüberstürzen des Sprechens, und, da so viel gelogen und verschwiegen wird, im Mimischen und Gestischen. Ein solches Stück bedarf einer anderen Führung der Schauspieler, als sie am Weimarer Hoftheater gebräuchlich war. Kleist reagierte im *Phöbus* mit bissigen Epigrammen gegen Goethe, hat aber später für die Buchausgabe des *Zerbrochnen Krugs* den Schluss rigoros gekürzt und insofern den Bühnenbedingungen seiner Zeit entgegenzukommen versucht.

Aus all den erwähnten Gründen geriet der *Phöbus* schon im April 1808 in eine finanzielle Krise. Das 3. Heft, für den März bestimmt, erschien erst Ende April, das 4., zusammen mit dem 5., erst Anfang Juni, und dann trat eine Pause von fünf Monaten ein, sodass viele Abonnenten die Zeitschrift schon eingegangen wähnten. Bemühungen Kleists, für den *Phöbus* einen Verleger zu finden, blieben erfolglos. Erst im Oktober 1808 ist es Adam Müller gelungen, den Dresdner Buchhändler Georg Moritz Walther zur Übernahme des

Phöbus zu bewegen, zu sehr schlechten Bedingungen freilich, die Kleist verschwiegen wurden. Walther brachte im November das 6. Heft heraus, die übrigen, darunter wieder zwei Doppelhefte, bis zum März 1809. Da erst, wohl bei der Schlussabrechnung, erfuhr Kleist von Müllers finanziellen Zugeständnissen und beschimpfte seinen Partner so heftig, dass der ihn zum Duell forderte. Rühle und Pfuel ist es dann gelungen, wenigstens dieses Duell abzuwenden. – Ein zweiter Jahrgang des *Phöbus* kam nicht zustande.

Wichtig bleibt dieses »Kunstjournal« für uns vor allem deshalb, weil Kleist hier eine ganze Reihe von Texten erstmals, manche überhaupt nur hier veröffentlicht hat. Letzteres gilt, neben etlichen Gedichten, für das Fragment des *Robert Guiskard*, das wohl als ernst gemeinter Anlauf zu einer vollständigen Neufassung zu werten ist. Ob das Stück wieder nicht fertig geworden ist oder ob Kleist so unzufrieden damit war, dass er es nicht publizieren mochte, ist nicht bekannt.

Außer dem *Guiskard*-Fragment, den Gedichten und dem »Organischen Fragment« der *Penthesilea* sind im *Phöbus* erschienen: *Die Marquise von O....* und der Anfang des *Michael Kohlhaas*, ferner drei Auftritte aus dem *Zerbrochnen Krug* und die ersten beiden Akte des *Käthchen von Heilbronn*. Diese Texte, die Kleist für die späteren Buchausgaben nochmals überarbeitet hat, sind für uns aus zwei Gründen sehr aufschlussreich: Zum einen hat er diese Drucke, anders als die späteren Buchdrucke, selbst überwacht, und wir können davon ausgehen, dass sie in Orthographie und Interpunktion weitestgehend seinen Vorstellungen entsprechen; zum anderen geben uns gerade die inhaltlichen und gestalterischen Änderungen von den Vorabdrucken hin zu den Buchfassungen einen Einblick in Kleists Arbeitsweise und in seine Absichten.

Im Mai 1808 war nicht nur der *Phöbus* ins Stocken geraten, sondern auch der Druck der *Penthesilea*. Kleist hatte damit, auf eigene Kosten, bei einer Dresdner Firma beginnen lassen; dann aber ging ihm das Geld aus, und er wandte sich an Cotta mit der Bitte um Übernahme des Werks und Zahlung eines Vorschusses. Cotta hat, trotz der Bedenken eines von ihm bestellten Gutachters, eingewilligt und sich damit Kleists zunächst anhaltende Dankbarkeit erworben. Er selbst freilich soll mit dem Drama, das er erst nachträglich las, nicht sehr glücklich gewesen sein, und trotz mehrerer Anfragen Kleists hat er weitere Werke von ihm nicht verlegt. Die *Penthesilea* erschien im Juli 1808 mit einer Auflage von 750 Exemplaren. Die Kritik reagierte fast durchweg befremdet. Eine Aufführung zu Kleists Lebzeiten hat es nicht gegeben, lediglich – und das könnte man grotesk nennen – eine pantomimische Darstellung einzelner Szenen durch die mit Kleist befreundete Schauspielerin Henriette Hendel-Schütz (am 26. März 1811 im Berliner Nationaltheater). Ihr Mann, Professor Schütz, gab zwar eine Einführung und deklamierte auch eine Szene aus dem Drama, die Kritiker aber, sofern sie der Vorführung überhaupt etwas abgewinnen konnten, lobten die Pantomime und äußerten sich negativ über die Deklamation; man konstatierte »verrenkte Sprache und gemeine Malerei im Ausdruck.« (LS, Nr. 489d). Die Uraufführung des Stücks, in einer leicht gekürzten Fassung, hat erst 65 Jahre später stattgefunden.

Fertig geworden war im Frühjahr 1808 auch *Das Käthchen von Heilbronn*. Damals galt die Regel, dass bereits im Druck vorliegende Stücke von den Theatern gespielt werden durften, ohne dass Tantiemen an den Autor bezahlt werden mussten. Deshalb bemühte sich Kleist, der das *Käthchen* im Gegensatz zur *Penthesilea* für durchaus aufführbar hielt, zunächst nicht um den Druck, sondern wandte sich an verschiedene Bühnen in Dresden, Wien und Berlin. Zur Uraufführung einer wohl von Heinrich Joseph von Collin bearbeiteten Fassung ist es dann am 17. März 1810 im Theater an der Wien gekommen, und im Dezember folgte eine Inszenierung in Graz. Beide Aufführungen hat Kleist nicht gesehen. Im Druck erschienen ist *Das Käthchen von Heilbronn* im September 1810 in Berlin.

In der zweiten Hälfte des Jahres 1808 schrieb Kleist ein neues Stück, sein heute umstrittenstes: *Die Herrmannsschlacht*, das die berühmte Schlacht im Teutoburger Wald im Jahre 9 n. Chr. zum Anlass nahm, den Zeitgenossen einen ähnlich rigorosen Kampf gegen die französische Fremdherrschaft nahezulegen, wie der Kleist'sche Herrmann ihn gegen die Römer führt. Die Anregung zu dieser patriotischen Eruption dürfte von zwei Seiten gekommen sein. Zum einen erfuhr Kleist von der Rebellion der Spanier gegen die napoleonische Herrschaft, die im März 1808 begann und, wenn auch mit durchaus wechselnden Erfolgen, nicht mehr aufhörte, bis die Franzosen im Juli 1813 vertrieben wurden. Die Spanier haben damals den Guerillakrieg erfunden; Ähnliches planten auch die preußischen Patrioten um den Freiherrn vom und zum Stein, und die spanische Erhebung ist anderen von Napoleon unterdrückten Nationen immer wieder als Vorbild hingestellt worden. Ferner dürfte Kleist von Buol frühzeitig über die Absichten der österreichischen Führung unterrichtet worden sein, den Kampf gegen Napoleon wieder aufzunehmen. Schon im August 1808 erwartete er einen baldigen Kriegsausbruch (SWB IV,420), und offenkundig hoffte er, mit der *Herrmannsschlacht* die patriotischen Gefühle und den Freiheitsdurst der Unentschlossenen erwecken und die der Kämpfenden beflügeln zu können.

Als Mittelsmann sollte Heinrich Joseph von Collin dienen. An diesen österreichischen Dichterkollegen mit guten Beziehungen zu den Wiener Theatern hatte Kleist sich schon des *Käthchen von Heilbronn* wegen gewandt, und am 1. Januar 1809 schickte er ihm die *Herrmannsschlacht* mit der Bitte, sie nach Möglichkeit noch vor dem *Käthchen* aufführen zu lassen; denn sie sei zwar nicht besser, aber wohl des Erfolges sicherer (SWB IV,426). Am 22. Februar stieß er nach: Dieses Stück sei »mehr, als irgend ein anderes, für den Augenblick berechnet«, und er müsse »fast wünschen […], es ganz und gar wieder zurückzunehmen«, wenn es nicht in Bälde aufgeführt werden könne (SWB IV,429). Nachdem Österreich am 9. April die Kriegshandlungen begonnen hatte, drängte er noch einmal auf eine »Aufführung dieses Stücks, das einzig und allein auf diesen Augenblick berechnet war«: »Schreiben Sie mir bald: es wird gegeben; jede Bedingung ist mir gleichgültig, ich *schenke* es den Deutschen; machen Sie nur, daß es gegeben wird.« (SWB IV,432). Diesem Brief vom 20. April fügte er auch schon die Handschrift dreier Gedichte bei: *Germania an ihre Kinder, Kriegslied der Deutschen* und *An Franz den Ersten, Kaiser von Österreich*, in denen er leidenschaftlich den Krieg gegen die Franzosen predigte; denn er war der Meinung: »man muß sich mit seinem ganzen Gewicht, so schwer oder leicht es sein mag, in die Waage der Zeit werfen« (SWB IV,431).

Kleist und seinen Gesinnungsgenossen ging es darum, die österreichische Erhebung nach Kräften publizistisch zu unterstützen und nach Möglichkeit darauf hinzuwirken, dass auch andere Länder, vor allem Preußen, sich dem Kampf anschlossen. Dass das Letztere nicht geschehen ist, muss als einer der Hauptgründe für den abermaligen Sieg Napoleons angesehen werden. – Schon im Jahre 1808 war Kleist offenbar konspirativ tätig gewesen. Im August hatte er Ulrike gebeten, einen von ihm bis Wormlage bezahlten reitenden Boten weiter nach Fürstenwalde (östlich von Berlin) zu entlohnen: »Man wünscht jemanden, der in der Mark wohnt (es ist der Graf P.) schnell von der Entbindung einer Dame, die in Töplitz ist, zu benachrichtigen.« (SWB IV,421). Das Wort »Graf« hat Kleist, bis auf das »G.«, sorgfältig gestrichen, und im österreichischen Teplitz wohnte Adam Müllers Freund Friedrich Gentz, der seit langem als Verbindungsmann zwischen der österreichischen Führung und den ›Vaterlandsfreunden‹ in Sachsen fungierte; bei der angeblichen »Entbindung« dürfte es sich um ein Politikum gehandelt haben. Bestätigt wird diese Vermutung durch die *Denkwürdigkeiten* des damaligen Leutnants, späteren Generals Johann Hüser, der über seine geheime antinapoleonische Tätigkeit unter anderem mitteilte: »So bin ich zum Beispiel mehrere Male bis Baruth [südlich von Berlin] geritten, um dort an den als Dichter bekannten Heinrich von Kleist, der unser Gesinnungsgenosse war und in Dresden lebte, Briefe auf die Post zu bringen.« (LS, Nr. 313).

Nach Kriegsausbruch wollte Kleist mit der österreichischen Gesandtschaft, mit Buol also, nach Wien gehen, wurde wahrscheinlich durch finanzielle Probleme (die *Phöbus*-Affäre) zurückgehalten, hoffte dann auf eine schnelle Eroberung Dresdens durch österreichische Truppen und brach, als das nicht geschah, am 29. April zusammen mit Friedrich Christoph Dahlmann nach Böhmen auf.

Dahlmann, damals knapp 24 Jahre alt, später ein berühmter Historiker, hat in seiner Autobiographie 1849 berichtet: »Unser Vorsatz war, von Böhmen aus nach allen Kräften dahin zu wirken, daß aus dem österreichischen Kriege ein deutscher werde.« (LS, Nr. 316). Die Fußwanderung führte Kleist und Dahlmann (sie hatten von Buol einen auf beide gemeinsam ausgestellten Gesandtschaftspass bekommen) über Teplitz und Prag nach Znaim, wo sie mit Buol und dem preußischen Geheimbeauftragten Karl Friedrich von dem Knesebeck zusammentrafen. Am 13. Mai wurde Wien von den Franzosen besetzt. Kleist und Dahlmann reisten weiter nach Großenzersdorf und Stockerau, wo sie von der zwei Tage zuvor geschlagenen Schlacht bei Aspern erfuhren, dem Sieg der österreichischen Truppen über Napoleon (Kleist feierte diesen Sieg in einem überschwenglichen Gedicht *An den Erzherzog Carl*). Dahlmann und Kleist besichtigten am 25. Mai das Schlachtfeld. Nach Dahlmanns späteren Berichten hat man sie dort für französische Spione gehalten und verhaftet, am gleichen Tag aber wieder freigelassen (LS, Nr. 316 und 317b). In den entsprechenden, sehr detaillierten Akten findet sich aber laut Hermann F. Weiss keinerlei Hinweis auf diese Begebenheit (Weiss, B 8: 1984, 213); auch Dahlmanns Erzählung, Kleist habe den Verdacht durch Vorweis seiner patriotischen Gedichte zerstreuen wollen, was ihm von den Offizieren als unberufene Einmischung in politische Angelegenheiten verwiesen worden sei (LS, Nr. 317b), könnte ins Reich der Anekdote gehören.

Am 31. Mai waren die beiden wieder in Prag, und im Haus des Stadthauptmanns Franz Anton von Kolowrat-Liebsteinsky nahm der Plan zur Gründung einer Zeitschrift Gestalt an, die Kleist und Dahlmann unter dem Titel *Germania* herausbringen wollten. Ziel der Zeitschrift sollte die Erhebung aller Deutschen gegen Napoleon sein. Den Grundstock hätten die Gedichte und Prosaarbeiten gebildet, die Kleist schon seit März verfasst hatte. Am 13. Juni 1809 schickte der Oberstburggraf von Böhmen, Joseph Graf von Wallis, Kleists Gesuch um Genehmigung der Zeitschriftengründung an den österreichischen Außenminister Philipp Graf von Stadion und fügte ein befürwortendes Schreiben dazu. Stadion antwortete am 17. Juni, er habe Kleists Vorschlag dem Kaiser vorgelegt und werde zu gegebener Zeit dessen Entscheidung mitteilen. – Diese Mitteilung ist nie erfolgt, denn inzwischen wendete sich das Kriegsglück, nicht ohne Schuld der zögerlichen österreichischen Führung, wieder Napoleon zu. Am 6. Juli siegte er bei Wagram; am 12. Juli folgte der Waffenstillstand von Znaim. Fünf Tage später klagte Kleist in einem Brief an Ulrike: »So lange ich lebe, vereinigte sich noch nicht soviel, um mir eine frohe Zukunft hoffen zu lassen; und nun vernichten die letzten Vorfälle nicht nur diese Unternehmung – sie vernichten meine ganze Thätigkeit überhaupt.« (SWB IV,437).

Es gab aber, ebenso wie in Preußen nach der Niederlage im Jahre 1806, auch in Österreich eine sogenannte Kriegspartei, die den Kampf weiterführen wollte, und namhafte

Vertreter dieser Gruppe saßen in Prag. Auch das *Germania*-Projekt mochte man noch nicht aufgeben. Am 13. September schickte Lothar Graf von Stadion, der Generalintendant des Erzherzogs Carl, an seinen Bruder Philipp, den Außenminister, eine Denkschrift, in der er sich sehr missfällig über die Presse in Böhmen äußerte, an Kleists Gesuch erinnerte und »die allerhöchste Entscheidung« anmahnte (LS, Nr. 331). Um diese Zeit ist Kleists Aufruf *Über die Rettung von Österreich* entstanden, mit dem er die österreichische Führung, vor allem den Kaiser selbst, dazu bewegen wollte, die letzten Reserven zu mobilisieren und einen Kampf um Sein oder Nichtsein zu führen. Am 25. September aber entschied sich die österreichische Führung für den Friedensschluss; der Außenminister wurde durch Metternich abgelöst, und der Friede von Schönbrunn besiegelte am 14. Oktober das Ende von Kleists Plänen.

Dokumentiert ist über sein und Dahlmanns Leben in den Monaten Juli bis Oktober lediglich, dass sie am 30. Oktober in Prag »Reisepässe nach Dresden« beantragt haben (LS, Nr. 333). In Berlin machte derweil das Gerücht die Runde, Kleist sei bei Wagram verwundet worden und in Prag gestorben (LS, Nr. 332a–c). Auch über seine Unternehmungen bis zum Februar 1810 wissen wir nicht viel. Gegen Ende November war er in seiner Geburtsstadt, um eine Hypothek auf seinen Hausanteil aufzunehmen. Am Schluss eines Briefes an Ulrike vom 23. November teilte er mit: »ich gehe nach dem Österreichischen zurück, und hoffe, daß du bald etwas Frohes von mir erfahren wirst.« (SWB IV,439). Was er vorhatte, wissen wir nicht, ebenso wenig, was er Mitte Januar 1810 in Frankfurt am Main zu tun hatte; da er von dort ein Manuskript des *Käthchen von Heilbronn* an Cotta schickte, kann es sein, dass er zuvor noch einmal versucht hatte, das Stück einem Wiener Theater anzubieten. Am 4. Februar kehrte er nach Berlin zurück, wo er, mit kurzen Unterbrechungen, bis zu seinem Tod geblieben ist.

8
Berlin
1810/1811

Die Hypothek hatte ihm 500 Reichstaler eingebracht, von denen er aber vielleicht auch noch Schulden bezahlen musste. Clemens Brentano jedenfalls, der ihn damals kennen lernte, berichtete an Görres und Wilhelm Grimm, Kleist sei arm (LS, Nr. 345 und 346). Umso mehr musste er auf Einkünfte aus seinen Dichtungen bedacht sein. Am 28. Januar fragte er bei Collin an, wie es mit der *Herrmannsschlacht* und dem *Käthchen* hinsichtlich etwaiger Aufführungen stehe. In Berlin lernte er den Verleger Georg Andreas Reimer kennen, von dem Brentano im Dezember 1809 geschrieben hatte, er sei »ein Mensch voll der ungeschicktesten politischen Vaterlandswünsche und durch das Unterliegen von Östreich ganz bizarr übellaunig« (LS, Nr. 338); insofern war er also eine Art Geistesverwandter von Kleist. Jedenfalls wurde er sein Verleger. Im September 1810 brachte er *Das Käthchen von Heilbronn* heraus und den ersten Band der *Erzählungen*; er enthielt außer den nur noch wenig überarbeiteten Texten *Die Marquise von O....* und *Das Erdbeben in Chili* den inzwischen zu Ende geschriebenen und auch im Anfangsteil gründlich bearbeiteten *Michael Kohlhaas*. Im Februar 1811 folgte *Der zerbrochne Krug* und im August der zweite Band der *Erzählungen*. Reich konnte Kleist bei alledem nicht werden. Zahlreiche Kurzbriefe an Reimer zeugen von seiner ständigen Geldnot. Verschlimmert wurde seine finanzielle Situation durch den frühen Tod der Königin Louise am 19. Juli 1810. Zu ihrem letzten Geburtstag am 10. März hatte Kleist ihr noch ein Gedicht überreicht (*An die Königin von Preußen*), das sie, wie Kleist an Ulrike schrieb, »vor den Augen des ganzen Hofes, zu Thränen gerührt hat; ich kann ihrer Gnade, und ihres guten Willens, etwas für mich zu thun, gewiß sein.« (SWB IV,442). Nicht nur konnte die Königin dann nichts mehr für ihn tun, sondern auch die kleine Pension von monatlich 5 Louisd'or, die er ihr zu verdanken glaubte, fiel nun weg. Ob Marie von Kleist den Tod der Königin zum Anlass nahm, die Zahlung wegen eigener finanzieller Probleme einzustellen, oder ob sie fürchtete, das Versteckspiel nun nicht länger durchhalten zu können, ist unbekannt. Kleists Glaube, die Königin habe ihm eine Pension gezahlt, hat ihm ein Jahr später in der Auseinandersetzung mit dem Staatskanzler Hardenberg noch schwer geschadet; denn auf sein wiederholtes Insistieren hin ließ Hardenberg prüfen, was es mit der angeblichen Pension auf sich habe, und da niemand davon wusste, stand Kleist als Lügner da.

In Berlin erneuerte Kleist die Freundschaft mit Adam Müller, der sich während der österreichischen Erhebung (allerdings erst dann) in Dresden gegen die Franzosen engagiert hatte und nach Napoleons Sieg des Landes verwiesen worden war. Ferner lernte Kleist nun Clemens Brentano und Achim von Arnim kennen, die wie er in der Mauerstraße wohnten. Bei seinem früheren Gönner Altenstein war er öfter zu Besuch, ebenso bei Friedrich August Staegemann und seiner Gattin Elisabeth, die er schon von Königsberg her kannte. Er erneuerte die Bekanntschaft mit Friedrich de la Motte Fouqué und schloss Freundschaft mit Rahel Levin.

Angesichts dieser Verbindungen wie auch seiner anhaltenden Geldnot fasste Kleist den Plan, ein unterhaltendes und belehrendes Volksblatt für alle Stände herauszubringen. Daraus wurden die *Berliner Abendblätter*. Als Verleger wurde Fouqués Freund Julius Eduard Hitzig gewonnen. Fouqué selbst lieferte Beiträge für die *Abendblätter*, ebenso Adam Müller, Brentano, Arnim und etliche andere. Ganz wichtig wurde die Verbindung zum Berliner Polizeipräsidenten Karl Justus Gruner, der für die Zensur der nichtpolitischen Zeitungen und Zeitschriften zuständig war und den großen Anfangserfolg der *Berliner Abendblätter* dadurch mitbewirkte, dass er dort Polizeiberichte veröffentlichen ließ, ein absolutes Novum in der deutschen Zeitungsgeschichte. Neu war auch, dass die *Abendblätter* jeden Tag erschienen, mit Ausnahme des Sonntags (üblich war ein Erscheinen an lediglich zwei Tagen in der Woche).

Das Blättchen, das am 1. Oktober 1810 zu erscheinen begann, war äußerlich überaus anspruchslos gestaltet. Es bestand aus einem einzigen gefalteten Blatt mit vier Druckseiten im Format von 11 × 18 cm und bediente sich teilweise einer Drucktype, die fast nur mit der Lupe zu entziffern war. Manchmal wurde noch ein Extrablatt dazugelegt.

Dass es diesem unscheinbaren Periodikum trotzdem gelang, das allerhöchste Missfallen zu erregen, nicht nur des Staatskanzlers Hardenberg, sondern des Königs selbst, lag daran, dass Kleist sich nicht auf die Herausgabe eines bloßen Unterhaltungsblatts für Berlin und Umgebung beschränken mochte. In Preußen galt damals noch das sogenannte Wöllnersche Zensuredikt von 1788 in der Fassung von 1808. Nach dessen Bestimmungen unterlagen politische Schriften und Zeitungen der Zensur durch das Ministerium der auswärtigen Angelegenheiten, nichtpolitische Schriften und Zeitungen derjenigen durch das Innenministerium, das diese Aufgabe an die Polizeibehörde delegierte (in Kleists Fall also an Gruner). In Berlin gab es damals zwei mit einem Privileg ausgestattete politische Zeitungen, die *Berlinischen Nachrichten von Staats- und gelehrten Sachen* (die sogenannte *Spenersche Zeitung*) und die *Königlich privilegierte Zeitung von Staats- und gelehrten Sachen* (die sogenannte *Vossische Zeitung*). Beide Zeitungen waren verpflichtet, Verlautbarungen der Regierung abzudrucken, und konnten als halboffizielle Blätter gelten. Als Kleist den Plan fasste, in Berlin eine Zeitung herauszubringen, musste ihm klar sein, dass er für ein politisches Blatt keine Genehmigung bekommen würde; das hätten schon die Inhaber der *Spenerschen* und der *Vossischen Zeitung* verhindert. Also konzipierte er ein ›nichtpolitisches‹ Periodikum, »welches das Publikum [...] auf eine vernünftige Art unterhält.« (Ankündigung vom 25. September 1810; SWB III,651). Schon in einer *Erklärung* vom 22. Oktober, mit der er auch aus der bis dahin gewahrten Anonymität heraustrat, ging Kleist einen Schritt weiter: Der Zweck der *Abendblätter* bleibe zwar in erster Linie die »Unterhaltung aller Stände des Volks«, »in der zweiten aber ist er, nach allen erdenklichen Richtungen, Beförderung der Nationalsache überhaupt« (SWB III,654). »Beförderung der Nationalsache überhaupt« bedeutete für Kleist dreierlei: 1. versteckte Polemik gegen die französische Oberherrschaft, 2. freimütige Diskussion der damals in Gang kommenden preußischen Reformen, 3. Polemik gegen den Spielplan des sogenannten Nationaltheaters in Berlin, das unter der Leitung von August Wilhelm Iffland stand.

Über den seichten Spielplan des Berliner Theaters hatte Kleist sich schon im August 1808 in einem Brief an Ulrike mokiert (SWB IV,420). Bevorzugt aufgeführt wurden leicht eingängige Lustspiele, zumeist von August von Kotzebue, z. B. sein *Pachter Feldkümmel*, gefolgt von den Machwerken noch inferiorerer Talente mit Titeln wie *Rochus Pumpernickel* oder *Vetter Kuckuck*. Dem König, der sich mit solcher Unterhaltung über den Tod seiner Gattin hinwegzutrösten suchte, gefiel diese leichte Kost. Die großen Werke der Weimarer Klassiker bzw. der Weltliteratur wurden relativ selten aufgeführt, und natürlich konnte ein solches Unternehmen Kleists Ansprüchen an ein tatsächliches Nationaltheater nicht genügen. August Wilhelm Iffland, selbst Verfasser von mehr als sechzig damals sehr erfolgreichen, heute als trivial eingeschätzten Theaterstücken, war ein gefeierter Schauspieler, der sich selbst gern in den Vordergrund stellte. Mit ihm hatte Kleist es auch persönlich schon im August 1810 gründlich verdorben.

Damals hatte er Iffland zum wiederholten Male das *Käthchen von Heilbronn* zur Aufführung vorschlagen lassen, und ihm war zugetragen worden, Iffland habe gesagt, das Stück gefalle ihm nicht. Kleist schrieb ihm daraufhin einen kurzen Brief, in dem er über das Käthchen sagte: »Es thut mir Leid, die Wahrheit zu sagen, daß es ein Mädchen ist; wenn es ein Junge gewesen wäre, so würde es Ew. Wohlgebohren wahrscheinlich besser gefallen haben.« (SWB IV,448). Diese grobe Anspielung auf Ifflands homosexuelle Veranlagung machte in Berlin, da Kleist sein ›Bonmot‹ offenkundig nicht für sich behalten konnte, die Runde; Iffland reagierte mit einem mühsam die Form wahrenden Brief, und jedenfalls brauchte Kleist mit einer Aufführung seiner Stücke am Berliner Nationaltheater nicht mehr zu rechnen. In den *Abendblättern* kommentierte er den Spielplan mit Sarkasmus und Ironie. Als es Ende November wegen geteilter Meinungen des Publikums über eine Rollenbesetzung zu einem handfesten Theaterskandal kam, an dem Kleist und Arnim angeblich persönlich beteiligt waren und für den man die vorausgegangene Berichterstattung in den *Abendblättern* verantwortlich machte, drohte Iffland mit seinem Rücktritt von der Direktion und brachte es auf diese Weise zuwege, dass den *Abendblättern* ab Dezember jede Theaterkritik untersagt wurde. Damit verlor Kleist eine der publikumswirksamen Rubriken seiner Zeitung.

Auch die Polizeiberichte, die anfänglich, begünstigt durch das Treiben einer Mordbrennerbande in und um Berlin, großes Aufsehen erregt hatten, waren inzwischen weitgehend uninteressant geworden, weil Gruner sich nach dem Protest eines betroffenen Bürgers große Zurückhaltung auferlegte.

Was hingegen die antifranzösische Tendenz der *Abendblätter* betraf, konnte Kleist auf die volle Zustimmung Gruners rechnen. Der war selbst ein Franzosenfeind, konspirierte mit dem russischen Gesandten, nahm später, 1812, nach dem Abschluss des preußisch-französischen Bündnisses, seinen Abschied und ging nach Prag zum Freiherrn vom und zum Stein, um an dessen Plänen für eine Volkserhebung in Norddeutschland mitzuwirken.

Natürlich konnte Kleist nicht offen gegen die Franzosen schreiben; vielmehr arbeitete er mit verschiedenen Mitteln der Camouflage: mit fingierten Briefen, mit tendenziös gefärbten Anekdoten, mit der Manipulation aus anderen Blättern übernommener Nachrichten. Eine solche Nachricht über angebliche Rückschläge der französischen Armee in Portugal, erschienen am 3. November 1810, veranlasste den französischen Gesandten zu einem Protest im preußischen Außenministerium, und Gruner wurde angewiesen, für »gänzliche Supprimierung aller politischen Artikel« in den *Abendblättern* zu sorgen (LS, Nr. 423).

Aber nicht die antifranzösischen Spitzen haben den Niedergang der *Abendblätter* bewirkt, sondern der Umstand, dass Kleist es wagte, in seinem als ›unpolitisch‹ genehmigten Blatt eine Diskussion über die Reformvorhaben der preußischen Regierung zu eröffnen. Als Hauptgegner der Reformen trat Adam Müller auf. Zunächst ging die Debatte um den 1807 verstorbenen Nationalökonomen Christian Jacob Kraus, dessen Vorlesungen Kleist ja selbst in Königsberg gehört hatte. Kraus hatte die liberalen Wirtschaftstheorien von Adam Smith auf preußische Verhältnisse zu übertragen versucht, und seine Lehren gewannen großen Einfluss auf die reformerische Gesetzgebung. Müllers Attacken auf Kraus hatten also von Anfang an politische Brisanz. Kleist nahm zwar (getreu der »Lehre vom Gegensatz«) auch teilweise umfängliche Entgegnungen zugunsten von Kraus in die *Abendblätter* auf, aber Müller trieb seine Polemik weiter, und mit dem Artikel *Vom Nationalcredit* im 41. Blatt vom 16. November 1810 überspannte er dann den Bogen. Der Schluss lautete:

> Keine Verschlagenheit irgend eines noch so genialischen Administrators kann ein Surrogat vorfinden für den Credit, der durch Treue gegen die Verfassung [sc.

die überkommene Ordnung der Dinge] erworben und aufrecht erhalten ist. Ein Administrator kann Geld, aber ewig keinen Nationalcredit machen.

(SWB III,1094)

Mit dem genialisch-verschlagenen Administrator war der Staatskanzler Hardenberg gemeint, und das ging nun auch dem König zu weit. Er reagierte mit einer Kabinettsordre an den Vorgesetzten des Polizeipräsidenten Gruner, in der er forderte, »dergleichen Blätter der strengsten Censur zu unterwerfen« (LS, Nr. 426). Gruner wie auch Hardenberg und dessen Staatssekretär Friedrich von Raumer drangen darauf, die *Abendblätter* müssten »zweckmäßiger« redigiert werden, d. h.: im Sinne der Regierung. Höchstwahrscheinlich hat man Kleist auch ein Geldangebot gemacht. Der reagierte mit dem Gegenvorschlag, ihm offizielle Verlautbarungen der Regierung zur Publikation zur Verfügung zu stellen, und erhielt auch gewisse Zusicherungen. Die dementsprechend von Kleist entworfene Ankündigung für das nächste Quartal wurde aber von Hardenberg nicht genehmigt. Jetzt drohte man Kleist sogar mit dem Verbot der Rubrik »Bülletin der öffentlichen Blätter« (einer Zusammenstellung von Nachrichten aus anderen, auch ›ausländischen‹ Zeitungen). In einer Audienz bei Hardenberg am 13. Dezember setzte Kleist die Drohung dagegen, sich einen Verleger außerhalb Preußens zu suchen. Hardenberg lenkte (scheinbar) ein, sicherte Kleist offizielle Beiträge zu, gab auch entsprechende Anweisungen an die Ministerien, die aber den einschränkenden Satz »Sofern [...] kein erhebliches Bedenken entgegensteht« (LS, Nr. 445b) zum Anlass nahmen, Kleists Bitte zu ignorieren. Der bemühte sich inzwischen, mit drei im Ganzen regierungsfreundlichen Artikeln seinen guten Willen zu demonstrieren, und auch Adam Müller lobte Hardenberg nun in einem Beitrag mit dem Titel *Schreiben aus Berlin* (67. Blatt vom 17. Dezember 1810).

Die *Abendblätter* waren inzwischen in finanzielle Bedrängnis geraten. Schon am 27. November hatte der Verleger Hitzig an Fouqué geschrieben: »Bei den Abendblättern leide ich, ungeachtet der anfangs glänzenden Aussichten, einen sehr empfindlichen Verlust« (LS, Nr. 432), und Anfang Dezember hat er Kleist wohl mitgeteilt, dass er über das Quartalsende hinaus nicht zur Verfügung stehen werde. In dieser Situation erschien Kleist die (vorgebliche) Zusage Hardenbergs als willkommene Hilfe, um einen anderen Verleger zu finden, was auch gelang. August Kuhn, der in Berlin schon den *Freimüthigen* herausgab, trat an die Stelle Hitzigs.

Die von Hardenberg nicht genehmigte *Ankündigung* für das nächste Quartal wurde in der Formulierung abgeschwächt und erschien dann am 20. Dezember im *Freimüthigen* und am 22. Dezember in den *Abendblättern*. Vom »Bülletin der öffentlichen Blätter« hieß es dort, es werde ausführlicher als bisher »einen Auszug der wichtigsten, neu angekommenen, offiziellen Nachrichten des Auslandes« bringen und, »da das Blatt täglich erscheint und der Abgang der Posten zu einer täglichen Versendung benutzt werden kann, eine Art Vorläufer der Zeitungen werden.« (SWB III, 657 f.). Das rief die Inhaber der *Spenerschen* und der *Vossischen Zeitung* auf den Plan, und ihr Protest hatte Erfolg. Die *Abendblätter* wurden angewiesen, »von eigentlich politischen Artikeln« nur noch solche aufzunehmen, die bereits in anderen Berliner Zeitungen erschienen waren (LS, Nr. 449b) und daher kaum noch Interesse erregen konnten.

Nach dem Verbot der Theaterkritik und der Banalisierung der Polizeimeldungen bedeutete diese Weisung den Todesstoß für die *Berliner Abendblätter*. Da die Abonnenten des Frühjahrs-Quartals bereits im Voraus bezahlt hatten, hat Kleist das Blatt bis zum 30. März noch erscheinen lassen. Es bestand nun zu drei Vierteln aus bloßen Übernahmen aus anderen Zeitungen. Kleists eigene Beiträge wurden immer seltener; zu den 26 Nummern im März hat er, außer einer abschließenden *Anzeige*, überhaupt nichts Eigenes mehr beigesteuert. Die Lust war ihm gründlich vergangen, zumal sich gleichzeitig ein höchst unerquicklicher Briefwechsel mit Hardenberg und seinem Staatssekretär Raumer entspann.

In dieser Auseinandersetzung insistierte Kleist immer wieder auf drei Dingen: 1. Ihm sei für eine regierungskonforme Ausrichtung der *Abendblätter* Geld angeboten worden; 2. er habe das abgelehnt und zugesichert bekommen, man werde ihm offizielle Verlautbarungen zur Publikation überlassen; 3. die Nichteinhaltung dieses Versprechens habe den *Abendblättern* schweren finanziellen Schaden zugefügt, und deshalb habe er Anspruch auf Entschädigung. – Hardenberg und Raumer leugneten das Geldangebot mehr oder minder entschieden ab und meinten zum Schaden auch noch den Spott fügen zu müssen. Nachdem Raumer am 21. Februar 1811 an Kleist geschrieben hatte: »Warum die Abendblätter zu Grunde gehen, zeigt ihr Inhalt« (SWB IV,472), ließ Hardenberg fünf Tage später seinem Zynismus freien Lauf: Auf Unterstützung habe Kleist keinen Anspruch,

> weil die Abendblätter auf keine Weise den Zweck erfüllen und durch ihren Unwerth von selbst fallen müssen, denn Auszüge aus längst gelesenen politischen Zeitungen und ein paar Aneckdoten, können, wie Sie Selbst einsehen werden, nicht das mindeste Recht auf Unterstützung reclamiren oder die Benennung eines halbofficiellen Blatts verdienen. | Ew. Hochwohl. haben es Sich demnach allein selbst zuzuschreiben, wenn die gute Absicht, die ich für Sie hegte, nicht erfüllt wird [...]. (SWB IV,477)

Kleist hat dann noch im Mai an den Prinzen Wilhelm und im Juni an den König selbst ausführliche Briefe gerichtet, ist aber offenbar keiner Antwort gewürdigt worden. Inzwischen hatte Hardenberg ja erfahren, dass es die von Kleist reklamierte Pension von Seiten der Königin Louise nicht gegeben hatte, und so mochte es ihm leicht fallen, seinen Kontrahenten als pathologischen Lügner hinzustellen.

Für uns bleiben die *Berliner Abendblätter* eine Fundgrube, denn hier hat Kleist seine berühmten Anekdoten veröffentlicht, ferner einige wichtige Prosatexte (wie den Dialog *Über das Marionettentheater*), außerdem etliche Gedichte, die Erzählung *Das Bettelweib von Locarno* und eine erste Fassung der Erzählung *Die heilige Cäcilie oder die Gewalt der Musik*. Beim neuerdings energisch betriebenen und grundsätzlich begrüßenswerten Versuch, die *Berliner Abendblätter* insgesamt als ein Kleistsches Werk sui generis zu würdigen, müssen allerdings die mannigfachen Einschränkungen seiner Tätigkeit nicht nur durch die Zensur, sondern auch durch Eigenwilligkeit der Beiträger und beständige Zeitnot mitberücksichtigt werden.

Am 21. Juni 1811 fragte Kleist bei seinem Verleger Reimer an: »Wollen Sie ein Drama von mir drucken, ein *vaterländisches* (mit mancherlei Beziehungen) Namens *der Prinz von Homburg*, das ich jetzt eben anfange, abzuschreiben?« (SWB IV,496). Historische Quellenwerke für dieses Stück wie auch für ein nicht zustande gekommenes über die Zerstörung Jerusalems hatte Kleist schon um die Jahreswende 1808/09 aus der Dresdner Bibliothek entliehen (LS, Nr. 307). *Die Zerstörung Jerusalems* wäre ein Seitenstück zur *Herrmannsschlacht* geworden: ein historisches Drama mit aktuellem Bezug, aber kein Agitationsstück, sondern eine düstere Warnung. Mit den »mancherlei Beziehungen« des Stücks *Prinz Friedrich von Homburg* ist es dagegen etwas komplizierter bestellt. – Wann Kleist mit der Arbeit begonnen hat und wann sie beendet wurde, wissen wir nicht. Am 19. März 1810 schrieb er Ulrike, das Drama solle auf dem Privattheater des Prinzen Radziwil und später auf dem Nationaltheater aufgeführt, als gedrucktes Werk dann der Königin überreicht werden (SWB IV,442 f.).

Es dürfte damals also schon zumindest eine erste Fassung gegeben haben. Zu der Aufführung ist es nicht gekommen, und Kleist hat wohl an dem Stück noch weitergearbeitet, bevor er es seinem Verleger anbot. Reimer, dessen Antworten auf Kleists drängende Nachfragen nicht überliefert sind, hat offenbar negativ reagiert. Der Autor und Marie von Kleist kamen dann auf den Gedanken, das Stück, statt der inzwischen verstorbenen Königin, der Gattin des Prinzen Wilhelm zu dedizieren, der 25-jährigen Prinzessin Marianne, die nach dem Tod der Königin die erste Dame am preußischen Hof war, zudem eine geborene von Hessen-Homburg. Marie von Kleist ließ eine Abschrift des Stücks herstellen, Kleist verfasste ein Widmungsgedicht, und Marie überreichte das Werk, zusammen mit einem Bittbrief an den Prinzen Wilhelm, am 3. September 1811. Eine Reaktion ist nicht erfolgt, und die Prinzessin hat sich posthum von der Kleist-Forschung allerlei Böses nachsagen lassen müssen, bis hin zu der unbewiesenen Behauptung, sie habe noch Jahre später Druck und Aufführung des Stücks hintertrieben. Die Wahrheit ist wohl schlichter. Im September 1811 war die Prinzessin hochschwanger mit Zwillingen, und da ihr 1806 die ersten beiden Kinder gestorben waren, sie obendrein im August 1807 eine Fehlgeburt erlitten hatte, war sie acht Wochen vor der Niederkunft wahrscheinlich auf anderes konzentriert als auf die Lektüre eines Dramas. Möglich ist auch, dass ihr Gatte, der auf Kleists und Maries Briefe ebenfalls nicht reagierte, ihr Negatives über Kleists Verhalten gegenüber dem von ihr hoch geschätzten Staatskanzler Hardenberg erzählt hat. Kleist jedenfalls dürfte das Schweigen der Prinzessin als weiteren Beweis dafür genommen haben, dass man bei Hofe nichts mehr von ihm wissen wolle. – *Prinz Friedrich von Homburg* ist erst 1821 in Tiecks Ausgabe der *Hinterlassenen Schriften* publiziert worden.

1811 hat Kleist, neben der unlustigen Arbeit am letzten Quartal der *Abendblätter*, auch noch drei Erzählungen geschrieben: *Die Verlobung in St. Domingo* (vielleicht zurückgehend auf einen früheren Entwurf), *Der Findling* und *Der Zweikampf*, die, zusammen mit dem *Bettelweib von Locarno* und der erweiterten Fassung der *Heiligen Cäcilie*, im August als »Zweiter Theil« der *Erzählungen* publiziert wurden. Ende Juli 1811 meldete Kleist seinem Verleger, »daß ich mit einem *Roman* ziemlich weit vorgerückt bin, der wohl 2 Bände betragen dürfte« (SWB IV,496). Dass zumindest ein solcher Plan bestanden hat, bezeugte Achim von Arnim in einer ersten brieflichen Reaktion auf die Nachricht von Kleists Tod: Bei ihrem letzten Zusammentreffen im Juli oder August habe Kleist ihm erzählt, »er habe Lust ein Buch in der Art wie die Manon Lecoult [gemeint: die *Manon Lescaut* des Abbé Prévost] zu schreiben« (NR, Nr. 71b). Sollte es den Roman (oder Teile davon) gegeben haben, so hat Kleist ihn höchstwahrscheinlich, wie so viele andere Dokumente, vor seinem Tod vernichtet.

Der Gedanke an Selbstmord war Kleist durchaus vertraut. Pfuel und andere haben später erzählt, dass er ihnen mehrfach ein gemeinsames Sterben angetragen habe. Mehrfach findet sich auch in seinen Briefen der Leitsatz, das Leben sei nichts wert, wenn man es achte. Karl Heinz Bohrer hat daraus geschlossen, Kleist habe das ›Todesprojekt‹ über Jahre hin, unbewusst und bewusst, zielstrebig verfolgt (Bohrer, B 8: 1978 und B 16: 1989, 135–164). Das trifft aber nur die eine Seite seines Wesens, denn andererseits hat er auch immer wieder Lebensprojekte entworfen und mit großer Energie umzusetzen versucht. Geduld freilich war nicht seine Stärke. Sein Streben war auf die große, die entscheidende Leistung gestellt, auf den Durchbruch, der alle Zweifel (auch und gerade die eigenen) auf einen Schlag und für immer beseitigen sollte. Die Entwicklung dieser Vorstellung lässt sich sehr gut an den Abwandlungen der Fluss-Beschreibungen ablesen, die in seinen Briefen auffallend häufig begegnen (vgl. SWB IV,537 f.). Das ihn selbst kennzeichnende Bild findet sich in der Schilderung des Rheins bei Bingen:

> Und ein Gebirge (der Hundsrück) wirft sich ihm in den Weg, wie die Verläumdung der unbescholtenen Tugend. Er aber durchbricht es, u wankt nicht, u die Felsen weichen ihm aus, u blicken mit Bewunderung u Erstaunen auf ihn hinab – doch *er* eilt verächtlich bei ihnen vorüber, aber ohne zu frohlocken, und die einzige Rache, die er sich erlaubt, ist diese, ihnen in seinem klaren Spiegel ihr schwarzes Bild zu zeigen –
>
> (SWB IV,252; vgl. 239f.)

Mit Recht hat Hans Joachim Kreutzer darauf hingewiesen, dass in den Strom-Bildern der Briefe der Rhythmus von Kleists Dichtungen präformiert wird, das Modell von Stauung und kataraktischem Erguss, das die Handlungsführung der Dramen und Erzählungen ebenso prägt wie den Satzbau, eine »rhythmische Grundfigur des Erlebens«, wie Kreutzer sagt (B 8: 1968, 137), die offenbar in Kleists psychischer Konstitution angelegt war und manche Ungeduld, manche Schroffheit, manche Forciertheit erklären mag.

Dass er allzu ungeduldig sein Leben weggeworfen habe, ist ihm später oft nachgesagt worden. Nur ein gutes Jahr später kam es ja zu den von ihm ersehnten Befreiungskriegen, und da hätte er ein gefeierter Dichter werden können. Andererseits war im Jahre 1811 genug zusammengekommen, um jemanden, dem der Gedanke an Selbstmord schon längst nicht mehr fremd war, zur Tat zu animieren. Der Untergang der *Berliner Abendblätter* beraubte ihn nicht nur seiner wichtigsten Einnahmequelle (vom Verleger sollte er 800 Reichstaler jährlich bekommen), sondern ließ ihn sogar mit Schulden zurück. Das Königshaus reagierte nicht auf seine Eingaben. Adam Müller übersiedelte Ende Mai nach Wien; Achim von Arnim hatte im März Bettine Brentano geheiratet und sich mit ihr gänzlich zurückgezogen. In

Briefen an Marie klagte Kleist über große Einsamkeit. Im Mai hatte er noch von neuen Plänen berichtet, wenn nur die leidige *Abendblätter*-Geschichte endlich erledigt wäre; unter anderem spielte er mit dem Gedanken, sich für ein Jahr oder länger ganz der Musik zu widmen:

> Denn ich betrachte dise Kunst als die Wurzel, oder vielmehr um mich schulgerecht auszudrükken, als die algebraische Formel aller übrigen, und so wie wir schon einen Dichter haben [...] der alle seine Gedanken über die Kunst die er übt, auf Farben bezogen hat [Goethe], so habe ich von einer frühesten Jugend an, alles Allg(em)eine was ich über die Dichtkunst gedacht habe, auf Töne bezogen. Ich glaube, d⟨a⟩ß im Generalbaß [gemeint: in der Harmonielehre] die wichtigsten Aufschlüße über die Dichtkunst enthalten sind [...].
>
> (SWB IV,485; Abschrift durch Wilhelm von Schütz)

Zur Ausführung dieses Vorhabens ist es nicht gekommen, und auch ein letztes, schon desperates Projekt scheiterte. Im Sommer 1811, als das Verhältnis zwischen Preußen und Frankreich wieder einmal auf eine Krise zusteuerte und viele einen neuen Krieg erwarteten, richtete Kleist an den König ein Gesuch um Wiederaufnahme in die Armee. Das von einem beschwörenden Brief Marie von Kleists begleitete Gesuch wurde sogar positiv beschieden, allerdings nur für den Fall, dass es tatsächlich zum Krieg kommen sollte, was der König in seiner Antwort an Marie für recht unwahrscheinlich erklärte (LS, Nr. 507c). Kleist dagegen erwartete am 18. September den Kriegsausbruch binnen vier Wochen. Die von diesem Tag datierende »Friedersdorfer Aufzeichnung« legt allerdings die Vermutung nahe, dass Kleists Absicht, wieder in die Armee einzutreten, ebenso als Selbstmordunternehmen einzuschätzen ist wie sein vormaliger Versuch, sich Bonapartes Invasionskorps anzuschließen. Die Aussichten beurteilte er nämlich völlig negativ: »Die Franzosen fangen den Krieg nicht an, sie setzen den König so, daß er den Frieden brechen muß; und dann erdrücken sie ihn« und: »Für den (nicht erwarteten) Fall, daß der König mit dem Corps über die Oder käme, ist am 14ᵗ Oct. eine Schlacht, in welcher er erdrückt wird.« (SWB IV,518; der 14. Oktober war der Jahrestag der Schlacht bei Jena und Auerstedt).

Da Kleist nicht einmal Geld für eine standesgemäße Ausrüstung hatte, wandte er sich mit der Bitte um ein Darlehen an Hardenberg (der nicht antwortete), dann an Ulrike, die sich auch noch einmal erweichen ließ, das Geld aber vorsichtshalber nicht ihm selbst aushändigte, sondern an Marie von Kleist gab, mit der ausdrücklichen Weisung, es dürfe nur für die Offiziersausrüstung verwendet werden. Gegen Ende September suchte Kleist mehrere einflussreiche Militärpersonen auf, darunter auch Neidhardt von Gneisenau, und spätestens bei diesen Gesprächen wurde klar, dass seine Hoffnungen verfrüht waren. Der preußische König gab ultimativen Forderungen Napoleons nach, und man begann sogar Verhandlungen über eine preußisch-französische Allianz, die dann im Januar 1812 auch abgeschlossen wurde. Diese Entwicklung machte Kleists Pläne, soweit sie den Wiedereintritt in die Armee betrafen, zunichte.

Im Oktober erwog er in einem Brief an Marie die Möglichkeit, nach Wien (zu Adam Müller also) zu gehen, vorausgesetzt, er werde das Geld von Ulrike auch für diesen Zweck bekommen. Offenbar ist er deswegen noch einmal in Frankfurt gewesen und abschlägig beschieden worden. Obendrein haben (seinem Brief an Marie vom 10. November zufolge) Ulrike und eine andere Schwester (vermutlich Auguste von Pannwitz) ihm zu verstehen gegeben, er sei »ein ganz nichtsnütziges Glied der menschlichen Gesellschafft, das keiner Theilnahme mehr werth sey« (SWB IV,509; Maries Abschrift).

Diese Kränkung, die nach den vorangegangenen Demütigungen durch Hardenberg, Raumer und andere wohl die bitterste war, sowie die bevorstehende Allianz zwischen

Preußen und Frankreich führt Kleist in diesem Brief als
Gründe für seinen Entschluss zu sterben an. Er fährt fort:

> Rechne hinzu, daß ich eine Freundin gefunden habe,
> deren Seele wie ein junger Adler fliegt, wie ich noch in
> meinem Leben nichts ähnliches gefunden habe; die
> meine Traurigkeit als eine höhere, festgewurzelte und
> unheilbare begreift, und deshalb, obschon sie Mittel
> genug in Händen hätte mich hier zu beglücken mit mir
> sterben will [...]. (SWB IV,509)

Gemeint ist Henriette Vogel, die Kleist wohl im Frühjahr
1810 kennen gelernt hatte. Im November fungierten beide,
zusammen mit Achim von Arnim und zehn anderen, als
Taufpaten von Adam und Sophie Müllers Tochter Cäcilie.
Henriette Vogel war zwei Jahre jünger als er und verheiratet mit Louis Vogel, Kanzleisekretär bei der »Königlichen
General-Land-Armen-Direktion«, der ihr offenbar nicht
sonderlich nachgetrauert hat; ein halbes Jahr nach ihrem
Tod war er schon wieder verheiratet. Varnhagen und Brentano haben ihr nachgesagt, sie habe zuvor Verhältnisse mit
Adam Müller und mit Franz Theremin gehabt (NR, Nr. 53
und 73a) und dann sei Kleist in diese »ausgetretenen Liebespantoffeln« getreten (so der feinsinnige Clemens Brentano). In Wahrheit weiß man sehr wenig über diese Frau,
abgesehen davon, dass sie unheilbar an Krebs erkrankt war
und wohl deshalb auf Kleists Vorschlag eines gemeinschaftlichen Selbstmordes bereitwillig einging. Die Zeugnisse aus
den letzten Lebenstagen, Abschiedsbriefe, die sie teils allein, teils gemeinsam mit Kleist verfasst hat, zeugen von einer forciert euphorischen Stimmung. Auch die schwülstigen gegenseitigen Liebesgeständnisse, die in der Forschung
als »Todeslitaneien« bezeichnet werden (SWB IV,519f.),
wirken überspannt. Das Zeugnis des gemeinsamen Bekannten Peguilhen lässt vermuten, dass die beiden sich über die
gemeinsame Liebe zur Musik gefunden haben; da ist von
ganzen Abenden am Klavier, vom gemeinsamen Spielen

und Singen geistlicher Choräle die Rede (LS, Nr. 522). Eine Art religiöser Verklärung des gemeinsamen Sterbens findet sich auch im Abschiedsbrief Kleists an Sophie Müller, die Gattin Adam Müllers, vom 20. November 1811 (SWB IV,511 f.). Die Euphorie hielt an. Kein Wort der Bitterkeit oder der Verzweiflung fällt in diesen letzten Briefen. An seinem Todestag richtete Kleist, der sich zuvor Marie gegenüber ungerecht hart über Ulrike geäußert hatte, auch an sie noch einen versöhnlichen Brief, in dem es heißt:

> [...] du hast an mir gethan, ich sage nicht, was in Kräften einer Schwester, sondern in Kräften eines Menschen stand, um mich zu retten: die Wahrheit ist, daß mir auf Erden nicht zu helfen war. Und nun lebe wohl; möge dir der Himmel einen Tod schenken, nur halb an Freude und unaussprechlicher Heiterkeit, dem meinen gleich: das ist der herzlichste und innigste Wunsch, den ich für dich aufzubringen weiß. (SWB IV,513)

Am 20. November hatten Kleist und Henriette Vogel sich in einen Gasthof (»Stimmings Krug«) am Potsdamer Ufer des Kleinen Wannsees fahren lassen, zwei Zimmer bestellt, über die Brücke zurück einen längeren Spaziergang auf der gegenüberliegenden Seite unternommen und sich nach dem Abendessen auf die Zimmer zurückgezogen, wo sie nach Aussage der Wirtsleute, die ihnen Lichter und Schreibzeug hatten bringen müssen, die ganze Nacht über aufblieben. Gegen Mittag des 21. November schickten sie einen Boten nach Berlin, der dem Kriegsrat Peguilhen einen umfänglichen Brief zu übergeben hatte; dieser enthielt vor allem die Bitte, baldmöglichst herüberzukommen und für die Bestattung der beiden zu sorgen. Kurz nach der mutmaßlichen Ankunft dieses Boten in Berlin, d. h. kurz nach drei Uhr nachmittags, ließen Kleist und Henriette sich einen Tisch, zwei Stühle und Kaffee ans gegenüberliegende Ufer bringen, das sie tags zuvor ja schon inspiziert hatten. Die Wirtsfrau wunderte sich zwar darüber, »daß die Herrschaften an einem kalten Wintertage den Kaffee im Freien verzehren wollten« (LS, Nr. 532), ließ aber alles, wie gewünscht, hinüberbringen. Nachdem die beiden Kaffee getrunken und die Bediensteten weggeschickt hatten, setzten sie sich in einer kleinen Senke einander gegenüber; Kleist schoss Henriette ins Herz, dann sich selbst in den Mund. Beide waren auf der Stelle tot. Der Tagelöhner Riebisch, der mit anderen herbeigeeilt war, richtete den vornübergesunkenen Leichnam Kleists auf, damit er »in dieser Stellung nicht steif werden, und dadurch die Grablegung erschweren möchte« (LS, Nr. 532), und sammelte die insgesamt drei Pistolen ein. Der Gastwirt Stimming stellte zwei Wächter auf und verständigte das Potsdamer Polizei-Direktorium.

Gegen 19 Uhr, schon nach Einbruch der Dunkelheit also, trafen Peguilhen und Louis Vogel ein; erst am folgenden Morgen besichtigte und identifizierte Peguilhen die Leichen, während Vogel sich eine Locke seiner Frau bringen ließ und dann zurück nach Berlin fuhr. Die Toten blieben noch bis zum Nachmittag liegen; dann erschienen zwei Ärzte, um die in solchen Fällen vorgeschriebene Obduktion vorzunehmen, die in »einem kleinen zerfallenen Bauernhause« oberhalb des Gasthofs durchgeführt wurde (LS, Nr. 534). Mittags hatte Peguilhen in unmittelbarer Nähe des Sterbeorts ein Grab ausheben lassen und zwei Särge besorgt, in denen die beiden nachts um 22 Uhr beigesetzt wurden. Eine kirchliche Zeremonie hat anscheinend erst am 1. oder 2. Dezember stattgefunden.

Natürlich erregte der Doppelselbstmord in Berlin und weit darüber hinaus großes Aufsehen. Die sensationslüsterne Presse ließ es sich nicht nehmen, einen Liebesroman à la *Werther* zusammenzufabulieren, musste dann freilich der Wahrheit die Ehre geben und von Henriette Vogels unheilbarer Krankheit berichten. Öl ins Feuer schüttete der Freund Peguilhen, der in den Berliner Zeitungen eine Art Rechtfertigungsschrift ankündigte und damit die Empörung vieler vermeintlich Rechtdenkender auslöste. Friedrich Wilhelm III. ließ Peguilhen die geplante Publikation untersagen, und in der Presse hagelte es Verurteilungen der als unchristlich und unmännlich bezeichneten Tat. Am widerwärtigsten gebärdete sich der Skribent Friedrich Weisser, der ausgerechnet in Cottas *Morgenblatt* einen Schmäh-Artikel veröffentlichte und darin dem angeblich »wahnsinnigen Schriftsteller« nachrief, er habe »einen den Deutschen ewig heiligen Namen mit großer Unehre« geführt (NR, Nr. 24).

Fouqué, Arnim, Brentano, Varnhagen und andere haben mit Bestürzung und Trauer auf Kleists Tod reagiert. Rahel Levin schrieb: »von Kleist befremdete mich die Tat nicht; es ging streng in ihm her, er war wahrhaft, und litt viel. [...] Ich freue mich, daß mein edler Freund – denn Freund ruf' ich ihm bitter und mit Tränen nach – das Unwürdige nicht duldete: gelitten hat er genug« (NR, Nr. 51) und: »Diese Begräbnisfeier, mich nicht zu wundern, habe ich ihm wenigstens gehalten! –« (NR, Nr. 52d)

Kleist-Denkmal von Urban Thiersch in Thun

II
Werk

1
Einführendes

Zunächst sollen vier Essays betrachtet werden, deren Analyse zum Verständnis von Kleists Dichtungen einiges beizutragen vermag. Der früheste, zu Kleists Lebzeiten allerdings nicht veröffentlichte Aufsatz trägt den Titel *Über die allmählige Verfertigung der Gedanken beim Reden*; er dürfte 1806 in Königsberg geschrieben worden sein. Die drei anderen sind 1810 und 1811 in den *Berliner Abendblättern* erschienen: der als Zuschrift an die Redaktion eingekleidete satirische Text *Allerneuester Erziehungsplan*, die Dialogerzählung *Über das Marionettentheater* und der *Brief eines Dichters an einen anderen*.

Am bekanntesten und umstrittensten ist der Erzähl-Essay *Über das Marionettentheater*. Nachdem er hundert Jahre lang fast unbeachtet geblieben war, hat Hanna Hellmann 1911 der bis heute vertretenen Forschungsrichtung Bahn gebrochen, die hier den Grundtext von Kleists Ästhetik und den Schlüssel zur Interpretation seiner Dichtungen in Händen zu halten glaubt. In neuerer Zeit dagegen neigt man eher dazu, entweder den Text als bloße Spielerei abzutun oder in ihm eine Dekonstruktion eben jener Thesen zu finden, die er angeblich vertritt.[1]

In der Tat stellt der als Erzählung von einem neun Jahre zurückliegenden Gespräch eingekleidete, oft paradox for-

---

1 Vgl. vor allem den teilweise überanstrengten Aufsatz von Paul de Man (B 15: 1984), der etliche Nachfolger gefunden hat.

mulierte und mit befremdlichen ›Belegen‹ arbeitende Text den Leser vor erhebliche Verständnisprobleme. Gegliedert ist er in vier Abschnitte, in deren erstem der Ich-Erzähler vom Zusammentreffen mit einem erfolgreichen Solotänzer berichtet, den er zu seinem Erstaunen schon mehrfach als Zuschauer in einem Marionettentheater gesehen hat, das, wie er sich ausdrückt, »den Pöbel, durch kleine dramatische Burlesken, mit Gesang und Tanz durchwebt, belustigte.« (SWB III,556). Der Angesprochene, Herr C., vermehrt die Verwunderung des Erzählers, indem er versichert, von der Pantomimik dieser Puppen könne ein Tänzer viel lernen. Ihre Bewegungen kämen nämlich aus ihrem Schwerpunkt, und es komme nur darauf an, diesen Schwerpunkt im Innern der Puppe richtig zu lenken; die Glieder folgten dann von alleine, unwillkürlich nach.[2] Auf die Frage des Erzählers, ob der Marionettenspieler selbst ein Tänzer sein müsse, erwidert Herr C., einerseits handle es sich um eine ganz mechanische Tätigkeit, andererseits aber um etwas sehr Geheimnisvolles; denn die Linie, die der Schwerpunkt zu beschreiben habe, sei »nichts anders, als der *Weg der Seele des Tänzers*«, und der Marionettenspieler, hier »Maschinist« genannt, müsse sich in den Schwerpunkt der Marionette versetzen, in diesem Sinne selbst »tanzen« (SWB III,557). Gleich darauf freilich meint er, »auch dieser letzte Bruch von Geist« könne noch eliminiert und der Tanz der Marionette mit Hilfe einer Kurbel hervorgebracht werden (ebd.).

Im zweiten Abschnitt spitzt Herr C. seine Argumentation weiter zu, indem er behauptet, eine gut gebaute Marionette sei lebendigen Tänzern sogar überlegen; denn 1. ziere sie sich nicht und 2. sei sie »antigrav«, d. h. von der Schwerkraft nahezu unabhängig, weil sie ja von oben gehalten wird. ›Ziererei‹ war, als Bezeichnung für unnatürli-

---

[2] Wie der Marionettist Wolfgang Kurock dargestellt hat, denkt Kleist hier nicht an die uns geläufigeren Marionetten, die Fäden auch an Händen und Füßen haben, sondern an solche, die mit nur einem Faden oder mit einem Draht geführt werden (B 15: 1980, 104).

che Bewegung, unnatürliches Gehabe, im zeitgenössischen Sprachgebrauch der Gegenbegriff zu ›Anmut‹ bzw. ›Grazie‹. Schiller, in seinen Schriften *Über Anmut und Würde* (1793) und *Über naive und sentimentalische Dichtung* (1795/96), hatte Anmut als Schönheit in der Bewegung, als körperlichen Ausdruck inneren Einsseins mit sich selbst definiert, den er freilich als moralische Qualität und folglich als nur dem Menschen zukommend aufgefasst hatte: Anmut sei vom Geist hervorgebracht und lasse der Natur nur einen *Schein* von Freiwilligkeit.[3] Die Rede von der Anmut einer Marionette kann also im Kontext der idealistischen Ästhetik nur als Provokation verstanden werden. Der wesentliche Unterschied zu Schillers Thesen liegt darin, dass Kleist dem *Un*bewussten bzw. dem *Vor*bewussten eine entscheidende Rolle zuweist.

›Ziererei‹, führt Herr C. aus, entstehe dann, »wenn sich die Seele […] in irgend einem andern Punkte befindet, als in dem Schwerpunkt der Bewegung.« (SWB III,559). Dies sei bei einer richtig konstruierten Marionette nicht möglich, wohl aber bei vielen Tänzern zu beobachten; hierfür nennt er zwei Beispiele aus Berliner Ballett-Aufführungen. Mit seiner Schlussfolgerung leitet Herr C. dann schon über in den geschichtsphilosophischen Diskurs, der die Abschnitte 3 und 4 prägt:

> Solche Mißgriffe […] sind unvermeidlich, seitdem wir von dem Baum der Erkenntnis gegessen haben. Doch das Paradies ist verriegelt und der Cherub hinter uns; wir müssen die Reise um die Welt machen, und sehen, ob es vielleicht von hinten irgendwo wieder offen ist. (Ebd.)

Im dritten Abschnitt berichtet der Erzähler, nachdem Herr C. nochmals auf den Mythos vom Sündenfall hingewiesen hat, von einem Erlebnis, das ihm selbst vor Augen

---

3 Friedrich Schiller, *Sämtliche Werke*, hrsg. von Gerhard Fricke und Georg Göpfert, München 1960, Bd. 5, S. 477.

geführt habe, welche Verheerungen das Bewusstsein in der natürlichen Grazie des Menschen anrichten könne. Es geht um einen jungen Mann, der nach dem Bad beim Abtrocknen unwillkürlich dieselbe Haltung einnimmt wie der »Dornauszieher« (die berühmte antike Statue), dies im Spiegel bemerkt und dem Erzähler mitteilt; der aber, obwohl er dieselbe Beobachtung gemacht hat, widerspricht, provoziert damit den anderen zu (voraussehbar misslingenden) Wiederholungsversuchen und verursacht den nachfolgenden Verlust jeglicher Anmut bei dem Jüngling. – Die ›Beweiskraft‹ dieser Geschichte wird freilich dadurch beeinträchtigt, dass nicht der Blick in den Spiegel allein (das Bewusstsein der eigenen Anmut also) den ›Verlust der Unschuld‹ bewirkt, sondern erst der (unaufrichtige) Widerspruch von Seiten des Erzählers; die Geschichte gibt lediglich ein Beispiel dafür, dass Anmut sich nicht willkürlich erzeugen lässt (vgl. Kurz, B 15: 1981/82, 269f.).[4]

Als Gegenstück erzählt Herr C. im abschließenden 4. Teil sein Erlebnis mit einem fechtkundigen Bären, der nicht nur alle Stöße parierte, sondern auch alle Finten unbeachtet ließ, so, als habe er, Aug' in Auge mit seinem Gegner, »meine Seele darin lesen« können (SWB III,562). Die kühne Schlussfolgerung des Tänzers lautet, »daß in dem Maße, als, in der organischen Welt, die Reflexion dunkler und schwächer wird, die Grazie darin immer strahlender und herrschender hervortritt«; umgekehrt finde sich, »wenn die Erkenntnis gleichsam durch ein Unendliches gegangen ist, die Grazie wieder ein; so, daß sie, zu gleicher Zeit, in demjenigen menschlichen Körperbau am Reinsten erscheint, der entweder gar keins, oder ein unendliches Bewußtsein hat, d. h. in dem Gliedermann, oder in dem Gott.« (SWB III,563). – Über die Grazie des angeketteten

---

4 Dass die Haltung eines Jünglings, der »den Fuß auf den Schemel setzt[e], um ihn abzutrocknen« (SWB III,561), schwerlich mit derjenigen des »Dornausziehers« identisch sein kann, mag als lässliche Ungenauigkeit in Kauf genommen werden.

Bären mag man verschiedener Meinung sein, und davon, dass der »Körperbau« der Marionette graziös sei, war bislang nicht die Rede; um Grazie entwickeln zu können, muss sie ja von außen bewegt werden. Trotz solcher und anderer Disparatheiten scheint der Erzähler überzeugt:

> Mithin, sagte ich ein wenig zerstreut[5], müßten wir wieder von dem Baum der Erkenntnis essen, um in den Stand der Unschuld zurückzufallen?
> Allerdings, antwortete er; das ist das letzte Kapitel von der Geschichte der Welt. (Ebd.)

Unverkennbar liegt den geschichtsphilosophischen Überlegungen dieses Textes das von Kleists Zeitgenossen, gerade auch von Schiller, favorisierte triadische (dreistufige) Schema zugrunde: An den Anfang stellte man einen als paradiesisch gedachten Zustand der Einheit des Menschen mit sich selbst; ihm folge – in der eigentlich geschichtlichen Zeit, die die eigene Gegenwart mit einschließt – ein Zustand der Entzweiung, der Entfremdung und der Selbstentfremdung; das Ziel sei die Wiedergewinnung der Einheit durch Harmonisierung der menschlichen Fähigkeiten (z. B. von Denken und Fühlen) und durch Versöhnung aller Widersprüche.

Die erste dieser drei Stufen repräsentiert in Kleists Text der Bär, dessen Instinkt noch nicht vom analysierenden Bewusstsein beschädigt ist; den Übergang zur zweiten Stufe, sozusagen das Essen vom Baum der Erkenntnis, soll die Geschichte vom anmutigen Jüngling illustrieren. Die dritte Stufe erscheint dagegen in kaum erreichbarer utopischer Ferne; den Weg dorthin kann Kleist nur mit Begriffen aus der Geometrie (Koinzidenz des negativ Unendlichen mit

---

5 Die Interpreten neigen dazu, die ›Zerstreutheit‹ des Erzählers für ein Distanzierungssignal zu nehmen. Kleist verwendet das Adjektiv ›zerstreut‹ aber durchaus im Sinne von ›gedankenvoll‹, ›in Gedanken versunken‹; vgl. SWB III,76, Z. 27: Kohlhaas; III,185, Z. 1: Marquise; III,257, Z. 14: Gustav von der Ried.

dem positiv Unendlichen) bzw. mit der Metapher vom nochmaligen Essen vom Baum der Erkenntnis umschreiben. Hatte der junge Kleist noch, im Sinne der Palingenese, an die Möglichkeit einer stufenweisen Höherentwicklung des Einzelnen geglaubt (s. S. 54 f.), so kann hier, im Gespräch über das Marionettentheater, von Fortschrittsoptimismus wohl kaum die Rede sein. Nur dass der Weg nicht rückwärts gehen kann (›zurück zur Natur‹), scheint klar (das Paradies ist verriegelt). Und auch die lange Zeit in der Kleist-Forschung gehegte Meinung, der Autor habe dem Gefühl Priorität gegenüber dem Verstand eingeräumt, lässt sich von diesem Text her nicht stützen; wie aber das nochmalige Essen vom Baum der Erkenntnis zu bewerkstelligen sei, bleibt völlig offen.

Problematisch bleibt auch der Stellenwert der Marionette im geschichtsphilosophischen Zusammenhang. Denn der »Gliedermann« ist – im Gegensatz zu Jüngling, Bär und Gott – ein Kunstprodukt, das, um Anmut, Schönheit in der Bewegung, entfalten zu können, sowohl eines Halts als auch eines Anstoßes von außen bedarf. Was am Schluss des Textes ziemlich gewaltsam zusammengezwungen wird, zerfällt in Wahrheit in zwei Thematiken, eine geschichtsphilosophische und eine ästhetische. Dem utopischen Ziel der Geschichte steht eine andere, realistischere Möglichkeit des Menschen gegenüber, Anmut, Grazie wiederzugewinnen, nicht, indem er sie, als Individuum oder als ›Menschheit‹, erringt, sondern indem er sie schafft: als und im Kunstwerk. Die Kunst ermöglicht einen Sprung aus der Verfallenheit des Menschen ans Disparate hinaus; in der Kunst kann der Mensch seinen Traum von der wiederzugewinnenden Einheit verwirklichen. Das gilt sowohl für den Inhalt als auch und vor allem für die Form der Kunstwerke.

Was den Inhalt betrifft, so ist Kleist viel zu sehr Realist gewesen, als dass er seine Poesie der Ausmalung arkadischer Zustände allseitiger Harmonie hätte widmen können.

Ein einziges Mal hat er eine Figur geschaffen, die in der Tat, seinem Marionettengleichnis entsprechend, mit traumwandlerischer Sicherheit allein aus dem eigenen Schwerpunkt heraus zu handeln scheint: das Käthchen von Heilbronn; aber ist dieser Schwerpunkt, die Fixierung auf den Grafen vom Strahl, nicht wiederum zugleich Fremdbestimmung, Bestimmung nämlich durch den der Protagonistin im Wachzustand gar nicht mehr gegenwärtigen Sylvesternachtstraum? – Die glückliche Lösung des Schauspiels *Prinz Friedrich von Homburg* wiederum versieht Kleist unüberhörbar mit einem Fragezeichen, mit der fragenden Feststellung: »Ein Traum, was sonst?« (V. 1856). Im Mittelteil der Erzählung *Das Erdbeben in Chili* wird zwar in der Tat ein arkadischer Zustand geschildert, aber die grausame Tragödie des Schlusses lässt dieses Bild vom friedlichen Zusammenleben der Menschen aller Stände schon fast wieder als ein bloßes Phantasma erscheinen; nicht umsonst ist gerade der Handlungsverlauf dieser Erzählung immer wieder als Beweis dafür angeführt worden, dass Kleist das triadische Schema in Wahrheit abgelehnt habe.

Inhaltlich transportieren Kleists Dichtungen fast nie Bilder der Einheit des Menschen mit sich selbst und mit anderen; vielmehr scheinen sie oft geradezu ihren Ehrgeiz darein zu setzen, die Figuren in ihrem Identitätsgefühl zu beirren. Man braucht nur an Alkmene im *Amphitryon* oder an die Marquise von O.... zu denken.

In formaler Hinsicht aber lässt die Schaffung eines Kunstwerks den Menschen über den Stückwerk-Charakter seines sonstigen Tuns hinausgelangen: Hier kann er ein Ganzes schaffen, das aus seinem eigenen Schwerpunkt lebt, ›seinem‹ Schwerpunkt im doppelten Sinne, wenn man sich erinnert, dass nach Auskunft von Herrn C. die Linie, die der Schwerpunkt der Marionette beschreibt, identisch sein soll mit dem »Weg der Seele des Tänzers«. Das würde passen zu Kleists bekanntem Wort über die *Penthesilea*: »mein innerstes Wesen liegt darin [...]: der ganze Schmutz zugleich und Glanz meiner Seele.« (SWB IV,397f.).[6] Das meint wieder Inhaltliches, aber auch im strikt Formalen darf gerade Kleist mit seinem ausgeprägten Personalstil für sich in Anspruch nehmen, sein ›innerstes Wesen‹ zur Anschauung gebracht zu haben.

Das Kunstwerk also als Ausdruck der Seele des Künstlers und zugleich als eine Form des erneuten Essens vom Baum der Erkenntnis? Man muss vorsichtig sein mit Harmonisierungsversuchen in Bezug auf diesen sperrigen Text, der ja dem Diktum vom »Weg der Seele des Tänzers« die ernüchternde Zukunftsperspektive von nur noch mechanisch angetriebenen Marionetten auf dem Fuße folgen lässt. Eine in sich geschlossene Theorie wird sich der vertrackten Gesprächs-Erzählung nicht abgewinnen lassen. Vielmehr repräsentiert sie modellhaft Kleists Denken in Widersprüchen, in Paradoxien, das den Leser auch seiner Dichtungen nie zu einer eindeutigen Interpretation kommen lässt, nicht einmal hinsichtlich der als möglichst eindeutig konzipierten *Herrmannsschlacht*.

Seit der ›Kant-Krise‹ hatte Kleist den Glauben an die Erkennbarkeit *der* Wahrheit verloren, was die *Suche* nach der Wahrheit gleichwohl zu einem Hauptthema seiner Dichtungen werden ließ (Stephens, B 8: 1999, 248f.). Seine Skepsis gegenüber jeder Eindeutigkeit wird besonders spürbar im durchgängigen Perspektivismus seiner Erzählungen und in der Schaffung unzuverlässiger Erzählinstanzen. Durchaus gibt es bei ihm noch den auktorialen Erzähler, der auch dezidierte Urteile abgibt, die aber mit Vorsicht zu genießen sind (vor allem in den Erzählungen *Die Verlobung in St. Domingo* und *Der Findling*), den Erzähler, der uns mitzuteilen weiß, was im Innern der Personen vorgeht, dies aber mit auffälligen Aposiopesen: Viel erfahren wir über Gedanken und Gefühle der Marquise von O....,

---

6 Zur Debatte, ob Kleist, dessen Originalbrief nicht erhalten ist, in Wahrheit »Schmerz« und nicht »Schmutz« geschrieben habe, vgl. SWB IV,908f.

nichts aber über ihre Gefühle für den Grafen F..., und dessen Inneres wiederum bleibt uns, abgesehen von dem, was er selbst mitteilt, verschlossen, muss erraten werden; auch der so mitfühlend seinen Helden begleitende Erzähler des *Michael Kohlhaas* zieht sich auf eine Außenposition zurück, nachdem Kohlhaas die Tronkenburg eingeäschert hat und bevor ihm das Plakat Luthers zu Gesicht kommt; usw. Ein solches Verfahren erfordert einen selbständigen Leser, der zu erraten und zu erschließen versucht, was nicht ausgesprochen wird; mit den Worten der Kleist-Verehrerin Anna Seghers: »Der Autor und der Leser sind im Bunde: sie versuchen zusammen auf die Wahrheit zu kommen.«[7] Hinzuzufügen wäre freilich, dass Kleists Erzähler auch vor gelegentlichen Irreführungen des Lesers und einer Ironisierung der Wahrheitsfiktion nicht zurückscheuen.

Auffällig sind im Gespräch über das Marionettentheater die zahlreichen Beispiele aus dem Bereich der Physik und der Mathematik. In der Tat ist nicht nur Kleists anhaltendes Interesse für Theorie und Praxis dieser Wissenschaften mehrfach bezeugt, sondern darüber hinaus findet sich in seinen Aufsätzen gleich dreimal (und über elf Jahre gestreut) die Behauptung, auf moralischem Gebiet (d. h. im Bereich menschlichen Verhaltens) herrsche ein gleiches Gesetz wie in der physischen Welt (SWB III,523; 537; 546). Sowohl in dem Aufsatz *Über die allmählige Verfertigung der Gedanken beim Reden* als auch in dem nach außen hin satirisch-sarkastischen *Allerneuesten Erziehungsplan* werden menschliche Verhaltensweisen in Analogie zu elektrophysikalischen Erscheinungen zu erklären versucht. Im ersteren Aufsatz geht es um die berühmte Rede des Grafen Mirabeau, mit der er am 23. Juni 1789 das Signal zur Etablierung der französischen Nationalversammlung als Legislative gegeben hat. Von dem Zeremonienmeister, der zuvor den Befehl des Königs zur Auflösung der Versammlung

---

[7] Anna Seghers, *Über Kunstwerk und Wirklichkeit*, Bd. 2, Berlin 1971, S. 17.

überbracht hatte, meint Kleist, man müsse ihn sich nach Mirabeaus Antwort (man werde nur der Gewalt der Bajonette weichen)

in einem völligen Geistesbankerott vorstellen; nach einem ähnlichen Gesetz, nach welchem in einem Körper, der von dem elektrischen Zustand Null ist, wenn er in eines elektrisierten Körpers Atmosphäre kommt, plötzlich die entgegengesetzte Elektrizität erweckt wird. Und wie in dem elektrisierten dadurch, nach einer Wechselwirkung, der ihm inwohnende Elektrizitäts-Grad wieder verstärkt wird, so ging unseres Redners Mut, bei der Vernichtung seines Gegners zur verwegensten Begeisterung über. [...] Man liest, daß Mirabeau, sobald der Zeremonienmeister sich entfernt hatte, aufstand, und vorschlug: 1) sich sogleich als Nationalversammlung, und 2) als unverletzlich, zu konstituieren. Denn dadurch, daß er sich, einer Kleistischen Flasche gleich, entladen hatte, war er nun wieder neutral geworden, und gab, von der Verwegenheit zurückgekehrt, plötzlich der Furcht vor dem Chatelet, und der Vorsicht, Raum. (SWB III,537)[8]

Im *Allerneuesten Erziehungsplan* hat Kleist sein elektrophysikalisches Analogiemodell noch einmal benutzt, diesmal zur Illustrierung eines pädagogischen Programms, dem es nicht darum gehe, durch gute Beispiele zu belehren, das vielmehr gerade umgekehrt durch schlechte Beispiele die Schüler zu entgegengesetzten, also guten, Verhaltensweisen animieren solle. Dieses sarkastisch gegen die Pädagogik der Aufklärung gerichtete Modell basiert auf durchaus ernst gemeinten theoretischen Voraussetzungen:

---

8 Bei der Kleistschen Flasche, heutzutage besser bekannt als Leidener Flasche, handelt es sich um einen elektrischen Kondensator, der 1745 gleichzeitig von dem Domdechanten Ewald Jürgen von Kleist (einem entfernten Verwandten des Dichters) und dem Leidener Physiker van Musschenbroek erfunden wurde.

> Die Experimental-Physik, in dem Kapitel von den Eigenschaften elektrischer Körper, lehrt, daß wenn man in der Nähe dieser Körper, oder, um kunstgerecht zu reden, in ihre Atmosphäre, einen unelektrischen (neutralen) Körper bringt, dieser plötzlich gleichfalls elektrisch wird, und zwar die entgegengesetzte Elektrizität annimmt. (SWB III,545)

Die Anwendung auf die ›moralische Welt‹ besagt,

> daß ein Mensch, dessen Zustand indifferent ist, nicht nur augenblicklich aufhört, es zu sein, sobald er mit einem Anderen, dessen Eigenschaften, gleichviel auf welche Weise, bestimmt sind, in Berührung tritt: sein Wesen sogar wird [...] gänzlich in den entgegengesetzten Pol hinübergespielt; er nimmt die Bedingung + an, wenn jener von der Bedingung –, und die Bedingung –, wenn jener von der Bedingung + ist. (SWB III,546)

Aus dieser angeblichen, durch etliche Beispiele belegten (in Wahrheit aber ja nur *eine* Verhaltensmöglichkeit bezeichnenden) ›Gesetzmäßigkeit‹ leitet der Verfasser dann sein Programm ab, »eine sogenannte *Lasterschule*, oder vielmehr eine *gegensätzische* Schule, eine Schule der *Tugend durch Laster*, zu errichten.« (SWB III,550). Hierüber mag man schmunzeln; in seinen Dichtungen hat Kleist das Prinzip des ›Gegensätzischen‹ aber auch durchaus ernsthaft eingesetzt, worauf erstmals Herminio Schmidt hingewiesen hat (B 8: 1978); die brillante Interpretation der Erzählung *Der Findling* von Jürgen Schröder (B 10 f: 1985) deutet die negative Entwicklung Nicolos als Beispiel für die Wirkung der im *Allerneuesten Erziehungsplan* abgelehnten Erziehung durch das gute Beispiel. Exemplifizieren ließe sich Kleists Verfahrensweise auch an der Entwicklung des Michael Kohlhaas, dessen »Rechtgefühl« (= positive Elektrizität) durch sich steigernde Ungerechtigkeiten der Gegenseite bis ins Maßlose getrieben wird, bis Luthers Vorwurf der

Ungerechtigkeit eine ›Entladung‹ der Spannung herbeiführt und Kohlhaas, nach dem klärenden Gespräch, zunächst in einer gewissen ›Neutralität‹ verharren kann.

Kleist war eben nicht nur der in die Seele seiner Figuren ›sympathetisch‹ sich einfühlende Dichter, sondern er war auch ›Maschinist‹ in dem Sinne, dass er seine Personen quasi-physikalischen Experimenten unterwarf, sie immer wieder und manchmal mit schon sadistischem Behagen an die äußerste Grenze des physisch und psychisch Erträglichen trieb, um ihre Reaktionen zu studieren. Zur Experimentalstruktur seiner Dichtung gehört, dass er mehrfach ähnliche Konstellationen unter verschiedenen Bedingungen durchgespielt hat. Im *Amphitryon* wie in der *Marquise von O...*. geht es um das Faktum eines erschlichenen Beischlafs und um die Reaktion der Frauen; in der *Familie Schroffenstein* wie in der *Verlobung in St. Domingo* stehen eine aus je anderen Gründen ›unmögliche‹ Liebesbeziehung und der je anders verursachte Untergang der Liebenden im Mittelpunkt, vor allem aber ein Hauptproblem Kleists überhaupt, nämlich das Vertrauen. – In der Erzählung *Der Zweikampf* wird das Motiv des Gottesgerichts aus dem *Käthchen von Heilbronn*, teilweise unter Verwendung derselben Personennamen, wieder aufgenommen und charakteristisch abgewandelt. – Am Ende der *Erdbeben*-Novelle steht die tröstliche Mitteilung, dass das illegitime Kind gerettet und von Adoptiveltern aufgenommen worden ist; in der Erzählung *Der Findling* führt Kleist vor, wie eine solche Adoption eine ganze Familie zerstört, und als humoristische Variante zum *Findling* wiederum gibt es die Geschichte *Der neuere (glücklichere) Werther*. – Der Grund für eine solche Wiederverwendung und Abwandlung von Motiven ist schwerlich in Kleists Phantasielosigkeit (oder in bestimmten Obsessionen) zu suchen, sondern vielmehr in seiner Neugier in Bezug auf menschliches Verhalten, in seinem Misstrauen auch gegenüber nur *einer* möglichen Lösung bestimmter Konflikte. – Auf die Experimentalstruktur seiner Dichtungen hat er in einem Brief an Heinrich Joseph von Collin selbst hingewiesen: »wer das Käthchen liebt, dem kann die Penthesilea nicht ganz unbegreiflich sein, sie gehören ja wie das + und – der Algebra zusammen, und sind Ein und dasselbe Wesen, nur unter entgegengesetzten Beziehungen gedacht.« (SWB IV,424).

Offenkundig begriff Kleist sein Dichten zumindest teilweise in Analogie zum naturwissenschaftlichen Experiment, bei dem ein Stoff in unterschiedliche Umgebungen gebracht wird (z. B. in eine Lauge oder aber in eine Base) und man dann beobachtet, wie er reagiert. Dass Kleists Personen in der Tat immer erst in der Re-Aktion auf ein ungewöhnliches Geschehen ›sie selbst‹ werden, hat die Forschung längst erkannt (vgl. etwa Herrmann, B 10: 1961): Michael Kohlhaas wird zum Kohlhaas erst infolge des Unrechts, das ihm widerfährt; die Marquise von O.... wird erst durch das unbegreifliche Faktum der Schwangerschaft und die grausame Reaktion des Vaters »mit sich selbst bekannt gemacht« (SWB III,167); usw. Der Grund für dieses experimentelle Verfahren liegt in Kleists aus der sogenannten ›Kant-Krise‹ resultierender Auffassung, dem Menschen sei aufgegeben, sich in einer undurchschaubaren, von unvorhergesehenen Zufällen beherrschten Welt zu behaupten, in der Konfrontation mit dem Unbegreiflichen seine Substanz zu erweisen.

Was die Eigenarten nicht des Inhalts, sondern der dichterischen Form betrifft, so wird oft auf den *Brief eines Dichters an einen anderen* verwiesen, der am 5. Januar 1811 in den *Berliner Abendblättern* erschienen ist und scheinbar jede formale Betrachtung desavouiert. Der fiktive Schreiber protestiert aber lediglich gegen ein Urteil, dem formale Kriterien (Rhythmus, Wohlklang usw.) wichtiger scheinen als der Inhalt, und formuliert zugespitzt: »Wenn ich beim Dichten in meinen Busen fassen, meinen Gedanken ergreifen, und mit Händen, ohne weitere Zutat, in den Deinigen legen könnte: so wäre, die Wahrheit zu gestehn, die ganze innere Forderung meiner Seele erfüllt.« (SWB III,565).[9] Die Kunst bestehe vor allem darin, die künstlerische Form »möglichst *verschwinden* zu machen.« (SWB III,566) Dies aber hat, wie das Folgende zeigt, gerade die intensivsten Bemühungen um die Form zur Bedingung:

> Ich bemühe mich aus meinen besten Kräften, dem Ausdruck Klarheit, dem Versbau Bedeutung, dem Klang der Worte Anmut und Leben zu geben: aber bloß, damit diese Dinge gar nicht, vielmehr einzig und allein der Gedanke, den sie einschließen, erscheine. Denn das ist die Eigenschaft aller echten Form, daß der Geist augenblicklich und unmittelbar daraus hervortritt, während die mangelhafte ihn, wie ein schlechter Spiegel, gebunden hält, und uns an nichts erinnert, als an sich selbst. (Ebd.)

Gerade die Absicht, die Form sozusagen zum bloßen Transportmittel zu machen, erfordert intensivste Arbeit an der Form. Kleist polemisiert also lediglich gegen einen (romantischen) Ästhetizismus und beharrt darauf, dass Dichtung eine ›Botschaft‹ habe, dass sie dem Rezipienten Wesentliches zu sagen habe. Dieses Wesentliche fasst er in den missverständlichen, weil verengenden Begriff ›Gedanke‹; dass Dichtung nicht nur Rationales transportiert, sondern auch bildlich-sinnliche Vorstellungen und Gefühle, ist von Kleist durchaus mitbedacht, wie die am Schluss des Textes angeführten Beispiele zeigen, z. B. Ophelias Ausspruch über Hamlet: »welch ein edler Geist ward hier zerstört!« (SWB III,567).

Wenn Kleists Sprache sowohl in den Erzählungen als auch in den Dramendialogen trotz seines erklärten Willens, die Form »verschwinden zu machen«, alles andere als ein-

---

9 Vgl. Kleists Brief an Ulrike vom 13. März 1803: »Ich wollte ich könnte mir das Herz aus dem Leibe reißen, in diesen Brief packen, und dir zuschicken. – Dummer Gedanke!« (SWB IV,313).

gängig und leicht konsumierbar erscheint, so liegt das eben an den Inhalten, die es zu vermitteln gilt. Als Beispiel mag ein Satz aus dem *Michael Kohlhaas* dienen:

> Kohlhaas, dem sich, als er die Treppe vom Schloß niederstieg, die alte, von der Gicht geplagte Haushälterin, die dem Junker die Wirtschaft führte, zu Füßen warf, fragte sie, indem er auf der Stufe stehen blieb: wo der Junker Wenzel von Tronka sei? und da sie ihm, mit schwacher, zitternder Stimme, zur Antwort gab: sie glaube, er habe sich in die Kapelle geflüchtet; so rief er zwei Knechte mit Fackeln, ließ, in Ermangelung der Schlüssel, den Eingang mit Brechstangen und Beilen eröffnen, kehrte Altäre und Bänke um, und fand gleichwohl, zu seinem grimmigen Schmerz, den Junker nicht. (SWB III,64)

In diesem komplizierten Schachtelsatz wie in zahlreichen ganz ähnlich konstruierten spiegelt sich modellhaft Kleists Auffassung von der Stellung des Menschen in der Welt: Der erste Teil gestaltet die verwirrende, undurchschaubare Realität, mit der der Mensch konfrontiert wird und auf die er mit einer Frage reagiert, mit einem Anspruch auf Klarheit und Berechenbarkeit; je nach der Antwort, die er erhält (im zweiten Teil des Satzes), gestaltet sich sein re-aktives Handeln (dritter Teil). – Hinzu kommt Kleists Bemühen um eine Art Simultanstil: Dem Reden und Handeln sind immer die begleitende Gestik und Mimik (»indem er auf der Stufe stehen blieb«), oft auch die gleichzeitigen Gefühle (»zu seinem grimmigen Schmerz«) beigeordnet, was den Filmregisseur Eric Rohmer dazu veranlasst hat, von einem drehbuchartigen Schreiben bei Kleist zu sprechen.[10] – Im Übrigen folgen diese Sätze dem schon erwähnten Modell von Stauung und Erguss, wobei Kleists Absicht dann besonders deutlich wird, wenn im Vordersatz inhaltlich

---

10 Rohmer in: Berthel, B 10b: 1979, 111.

Überflüssiges mitgeteilt wird (dass eine Haushälterin die Wirtschaft führt, ist anzunehmen, und dass sie gichtkrank ist, tut nichts zur Sache).

Zur Technik von Kleists Dramendialogen hat Clemens Brentano nach einer Lesung der *Herrmannsschlacht* mitgeteilt: »Was den Kleist besonders kurios macht, ist sein Rezept zum Dialog. Er denkt sich alle Personen halb taub und dämlich, so kömmt dann durch Fragen und Repetitieren der Dialog heraus.« (NR, Nr. 76). Man kann diese Charakterisierung durchaus treffend finden, wenn man etwa den Anfang des *Zerbrochnen Krugs* betrachtet. Was dort der Komik dient (und schon deutlich werden lässt, wie der Richter sich gegen die Wahrheit zu sträuben versucht), findet sich durchaus auch in Kleists ernsten Schauspielen. Der Grund für dieses Verfahren liegt allerdings nicht darin, dass er sich die Personen »halb taub und dämlich« gedacht hat, sondern es beruht auf realistischer Beobachtung und psychologischer Einsicht. Beides findet sich formuliert in dem Aufsatz *Über die allmählige Verfertigung der Gedanken beim Reden*.

Kleist vertritt dort die scheinbar paradoxe Meinung, wenn man mit einem Problem gedanklich nicht zu Rande komme, solle man auf gut Glück zu einem anderen darüber sprechen; aus eigener Erfahrung berichtet er, wie ein juristisches oder mathematisches Problem ihm dadurch gelöst worden sei, dass er es seiner Schwester dargelegt habe, und zwar nicht etwa deshalb, weil Ulrike ihm bei der Lösung geholfen habe, sondern:

> weil ich doch irgend eine dunkle Vorstellung habe, die mit dem, was ich suche, von fern her in einiger Verbindung steht, so prägt, wenn ich nur dreist damit den Anfang mache, das Gemüt, während die Rede fortschreitet, in der Notwendigkeit, dem Anfang nun auch ein Ende zu finden, jene verworrene Vorstellung zur völligen Deutlichkeit aus, dergestalt, daß die Erkennt-

nis, zu meinem Erstaunen, mit der Periode fertig ist. Ich mische unartikulierte Töne ein, ziehe die Verbindungswörter in die Länge, gebrauche auch wohl eine Apposition, wo sie nicht nötig wäre, und bediene mich anderer, die Rede ausdehnender, Kunstgriffe, zur Fabrikation meiner Idee auf der Werkstätte der Vernunft, die gehörige Zeit zu gewinnen. (SWB III,535)

Die schon erwähnte Mirabeau-Rede wie auch einen Passus aus einer Fabel von Lafontaine führt er als Beispiel für seine These an, dass ein Gedanke oft erst während des Redens, infolge der Anspannung, unter der der Redende steht, seine zu Beginn noch gar nicht klar gewusste Gestalt finde. – Er schließt den Aufsatz mit einigen Gegenbeispielen, wie nämlich klar Gedachtes in bestimmten Situationen, z. B. in Gesellschaft oder, vor allem, während einer Prüfung, oft nicht mehr klar ausgedrückt werden kann, weil – so seine Annahme – die gegenseitig sich antreibende Wirkung von Denken und Reden entfällt, die Rede nur bereits Gedachtes ausdrücken soll, der Geist daher erschlafft.

Kleist hat diese Beobachtungen für die Sprache seiner Figuren genutzt. Die glatte, eingängige Rede, wie wir sie aus dem klassischen Drama kennen, finden wir bei seinen Personen fast nur dann, wenn sie lügen, wenn sie sich verstellen. Wenn sie dagegen ihr innerstes Wesen offenbaren wollen oder sollen, dann stocken sie, fragen nach, bleiben stecken, flüchten in hilflose Ausrufe usw. Kleist hat auf diese Weise seine psychologische Erkenntnis mit dem für ihn zentralen Wahrheitsproblem verknüpft. Das kommt vor allem in den »Verhören« zum Ausdruck, die in Kleists Werken immer wieder begegnen, so in den hochnotpeinlichen Befragungen des Knechts Herse durch Michael Kohlhaas oder der Marquise von O.... durch ihre Mutter. Die bekannteste Szene dieser Art in den Dramen ist das ›Verhör‹ des Käthchen von Heilbronn durch den Grafen vom Strahl zu Beginn des Schauspiels, und im *Zerbrochnen Krug* wird diese Konstellation sozusagen dupliziert, insofern der offiziell Verhörende unterschwellig und mit der Zeit immer offenkundiger der eigentlich zu Verhörende ist. Kleist, der die Blockade der Befragten in normalen Prüfungssituationen ja namhaft gemacht hatte, lässt, um die Wahrheit im buchstäblichen Sinne ›hervorzurufen‹, die ›Verhörenden‹ zu dem Trick greifen, den ›Verhörten‹ Unwahrheiten zu präsentieren bzw. ihnen Handlungen und Gesinnungen zu unterstellen, die nicht die ihren sind; eben durch diese Attacke werden in den ›Verhörten‹ Energien mobilisiert, die sich im heftigen Widerspruch und also in umso überzeugenderer Wahrheitsbekundung ›entladen‹.

Was Franz Servaes 1899 an den Texten von Arno Holz und Johannes Schlaf als »Mimik der Rede« gerühmt hat, findet sich bereits bei Kleist:

> [...] jene kleinen Freiheiten und Verschämtheiten jenseits aller Syntax, Logik und Grammatik, in denen sich das Werden und Sichformen eines Gedankens, das unbewußte Reagieren auf Meinungen und Gebärden des Mitunterredners, Vorwegnahme von Einwänden, Captatio benevolentiae und all' jene leisen Regungen der Seele ausdrücken, über die die Widerspiegler des Lebens sonst als »unwichtig« hinwegzugleiten strebten, die aber gerade meist das »Eigentliche« enthalten und verraten.[11]

Sowohl die relativ kurze Schaffenszeit als auch die oben erwähnten thematischen Überschneidungen und Weiterführungen lassen eine Behandlung der Werke nach Gattungen (Lyrik – Dramatik – Prosa) als zumindest fragwürdig erscheinen. Kleists Lyrik bekommt fast ausschließlich in den politischen Gedichten des Jahres 1809 ein eigenes Ge-

---

11 Franz Servaes, *Praeludien*, Berlin/Leipzig 1899, S. 84f., zit. nach Günther Mahal, *Naturalismus*, München 1975, S. 99, Anm. 57.

sicht, und die wiederum sind sinnvollerweise im Kontext der gleichzeitigen Kampfschriften und des im Jahr zuvor entstandenen Dramas *Die Herrmannsschlacht* zu behandeln. Die übrigen Dramen und die Erzählungen sind in mehreren Fällen thematisch aufs Engste miteinander verknüpft, und hinsichtlich der Form lassen sich ebenfalls Überschneidungen konstatieren: dramatischer Aufbau (vgl. Passage, B 10a: 1955; Conrady, B 10h: 1951) bzw. dramatischer Stil (Staiger, B 10e: 1942) der Erzählungen, während umgekehrt in den Dramen immer wieder das für Kleist kennzeichnende Erzählen im Dienste szenischer Vergegenwärtigung begegnet (vgl. Brandstetter, B 9e: 1997,78–95). In den *Berliner Abendblättern* stehen die Anekdoten, die fingierten Briefe, die Gedichte, die genuin journalistischen Arbeiten in so engem Zusammenhang, dass eine je gesonderte Behandlung zu überflüssigen Wiederholungen führen müsste. Für die folgenden Kapitel wurde daher eine zwar weitgehend chronologisch fortschreitende, hauptsächlich aber von den Themen her organisierte Darstellung der Werke gewählt.

2

Die Vieldeutigkeit der Welt und das Problem des Vertrauens:
Die Familie Schroffenstein,
Die Verlobung in St. Domingo, *Das Erdbeben in Chili*

Kleists Dramen-Erstling, *Die Familie Schroffenstein*, ist wahrscheinlich im November 1802, wenn auch mit der Jahreszahl 1803, im Verlag von Heinrich Geßner (Zürich und Bern) veröffentlicht worden, ohne dass der Name des Verfassers genannt wurde. Dieses seinerzeit vor allem bei Erstlingswerken nicht ungewöhnliche Verfahren dürfte bei Kleist zusätzlich aus Rücksichtnahme auf *seine* Familie zu erklären sein. – Vielleicht noch während des Paris-Aufenthalts im Jahre 1801 hatte er ein kurzes Szenarium notiert (*Die Familie Thierrez*), aus dem dann in Thun das Stück *Die Familie Ghonorez* erwuchs (beide Handschriften sind erhalten). Die Versetzung der in Spanien spielenden Handlung nach Schwaben mag auf Anraten der Freunde Zschokke, Wieland und Geßner erfolgt sein. Den Druck dieser (im Manuskript nicht erhalten gebliebenen) Endfassung konnte Kleist nicht überwachen, da er Mitte Oktober 1802 aus Bern abgereist war (was die zahlreichen Druckversehen in dieser einzigen zu Lebzeiten erschienenen Ausgabe miterklären mag). Ob Kleist von der erfolglosen Uraufführung seines Stücks in Graz (am 9. Januar 1804) erfahren hat, wissen wir nicht.[12] Erfolg hatte dann, seit 1822, eine Bearbeitung durch Franz Ignaz von Holbein (der sich auch am *Käthchen von Heilbronn* und an *Prinz Friedrich von Homburg* vergriffen hat): *Die Waffenbrüder, romantisches Gemälde der Vorzeit in fünf Abteilungen, nach H. von Kleists Familie Schroffenstein frei für die Bühne bearbeitet* (Druck: Wien 1824). Hier wurden die verfeindeten Vettern zu Waffenbrüdern, und der Schluss brachte ein Happy End: Versöhnung und Hochzeit. Weitere Bearbeitungen lieferten unter anderen Karl Leberecht Immermann und Heinrich Laube; das Original hat erst 1910 die Hoftheatertruppe von Sachsen-Meiningen auf die Bühne gebracht.

Bemerkenswert ist der Umstand, dass Kleist durch alle Entstehungsstufen hindurch den nicht eben gebräuchlichen Titel »Die Familie ...« beibehalten hat: Am Beginn eben jenes Jahrhunderts, das die stärkste Sentimentalisierung und (auch politische) Ideologisierung der Familie gebracht hat, steht dieses Stück, das alles Unheil gerade daraus ableitet,

---

12 Bereits im Druck erschienene Dramen durften damals von den Bühnen ohne Honorarzahlung an den Autor aufgeführt werden.

dass die Personen miteinander verwandt sind: die Familie als Brutstätte von Mord und Totschlag.

Die Konstellation, dass zwei Angehörige miteinander verfeindeter Familien in Liebe zueinander entbrennen, war und ist vor allem aus Shakespeares *Romeo und Julia* bekannt. Kleist radikalisierte und präzisierte das Problem, das er überdies in zwei einander gegenläufigen Handlungen sich zuspitzen ließ: (1) Die verfeindeten Parteien sind Zweige ein und derselben Familie. (2) Es gibt einen *Grund* für Verfeindung und anhaltende Feindschaft: einen Erbvertrag, dem zufolge beim Aussterben des einen Zweigs dessen Herrschaft dem anderen zufallen soll, was bei jedem ungewöhnlichen Todesfall heftige Verdächtigungen der Gegenseite nach sich zieht und insgesamt eine Atmosphäre anhaltenden Misstrauens stiftet. (3) Kleist beschränkt sich nicht auf die Gestaltung der unter solchen Auspizien absehbaren Tragödie der Liebenden, sondern lässt in einer Gegenhandlung die Feindseligkeit der beiden Häuser infolge etlicher Missverständnisse und hieraus resultierender Mordtaten noch weiter eskalieren; darum sterben die Liebenden auch nicht, wie bei Shakespeare, von eigener Hand, sondern von der Hand ihrer verblendeten Väter. Vor dieser Engführung im letzten Akt sind die Fehde- und die gegenläufige Liebeshandlung trotz ihrer Verflochtenheit so selbständig gehalten, dass die Szenen II,1 (Agnes und Ottokar im Gebirge) und II,2 (Sylvesters Erwachen aus der Ohnmacht) als nahezu gleichzeitig spielend zu denken sind.

Personal, Raumstruktur und Handlungsverlauf dieses Dramas sind, entsprechend der antagonistischen Positionierung der beiden Häuser Schroffenstein, strikt symmetrisch-antithetisch konstruiert. Auf Burg Rossitz herrscht der cholerische Graf Rupert, den seine besonnene Gattin Eustache vergeblich von Übereilungen abzuhalten versucht; umgekehrt herrscht auf Burg Warwand der nachdenkliche Graf Sylvester, der sein klares Denken lange Zeit gegenüber den Hetzreden seiner Frau Gertrude zu behaupten vermag.

(Gertrude und Eustache sind überdies Stiefschwestern.) Auf Rossitz gibt es noch Ruperts natürlichen Sohn Johann, auf Warwand den Großvater Sylvius. Der junge Ottokar vom Rossitz und die knapp fünfzehnjährige Agnes von Warwand haben einander zufällig im Gebirge getroffen und sich verliebt. Das Gebirge erscheint von daher, im Gegensatz zu den beiden Burgen, als der gesellschaftsfreie, natürliche, nahezu idyllische Ort, an dem der lebensfeindliche Antagonismus der Familienfehde nicht gilt. Im Gebirge aber ist auch Ottokars kleiner Bruder Peter umgekommen (angeblich von Männern aus Warwand ermordet worden); im Gebirge treibt die Totengräberswitwe Ursula ihr hexenhaftes Wesen, und in der Gebirgshöhle, die als Liebesgrotte hätte dienen sollen, werden am Schluss Agnes und Ottokar erschlagen. Schon diese Polyvalenz des Ortes ›Gebirge‹ macht aufmerksam auf die Mehrdeutigkeit alles Seienden und allen Geschehens, die *ein* Thema des Stücks ist: Nichts ist von sich aus gut oder böse, sondern es wird, was die Personen daraus machen oder hineindeuten. Uneindeutig sind auch die Geschlechterrollen gestaltet, wie sich an der Gegensätzlichkeit der Paare Rupert–Eustache und Sylvester–Gertrude ablesen lässt; am Schluss, wenn Ottokar mit Agnes die Kleidung tauscht, um sie vor der Wut seines Vaters zu retten, beginnen die Identitäten zu verschwimmen, und Ottokar meint: »Drück' ich Dir noch den Helm auf Deine Locken / Mach' ich auch Weiber mir zu Nebenbuhlern« (V. 2501 f.).

Angesichts der Widersprüchlichkeit der Begebnisse und der ihnen gewidmeten Deutungen hat Jeronimus, ein Angehöriger des vom Familienzwist nicht betroffenen Hauses Wyk der Schroffensteiner, große Orientierungsprobleme, die er mit jeweils entschiedener Parteinahme für die eine oder für die andere Seite zu verdrängen sucht; als er dann von Sylvester für eine Vermittlungsmission gewonnen worden ist, wird er auf Ruperts Befehl, wieder einmal auf Grund einer irrigen Anschuldigung, erschlagen, was nun auch Sylvester dazu bringt, an nichts anderes mehr zu denken als an Rache.

Die gleiche Symmetrie wie in Personenkonstellation und Raumgestaltung herrscht auch in der Handlungsführung. Auf Rossitz hat es vor Jahren eine Totgeburt gegeben; auf Warwand starb eine Tochter. Vor kurzem ist plötzlich Sylvesters kleiner Sohn Philipp gestorben, und Rossitz trauert zu Beginn des Stücks um Ruperts kleinen Sohn Peter, den angeblich Leute aus Warwand im Gebirge ermordet haben. Auf Grund dieses allzu voreiligen und nur scheinbar begründeten Verdachts schickt Rupert seinen Vasallen Aldöbern nach Warwand, um Sylvester die Fehde anzusagen, und während Sylvester angesichts der für ihn unfasslichen, durch Jeronimus aber noch bekräftigten Anschuldigungen in Ohnmacht gefallen ist, machen seine Leute Ruperts Abgesandten nieder; umgekehrt lässt Rupert den Jeronimus erschlagen, und am Schluss des Stücks steht der Doppelmord an den Liebenden von Seiten der eigenen Väter (die auf Grund des Kleidertauschs das Kind des jeweils anderen zu töten glauben).

Ursulas Resümee am Schluss des Stückes lautet: »Wenn ihr euch totschlagt, ist es ein Versehen.« (V. 2705). Das gilt in der Tat nicht nur für die blindwütigen Morde der Väter an ihren eigenen Kindern. Ruperts Sohn Peter – das findet Ottokar heraus, ohne es seinem Vater noch mitteilen zu können – ist nicht erschlagen worden, sondern ertrunken. Ursula hatte der Leiche den kleinen Finger der linken Hand abgetrennt (weil der, unter die Türschwelle gelegt, angeblich vor dem Teufel schützt); die beiden Männer aus Warwand kamen später und schnitten, noch im Aberglauben irrend, den rechten kleinen Finger ab, hatten darum blutige Messer und wurden für Mörder gehalten; der eine Überlebende hat auf der Folter, kurz bevor er starb, den Namen »Sylvester« gesagt, was kurzerhand als Geständnis gewertet wurde. Auch der zunächst Sylvester verteidigende Jeronimus lässt sich von solchen Indizien überzeugen. Er selbst wird Opfer eines zweifachen Irrtums. Nicht nur Ottokar hat Agnes im Gebirge getroffen und sich in sie verliebt, sondern seinem Halbbruder Johann ist es ebenso ergangen; als er einsehen muss, dass sein Begehren aussichtslos ist, versucht er zuerst Ottokar dazu zu provozieren, ihn zu töten, eilt dann nach Warwand und will Agnes seinen Dolch aufdrängen, was sie und ihre herbeieilenden Angehörigen als Mordversuch missverstehen; Jeronimus stößt ihn nieder, verwundet ihn aber nicht tödlich. Nach Rossitz wird gleichwohl kolportiert, Jeronimus habe Johann umgebracht, und als er selbst dort als Vermittler erscheint, lässt Rupert, keiner Ansprache zugänglich, ihn töten.

Entgegen den Widerständen von Seiten Eustaches und Sylvesters wird immer wieder allzu rasch auf die von vornherein unterstellte Bösartigkeit des ›Gegners‹ geschlossen, ein Verfahren, das Sylvester als krankhaft diagnostiziert: »Das Mißtraun ist die schwarze Sucht der Seele« (V. 515). Mehrfach (V. 537–545 und V. 1164–71) beweist er seiner eifernden Frau, dass Verdächtigungen wie die ihren sich ebenso gut gegen sie selbst wenden ließen. Ärgerlich meint sie: »Drehen freilich / Läßt Alles sich«, und er repliziert kühl: »Nun sieh, das mein / Ich auch« (V. 1171–73). Lange hält er dem Drang zur Simplifizierung stand, beharrt darauf, mit Rupert sprechen zu wollen; doch nach der Mordtat an Jeronimus gibt er auf: »Es zieht ein unsichtbarer Geist, gewaltig, / Nach Einer Richtung Alles fort« (V. 2021 f.). Auch er sticht blindwütig zu, statt Agnes (die er für Ottokar hält) erst einmal zu Wort kommen zu lassen. Erst der tatsächlich blinde Großvater Sylvius erkennt die wahre Identität der Gemordeten, und der irre gewordene Johann höhnt, die Rollen von Eltern und Kindern sarkastisch vertauschend: »Seid nicht böse. / Papa hat es nicht gern getan, Papa / Wird es nicht mehr tun. Seid nicht böse.« (V. 2709–11).

Auch Ottokar ist zu Anfang blind für ein differenzierendes Denken, verdächtigt den Jeronimus, der Sylvester verteidigt, eigennütziger Motive und tönt:

> Es gab uns Gott das seltne Glück, daß wir
> Der Feinde Schar leichtfaßlich, unzweideutig,
> Wie eine runde Zahl erkennen. Warwand,
> In diesem Worte liegt's, wie Gift in einer Büchse;
> Und weils jetzt drängt, und eben nicht die Zeit,
> Zu mäckeln, ein zweideutig Körnchen Saft
> Mit Müh heraus zu klauben, nun so machen
> Wir's kurz, und sagen, Du gehörst zu Warwand.
> (V. 127–134)

Gleich darauf freilich wird Ottokar von Johann darüber aufgeklärt, dass das von beiden verehrte junge Mädchen, die »Ähnliche der Mutter Gottes« (V. 320), Agnes Schroffenstein aus Warwand ist (V. 359), was die erfreuliche Eindeutigkeit denn doch empfindlich beschädigt. Während das nächste Zusammensein der beiden Liebenden (II,1) noch von gegenseitiger Unsicherheit, auch Angst gezeichnet ist, finden sie am nächsten Tag (III,1) nicht nur zu bedingungslosem gegenseitigen Vertrauen, sondern auch zu der Fähigkeit, die ›gegnerische‹ Familie und deren Haltung wenigstens ansatzweise mit den Augen des/der anderen zu sehen. Im Dialog lösen sie bereits den irrigen Verdacht gegen Johann auf, und Ottokar beschließt, auch die Umstände von Peters Tod zu erforschen. Darüber hinaus hofft er jetzt ebenso wie Sylvester auf eine Zusammenkunft der beiden Väter:

> Wenn's möglich wäre, wenn die Väter sich
> So gern, so leicht, wie wir, verstehen wollten!
> – Ja könnte man sie nur zusammen führen!
> Denn einzeln denkt nur jeder seinen einen
> Gedanken, käm' der andere hinzu,
> Gleich gäb's den dritten, der uns fehlt.
> (V. 1421–26)

Der dritte Gedanke würde aus dem starren Entweder-oder-Denken herausführen, aber zu dem Treffen der beiden Väter und zur Versöhnung kommt es erst über den Leichen der beiden Kinder.

Agnes, die von Ottokar mit der Mutter Gottes identifiziert und Maria ›getauft‹ wird (V. 1255)[13], »die Keusche, die Reine«, wie ihr tatsächlicher Name zu übersetzen wäre, erscheint zu Beginn zwar durch die Hetzereien ihrer Mutter beeinflusst (V. 454–456), wirkt auf Ottokar aber schon einfach durch ihre Erscheinung und ihr Wesen als Widerlegung des Vorurteils. Auch Johann nennt sie einen »Engel« (V. 293), wenngleich er sie zunächst, nach seinem Sturz in die Schlucht, als »ein nackend Mädchen« wahrgenommen hat (V. 288). Ein Widerspruch ist das nicht, denn die Nacktheit des im Gebirgsbach badenden Mädchens steht für Seelenreinheit und Natürlichkeit. Nimmt man hinzu, dass Ottokar sie zuerst »schlafend hier in diesem Tale« (V. 1256) gefunden hat, so kann auch ihre Furcht vor den angeblich mordgierigen Nachbarn aus Rossitz nicht allzu groß gewesen sein. Am Schluss, wenn Ottokar die gegenseitige Verkleidung mit einer Entkleidung der Geliebten beginnt und dies Tun mit einer Hochzeitsnacht-Phantasie begleitet, sagt er, als er sie ganz ausgezogen hat:

> Ein Gehülfe der Natur
> Stell' ich sie wieder her. Denn wozu noch
> Das Unergründliche geheimnisvoll
> Verschleiern? Alles Schöne, liebe Agnes,
> Braucht keinen andern Schleier, als den eignen,
> Denn der ist freilich selbst die Schönheit.
>
> (V. 2486–91)[14]

---

13 Ottokars seltsam wirkende Bezeichnung der Agnes als »Die Ähnliche der Mutter Gottes« (V. 320) bzw. als »ein Ebenbild der Mutter Gottes« (V. 1267) – die ja doch einen optischen »Originaleindruck« zur Voraussetzung haben müsste – ist vielleicht als autobiographischer Reflex Kleists zu verstehen; am 21. Mai 1801 schrieb er an Wilhelmine von Zenge, einen wie großen Eindruck ihm Raffaels *Sixtinische Madonna* gemacht habe, jene »Mutter Gottes [...] mit Umrissen, die mich zugleich an zwei geliebte Wesen erinnerten« (SWB IV,225).

14 Das scheinbar Anstößige (und jedenfalls zu Kleists Zeit auf dem Theater Unmögliche) der Szene hat der Autor (oder Geßner?) mit einer umständlichen Regieanweisung zu Beginn des 5. Akts aufzuheben versucht: »Agnes

Kleist ging es mit dieser wohl erotischsten Szene in seinem Gesamtwerk nicht um Voyeurismus oder um Erregung von Lüsternheit beim (imaginären) Publikum, sondern um die Verbildlichung von Unschuld, Natürlichkeit, Aufrichtigkeit in körperlicher Nacktheit. Ganz in diesem Sinne lässt er später den Grafen Wetter vom Strahl über das Käthchen schwärmen: »Du, deren junge Seele, als sie heut nackt vor mir stand, von wollüstiger Schönheit gänzlich triefte, wie die mit Ölen gesalbte Braut eines Perserkönigs [...]« usw. (SWB II,349). Was hier metaphorisch (und schwülstig) ausgedrückt wird, setzt die Schluss-Szene der *Schroffensteiner* ins Bild: die Identität von reiner Seele und nacktem Körper. Mit dem Kleider*tausch* begeben Ottokar und Agnes sich dann wieder in die Welt der *Täuschung*, der sie zum Opfer fallen.

Mit seinem ersten Drama hat Kleist bereits etliche Themen angeschlagen, die für sein weiteres Schaffen charakteristisch blieben: die Problematik einer ›verbotenen‹ Liebe; die Vieldeutigkeit der Menschen und der Welt sowie die hieraus folgende Problematik von Interpretation; die Fragwürdigkeit von – notgedrungen auf Eindeutigkeit abzielenden – Gerichtsverfahren; die eben aus der Vieldeutigkeit alles Seienden scheinbar paradox abgeleitete Forderung nach unbedingtem Vertrauen unter Liebenden, auch gegen jeden Augenschein.

Das Motiv der ›verbotenen‹ Liebe lässt sich in fast jedem Werk Kleists wiederfinden; thematisch den *Schroffensteinern* am nächsten stehen zwei Erzählungen: *Die Verlobung in St. Domingo* und *Das Erdbeben in Chili*. In der ersteren

mit einem Hute, in zwei Kleidern. Das Überkleid ist vorne mit Schleifen zugebunden.« (SWB I,218). In der Handschrift der *Familie Ghonorez* hieß es dagegen: »Ignez mit einem Huthe, und einem übergeworfenen Kleide, das vorne mit Schleifen zugebunden ist.« Im Zuge der Umarbeitung wurde dann aus »übergeworfenen Kleide« bereits »Überkleide«. Vgl. die Abbildung in: *Werke und Briefe in vier Bänden*, hrsg. von Siegfried Streller [...] (B 1a), ³1993, Bd. 1, S. 567.

gerät das Liebespaar zwischen die Fronten von Schwarz und Weiß, in der letzteren werden ihm Standesunterschiede und eine eifernde kirchliche Moral zum Verhängnis. In der *Verlobung* liegt der Hauptakzent auf ethnischen Vorurteilen und dem hieraus resultierenden tödlichen Misstrauen, im *Erdbeben* auf dem Problem der Deutung der Ereignisse, der Interpretation diesmal nicht von Handlungen anderer Menschen, sondern von angeblichen Taten und Absichten Gottes.

Die Verlobung in St. Domingo

Diese Erzählung ist zwar erst im Jahre 1811 (fertig?)geschrieben worden, geht aber höchstwahrscheinlich auf Anregungen aus Kleists Schweizer Aufenthalt im Jahre 1802 zurück. Darauf deuten nicht nur die für die Karibik denn doch ungewöhnlichen Namen Toni, Seppy und Nanky sowie die schweizerische Nationalität des männlichen Protagonisten Gustav von der Ried und der ihm verwandten Familie Strömli, sondern man weiß inzwischen auch, dass ein Bruder Niklaus Gatschets (von dem Kleist im Frühjahr 1802 das Obere Inseli in Thun mietete) als Angehöriger der französisch-helvetischen Hilfstruppe in St. Domingue umgekommen war, was Kleists Interesse für die dortigen Ereignisse geweckt haben dürfte.[15]

St. Domingue hieß der französische Teil der Insel Santo Domingo (heute: Haiti); in dieser seinerzeit reichsten Kolonie Frankreichs herrschte vor 1791 eine Drei-Klassen-Gesellschaft: die weißen Herren, die privilegierten Mulatten (die ›freien Farbigen‹) und die schwarzen Sklaven. Im Mai 1791 erklärte die französische Nationalversammlung die

---

15 Vgl. Hermann F. Weiss, B 8: 1984, S. 44, Anm. 24.

Mulatten für gleichberechtigt mit den Weißen, was Aufstände und im September den Widerruf dieser Deklaration zur Folge hatte. Im Juni 1793 aber wurde sogar die Freilassung aller Sklaven verfügt, was der Nationalkonvent am 4. Februar 1794 bestätigte. Der Anführer der hiernach sich wieder zu Frankreich bekennenden Schwarzen, der ehemalige Sklave Toussaint Louverture, wurde zum französischen Divisionsgeneral ernannt; im Juni 1801 erließ er eine Verfassung, die ihn zum Gouverneur auf Lebenszeit bestellte. Napoleon Bonaparte, seit 1799 Erster Konsul von Frankreich, wollte die nur noch formal sich zum ›Mutterland‹ bekennende Kolonie zurückerobern und schickte Anfang 1802 eine Invasionsarmee unter General Leclerc nach St. Domingue, der es auch gelang, Toussaint Louverture und seinen Unterführer Jean-Jacques Dessalines zur Kapitulation zu zwingen. Toussaint Louverture wurde nach Frankreich deportiert und (wie Kleist im Jahre 1807) auf dem Fort de Joux gefangen gehalten, wo er am 27. April 1803 starb. Inzwischen dezimierte das Gelbfieber das französische Heer, das nach erneuten Kämpfen im November 1803 kapitulieren musste. – Am 1. Januar 1804 wurde die Unabhängigkeit Haitis proklamiert und Dessalines zum Gouverneur auf Lebenszeit ernannt. Im Mai verfügte er die Ermordung aller noch auf der Insel lebenden Franzosen, ließ sich am 6. Oktober zum Kaiser von Haiti küren und wurde zwei Jahre später, am 17. Oktober 1806, von aufständischen Mulatten ermordet.

Kleist hat die Differenzen im Lager der Farbigen und das Ineinander von Sklavenaufstand und Unabhängigkeitskrieg zu einem Kampf Schwarz gegen Weiß vereinfacht, und auch die moralischen Wertungen scheinen zunächst eindeutig zu sein: Der Protagonist der Schwarzen ist »ein fürchterlicher alter Neger, Namens Congo Hoango« (SWB III,222), der bei Ausbruch der Unruhen seinen Herrn, den wohltätigen Guillaume von Villeneuve, mitsamt seiner Familie ermordet hat, seither mit einem bewaffneten Haufen umherzieht, um möglichst viele andere Weiße ebenfalls über die Klinge springen zu lassen; obendrein, »in seiner unmenschlichen Rachsucht« (SWB III,223), benutzt er die mit ihm zusammenlebende Mulattin Babekan und deren fünfzehnjährige Tochter, die »Mestize«[16] Toni, dazu, in seiner Abwesenheit ankommende weiße oder kreolische Flüchtlinge bis zu seiner Rückkehr aufzuhalten, damit sie Opfer seiner Mordlust werden können. Toni, »die, wegen ihrer ins Gelbliche gehenden Gesichtsfarbe, zu dieser gräßlichen List besonders brauchbar war«, wird von ihrer Mutter bei solcher Gelegenheit herausgeputzt und ermuntert, »den Fremden keine Liebkosung zu versagen, bis auf die letzte, die ihr bei Todesstrafe verboten war« (SWB III,223).

Nur leise irritiert wird diese scheinbare Eindeutigkeit durch zwei Informationen: zum einen, dass Congo Hoango, dieser »von der Goldküste von Afrika herstammende Mensch«, seinen Herrn »eingedenk der Tyrannei, die ihn seinem Vaterlande entrissen hatte« ermordet habe (SWB III,222); zum anderen, dass Babekan »in Folge einer grausamen Strafe, die sie in ihrer Jugend erhalten hatte, an der Schwindsucht litt« (SWB III,223). Der letztere Umstand wird später geklärt, in Babekans Erzählung von Tonis Vater, einem reichen Marseiller Kaufmann, der die Vaterschaft

---

16 Der Begriff ›Mestize‹ (über das spanische *mestizo* auf lateinisch *mixtus* zurückgehend) bedeutet ursprünglich ganz allgemein ›Mischling‹ und wird zur Zeit Kleists auch noch in dieser nicht speziellen Bedeutung eingesetzt, während die heute geläufige eingeengte Bedeutung (›Mischling zwischen Weißen und Indianern‹) sich damals erst allmählich durchsetzt. Der »Krünitz« (*Oeconomische Encyclopädie, oder allgemeines System der Staats- Stadt- Haus- und Landwirthschaft, in alphabetischer Ordnung*, von D. Johann Georg Krünitz, Brünn 1787ff.) vermerkt im Artikel »Leibes-Farbe der Menschen« (erschienen 1799 im 71. Teil): »Die Kinder von europäischen Vätern und den ro[t]hen Müttern haben den Nahmen von Mestizen und Mestizinnen« (S. 683), kurz davor aber: »Die Kinder von weißen Vätern und Mulattinnen werden an einigen Orten Mastisen und Mastisinnen; anderswo aber Terçerons genannt« (ebd., S. 681), und eine Anmerkung zum Wort »Mastisinnen« teilt mit: »Barbinais nennt sie Mestices, III. p. 124, 125.« – Vgl. im Übrigen Müller-Salget, B 10d: 1998, 105–108.

unter Eid abstritt, was ihr, als angebliche Lügnerin, sechzig Peitschenhiebe eintrug, »die mir Hr. Villeneuve geben ließ, und in deren Folge ich noch bis auf diesen Tag an der Schwindsucht leide.« (SWB III,232). In solcher Beleuchtung können die »Wohltaten« des Herrn Villeneuve zumindest in Bezug auf Babekan als untaugliche Wiedergutmachungsversuche gesehen werden. Jedenfalls haben Congo Hoangos und Babekans »Rachsucht« ihre Gründe, und schon das Wort ›Rache‹ impliziert ja eine vorangegangene Verletzung.

Die junge Toni, ihrer Herkunft nach eine ›Dreiviertelweiße‹ (Terzerone), ist von ihrer Mutter im Hass auf die Weißen erzogen worden und ein williges Instrument gewesen, erwacht dann aber auf Grund der Begegnung mit Gustav von der Ried zu eigenem Bewusstsein.

Dieser, ein Schweizer Offizier in französischen Diensten, erscheint eines Abends und bittet um Hilfe für sich und seine im Wald lagernden Verwandten, die Familie Strömli. (Sie befinden sich auf einem gefahrvollen Fluchtweg von Fort Dauphin nach Port-au-Prince.) Babekans heuchlerische Mitleidsbekundungen und Tonis Liebreiz lassen Gustav seine Furcht überwinden und ein allzu naives Vertrauen fassen. Auch Babekans wider Willen erbitterte Erzählung von Tonis Vater und deren Frage, wodurch denn die Weißen sich auf St. Domingo so verhasst gemacht hätten, vermögen ihn nur kurz zu irritieren. Er seinerseits erzählt, als ein besonders empörendes Beispiel für die Rachsucht der Schwarzen, von einer jungen Negerin, die sich den sexuellen Wünschen ihres Herrn verweigert hatte, darum von diesem »hart behandelt« und dann verkauft worden war und ihn, nachdem sie an Gelbfieber erkrankt war, in ihr Bett lockte, um ihn mit der tödlichen Krankheit zu infizieren. Mit der Frage, »ob *sie* wohl einer solchen Tat fähig wäre?« (SWB III,234), bringt er Toni in Verwirrung (und, wie man wohl vermuten soll, erstmals zum Nachdenken über ihre Lockvogel-Funktion).

Während sie ihm auf seinem Zimmer ein Fußbad bereitet, wird ihm ihre Ähnlichkeit mit seiner verstorbenen Braut, Mariane Congreve, bewusst, die, wie er dann erzählt, statt seiner und für ihn sich opfernd von den Straßburger Revolutionären hingerichtet worden ist. Toni wird von Mitgefühl übermannt, umarmt Gustav und gibt sich ihm hin. Vergeblich sucht er dann die unaufhörlich Weinende zu trösten, hängt ihr ein von Mariane stammendes goldenes Kreuz als Brautgeschenk um den Hals und verspricht ihr, sie zu heiraten und mit in die Schweiz zu nehmen.

Am Morgen versucht Toni zunächst, die Mutter mit dem Hinweis auf Gustavs Unschuld und seine nichtfranzösische Herkunft von ihren Mordplänen abzubringen, sieht sich dann aber genötigt, ›Einsicht‹ zu heucheln (und sich damit innerlich von der Sache der Schwarzen und von ihrer Mutter zu lösen). Sie bewirkt, dass die von Babekan zurückgehaltene Einladung an Gustavs Verwandte doch zu diesen gelangt, und in der Nacht, nachdem sie sich im Gebet gestärkt hat, geht sie zu Gustav, um ihm alles zu beichten. Während sie ihn zu wecken sucht, hört sie entsetzt den unerwartet früh heimkehrenden Congo Hoango und seine Leute auf dem Hof. Da es für eine Flucht zu spät ist, weiß sie sich nicht anders zu helfen, als den Schlaftrunkenen zu fesseln (weil er bei Gegenwehr sogleich getötet worden wäre); ihrer Mutter und Congo Hoango erzählt sie eine Lügengeschichte: Gustav habe fliehen und Babekan töten wollen. Gustav, der es besser wissen müsste, hört offenbar nicht hin, sondern glaubt sich selbst von Toni verraten. Das Mädchen eilt den Strömlis entgegen, und mit ihrer Hilfe gelingt es den Weißen, die Congo Hoangos Kinder als Geiseln nehmen, die Schwarzen zu überwältigen. Als Toni zu Gustav, den man inzwischen befreit hat, ins Zimmer tritt, reißt er wortlos eine Pistole an sich und schießt sie nieder. Während sie stirbt, erklärt man ihm die wahren Zusammenhänge. »»Ach,‹ rief Toni, und dies waren ihre letzten

Worte: ›du hättest mir nicht mißtrauen sollen!‹ Und damit hauchte sie ihre schöne Seele aus.« (SWB III,259). Gustav verzweifelt und schießt sich eine Kugel durch den Kopf. Die Strömlis dagegen, durch die Geiseln geschützt, können unbehelligt abziehen, die Toten begraben und über Port-au-Prince in ihre Heimat zurückkehren. In seinem Garten lässt Herr Strömli Gustav »und der Verlobten desselben, der treuen Toni« ein Denkmal setzen (SWB III,260).

Anders als in der *Familie Schroffenstein* ist hier, im Krieg von Schwarz gegen Weiß, nicht einmal theoretisch eine Vermittlung möglich; Toni muss sich für eine der beiden Seiten entscheiden, und so erklärt sie denn auch ihrer Mutter, die sie als »eine Niederträchtige und Verräterin« beschimpft: »ich habe euch nicht verraten; ich bin eine Weiße, und dem Jüngling, den ihr gefangen haltet, verlobt; ich gehöre zu dem Geschlecht derer, mit denen ihr im offenen Kriege liegt [...].« (SWB III,256). Tragischerweise aber ist sie für Gustav, dem ihre Hautfarbe »anstößig« bleibt (SWB III,235), eben doch keine Weiße, und während sie sich die Opfertat Mariane Congreves zum Vorbild nimmt, sieht er sie offenkundig in der Nachfolge jenes ›pestkranken‹ Mädchens, das Sexualität als Racheinstrument eingesetzt hat. Damit trifft er teilweise und unbewusst ihre Vergangenheit, und so wäre Misstrauen allein ihm kaum vorzuwerfen, wohl aber seine voreilige, auf jede Prüfung verzichtende Verurteilung Tonis. Während seiner stundenlangen Gefangenschaft hätte er Gelegenheit gehabt, darüber nachzudenken, aus welchem tatsächlichen Grund Toni ihn gefesselt haben könnte (da er ja weiß, dass die von ihr vorgebrachte Begründung nicht stimmt). Solches Nachdenken hätte ihn zumindest auf eine Frage führen müssen, die an Toni zu richten er versäumt.

Von mehreren Seiten her destruiert Kleist das anfangs scheinbar so klare moralische Urteil über ›die‹ Schwarzen und ›die‹ Weißen. Die »Mestize« Toni passt schon von vornherein nicht in das dualistische Schema; sie entwickelt sich von der autoritätsgesteuerten Mordgehilfin zur heldenmütigen Lebensretterin, der Kleist provokativ die in der Goethezeit zum Ideal erhobene Qualität einer »Schönen Seele« zuspricht. Gleichwohl wird sie ein Opfer des Schwarz-Weiß-Denkens. Ihr gegenüber steht Gustav von der Ried, den schon sein Familienname als schwankendes Rohr kennzeichnet (Häker, B 8: 1987, 160 f.). Aus seiner Vorgeschichte erfahren wir, dass er seine Braut Mariane durch »Unbesonnenheit«, wie er selbst sagt, aufs Schafott gebracht hat (SWB III,237). Unbesonnenheit charakterisiert auch sein Handeln in der Erzählgegenwart. Dem kurzschlüssig verhängten Todesurteil über die vermeintliche Verräterin Toni korrespondiert im Gegensatz seine schon belustigende Vertrauensseligkeit gegenüber Babekan am Abend seiner Ankunft: Immer wieder ergreift und küsst er ihre Hand, nennt sie »gutes Mütterchen«, bleibt blind für den Widerspruch zwischen ihrer erbitterten Erzählung vom Erzeuger ihrer Tochter und ihrer Versicherung, sie wolle ihm und den Seinen helfen »um des Europäers, meiner Tochter Vater willen« (SWB III,230). Die Peripetie-Szene in der Liebeshandlung der *Familie Schroffenstein* – Agnes trinkt das von Ottokar geschöpfte Wasser, obwohl sie fürchtet, es sei vergiftet (SWB I,174–176) – nutzt Kleist in der Erzählung für eine ironische Charakterisierung Gustavs von der Ried, wenn der zu Toni, mit der er noch kaum zwei Worte gewechselt hat, sagt: »Hätte ich dir [...] ins Auge sehen können, so wie ich es jetzt kann: so hätte ich, auch wenn alles übrige an dir schwarz gewesen wäre, aus einem vergifteten Becher mit dir trinken wollen.« (SWB III,231). Die schon in sich allzu hyperbolische Versicherung wirkt um so deplazierter, als ausgerechnet Tonis Augen tatsächlich schwarz sind (SWB III,235).

›Unbesonnen‹ verführt Gustav das Mädchen, und ›unbesonnen‹ schießt er es nieder, Letzteres übrigens in deutlichem Gegensatz zum Verhalten des angeblich so fürchterlichen Congo Hoango. Der nämlich, als er die von Babekan als Verräterin denunzierte Toni tatsächlich aus Gustavs Zimmer kommen sieht, ist zwar verwirrt und wütend, gibt der Verdächtigten aber Gelegenheit zur Gegenrede. Gerade der Umstand, dass Congo Hoango eben doch kein hundertprozentiger ›Unmensch‹ ist, führt dazu, dass die Familie Strömli sich retten kann. Denn das Leben seiner von den Weißen als Geiseln genommenen unehelichen Söhne Seppy und Nanky ist ihm so teuer, dass er auf einen gewaltsamen Befreiungsversuch verzichtet und die Strömlis ziehen lässt.

In dieser Erzählung benutzt Kleist zeitgeschichtliche Ereignisse, um seine Zentralthemen – die Uneindeutigkeit der Welt, die bewusste Täuschung als schlimmstes Vergehen, die Notwendigkeit des Vertrauens auch gegen den scheinbar klarsten Augenschein, die zerstörende Macht des Misstrauens – sozusagen zu ›illustrieren‹: im scheinbar eindeutigen Gegeneinander von Schwarz und Weiß, das er den Erzähler anfangs noch bekräftigen lässt, dann aber systematisch zerstört: mit der von Natur aus uneindeutigen Gestalt der ›Mestize‹ Toni, mit den Erklärungen für die ›Rachsucht‹ der Schwarzen, mit der ›Vermenschlichung‹ des angeblich so fürchterlichen Congo Hoango und mit dem Versagen des weißen Protagonisten.

Von der Forschung ist mit Recht darauf hingewiesen worden, dass in Kleists Erzählung ein im 18. Jahrhundert vielfach behandeltes Thema durchschimmert: der sogenannte »Inkle und Yariko«-Stoff. Die für die Nachfolger maßgebende Fassung der Geschichte von der edlen Wilden Yariko und dem ungetreuen englischen Liebhaber Inkle hat im Jahre 1711 Richard Steele vorgelegt; die bekanntesten Versionen in deutscher Sprache stammen von Christian Fürchtegott Gellert (1746) und Johann Jakob Bodmer (1756). In dieser Geschichte wird der schiffbrüchige junge Kaufmann Inkle von der Indianerin Yariko gerettet und auch gegen die Barbarei ihrer Stammesgenossen beschützt; Inkle verliebt sich in Yariko, verspricht ihr, sie als seine Frau mit in seine Heimat zu nehmen, wendet sich dann aber von ihr ab. Er verkauft sie sogar in die Sklaverei und steigert noch den Verkaufspreis, als er erfährt, dass sie schwanger ist. Treue und Opfermut der edlen Wilden stehen gegen Untreue und Gewinnsucht des Zivilisationsmenschen.

Kleist dürfte mindestens eine der zahlreichen Versionen dieser Geschichte gekannt haben, doch hat er das literarische Muster (sofern es ihm wirklich als Folie gedient hat) entscheidend verändert. Toni ist nicht die ›edle Wilde‹, sondern eine ehemalige Mordgehilfin und eine ›zwischen den Rassen‹ stehende Außenseiterin. Gustav wiederum ist nicht durch Untreue und Gewinnsucht gekennzeichnet, sondern – ähnlich wie Rupert Schroffenstein – durch unbesonnenes, vorschnell gefassten Urteilen entspringendes Handeln. Wer der »gebrechlichen Einrichtung der Welt« (SWB III,27 und 186) mit Vereinfachungen und Vereindeutigungen, mit Klischees und daraus abgeleiteten Handlungsmaximen glaubt beikommen zu können, muss scheitern.

Das Erdbeben in Chili

Die »gebrechliche Einrichtung der Welt«, wenn man sie wörtlich nehmen wollte, bildet den Handlungshintergrund für diese Erzählung. Berichte über das verheerende Erdbeben, das am 13. Mai 1647 die Stadt Santiago de Chile zerstört hatte, sind für Kleist offenkundig sehr viel weniger wichtig gewesen als die teilweise erbitterte Diskussion, die das Erdbeben von Lissabon am Allerheiligentag des Jahres 1755 zwischen Theologen und Philosophen ausgelöst hatte. Beiden stellte sich das Problem der Theodizee (der Rechtfertigung Gottes gegenüber dem Übel in der Welt), den Philosophen vor allem die Frage nach der Stimmigkeit der Behauptung, diese Welt sei die beste aller möglichen Welten (so Gottfried Wilhelm Leibniz in seinen 1710 erschienenen *Essais de Théodicée sur la bonté de Dieu, la liberté de l'homme et l'origine du mal*). Die Protagonisten in diesem Streit waren die französischen Philosophen Voltaire und Rousseau. In dem Roman *Candide oder der Optimismus* (1759) gab Voltaire dann die Vorstellung von der besten aller möglichen Welten der Lächerlichkeit preis. Sowohl Rousseau als auch Immanuel Kant protestierten dagegen, Naturereignisse und Naturkatastrophen auf bestimmte Absichten Gottes zurückführen zu wollen (was damals noch gang und gäbe war). Eben dieses Problem der *Deutung* rückt Kleists Erzählung in den Mittelpunkt, und David E. Wellbery hat die Thematik sozusagen dupliziert, indem er für den Band *Positionen der Literaturwissenschaft* (B 10c: 1985) acht »Modellanalysen« zum *Erdbeben in Chili* zusammengetragen hat, d. h. acht auf verschiedenen literaturwissenschaftlichen Methoden basierende Deutungen der Erzählung.

Die Geschichte handelt, wieder einmal, von einer verbotenen Liebe, diesmal von einer aus Standesrücksichten verbotenen Liebe zwischen einem adligen Mädchen, Donna Josephe Asteron, und ihrem ehemaligen Hauslehrer, Jeronimo Rugera. Um diese Beziehung zu unterbinden, hat Josephes Vater sie in ein Kloster gebracht; gleichwohl kommt es zu einer Liebesnacht im Klostergarten, und skandalöserweise wird Josephe ausgerechnet während der Fronleichnamsprozession auf den Stufen der Kathedrale von Geburtswehen übermannt. Man macht ihr den Prozess und verurteilt sie zum Tode; Jeronimo wird ins Gefängnis geworfen. In eben dem Moment, da Josephe hingerichtet werden soll und Jeronimo sich verzweifelnd erhängen will, bricht das Erdbeben los, das die Stadt St. Jago verwüstet, die beiden Liebenden aber auf wundersame Weise gerettet sein lässt; Josephe gelingt es sogar, das gemeinsame Kind, den kleinen Philipp, aus dem Kloster zu holen, bevor auch dieses Gebäude zusammenbricht. Jeronimo, schwankend zwischen Hoffnung und Verzweiflung, findet endlich Josephe und Philipp in einem idyllischen Tal »und Seligkeit, als ob es das Tal von Eden gewesen wäre.« (SWB III,201). – Die durch die Katastrophe bewirkte Gemeinsamkeit der Überlebenden – »als ob das allgemeine Unglück Alles, was ihm entronnen war, zu *einer* Familie gemacht hätte« (SWB III,207) –, vor allem das freundliche Entgegenkommen der Familie des Don Fernando Ormez (er ist der Sohn des Stadtkommandanten) verleiten die Liebenden zu der Annahme, ihre Rettung sei von einer höheren Macht bewirkt und werde auch von der Gesellschaft toleriert werden. Darum nehmen sie an einem Gottesdienst in der einzigen noch erhaltenen Kirche St. Jagos teil, müssen da aber erleben, dass der Prediger sie, ihr sündhaftes Verhältnis und die angebliche Duldsamkeit der anderen gegenüber diesem Frevel für das Erdbeben verantwortlich macht und damit »die ganze im Tempel Jesu versammelte Christenheit« (SWB III,217) in eine mordgierige Meute verwandelt. Josephe und Jeronimo werden erschlagen, ebenso, versehentlich, Don Fernandos Schwägerin und sein eigener Sohn Juan, während Philipp am Leben bleibt und von Don Fernando und seiner Gattin als Pflegesohn angenommen wird.

Die Haltung des Erzählers ist hier nicht so kompliziert (weil in sich selbst gegenläufig) wie in der *Verlobung in St. Domingo*; vielmehr kann man von einer deutlichen Parteinahme sprechen: für die Liebenden und gegen die bigotte Gesellschaft, darüber hinaus gegen die katholische Kirche als eine Institution, die unter Berufung auf Gott erbarmungslos ihre Machtansprüche durchsetzt: Auf Befehl des Erzbischofs wird der jungen Mutter »der geschärfteste Prozeß« gemacht, der, so will es »das klösterliche Gesetz«, mit der Verurteilung zum Feuertod endet, und die vom Vizekönig veranlasste Abmilderung der Strafe in Tod durch Enthauptung erfolgt »zur großen Entrüstung der Matronen und Jungfrauen von St. Jago« (also derjenigen Frauen, die die sexuell aktive Lebensphase schon hinter sich oder noch vor sich haben); auch die Mitteilung, dass »die frommen Töchter der Stadt« ihre Freundinnen für den Hinrichtungstag einladen, »um dem Schauspiele, das der göttlichen Rache gegeben wurde, an ihrer schwesterlichen Seite beizuwohnen« (SWB III,191), zeugt vom Sarkasmus des Erzählers, von seinem Wissen auch um Übertragungs- und Kompensationsmechanismen; denn offenkundig soll Josephe zumindest auch stellvertretend für die ›bösen Gelüste‹ der »frommen Töchter« selbst büßen. In der Rede von der »göttlichen Rache« klingt schon jene bedenkenlose Identifikation von bigotter Moral und göttlichem Willen an, die dann in der Predigt des Dominikaners kulminiert und die Katastrophe auslöst. Wenn im Anschluss an die Verwünschungen des Predigers »die ganze im Tempel Jesu versammelte Christenheit« »steinigt sie! steinigt sie!« schreit (SWB III,217), wird die Pervertierung dieses angeblichen Christentums besonders krass exponiert. Bekanntlich berichtet das Johannesevangelium, wie Schriftgelehrte und Pharisäer eine Ehebrecherin zu Jesus bringen, während er im Tempel [!] lehrt, und ihn mit dem mosaischen Gesetz zu provozieren suchen, wonach die Sünderin gesteinigt werden müsste. Jesus aber antwortet: »Wer unter euch ohne Sünde ist, der werfe den ersten Stein auf sie.« (Joh. 8,7).

Die Liebesnacht im Klostergarten, die Geburtswehen in aller Öffentlichkeit, auf den Stufen der Kathedrale und obendrein noch am Fronleichnamsfest, das dem in der Eucharistie verwandelten ›Leib des Herrn‹ geweiht ist: dieses Arrangement dient nicht nur der Provokation des Lesers, sondern darüber hinaus einer Umwertung der Werte, die sich schon in den Vornamen der Liebenden andeutet: Jeronimo heißt nach dem Kirchenvater Hieronymus, und Josephe kann man deuten als ›Frau Joseph‹, d. h. als die Gottesmutter Maria. Evident wird diese Deutungstendenz, wenn Jeronimo die verloren geglaubte Geliebte wiederfindet und mit dem Ausruf »O Mutter Gottes, du Heilige!« herbeieilt (SWB III,197). Der Ausruf ließe sich deuten als Dank an die Mutter Gottes, die er im Gefängnis um Rettung angefleht hatte; die Identifizierung der Madonna mit Josephe, die gerade dabei ist, ihr Kind in einer Quelle zu baden, wird aber schon intertextuell nahegelegt, wenn man sich erinnert, dass Ottokar in der *Familie Schroffenstein* Agnes, die »Ähnliche der Mutter Gottes«, mit Quellwasser auf den Namen Maria getauft hat. Innerhalb der Erzählung selbst wird die Parallele zwischen Josephe und der Gottesmutter noch einmal evoziert in der Schilderung der anschließenden Nacht, die die Liebenden unter einem »prachtvollen Granatapfelbaum« verbringen: »Hier ließ sich Jeronimo am Stamme nieder, und Josephe in seinem, Philipp in Josephes Schoß, saßen sie, von seinem Mantel bedeckt, und ruhten.« (SWB III,201). Die Anspielung auf die zahlreichen Darstellungen der Heiligen Familie bei der »Ruhe auf der Flucht« nach Ägypten ist offenkundig. Eine solche Darstellung, ein Gemälde des Rembrandt-Schülers Ferdinand Bol, hing in der Dresdner Gemäldegalerie, war Kleist also höchstwahrscheinlich bekannt und dürfte in der Anordnung der Personen als Vor-Bild gedient haben.[17] Hinzu kommt der Granatapfelbaum. Seit der Antike gilt der Granatapfel, seiner vielen Kerne wegen, als Symbol der Fruchtbarkeit. Im Mittelalter wurde die Frucht auf Jesus, der Baum auf Maria hin ausgedeutet. Andererseits aber spielt der Granatapfel auch in der Persephone-Sage eine entscheidende Rolle: Die von Hades geraubte und in die Unterwelt entführte Tochter der Demeter durfte auf Geheiß des Zeus wieder an die Oberwelt zurückkehren, aber nichts aus der Unterwelt mitnehmen; kurz vor dem Ausgang stand ein Granatapfelbaum, und sie konnte sich nicht enthalten, eine Frucht zu pflücken. Damit war sie wieder an Hades gekettet, der sich erst nach erneuten Verhandlungen bereit erklärte, Persephone wenigstens halbjahrs oben auf der Erde weilen zu lassen. Hier, in diesem Vegetationsmythos, bringt der Griff nach

---

17 Vgl. die Abbildung 2 in SWB III.

dem Lebenssymbol den – wenigstens zeitweiligen – Tod. So, wie Persephone wieder dem Gott der Unterwelt zufällt, so übergibt der Dominikanerprediger die Seelen von Jeronimo und Josephe »allen Fürsten der Hölle« (SWB III,215).

Der Granatapfelbaum ist also ein durchaus mehrdeutiges Symbol, und damit wird ein anderer Aspekt der Erzählung und der Erzählhaltung sichtbar, bei dem von klarer Parteinahme keine Rede mehr sein kann, wo der Erzähler eine Interpretation beharrlich verweigert, das Geschehen in seiner paradoxen Struktur lediglich hinstellt und alle Deutungen von Seiten der handelnden Personen zuschanden werden lässt. Das betrifft keineswegs nur die Interpretationen durch Vertreter der Kirche oder bigotte Scheinchristen, sondern auch diejenigen der positiv gezeichneten Personen. Verdeutlichen lässt sich das am Gebrauch der Wörter »Glück« und »glücklich« bzw. »Unglück« und »unglücklich«; sie begegnen in diesem relativ kurzen Text nicht weniger als fünfzehnmal. Schon auf der ersten Seite erfahren wir, dass es Jeronimo durch »einen glücklichen Zufall« gelungen war, die Verbindung zu Josephe wiederherzustellen und den Klostergarten zum Schauplatz »seines vollen Glückes« zu machen, was freilich zur Folge hatte, dass am Fronleichnamstag »die unglückliche Josephe« auf den Stufen der Kathedrale von Mutterwehen heimgesucht wurde (SWB III,189). Dieses paradoxe Ineinander von Glück und Unglück, sodann: von Rettung und Vernichtung prägt die Struktur der Erzählung, deren Handlungsablauf durch radikale Glücks*wechsel* gekennzeichnet ist. Zudem erscheint das Urteil darüber, was als Glück und was als Unglück zu gelten habe, stets subjektiv gefärbt. Scheinbar ganz aus der Perspektive der Liebenden kommentiert der Erzähler ihre Wiederbegegnung an der Quelle: »Mit welcher Seligkeit umarmten sie sich, die Unglücklichen, die ein Wunder des Himmels gerettet hatte!« (SWB III,197). Auch die Rettung ihres Söhnchens hatte Josephe so gedeutet, dass »der Himmel« ihn ihr »wieder geschenkt« habe (SWB III,199). Von den

Gesprächen der beiden unter dem Granatapfelbaum heißt es: Sie »waren sehr gerührt, wenn sie dachten, wie viel Elend über die Welt kommen mußte, damit sie glücklich würden!« (SWB III,203). Sie planen, nach Spanien auszuwandern »und daselbst ihr glückliches Leben zu beschließen.« (Ebd.). – Hier, am Ende des ersten der drei Abschnitte der Erzählung[18], begegnet das Wort »glücklich« zum letzten Mal. Das Glück der beiden währt zwar noch bis zum nächsten Nachmittag, findet dann aber ein grässliches Ende. Die schon zitierten Worte des Erzählers: »Mit welcher Seligkeit umarmten sie sich, die Unglücklichen, die ein Wunder des Himmels gerettet hatte!« erweisen sich im Nachhinein als schmerzlich-bittere Vorausdeutung: Die scheinbar aus ihrem Unglück Befreiten rennen gerade deshalb in ihr Unglück, weil sie sich vom Himmel gerettet glauben und, bestärkt durch die Freundlichkeit einer Adelsfamilie und die kurzfristig alle Ständeschranken aufhebende Notgemeinschaft der Geretteten, einen »Umsturz aller Verhältnisse« (SWB III,209) meinen konstatieren zu können. Ungeachtet der Warnungen der besorgten, weil realistisch denkenden Donna Elisabeth besteht Josephe darauf, am Gottesdienst teilzunehmen, weil sie »den Drang, ihr Antlitz vor dem Schöpfer in den Staub zu legen, niemals lebhafter empfunden habe, als eben jetzt, wo er seine unbegreifliche und erhabene Macht so entwickle.« (SWB III,211). Josephe weiß nicht, was sie da sagt. In der Tat wird sie ihr Antlitz in den Staub legen, aber als Ermordete, und zu diesem Ende kommt es, weil sie das »unbegreifliche« Walten Gottes eben doch glaubt begriffen zu haben: Gott hat sie, den Geliebten und das Kind gerettet.

Wie unzuverlässig, wie sehr auf der jeweiligen Perspektive beruhend solche Deutungen sind, hat der Erzähler zuvor

---

18 Der Vorabdruck in Cottas *Morgenblatt (Jeronimo und Josephe)* wies 31 Absätze auf, was aber wohl kaum Kleists Absicht entsprach; vgl. SWB III,801 f.

an Jeronimos Reaktionen auf seine Rettung demonstriert: Als er aus einer Ohnmacht erwacht und zunächst nur die blühende Landschaft vor sich sieht, erfasst ihn »ein unsägliches Wonnegefühl«; als er sich umdreht und die zerstörte Stadt sieht, kniet er nieder und dankt Gott »für seine wunderbare Errettung«; dann aber, beim Blick auf einen Ring an seiner Hand, erinnert er sich Josephens, die er tot glauben muss, verfällt in tiefe Schwermut, »und fürchterlich schien ihm das Wesen, das über den Wolken waltet.« (SWB III,195). Auch an Don Fernando, einem rundum positiv gezeichneten Adligen, wird die Subjektivität der Interpretation demonstriert, wenn er bei der Begrüßung Josephens naiv von »jener Stunde« spricht, »die uns alle unglücklich gemacht hat« (SWB III,203), ohne zu bedenken, dass ohne das Erdbeben Josephe hingerichtet worden wäre.

Solche Kurz-Schlüsse erscheinen in dieser Erzählung als kaum vermeidbar und darum auch nicht vorwerfbar, – es sei denn, sie werden von Seiten der Kirchenvertreter und der bigotten Gesellschaft, unter Berufung auf Gott, doktrinär als *die* Wahrheit verkündet. Diese qualitative Differenz kommt schon darin zum Ausdruck, dass Kleist den Prediger nicht nur einseitig deuten, sondern bewusst lügen lässt, wenn der behauptet, dass der »Frevel« der Liebenden »bei der Welt« eine ›gottlose Schonung‹ gefunden habe (SWB III,215). – Dass den Einzelnen aber ihre je subjektive Deutung kaum vorgeworfen werden kann (auch wenn sie ins Unglück führt), liegt an der durchwegs paradox gehaltenen Geschehensfügung und an dem hierdurch erzeugten trügerischen Schein. Gleich zu Beginn hält Jeronimo »sich jetzt an dem Pfeiler, an dem er hatte sterben wollen, um nicht umzufallen.« (SWB III,193). Dem Gefängnis, unter dessen Trümmern er erschlagen worden wäre, stürzt ein anderes Gebäude entgegen, so dass er durch die zufällig entstandene Wölbung entfliehen kann. Josephes Frömmigkeit führt zu ihrer Ermordung wegen angeblicher Sündhaftigkeit; ein mit Lob, Preis und Dank begonnener Gottesdienst endet im Blutrausch (SWB III,215: »heiliger Ruchlosigkeit voll«). Die Erzeugung eines trügerischen Scheins betont der Erzähler durch den häufigen (zehnmaligen) Gebrauch der Konjunktion »als ob«.[19] Josephe rettet ihr Kind aus einem »von allen Seiten schon zusammenfallende[n] Gebäude«, »gleich, als ob alle Engel des Himmels sie umschirmten« (SWB III,199); sie findet Jeronimo wieder »im Tale, und Seligkeit, als ob es das Tal von Eden gewesen wäre.« (SWB III,201). Dieser Anschein des wiedergefundenen Paradieses wird am nächsten Tag noch verstärkt, wenn die Liebenden von der Familie Don Fernandos »mit vieler Freundlichkeit« aufgenommen werden: »Es war, als ob die Gemüter, seit dem fürchterlichen Schlage, der sie durchdröhnt hatte, alle versöhnt wären.« (SWB III,205), bzw., ausführlicher:

> Und in der Tat schien, mitten in diesen gräßlichen Augenblicken, [...] der menschliche Geist selbst, wie eine schöne Blume, aufzugehn. Auf den Feldern [...] sah man Menschen von allen Ständen durcheinander liegen [...]: einander bemitleiden, sich wechselseitig Hülfe reichen, von dem, was sie zur Erhaltung ihres Lebens gerettet haben mochten, freudig mitteilen, als ob das allgemeine Unglück Alles, was ihm entronnen war, zu *einer* Familie gemacht hätte.   (SWB III,207)

Der Aufhebung der Ständeschranken entspricht die Aufhebung bisher geltender gesellschaftlicher Normen: »Menschen, die man sonst in der Gesellschaft wenig geachtet hatte, hatten Römergröße gezeigt; Beispiele zu Haufen [...] von ungesäumter Wegwerfung des Lebens, als ob es [...] auf dem nächsten Schritte schon wiedergefunden würde.« (ebd.)

Aufs Ganze gesehen aber erweist sich das bestehende Gesellschaftssystem als übermächtig; der durch die Katastrophe hervorgerufene rousseauistische ›Naturzustand‹ der

---

19 Vgl. dazu Wittkowski, B 10d: 1969.

Gleichheit und Brüderlichkeit bleibt Episode, schöner Schein. Auf ihrer Flucht aus der Stadt war Josephe an lauter Ruinen vorbeigekommen: Die Kathedrale, der Palast des Vizekönigs, der Gerichtshof, ihr Vaterhaus, das Gefängnis liegen in Trümmern oder sind gar völlig verschwunden. Mit vollem Recht aber hat Josephe überlegt, »daß nicht jeder, der ein zertrümmertes Gebäude bewohnt hatte, unter ihm notwendig müsse zerschmettert worden sein.« (SWB III,201): Die Gebäude sind zerstört, aber die Institutionen überleben. Der Vorschein einer besseren Gesellschaft wird in der Restitution der etablierten Ordnung, die ihre scheinhafte Rechtfertigung aus der Berufung auf Gott bezieht, vernichtet.

Ob Kleist mit der Erzählung, wie oft angenommen, *auch* einen allegorischen Bezug auf die Französische Revolution im Sinn gehabt hat, ist ungewiss. Die Abfolge »Umsturz aller Verhältnisse« – scheinbarer Zustand von Freiheit, Gleichheit, Brüderlichkeit – Pöbel- bzw. Schreckensherrschaft – Restitution der alten Mächte könnte, in dieser Allgemeinheit, dafür sprechen; es bliebe freilich der Widerspruch, dass in der Erzählung der Pöbel von einem Vertreter der *alten* Mächte aufgestachelt wird, und auch der ständige Rückbezug auf angebliche Absichten Gottes passt wohl kaum. Wichtiger als die Frage nach einer etwaigen aktuell politischen Deutung scheint der Bezug auf das triadische Geschichtsmodell, das ja auch im Dialog *Über das Marionettentheater* zur Sprache kommen sollte. Entsprechend der dort vertretenen Meinung, daß es kein Zurück ins Paradies gebe (SWB III,559: »wir müssen die Reise um die Welt machen, und sehen, ob es vielleicht von hinten irgendwo wieder offen ist«), zeigt auch die Erzählung, dass ein Rückfall in den Naturzustand nur scheinbar und augenblickshaft die Probleme löst, dass die Überwindung der schlechten Gegenwart allenfalls von einem Fortschreiten erhofft werden kann.

Ein solcher Fortschritt könnte angedeutet sein in der Gründung einer ›neuen‹ Familie am Ende der Erzählung.

Don Fernandos kleiner Sohn Juan ist anstelle des ›Bastards‹ Philipp bei dem Massaker getötet worden; Fernando und seine Gattin Elvire nehmen das Waisenkind als Pflegesohn an. Der letzte Satz lautet: »und wenn Don Fernando Philippen mit Juan verglich, und wie er beide erworben hatte, so war es ihm fast, als müßt er sich freuen.« (SWB III,221). Diese sehr ›männliche‹ Betrachtungsweise (Juan ist dem Vater von Elvire ›geschenkt‹ worden, während er Philipp heldenmütig erkämpft hat) befremdet vielleicht nur heutige Leser(innen); in jedem Fall aber bleibt zu beachten, dass der Erzähler auch die versöhnlich klingende Schlusswendung noch unter den Vorbehalt des »als ob« stellt. Wohl kaum soll man sich mit dem Gedanken beruhigen, dass die Katastrophe letztlich doch noch ihr Gutes gehabt habe.

Jahre später, in der Erzählung *Der Findling*, hat Kleist eine ähnliche Konstellation wie die hier ans Ende gesetzte in negativer Richtung weitergedacht und in eine Katastrophe geführt. Das bedeutet aber nicht, dass auch der Schluss der *Erdbeben*-Erzählung negativ zu deuten wäre. Vielmehr bleibt hier, entsprechend der Haupttendenz des Textes (Problematisierung von Deutung), alles offen.

3

Männliche Gewalt und weibliche Identität:
Amphitryon, Die Marquise von O....

Das 1807 veröffentlichte »Lustspiel nach Molière« und die im gleichen Jahr vollendete Erzählung (sie erschien dann 1808 im zweiten Heft des *Phöbus*) haben ein gemeinsames Thema: den erschlichenen Beischlaf und die Reaktion der solcherart betrogenen Frau. Das Problem der Selbstbehauptung gegenüber der tiefsten Verletzung des Selbst- und

Selbstwertgefühls gestaltet Kleist hier, anders als etwa im *Michael Kohlhaas*, vom Körper her: Das von der Frau nicht oder jedenfalls so nicht gewünschte Eindringen des Mannes in ihren Körper macht sie zum bloßen Objekt männlichen Begehrens, und es geht darum, ob und wie sie wieder Subjekt werden, ihre Identität und ihr Selbstwertgefühl wiedergewinnen kann. Der erschlichene Beischlaf stellt den wohl schlimmsten Bruch des Vertrauens dar, und von daher ergibt sich im Stück wie in der Erzählung auch die Frage nach der Identität der Männer: Gott und/oder Mensch? bzw. Engel und/oder Teufel? Dass angesichts dieser Thematik Kleists *Amphitryon* nur mit Vorbehalt als »Lustspiel« eingestuft werden kann, versteht sich; mit Recht hat man von einer Tragikomödie gesprochen. Das Lustspielhafte findet sich fast ausschließlich auf der unteren Ebene der dramatis personae: in den Auseinandersetzungen zwischen dem Diener Sosias und dem ihn vortäuschenden Gott Merkur sowie in den Diskussionen beider mit Charis, der Frau des Sosias.

Amphitryon

Der Stoff des Stücks entstammt der griechischen Mythologie: Zeus (Jupiter), den es immer wieder nach Menschenfrauen gelüstete, denen er in unterschiedlicher Gestalt erschien (als Stier, als Schwan, als Goldregen, als Wolke usw.), hat ein Auge auf Alkmene geworfen, die Gattin des thebanischen Feldherrn Amphitryon, und er nutzt dessen kriegsbedingte Abwesenheit, um statt seiner (und in seiner Gestalt?) die Ehe zu vollziehen. Er zeugt den Halbgott Herakles (Herkules), während der am nächsten Tag zurückkehrende Amphitryon, zunächst verwirrt über die nur gedämpfte Freude seiner Gattin, dann vom Seher Teiresias über die Zusammenhänge aufgeklärt, ebenfalls flugs einen Sohn zeugt, der dann pünktlich einen Tag nach Herakles geboren wird.[20]

Aischylos, Sophokles und Euripides haben dem Stoff Tragödien abgewonnen, von denen aber nur die Titel bekannt sind. Die alle späteren Bearbeitungen prägende lustspielhafte Ausformung hat der römische Dichter Plautus geschaffen. Vielleicht geht auch auf ihn erst das Motiv des Gestaltentauschs zwischen Jupiter und Amphitryon zurück, das er durch Hinzufügung des Dieners Sosias und des in dessen Gestalt auftretenden Gottes Merkur noch verdoppelte. Schon Plautus hat sein Stück als »tragicomoedia« bezeichnet, allerdings nicht des Gehalts wegen, sondern wegen des Verstoßes gegen die Ständeklausel, der zufolge Götter und hohe Herrschaften nicht in der Komödie, sondern nur in der Tragödie dargestellt werden durften.

Nach dem Vorgang seines Landsmanns Jean Routrou (*Les deux Sosies*, 1636) hat dann Molière 1668 diejenige Version geschaffen, auf die Kleists Bearbeitung sich hauptsächlich stützte. Die Anregung zu dieser Arbeit dürfte er 1803 in Dresden bekommen haben, durch die Bekanntschaft mit dem Schriftsteller und Philanthropen Johann Daniel Falk, der damals an gleich mehreren Fassungen des Stoffs arbeitete (sein nach dem Vorbild des Plautus *Amphitruon* genanntes Stück ist dann 1804 im Druck erschienen).[21]

Molière war, wie schon Plautus, an der Figur der Alkmene weniger interessiert und hat sie im abschließenden 3. Akt, der die direkte Konfrontation zwischen Amphitryon und Jupiter sowie die eilfertige Auflösung bringt, überhaupt nicht mehr auftreten lassen. Das änderte schon Falk: Auch in seiner Version muss Alkmene selbst den ›wahren‹

---

20 Vgl. Hederich, B 4: 1770/1986, Sp. 239–241.
21 Vgl. Helmut Sembdner, »Kleist und Falk. Zur Entstehungsgeschichte von Kleists *Amphitryon*«, in: Sembdner, B 8: 1984, 23–57.

Amphitryon identifizieren (und irrt sich natürlich); andererseits brach Falk dem Konflikt die Spitze ab, indem er den Gott angesichts der Herzensreinheit Alkmenes auf das Beilager großmütig hatte verzichten lassen.

Molière hat, in sozialkritischer Absicht, vor allem das Herr-Diener-Thema exponiert, und zwar sowohl im Verhältnis Amphitryons zu Sosias als auch im Verhältnis der willkürlich ihren Lüsten frönenden Götter zu den Menschen. Das tritt bei Kleist in den Hintergrund. Dagegen hat er die schon bei Molière ausgeprägte Identitätsproblematik des Amphitryon wie des Sosias noch verschärft, vor allem aber zusätzlich in die Person Alkmene hineingetragen, der sein Hauptinteresse gilt.

Bei Molière gibt es nach Amphitryons Rückkehr eine heftige Auseinandersetzung zwischen den Gatten, an deren Ende Alkmene empört die Ehe aufkündigt. Gegen Ende dieses 2. Akts erscheint Jupiter, spielt den reumütigen Amphitryon und erpresst Alkmenes Verzeihung für sein vorheriges Benehmen mit der Behauptung, andernfalls werde er sich töten. Danach tritt Alkmene nicht mehr auf, und es bleibt offen, ob sie über die Zusammenhänge überhaupt je wird aufgeklärt werden. – Kleist dagegen (wie auch Falk) lässt Alkmene schon bei der ersten Begegnung mit Amphitryon sehr viel sanfter und besorgter reden. Wenn sie dann den Ehebund aufkündigt, so tut sie es blutenden Herzens und im Irrglauben, Amphitryon verstecke hinter seinen Beschuldigungen die Hinwendung zu einer anderen Frau. Die 4. und die 5. Szene des 2. Akts bringen dann die entscheidenden Neuerungen Kleists. Alkmene hat entdeckt, dass auf dem Diadem des besiegten Labdakus, das der vermeintliche Amphitryon ihr geschenkt hat, statt des von ihr zuvor wahrgenommenen A ein J eingraviert ist. Was sie für ein ›ganz untrügliches Zeugnis‹ (V. 1143) gehalten hat, scheint jetzt gegen sie zu zeugen, zumal sie sich erinnert, dass der angebliche Amphitryon darauf gedrungen hat, sie solle zwischen dem Gatten und dem Geliebten unterscheiden.

Und doch ist sie sicher, den einen, einzigen Amphitryon empfangen zu haben, wenn er ihr auch schöner erschienen ist als je zuvor: »Dem Leben treu, in's Göttliche verzeichnet« (V. 1191), wie sie unbewusst zutreffend sagt; diese Sicherheit stellt sie sogar noch über die Sicherheit ihres Selbst-Gefühls:

> [...] Eh will ich irren in mir selbst!
> Eh' will ich dieses innerste Gefühl,
> Das ich am Mutterbusen eingesogen,
> Und das mir sagt, daß ich Alkmene bin,
> Für einen Parther oder Perser halten.
> (V. 1154–58)

Die hier in der Beteuerung noch zurückgewiesene Beirrung ihres Identitätsgefühls wird in der folgenden Szene manifest, im Dialog mit Jupiter, der wieder in der Gestalt Amphitryons zu ihr tritt, nicht um, wie bei Molière, ihre Verzeihung zu erpressen, sondern um ihr das Geschehene zu erklären. Zunächst versucht er sie davon zu überzeugen, dass *sie* jedenfalls, wer immer in der Nacht bei ihr gewesen sei, nur Amphitryon geliebt habe und liebe, kraft ihres ›unfehlbaren Gefühls‹ (V. 1290). Als sie hierin nur den allzu großen Edelmut ihres Gatten zu erkennen glaubt und verzweifelt die Trennung als unausweichlich betrachtet, rückt Jupiter mit der Wahrheit heraus: »Zevs selbst, der Donnergott, hat dich besucht.« (V. 1336). Das ist freilich nur die halbe Wahrheit, denn Jupiter gibt sich nicht etwa zu erkennen, sondern spielt weiter den Amphitryon. Darum bleibt Alkmene denn auch zunächst noch ungläubig, hält diese Deutung für eine weitere edelmütige Erfindung ihres Gatten, wird überzeugt erst durch den Hinweis auf das J im Diadem – ein sehr fragwürdiges Indiz, da es schon einmal getrogen hat. Alkmene aber gibt sich zufrieden, und da auch Amphitryon (der angebliche Amphitryon) behauptet, Jupiter gegenüber keine Eifersucht zu verspüren, scheint nichts mehr der glücklichen Lösung im Wege zu stehen. Alkmene behauptet sogar: »Wie gern will ich den Schmerz empfunden haben, / Den Jupiter mir zugefügt« (V. 1412f.).

Da aber kommt Jupiters sozusagen menschliche Schwäche ins Spiel: Mit der bloßen Stellvertreter-Rolle für den einzig geliebten Amphitryon ist er nicht zufrieden, will selbst geliebt sein. Mit einiger Empfindlichkeit interpretiert er im Folgenden das Geschehen der vergangenen Nacht als Vergeltungsaktion: Alkmene, wenn sie zu Jupiter betete, habe in Wahrheit stets Amphitryon verehrt – ein Umstand, den sie eingesteht –, und um solche Abgötterei zu rächen, sei der Gott zu ihr herniedergestiegen. Alkmene gelobt Besserung, freilich auf eine Weise, die den Gott kaum zufriedenstellen kann: »Es soll in jeder ersten Morgenstunde / Auch kein Gedanke fürder an dich [Amphitryon] denken: / Jedoch nachher vergess' ich Jupiter.« (V. 1487–89). Wie aber, will Jupiter wissen, würde Alkmene sich entscheiden, wenn sie die Wahl hätte zwischen dem Gott und dem Gatten? Mit dieser vermeintlichen Lockung scheitert er, denn Alkmene beteuert:

> [...] könnt' ich einen Tag zurücke leben,
> Und mich vor allen Göttern und Heroen
> In meine Klause riegelfest verschließen,
> So willigt' ich – [...]
> [...] von ganzem Herzen ein.
>
> (V. 1507–11)

Jupiter seufzt: »Verflucht der Wahn, der mich hieher gelockt!« (V. 1512), versucht dann aber noch, ob nicht Mitleid mit seinem Los das Herz Alkmenes erweichen kann:

> Auch der Olymp ist öde ohne Liebe,
> Was gibt der Erdenvölker Anbetung
> Gestürzt in Staub, der Brust, der lechzenden?
> *Er* will geliebt sein, nicht ihr Wahn von ihm.
>
> (V. 1519–22)

Sie aber beharrt darauf, allenfalls einem göttlichen Befehl zu gehorchen, doch: »Läßt man die Wahl mir – [...], so bliebe meine Ehrfucht ihm, / Und meine Liebe dir, Amphitryon.« (V. 1537–39). Auch Jupiters letzter Versuch scheitert: »Wenn ich nun dieser Gott dir wär' – ?« (V. 1540) »Und jetzo dein Amphitryon sich zeigte [...]?« (V. 1562 f.); Alkmene antwortet: »Ja – dann so traurig würd' ich sein, und wünschen, / Daß er der Gott mir wäre, und daß du / Amphitryon mir bliebst, wie du es bist.« (V. 1566–68). Daraufhin scheint der Gott in der Bewunderung für die Vollkommenheit seines Geschöpfs Alkmene die Waffen zu strecken. Noch aber gilt es, Amphitryon aufzuklären, und das geschieht auf eine Weise, die denn doch einen tiefen Schatten auf die im 2. Akt sich anbahnende glückliche Lösung wirft.

Zunächst wird Amphitryon von Merkur (in der Gestalt des Sosias) lächerlich gemacht, dann von Jupiter vor seinen Feldherren gedemütigt und schließlich sogar von Alkmene im Angesicht des ganzen Volkes nachdrücklich verleugnet. Hierzu kommt es, weil Jupiter ihr wieder einmal nicht die ganze Wahrheit sagt. Sie tritt auf mit den Worten: »Entsetzlicher! Ein Sterblicher sagst du, / Und schmachvoll willst du seinem Blick mich zeigen?« (V. 2167 f.). Er, immer noch als Amphitryon, hat ihr also erzählt, da draußen stehe ein Mensch, der sich für Amphitryon ausgebe, so dass sie glauben muss, die Nacht nicht mit Jupiter, sondern mit einem simplen Betrüger verbracht zu haben. Von diesem Verdacht verblendet, bildet sie sich sogar ein, im Gegensatz zu den übrigen Anwesenden körperliche Unterschiede zwischen den beiden Amphitryonen feststellen zu können:

> Der Sonne heller Lichtglanz war mir nötig,
> Solch' einen feilen Bau gemeiner Knechte,
> Vom Prachtwuchs dieser königlichen Glieder,
> Den Farren von dem Hirsch zu unterscheiden?
> (V. 2248–51)

Amphitryon, der zuvor, um für seine Leute kenntlich zu bleiben, die Feder auf seinem Helm geknickt (und damit selbst ein Impotenz-Signal gesetzt) hatte, scheint vernichtet. Andererseits erkennt er nun ganz klar und bekräftigt es vor allem Volk, dass Alkmene ihn nicht betrogen oder verraten hat, sondern den anderen tatsächlich für Amphitryon hält. Diesen Sinn hat die sadistisch anmutende[22] ›Entamphitryonisierung‹ des Titelhelden in der Tat auch: Der Irrtum aller Anwesenden hinsichtlich der wahren Identität Amphitryons rechtfertigt den Irrtum Alkmenes. Sie freilich, als Jupiter sich dann zu erkennen gibt, fällt in Ohnmacht, und als sie erwacht, bleibt ungewiss, ob ihr Ausruf »Amphitryon!« (V. 2349) dem entschwundenen Gott oder dem Gatten gilt, ebenso ungewiss wie die Bedeutung ihres Schluss-Seufzers »Ach!« (V. 2362).

Dass Jupiter im 2. Akt die Liebesnacht als Vergeltungsaktion interpretiert, soll wohl kaum als bloßes Täuschungsmanöver verstanden werden, dient vielmehr einer Teilerklärung: Mit der Vergottung Amphitryons provoziert Alkmene die Vermenschlichung des Gottes, die zugleich die Nicht-Göttlichkeit Amphitryons erweist. Am Schluss, nachdem Alkmene den vermeintlichen Betrüger Amphitryon aufs Gröblichste beschimpft und herabgewürdigt hat, ist sie über den Unterschied zwischen Gott und Mensch schmerzlich genug belehrt. Ob sie, die auf Amphitryons ausdrücklichen Wunsch nun den Halbgott Herkules im Leibe trägt, mit dem Nur-Menschen Amphitryon sich noch wird begnügen können, bleibt aber völlig offen. Die Marquise von O...., der ein ähnliches ›Versehen‹, eine ähnliche Hypostasierung unterlaufen ist, kann sich eher mit der ›gebrechlichen Einrichtung der Welt‹ abfinden, weil kein tatsächlicher »Engel des Himmels« zu ihr herniedergestiegen ist.

---

22 Vgl. auch die Schlussszenen des *Käthchen von Heilbronn* und des *Prinz Friedrich von Homburg*.

Die Marquise von O....

Eine ähnliche Problematik wie dem *Amphitryon* liegt dieser Erzählung zugrunde, die freilich in Kleists Gegenwart spielt und sich ganz auf den ›irdischen‹ Erfahrungshorizont beschränkt. Vor allem ist der Vergewaltiger mit dem Geliebten (und späteren Gatten) tatsächlich identisch: Der Graf F... ist sein eigener Doppelgänger, ist »Engel« und »Teufel« in einem. Vorgeformt findet sich die Engel-Teufel-Thematik im zentralen Gespräch zwischen Jupiter und Alkmene, wenn der Gott sagt:

> Was könntest du, du Heilige, verbrechen?
> Und wär ein Teufel gestern dir erschienen,
> Und hätt' er Schlamm der Sünd, durchgeifertern,
> Aus Höllentiefen über dich geworfen,
> Den Glanz von meines Weibes Busen nicht
> Mit einem Mackel fleckt er! [...]!
>
> (V. 1281–86)

Vorgeformt ist damit auch schon jene Erzählung, mit der der Graf F... sein Vergehen an der Marquise zu umschreiben versucht:

> wie er die Vorstellung von ihr, in der Hitze des Wundfiebers, immer mit der Vorstellung eines Schwans verwechselt hätte, den er, als Knabe, auf seines Onkels Gütern gesehen; daß ihm besonders eine Erinnerung rührend gewesen wäre, da er diesen Schwan einst mit Kot beworfen, worauf dieser still untergetaucht, und rein aus der Flut wieder emporgekommen sei [...].
>
> (SWB III,156)

Alkmene wie die Marquise sehen sich einem schweren Verdacht ausgesetzt, der sie körperlich wie seelisch im Innersten verstört: Hat Alkmene tatsächlich die Nacht mit einem anderen verbracht als dem geliebten Gatten, und zwar am Ende doch nicht mit dem Gott, sondern mit einem gemeinen Betrüger? Andererseits: Wie kann die Marquise – immerhin bereits Mutter von zwei Kindern – sich und anderen erklären, dass sie ohne ihr Wissen schwanger geworden ist? In beiden Fällen: Wer hat sie getäuscht, und wie sollen sie sich zu den Fakten und zu den Tätern verhalten?

Die in Oberitalien spielende Erzählung, die mit der ›diskret‹ abgekürzten Wiedergabe der Namen »O....«, »G....« und »F...« suggeriert, die berichteten Geschehnisse hätten sich tatsächlich ereignet[23], setzt ein mit einem ›rätselhaften Faktum‹: Die verwitwete Marquise von O...., »eine Dame von vortrefflichem Ruf, und Mutter von mehreren wohlerzogenen Kindern«, lässt »durch die Zeitungen bekannt machen: daß sie, ohne ihr Wissen, in andre Umstände gekommen sei, daß der Vater zu dem Kinde, das sie gebären würde, sich melden solle; und daß sie, aus Familien-Rücksichten, entschlossen wäre, ihn zu heiraten.« (SWB III,143). Mehr als die Hälfte der Erzählung ist der Vorgeschichte dieses Inserats gewidmet, so dass der Leser gegenüber der Ahnungslosigkeit der Marquise und ihrer Eltern stets im Vorteil ist, sehr bald auch errät, wer die Marquise geschwängert hat. Der Erzähler nutzt diesen Wissensvorsprung des Lesers, um der Geschichte ironische Lichter aufzusetzen[24], lässt die Titelfigur allerdings von aller Ironie verschont bleiben.

Die Marquise von O.... lebt mit ihren beiden Töchtern im Hause ihrer Eltern; der Vater, der Obrist von G...., ist Kommandant einer Zitadelle, die im Krieg von russischen Truppen erstürmt wird. Während der Kampfhandlungen gerät die Marquise in die Gewalt feindlicher Soldaten, die

---

23 Ähnlich verfährt Kleist in der Anekdote *Sonderbare Geschichte, die sich, zu meiner Zeit, in Italien zutrug* (SWB III,368–371), die als komödiantisches Seitenstück zur *Marquise von O....* gelten darf. – Im Inhaltsverzeichnis des zweiten *Phöbus*-Hefts (S. 48) stand hinter dem Titel der Erzählung der Zusatz: »(nach einer wahren Begebenheit, deren Schauplatz vom Norden nach dem Süden verlegt worden).«
24 Vgl. Moering, B 8: 1972, 231–290.

Edith Clever als Marquise von O....
in Eric Rohmers Film-Version (1976):
Der fragende Blick der Marquise auf den Grafen

sich an ihr vergreifen wollen, wird aber von einem russischen Offizier befreit, der ihr »ein Engel des Himmels« zu sein scheint (SWB III,144). Er führt sie in ein Nebengemach, wo sie bewusstlos niedersinkt. Der Offizier, ein Graf F..., kehrt in den Kampf zurück und entzieht sich später allen Dankesbezeugungen. Sicheren Meldungen zufolge ist er tags darauf gefallen, und zwar mit dem Ausruf: »Julietta! Diese Kugel rächt dich!« (SWB III,148). Die Marquise bedauert »die Unglückliche, ihre Namensschwester« (ebd.), der sie vergebliche Nachforschungen widmet. Nach einiger Zeit fühlt sie sich unpässlich, erholt sich aber wieder. Bald darauf erscheint der totgeglaubte Graf, erkundigt sich angelegentlich nach dem Befinden der Marquise und überfällt sie mit einem Heiratsantrag. In fliegender Hast (er ist mit einem dringenden dienstlichen Auftrag unterwegs) versucht er die Bedenken der bestürzten Familie auszuräumen. Spätestens die Erzählung seines Wundfiebertraums vom Schwan lässt den Leser die Zusammenhänge erkennen, während die Kommandantenfamilie ratlos bleibt. Die Marquise, die nach dem Tod ihres Gatten beschlossen hatte, nicht nochmals zu heiraten, und über deren Gefühle für den Grafen der Erzähler sich beharrlich ausschweigt, sagt schließlich zu, dem Grafen nach seiner Rückkehr, sofern die über ihn eingeholten Auskünfte positiv seien, ihr Jawort zu geben. Der Satz, in dem diese Zusage mitgeteilt wird, lässt allerdings, in der Evokation des Mimischen, denn doch durchscheinen, dass die Marquise für den Grafen mehr empfindet als bloße Dankbarkeit: »In diesem Fall, versetzte die Marquise, würd' ich – da in der Tat seine Wünsche so lebhaft scheinen, diese Wünsche – sie stockte, und ihre Augen glänzten, indem sie dies sagte – um der Verbindlichkeit willen, die ich ihm schuldig bin, erfüllen.« (SWB III,158).

Nach der Abreise des Grafen kann die Marquise »eine unbegreifliche Veränderung ihrer Gestalt« (SWB III,160) nicht mehr ignorieren; sie konsultiert einen Arzt, dann eine Hebamme, die beide das Faktum einer Schwangerschaft bestätigen. Ihre Eltern glauben ihr nicht, dass die Ursache ihr unbekannt ist, und weisen sie aus dem Haus. Als ihr obendrein zugemutet wird, ihre Kinder zurückzulassen, findet sie wieder zu sich selbst; »mit dem ganzen Stolz der Unschuld gerüstet« (SWB III,167), nimmt sie die Kinder, begibt sich auf ihr Landgut und beschließt, sich mit dem Unbegreiflichen abzufinden. Nur um dem Kind die Schande einer unehelichen Geburt zu ersparen, lässt sie dann die eingangs zitierte Anzeige in die Zeitung setzen.

Der Graf F... erfährt bei seiner Rückkehr, was geschehen ist, und verschafft sich Zutritt zur Marquise, die er seiner fortdauernden Liebe versichert; sie aber »*will nichts* wissen« (SWB III,171) und stößt ihn zurück. Daraufhin wählt er den Weg, ihre Anzeige anonym zu beantworten. Der Vater der Marquise argwöhnt ein abgekartetes Spiel, während die Mutter zu ihr hinausfährt und durch die Reaktion ihrer Tochter auf eine Lügengeschichte von ihrer Unschuld überzeugt wird. Auch mit dem Vater kommt es zu einer »himmelfrohen Versöhnung« (SWB III,181). Am festgesetzten Tag erscheint der Graf in derselben Uniform wie bei der Erstürmung der Zitadelle und kniet nieder; die Marquise weicht entsetzt zurück: »auf einen Lasterhaften war ich gefaßt, aber auf keinen – – – Teufel!« (SWB III,183). Erst nach eindringlichem Zureden der Eltern willigt sie in eine Formalehe ein, und erst nach der Geburt des Kindes und großzügigsten finanziellen Regelungen von Seiten des Grafen kommt es zu einer allmählichen Annäherung, schließlich zu einer tatsächlichen Ehe. Vom Grafen nach ihrer Reaktion auf sein Geständnis befragt, sagt sie: »er würde ihr damals nicht wie ein Teufel erschienen sein, wenn er ihr nicht, bei seiner ersten Erscheinung, wie ein Engel vorgekommen wäre.« (SWB III,186).

Dass man annehmen soll, die Marquise habe vor diesem Auftritt des Grafen tatsächlich nicht geahnt, wer sie geschwängert hat, ist nicht nur von etlichen Interpreten bezweifelt worden, sondern Kleist selbst hat in einem *Phöbus*-Epigramm ungläubige Leserreaktionen bereits sarkastisch vorweggenommen:

Die Marquise von O...
Dieser Roman ist nicht für dich, meine Tochter. In
Ohnmacht!
Schamlose Posse! Sie hielt, weiß ich, die Augen bloß zu.
(SWB III,414)

In der Erzählung selbst könnte der schon zitierte Satz »Ich *will nichts* wissen« (SWB III,171) in der Tat auf ein verdrängtes oder ahnendes Wissen deuten. In Wahrheit aber reagiert die Marquise hier ebenso auf den vermeintlichen Edelmut ihres Gegenübers wie Alkmene auf denjenigen des falschen Amphitryon. So wie dieser scheinbar großmütig auf die Klärung der Identität desjenigen, mit dem Alkmene die Nacht verbracht hat, verzichten will, so steht – aus der Sicht der Marquise – der Graf im Begriff, in blinder Leidenschaft auch einen ›Bankert‹ in Kauf zu nehmen. Beide Frauen lehnen solch erdrückende Großmut ab; Alkmene: »Leb wohl! Leb wohl! [...] Fort, fort, fort – [...] Geh, sag' ich. [...] Ich will nichts hören [...].« (V. 1276–79); die Marquise: »Hinweg! [...] Lassen Sie mich! [...] Lassen Sie mich augenblicklich! [...] ich befehls Ihnen! [...] Sie hören! [...] Ich *will nichts* wissen« (SWB III,170f.).[25] Gegen die Unterstellung einer Ahnung, eines verdrängten Halbwissens steht auch der Umstand, dass die Marquise die Lügengeschichte der Mutter (der Jäger Leopardo habe den Eltern seine Täterschaft gestanden) ohne weiteres glaubt und sich sogar einer Gelegenheit entsinnt, bei der ›es‹ hätte geschehen können, während sie zuvor, nach der Eröffnung des Arztes, vergeblich »alle Momente des verflossenen Jahres« (SWB III,161) im Geiste durchlaufen hatte, ohne dass ihr die Ohnmacht während der Erstürmung der Zitadelle eingefallen wäre. Ihre scheinbare Überreaktion beim Sühne-Auftritt des Grafen im Elternhaus wird verständlich nur unter der Voraussetzung, dass sie den Grafen zu keiner Zeit im Verdacht gehabt hat, und das eben deshalb nicht, weil sie ihn emotional zum ›Engel‹ verklärt hatte. Sie ›versieht‹ sich in dem Grafen[26], und das in einem solchen Maße, dass ihr auch ziemlich deutliche Anspielungen und verräterische Verhaltensweisen keinen Schlüssel in die Hand zu geben vermögen. Umgekehrt wie in der *Familie Schroffenstein* ist es hier das *positive* Vor-Urteil, das einen klaren Blick auf die Realität verhindert.

Die Tat des Grafen, im Text nur durch einen Gedankenstrich angedeutet (SWB III,145), erscheint allerdings auch

---

25 Vgl. auch Doering, B 8: 1993, 27.
26 Vgl. Müller-Seidel, B 8: 1961.

dem Leser im Nachhinein als ziemlich ›unerhört‹, da sie zu seinem sonstigen Verhalten in keiner Weise zu passen scheint. Eric Rohmer, dessen Filmversion der Erzählung sich ansonsten um größtmögliche ›Werktreue‹ bemüht, hat diese Szene entscheidend verändert und abgeschwächt, weil das Publikum sie sonst (seiner Meinung nach) nicht verstanden hätte.[27] Das ist richtig, aber genau auf diesen letztlich unauflösbaren Widerspruch, auf dieses Rätsel im Charakter des Grafen ist es Kleist offenbar angekommen. Seinen Erzähler lässt er diese Figur konsequent nur von außen darstellen; die einzige Innensicht finden wir ganz am Schluss, wenn berichtet wird, der Graf habe erneut um seine Gemahlin zu werben begonnen, »da sein Gefühl ihm sagte, daß ihm von allen Seiten, um der gebrechlichen Einrichtung der Welt willen, verziehen sei« (SWB III,186).

Die Erzählung bezieht einen Großteil ihrer Wirkung aus der höchst differenzierten Handhabung der Erzählerdistanz, aus dem Wechsel von Außensicht und Innensicht. Wie der Erzähler, der sonst sehr wohl über die Empfindungen der Marquise Bescheid weiß, uns ihre Gefühle bezüglich des Grafen allenfalls erraten lässt, so sagt er auch kein Wort über ihre Gefühle in der oft als skandalös empfundenen Versöhnungsszene mit dem Vater. Da hört die Mutter gerade noch »ein leises, eben verhallendes Gelispel, das, wie es ihr schien, von der Marquise kam« (SWB III,180): Was mag sie gelispelt haben? Sodann sieht die Mutter die Marquise auf dem Schoß des Vaters sitzen, in seinen Armen liegen, während er ihr, »gerade wie ein Verliebter«, »lange, heiße und lechzende Küsse« auf den Mund drückt (SWB III,181); die Mutter fühlt sich dabei »wie eine Selige« (ebd.) – und die Tochter? Bekanntlich hat diese Szene ihr Vorbild in einer Passage von Jean-Jacques Rousseaus Roman *Julie ou La Nouvelle Héloïse*, ist aber entschieden erotischer gestaltet, vertauscht auch die Akteure (bei Rousseau ist es die

---

27 Rohmer in: Berthel, B 10b: 1979, 114 und 117.

Tochter, die das Gesicht des Vaters mit Küssen bedeckt).[28] Eine gewisse Erklärung für das ›hemmungslose‹ Gebaren des ›Commendanten‹ findet sich in der Beobachtung seiner Gattin, dass die Marquise auf seinem Schoß sitzt, »was er sonst in seinem Leben nicht zugegeben hatte.« (SWB III,181). In der Tat ist von Umarmungen, gar Küssen zwischen Vater und Tochter zuvor nie die Rede; auch von ihren seltsamen, an ihre vorige Schwangerschaft gemahnenden Gefühlen spricht sie erst, nachdem der Vater das Zimmer verlassen hat (SWB III,148 f.). Für eine gleichwohl sehr starke emotionale Bindung des jede Intimität vermeidenden Vaters an seine Tochter spricht nicht nur sein übertrieben gewalttätiges Handeln bei ihrer Verstoßung, sondern auch sein Klagen über ihre angebliche Verworfenheit: »Solch eine Miene! Zwei solche Augen! Ein Cherub hat sie nicht treuer! – und jammerte und konnte sich nicht beruhigen.« (SWB III,173 f.). Als er dann einsehen muss, dass er der geliebten Tochter Unrecht getan hat, brechen die früher stets in Zucht gehaltenen Gefühle übermächtig durch.

Die Marquise, die sich angesichts der ihr unerklärlichen Schwangerschaft mehrmals dem Wahnsinn nahe fühlt, schöpft ihre Überlebenskraft aus ihrer Existenz als Mutter. Als ihr auch noch die Kinder abgefordert worden sind, sie das entrüstet zurückgewiesen hat und mit ihnen davongefahren ist, heißt es:

> Durch diese schöne Anstrengung mit sich selbst bekannt gemacht, hob sie sich plötzlich, wie an ihrer eigenen Hand, aus der ganzen Tiefe, in welche das Schicksal sie herabgestürzt hatte, empor. […] Ihr Verstand, stark genug, in ihrer sonderbaren Lage nicht zu reißen, gab sich ganz unter der großen, heiligen und unerklärlichen Einrichtung der Welt gefangen.
>
> (SWB III,167)

---

28 Vgl. SWB III,797 f.

Sie findet sich selbst, indem sie die Rolle der Tochter abstreift:

> Sie beschloß, sich ganz in ihr Innerstes zurückzuziehen, sich, mit ausschließendem Eifer, der Erziehung ihrer beiden Kinder zu widmen, und des Geschenks, das ihr Gott mit dem dritten gemacht hatte, mit voller mütterlichen Liebe zu pflegen. (Ebd.)

Das Inserat setzt sie nicht deshalb in die Zeitung, weil sie für sich einen Mann sucht, sondern weil das Kind einen Vater haben soll; ausdrücklich tut sie diesen Schritt, »da das Gefühl ihrer Selbstständigkeit immer lebhafter in ihr ward« (SWB III,168). Diese Selbstfindung wird durch den Sühne-Auftritt des Grafen, durch diesen ›Engelsturz‹, noch einmal auf eine harte Probe gestellt, schließlich aber in ihrer freien Entscheidung für den fehlbaren Menschen F... bestätigt.

Während Alkmene ihre Identität in ihrer unverbrüchlichen Liebe zu dem einen Amphitryon rettet (wobei offen bleibt, ob diese Lösung die Konfrontationen im 3. Akt wird überdauern können), findet die Marquise die ihre in der Liebe zu ihren Kindern und kann, in Anerkennung der »gebrechlichen Einrichtung der Welt«, am Ende auch den Erzeuger des »dritten« in diese Liebe einbeziehen.

Die Erzählung ist bei den Zeitgenossen nicht nur ihrer ›indezenten‹ Thematik wegen kritisiert worden,[29] sondern Karl August Böttiger, der den *Phöbus* insgesamt mit mehr oder minder gehässigen, anonym im Berliner *Freimüthigen* publizierten Besprechungen niederzumachen suchte, stieß sich auch an Kleists Stil: »Der erzählende Ton ist besonders schön. So kommt Seite 8 die Wendung: ›er sagt *daß er*« usw. in einem Punkte 13mal und überhaupt auf *einer* Seite diese Konstruktion mit *daß* 30mal, richtig gezählt, vor.« (LS, Nr. 235a). Gemeint ist die Szene mit dem überfallartigen Heiratsantrag des Grafen F... (SWB III,150f.). Böttiger hat

---

29 Vgl. SWB III,772–775.

nicht begriffen, dass die Kaskaden der dass-Sätze die durch ›Erklärungsnotstand‹ noch verstärkte Dringlichkeit und Gedrängtheit des Sprechenden sozusagen abbilden, dass hier wieder einmal ein Beispiel für Kleists kunstvolle Behandlung der »Mimik der Rede« vorliegt. Eric Rohmer hat fälschlich geglaubt, die in indirekter Rede gehaltenen Dialoge seien »äußerst leicht umzusetzen«, nämlich in direkte Rede.[30] Dass die Wirkung der Szene im Film eine ganz andere ist als in der Erzählung, liegt eben daran, dass eine solche Umsetzung (»Wissen Sie, dass [...]«) die duplizierte Kumulierung der indirekt wiedergegebenen Passagen (hastiger Eifer des Sprechenden *und* die nochmalige, auch ironische Verknappung durch den Erzähler) nicht zu reproduzieren vermag.

4

Um Recht und Gerechtigkeit:
Der zerbrochne Krug, Michael Kohlhaas

Die beiden wohl bekanntesten Werke Kleists haben im engeren Sinne gesellschaftliche Probleme zum Gegenstand, die Frage nämlich, wieweit innerhalb der bestehenden gesellschaftlichen Ordnungen Recht und Gerechtigkeit gefunden werden können, d. h. wieweit der Mensch, über die Gewissheit seiner selbst hinaus (oder auch ohne eine solche), einen Halt in der überindividuellen, immerhin durch Gesetze geordneten Gemeinschaft finden kann. Kleist lotet diese Möglichkeiten einmal in der Form des Lustspiels, einmal in der einer tragischen Charakternovelle aus und exemplifiziert die Probleme an zwei auf je andere Weise in sich

---

30 Rohmer (s. Anm. 27) 112.

widersprüchlichen Protagonisten: am Dorfrichter Adam, der selber der gesuchte Täter ist, und am Rosshändler Kohlhaas, den der Erzähler schon im ersten Satz als einen »der rechtschaffensten zugleich und entsetzlichsten Menschen seiner Zeit« vorstellt (SWB III,13). In beiden Fällen erscheint die das Gesetz repräsentierende Obrigkeit als durchaus unzuverlässig; es werden Willkürentscheidungen nach Maßgabe persönlicher Interessen getroffen, und diese Interessen sind mehr oder minder erotischer Natur. Offensichtlich ist das im *Zerbrochnen Krug*: Der Dorfrichter Adam, ein klumpfüßiger Junggeselle, begehrt das mit Ruprecht verlobte Mädchen Eve und sucht es sich durch Erpressung gefügig zu machen. Im Falle des Michael Kohlhaas treibt die Sippe der Tronkas und Kallheims ihr vetternwirtschaftliches Unwesen, was der sächsische Kurfürst offenbar auch deshalb duldet, weil er sich seiner Jugendliebe, der Dame Héloïse, nach wie vor verbunden fühlt. Diese Héloïse ist die Tochter des Landdrosts Aloysius von Kallheim, Gattin des Kämmerers Kunz von Tronka und Schwester des Präsidenten der Staatskanzlei, des Grafen Kallheim. Die auf persönlichen Bindungen beruhende Misswirtschaft infiziert auch noch den Hof des Kurfürsten von Brandenburg, wo ein weiterer Graf Kallheim als Kanzler fungiert. Weil der Brandenburger noch rechtzeitig über diese Laus in seinem Pelz aufgeklärt wird, kann er dem Schicksal des Kohlhaas eine Wendung geben, die man zwar nicht eben glücklich nennen mag, die aber dem »Rechtgefühl« (SWB III,13 und 25) des Rosshändlers Genüge tut. Im *Zerbrochnen Krug* ist es der just am Gerichtstag hereinschneiende Gerichtsrat Walter, der für eine gerechte Entscheidung sorgt. Hier wie da wird die Lösung gleichwohl in ein zweifelhaftes Licht getaucht.

Der zerbrochne Krug

Das dramaturgische Muster für dieses Stück hat Kleist in einer (nur handschriftlich überlieferten) Vorrede selbst genannt; es ist der *König Ödipus* des Sophokles (SWB I,259). In dieser Tragödie nimmt Ödipus die Untersuchung der Frage, warum die Götter die Pest über seine Stadt Theben verhängt haben, in eigene Hände und findet schließlich heraus, dass er selbst der Schuldige ist: Unwissentlich hat er einst seinen Vater erschlagen, dann dessen Witwe, die eigene Mutter also, geheiratet und mit ihr Kinder gezeugt. Technisch ergibt sich aus dem antiken Muster das Verfahren des analytischen Dramas: Die Gegenwartshandlung ist dazu da, das bereits Vergangene ans Licht zu bringen. Inhaltlich stimmt überein, dass der Untersuchende mit dem Schuldigen identisch ist. Der große Unterschied, der zugleich den Unterschied zwischen Tragödie und Lustspiel begründet, liegt darin, dass der Richter Adam sehr wohl um sein Verschulden weiß, mit tausend Ausreden und Winkelzügen die Aufklärung zu verhindern sucht, durch die Anwesenheit des Gerichtsrats aber genötigt wird, das Verfahren halbwegs ordnungsgemäß durchzuführen und sich damit selbst, wie er schon zu Anfang ahnt, »den Hals ins Eisen« zu judizieren (V. 273). Es geht im *Zerbrochnen Krug* also gar nicht so sehr um die aufzudeckenden Fakten als vielmehr um die Techniken des Verdeckens und Aufdeckens im Medium der Sprache.

Die Anregung zu diesem Stück hat Kleist nach eigenem und nach Heinrich Zschokkes Zeugnis 1802 in der Schweiz erhalten[31], durch einen Kupferstich nämlich nach einem Gemälde von Louis-Philibert Debucourt mit dem Titel *Le juge ou la cruche cassée*. Kleist vermutete in dem Maler einen »niederländischen Meister« (SWB I,259), hat vielleicht

---

31 Vgl. SWB I,259 und LS, Nr. 67a.

deswegen, wahrscheinlich aber auch aus Zensurgründen die Handlung in die Niederlande und ans Ende des 17. Jahrhunderts verlegt. Debucourts Gemälde stellt hauptsächlich eine Gerichtsszene dar mit einem Mädchen im Mittelpunkt, das am Arm einen halbwegs im geschürzten Rock geborgenen, offenbar beschädigten Krug trägt.[32] Hier wie auf dem berühmten Gemälde *La cruche cassée* von Jean Baptiste Greuze[33], meint der zerbrochene Krug die verlorene Unschuld. In Kleists Stück ist dieser Verlust lediglich der Verdacht, dem Eve sich ausgesetzt sieht und gegen den sie sich offen nicht wehren kann, weil sie glaubt, der Richter Adam habe ihr Schicksal in der Hand. Eves Verlobter Ruprecht soll zum Militär eingezogen werden, und Adam hat, wie wir am Schluss des Stücks erfahren, der des Lesens unkundigen Eve weisgemacht, in Wahrheit gingen die Truppen nicht zum Wachtdienst nach Utrecht, sondern würden nach Ostindien verschickt, »und von dort, ihr wißt, / Kehrt von drei Männern Einer nur zurück!« (V. 1918 f.). Adam hat angeboten, Ruprecht mit Hilfe eines gefälschten Attests vor dem Dienst zu bewahren, und mit einer weiteren Lüge Eve dazu gebracht, ihn spät abends noch mit auf ihr Zimmer zu lassen, wo er angeblich das Attest vervollständigen, in Wahrheit sich des Mädchens bemächtigen will. Als Ruprecht, der den Vorgang beobachtet hat, die Tür eintritt, flüchtet Adam durchs Fenster, reißt dabei einen Krug vom Sims, bekommt zwei Schläge auf den Kopf, kann aber unerkannt entkommen, während Eves herbeieilende Mutter, Frau Marthe Rull, Ruprecht für den Täter hält; Eve, da sie das Attest noch nicht bekommen hat, wagt nicht zu widersprechen, hofft, dass Ruprecht in blindem Vertrauen alles auf sich nimmt. Als anderntags Frau Marthe den jungen Mann wegen des zerbrochnen Kruges vor Adams Richter-

---

32 Vgl. im vorliegenden Band Abb. S. 190.
33 Vgl. SWB I, Abb. 9. Das Gemälde hing seit Ende des 18. Jahrhunderts im Pariser Louvre, kann Kleist also bekannt gewesen sein; vgl. Voss, B 9c: 1976, 340 f.

Der Richter oder Der zerbrochene Krug
Kupferstich von Jean-Jacques Le Veau (1729–86)
nach einem Gemälde von Louis-Philibert Debucourt

stuhl zerrt und Ruprecht seinerseits Eve der Untreue bezichtigt, bricht es aus ihr heraus:

> Unedelmüt'ger, du! Pfui, schäme dich,
> Daß du nicht sagst, gut, ich zerschlug den Krug!
> Pfui, Ruprecht, pfui, o schäme dich, daß du
> Mir nicht in meiner Tat vertrauen kannst.
> [...]
> Du hättest denken sollen: Ev' ist brav,
> Es wird sich alles ihr zum Ruhme lösen,
> Und ist's im Leben nicht, so ist es jenseits,
> Und wenn wir auferstehn ist auch ein Tag.
>
> (V. 1162–74)

Dass dem biederen Bauernburschen diese für Kleist charakteristische Forderung nach unbedingtem Vertrauen denn doch zu weit geht, kann man verstehen:

> Mein Seel, das dauert mir zu lange, Evchen.
> Was ich mit Händen greife, glaub' ich gern.
>
> (V. 1175 f.)

Das Stück setzt ein am Morgen nach der ereignisreichen Nacht und mit dem mühseligen ›Lever‹ des zerschlagenen Dorfrichters, der dem neugierigen Schreiber Licht seine diversen Wunden zu erklären versucht. Schon hier gibt er Proben seines Sprachwitzes und seiner Erfindungsgabe, die freilich immer nur kurzfristig weiterhelfen; denn ihm bleibt keine Zeit zur Ausarbeitung einer in sich stimmigen Version: Es ist Gerichtstag, ferner steht eine Revision durch den Rat Walter ins Haus, und obendrein erscheinen dann Marthe und Eve Rull samt Ruprecht und seinem Vater Veit Tümpel mit dem zerbrochenen Krug, dem (scheinbaren) Corpus Delicti. Dass in Wahrheit nicht Ruprecht, sondern Adam der Übeltäter gewesen ist, ahnt der Leser/Zuschauer schon recht bald, wenn auch die genaueren Zusammenhänge erst nach und nach ans Licht kommen. Kleists Zeitgenossen haben hier einen Fehler des Stücks zu erkennen ge-

Der zerbrochne Krug
Illustration von Adolph Menzel in der 1877 erschienenen
Prachtausgabe des Lustspiels

glaubt.³⁴ Es geht aber, anders als im *Oedipus*, gar nicht so sehr um die Aufdeckung des Sachverhalts, sondern darum, auf welche Weise der Richter die Aufklärung zu verhindern sucht. Der Zuschauer/Leser *soll* wissen, dass Adam der Schuldige ist, und dann mit umso größerer Spannung und umso größerem Vergnügen den Winkelzügen des Richters und der Vergeblichkeit dieser Winkelzüge folgen.

Das zentrale Dingsymbol des Stücks scheint der im Titel genannte Krug zu sein, von dessen ehemaliger Pracht Frau Marthe des Langen und Breiten berichtet und auf dem ein wichtiges politisches Ereignis abgebildet gewesen ist: die Übergabe der niederländischen Provinzen durch Kaiser Karl V. an seinen Sohn, den späteren König Philipp II. von Spanien, unter dessen Regierung der niederländische Unabhängigkeitskampf einsetzte. Man könnte also die ›Zerscherbung‹ des Krugs, statt sie auf die fälschlich vermutete ›Entehrung‹ Eves zu beziehen, mit der im Jahre 1648 erfolgten Befreiung der Niederlande in Parallele setzen, was von Frau Marthes Erzählung her ohnehin nahegelegt wird. Im Widerspruch dazu steht das Faktum, dass die Gulden, die Walter am Schluss Eve gibt, das »Antlitz […] des Spanierkönigs« tragen (Variant, V. 2370), eine numismatische Unmöglichkeit, deren Deutung bislang nicht zufriedenstellend gelungen ist.³⁵

---

34 Vgl. etwa den Bericht der *Allgemeinen Deutschen Theater-Zeitung* vom 11. März 1808 (LS, Nr. 247).

35 Dirk Grathoff (B 9c: 1981/82, 304) vertrat die Meinung, es handle sich »um eine vom Autor bewußt intendierte Falschprägung«, was mehr Fragen aufwirft als beantwortet; Wolf Kittler (B 8: 1987, 98–101) vermutete eine Anspielung auf den Geusenpfennig, der zwar – in satirischer Absicht – das Profil Philipps II. zeigte, aber weder ein Gulden noch überhaupt ein Zahlungsmittel gewesen ist. Bernhard Greiners Deutung der Münze als Kunstwerk (das Bild auf der Münze als »das Schöne« und mithin als »Symbol des Sittlichguten«; B 8: 2000, 96) scheint mir abwegig. Ethel Matala de Mazza, die eine, wenn auch ›anachronistische‹ und ›imaginäre‹, Legitimierung »des Staats« durch das Bild des Spanierkönigs postuliert (B 9c: 2001, 172–174), ignoriert das für Kleist (und seine ›Huisumer‹) zentral wichtige Faktum, dass es sich bei der spanischen Herrschaft um eine tyrannische *Fremd*herr-

Für den Gang der Handlung und für die Deutung des Stücks mindestens ebenso wichtig wie der Krug, auf den Frau Marthe am Schluss erst wieder aufmerksam machen muss (V. 1971), ist die Perücke des Richters Adam. Er besitzt deren zwei: Die eine ist beim Perückenmacher, die andere ist verschwunden; wie wir später erfahren: Adam hat sie bei seiner Flucht aus Eves Zimmer verloren. Das Fehlen der Perücke bringt ihn anderntags in die ärgste Verlegenheit. Sie ist ein unverzichtbarer Bestandteil seiner Richtertracht, ein Signum seiner Würde. Darum schickt er, nachdem er von der bevorstehenden Ankunft des Gerichtsrats erfahren hat, zunächst eine Magd zum Küster, um dessen Perücke auszuleihen. Zur Begründung erfindet er eine schöne Geschichte:

> In meine hätt' die Katze heute Morgen
> Gejungt, das Schwein! Sie läge eingesäuet
> Mir unterm Bette da, ich weiß nun schon.
> LICHT. Die Katze? Was? Seid ihr –?
> ADAM.   So wahr ich lebe.
> Fünf Junge, gelb und schwarz, und eins ist weiß.
>   (V. 242–246)

Erst nach Walters Eintreffen bringt die Magd die Nachricht zurück, dass der Küster seine Perücke leider selbst benötige. Dem betretenen Gerichtsrat eröffnet Adam, nun müsse er »kahlköpfig den Gerichtstag halten«, »So sehr / Ich ohne der Perücke Beistand [!] um / Mein Richteransehn auch verlegen bin.« (V. 376–379). Um Zeit zu gewinnen, schlägt er vor, auf dem eine halbe Stunde entfernten Vorwerk nach einer Perücke fragen zu lassen; das aber lehnt Walter ab: »Ei, so pudert euch den Kopf ein! / Wo Teufel auch, wo ließt ihr die Perücken? / – Helft euch so gut ihr

---

schaft gehandelt hat (vgl. Variant, V. 1962–65 und V. 1986–89). – Ein »Anachronismus«, von dem auch mehrere Editoren sprechen, liegt schon deshalb nicht vor, weil es *nie* Gulden mit dem Bild des spanischen Königs gegeben hat. Ein schlichtes Versehen Kleists zu unterstellen verbietet der Kontext.

Der zerbrochne Krug
Emil Jannings und Max Gülstorff in der Film-Version von 1937

könnt. Ich habe Eile.« (V. 395–397). – In der Tat muss Adam dann ohne die Perücke seines Amtes walten, ist als Amtsperson von Anfang an gehandicapt. Als in einer Verhandlungspause der Rat Walter seine Frage nach dem Verbleib der Perücke wiederholt, erfindet Adam flugs eine andere Geschichte: Beim Lesen habe er sich gestern abend zu tief zur Kerze hinuntergebeugt, und da sei die Perücke »wie Sodom und Gomorrha« in Flammen aufgegangen (V. 1497).[36]

Abgesehen von ihrer Funktion als Bestandteil der Amtstracht würde die Perücke aber auch dazu dienen, die beiden Kopfwunden zu bedecken, die Ruprecht dem Flüchtenden mit einer abgerissenen Türklinke zugefügt hat. Um diese Verletzungen zu erklären, erfindet Adam wiederum, erst gegenüber seinem Schreiber, dann gegenüber dem Gerichtsrat, farbenprächtige Geschichten (1. und 10. Auftritt). Die Verletzungen sind aber ein Indiz. Und zum Indiz wird schließlich die verloren gegangene Perücke selber; denn Frau Brigitte, die entscheidende Zeugin, hat sie in den Weinranken vor Eves Fenster hängend gefunden und bringt sie zur Verhandlung mit. Adam erkennt sie zunächst auch als die seinige an; seine hieran geknüpfte Verdächtigung, Ruprecht habe die ihm zur Überlieferung an den Perückenmacher anvertraute Perücke (das *andere* Exemplar also) zur Maskerade benutzt, bricht aber in sich zusammen, und Licht stülpt dem nun heftig Leugnenden das Corpus Delicti triumphierend über den Schädel. Vor dem gewalttätig werdenden Ruprecht nimmt Adam Reißaus, und vom Fenster aus beobachten die Zurückbleibenden den Flüchtenden:

Jetzt kommt er auf die Straße. Seht! seht!
Wie die Perücke ihm den Rücken peitscht!
(V. 1958 f.)

---

36 Mit dieser Version beugt Adam der sonst möglichen Aufforderung Walters vor, ihm die angeblich »eingesäuet« unterm Bett liegende Perücke einmal zu zeigen.

Das Abzeichen der Würde ist zum Instrument der Strafe geworden, so wie im Großen der Missbrauch seiner Stellung im Dorf den Richter zum Angeklagten und zum überführten Sünder gemacht hat.

Ohne die Perücke, die sowohl ein Herrschaftssymbol als auch ein Mittel zur Tarnung ist, erscheint der Richter nackt, als ›der alte Adam‹: ein Mensch mit all seinen Fehlern und Schwächen, allerdings auch – und das macht den Reiz der Konstruktion aus – als angewiesen auf seinen eigenen Witz, seinen Verstand, und wie dem alten Sünder immer wieder etwas Neues einfällt, womit er sich herauswinden will, verschafft ihm denn doch einen gewissen Grad von Sympathie beim Zuschauer.

Die Mehrdeutigkeit der Perücke, dieses Abzeichens richterlicher Würde, steht für die Fragwürdigkeit dieser Würde selbst. Als Walter, in seiner Sorge um »die Ehre des Gerichts« (V. 1841), den Richter zu einem Urteilsspruch drängt, Ruprechts Verurteilung hinnimmt und den Verdatterten an die Berufungsinstanz in Utrecht verweist, platzt Eve empört heraus: »Seid ihr auch Richter?« (V. 1889). Die glückliche Lösung erscheint – jedenfalls in der ursprünglichen, längeren Fassung des 12. Auftritts, dem sogenannten Variant – in recht fragwürdigem Licht: Nur mit einem Beutel voll Geld, mit dessen Hilfe Eve den Ruprecht gegebenenfalls (wenn nämlich auch Walter gelogen haben sollte) loskaufen könnte, vermag der Gerichtsrat das aufgebrachte Mädchen zu beruhigen. Dass all seine vorherigen Beteuerungen an Eve abprallen, dass sie verlogene Täuschungsmanöver der Regierung für möglich hält, zeugt von einem gewaltigen Vertrauensverlust, und in der Tat exponiert das Stück den Richter Adam ja nicht als ein vereinzeltes schwarzes Schaf. Zu Beginn erfahren wir von Licht, dass der Richter im Nachbarort von Walter suspendiert worden ist und einen Selbstmordversuch begangen hat (V. 101–114); Walters Vorgänger, der Rat Wacholder (!), erscheint in Adams Worten als »der wackre Mann, der selbst / Sein

Schäfchen schiert« (V. 78f.) und niemals ohne Voranmeldung zur Revision erscheinen würde (V. 92f.). Der Schreiber Licht wiederum, der am Schluss mit der vorläufigen Verwaltung des Richteramts betraut wird, ist ein ›Aufklärer‹ zu eigenem Nutz und Frommen; Adams drohende Andeutungen (V. 148–150: »Es ließe / Von Depositionen sich und Zinsen / Zuletzt auch eine Rede ausarbeiten«) lassen vermuten, dass auch der Schreiber keine reine Weste hat.

Problematisiert wird in diesem Stück nicht nur das Vertrauen in die Aufrichtigkeit und die Gerechtigkeit staatlicher Instanzen, sondern auch die Zuverlässigkeit der Sprache selbst, deren Mehrdeutigkeit hier allerdings meist in komödiantischer Absicht eingesetzt wird. Schon der erste Satz (V. 1: »Ei, was zum Henker, sagt, Gevatter Adam!«) kann verstanden werden im Sinne von: »Ei, was sagt Gevatter Adam zum Henker?«, als versteckte Vordeutung also auf die bevorstehende Auseinandersetzung mit dem Gerichtsrat, der den Richter stürzen wird (nachdem der zuvor schon »unbildlich« hingefallen ist: V. 14).[37] Adams Wortspiele (V. 3 f.: »Straucheln«/»Strauch«; usw.), Frau Marthes beharrliches Wörtlichnehmen von »entscheiden«, »ersetzen« und »entschädigen« (V. 418–438), schließlich die von Licht behauptete akustische Verwechselbarkeit von »Klinke« und »Degen« (V. 985f.) rücken die klare Bezüglichkeit von Signifikant und Signifikat, von Wort und Sache ins Zwielicht, hierin der im Stück vorgeführten Rechtsprechung verwandt, von der Adam munter behauptet: »Ich kann Recht so jetzt, jetzo so erteilen.« (V. 635).

Adam benutzt die Sprache, um die Wahrheit zu verstecken, aber in redensartlichen Wendungen kommt sie unbewusst trotzdem zutage: »Doch wenn ihr's heraus bekommt, bin ich ein Schuft.« (V. 1092) oder: »Ich bin ein Schelm,

---

37 Vgl. den ähnlich doppeldeutigen Gruß des Bedienten: »Gott helf, Herr Richter! Der Gerichtsrat Walter / Läßt seinen Gruß vermelden, gleich wird er hier sein.« und Adams Reaktion: »Ei, du gerechter Himmel!« (V. 163–165).

wenn's nicht der Lebrecht war.« (V. 1205). Der sowohl verdeckenden als auch aufdeckenden Macht der Sprache wie auch ihrem Einsatz als Machtinstrument (gegenüber Eve) korrespondiert die schon beschriebene Polyfunktionalität der Perücke.

Mehrdeutig sind auch die Personennamen eingesetzt: Adam und Eve wären von ihren Namen her füreinander bestimmt, und der Genesis zufolge müsste Eve Adam zum Sündenfall verleiten; statt dessen ist Eve hier die verbotene Frucht und Adam, zumindest auch, die (freilich erfolglose) Schlange. Der Schreiber bringt zwar tatsächlich Licht in die Angelegenheit, ist aber keineswegs von lichten Motiven geleitet, und wie man letztlich das Walten des Gerichtsrats Walter beurteilen soll, bleibt offen.[38]

Michael Kohlhaas

Sprichwörtlich geworden ist Michael Kohlhaas als Bezeichnung für einen unbelehrbaren Querulanten. Kleist freilich hat einige Mühe darauf verwandt, seinen Kohlhaas gerade nicht in solchem Licht erscheinen zu lassen. Dass er »ein unnützer Querulant« sei, (SWB III,45), ist die lügenhafte Behauptung des brandenburgischen Kanzlers Kallheim. Ein Vergleich mit der historischen Quelle, dem Bericht des Peter Hafftitz über Taten und Untaten des Hans Kohlhase[39], stellt klar vor Augen, dass es Kleist um eine entschiedene Aufwertung dieses ›Selbsthelfers‹ gegangen ist. Das beginnt schon bei der leichten Veränderung des Familiennamens und mit dem Ersatz des Allerweltsnamens Hans durch Mi-

---

38 Vgl. die dezidiert negative Einschätzung Hans-Peter Schneiders (B 9c: 1988/89) und die hierdurch ausgelöste Diskussion (ebd., 327–333).
39 Vgl. den Abdruck bei Hagedorn, B 10a: 1983, 57–65.

chael (was es der Kleistschen Figur erleichtert, sich auf dem Höhepunkt der kriegerischen Verwicklungen zum »Statthalter Michaels, des Erzengels« zu stilisieren; SWB III,73).

Den Anfang der Erzählung (abbrechend beim Aufbruch des Kohlhaas und seiner Leute zur Tronkenburg) hat Kleist 1808 im 6. Heft des *Phöbus* publiziert; die vollständige Version erschien 1810 im ersten Band der *Erzählungen*. Auch der Vergleich der Endfassung mit dem *Phöbus*-Druck zeugt wiederum vom Bemühen des Autors, das Vorgehen des Kohlhaas als verständlich und als grundsätzlich gerechtfertigt erscheinen zu lassen. Der historische Kohlhase hatte nach der widerrechtlichen Zurückhaltung und Herunterwirtschaftung seiner Pferde durch Leute des Günter von Zaschwitz nur einmal beim sächsischen Kurfürsten um sein Recht angesucht; im *Phöbus*-Fragment findet sich schon zusätzlich der tödlich ausgehende Versuch der Lisbeth Kohlhaas, dem Kurfürsten eine Bittschrift zu überreichen, und in der Endfassung ist dem noch eine durch den Stadthauptmann Heinrich von Geusau vermittelte förmliche Eingabe an den Kurfürsten von Brandenburg vorgeschaltet.[40] In beiden Versionen findet sich ferner die quälend eindringliche Befragung des Knechts Herse durch Kohlhaas, die sicherstellt, dass die Kohlhaasische Seite keine Mitschuld trifft an der »Zugrunderichtung« der zurückgehaltenen Rappen; ferner wird deutlich gemacht, dass Kohlhaas nicht nur im Eigeninteresse handelt: Er hört »von den Ungerechtigkeiten [...], die täglich auf der Tronkenburg gegen die Reisenden verübt wurden«, und fühlt sich verpflichtet, »sich Genugtuung für die erlittene Kränkung, und Sicherheit für zukünftige seinen Mitbürgern zu verschaffen.« (SWB III,27). Seine Absicht, »die öffentliche Gerechtigkeit für sich aufzufordern« (SWB III,37), wird von seiner Frau Lisbeth voll unterstützt; sie erklärt, »daß es ein Werk Gottes wäre, Unordnungen, gleich diesen, Einhalt zu tun« (SWB III,39). Erst

---

40 Vgl. den Paralleldruck beider Fassungen in SWB III,12–63.

als er sich nach zwei fehlgeschlagenen Versuchen anschickt, »seine Besitzungen, im Brandenburgischen und im Sächsischen, Haus und Hof« zu verkaufen (SWB III,47), um freie Bahn für weitere Schritte zu haben, beginnt sie, die Mutter von fünf Kindern, zu widersprechen und setzt durch, dass sie statt seiner den Versuch unternimmt, dem brandenburgischen Kurfürsten eine Petition zu überreichen. Hierbei wird sie ungewollt so unglücklich verletzt, dass sie, nach Kohlhaasenbrück zurückgebracht, wenige Tage später stirbt. Vorher verweist sie ihren Mann noch auf den Bibelvers: »Vergib deinen Feinden; tue wohl auch denen, die dich hassen.« (SWB III,59). Dieser Forderung (die Kohlhaas sofort von sich weist) hat Kleist in der Buch-Fassung noch stärkeres Gewicht gegeben als im *Phöbus*-Fragment: Statt »Sie drückte ihm dabei die Hand und starb« lesen wir: »Sie drückte ihm dabei mit einem überaus seelenvollen Blick die Hand, und starb.« (SWB III,58/59). Vorher, im Streitgespräch um den Verkauf von Haus und Hof, findet sich eine ähnliche Verstärkung; als Reaktion Lisbeths auf Kohlhaasens Frage, ob er denn seine Sache aufgeben und die Pferde von der Tronkenburg heimholen solle, las man im *Phöbus*: »Lisbeth schüttelte weinend mit dem Kopf«; in der Endfassung aber heißt es: »Lisbeth wagte nicht: ja! ja! ja! zu sagen – sie schüttelte weinend mit dem Kopf« (SWB III,54/55). – Einerseits also hat Kleist während der Arbeit an der Endfassung die Bemühungen des Kohlhaas, auf legalem Wege seine Ansprüche durchzusetzen, verstärkt, andererseits aber auch der Gegenposition der vor gewaltsamen Maßnahmen zurückschreckenden Lisbeth größeres Gewicht gegeben. Gleichwohl wird der Leser das weitere Vorgehen des Kohlhaas zumindest vom Gefühl her voll ›mittragen‹. Ausgerechnet am Tag von Lisbeths Begräbnis wird ihm eine harsche landesherrliche Resolution zugestellt, die es ihm »bei Strafe, in das Gefängnis geworfen zu werden« untersagt, »weiter in dieser Sache ein[zu]kommen.« (SWB III,61) – Der legale Weg wird ihm damit ausdrücklich versperrt.

Hierauf übermittelt er dem Junker von Tronka einen
»Rechtsschluß«, in dem er ultimativ fordert, der Junker
selbst habe binnen drei Tagen die beiden Rappen nach
Kohlhaasenbrück zu überführen und sie in den dortigen
Ställen dickzufüttern – eine auf Nichterfüllung berechnete
Forderung. Nach Ablauf der Dreitagefrist bricht Kohlhaas
mit acht Knechten auf, um den Junker zu fangen und zu
den verlangten Arbeiten zu zwingen. Der Überfall auf die
Tronkenburg gestaltet sich als eine Eruption von Gewalt,
der auch Unschuldige (Frauen und Kinder) zum Opfer fallen, führt gleichwohl nicht zum Ziel, da der Junker ent-
kommt. Anders als der historische Hans Kohlhase, der
auch gänzlich Unbeteiligte als Geiseln nahm, überfiel, aus-
raubte, ermordete, bleibt Michael Kohlhaas auf den Junker
fixiert, verfolgt nur diejenigen, die seinem Feind Unter-
schlupf gewähren, und kündigt seine Handlungen jeweils
in sogenannten »Kohlhaasischen Mandaten« an. So lässt er
dreimal Wittenberg in Brand stecken, um die Herausgabe
des Junkers zu erzwingen. Gegen ihn aufgebotene Heer-
haufen kann er dank wachsenden Zulaufs und eines gewissen strategischen Geschicks besiegen. In dieser Zeit scheint
eine (vom Erzähler mit Unbehagen registrierte) Verände-
rung mit dem Rosshändler vorzugehen: Den Junker stilisiert er zum »Feind aller Christen«, sich selbst zu einem
»Reichs- und Weltfreien, Gott allein unterworfenen Herrn«
(SWB III,68), ja zum »Statthalter Michaels, des Erzengels,
der gekommen sei, an Allen, die in dieser Streitsache des
Junkers Partei ergreifen würden, mit Feuer und Schwert,
die Arglist, in welcher die ganze Welt versunken sei, zu
bestrafen« (SWB III,73). Der Erzähler, der seit der Zerstörung der Tronkenburg auf Distanz gegangen ist, uns vorläufig keine Innensicht des Kohlhaas mehr vermittelt, konstatiert anlässlich solcher Verlautbarungen (die mit dem
historischen Kohlhase nichts zu tun haben, eher an dessen
Zeitgenossen Thomas Müntzer erinnern) »eine Schwärme-
rei krankhafter und mißgeschaffener Art« (SWB III,68), die

er »einer Art von Verrückung« (SWB III,73) zuschreibt. Ob wir diese negativen Urteile übernehmen sollen, steht dahin, denn was Kohlhaas ›tatsächlich‹ fühlt und denkt, sagt der Erzähler ja nicht, und jene Mandate könnten auch als treffsicher spekulierende Propagandatexte interpretiert werden. Hierfür spräche jedenfalls der Umstand, dass Kohlhaas, als ihm durch Luther die Möglichkeit einer legalen Austragung seiner Sache vermittelt worden ist, seiner »provisorischen Weltregierung« (SWB III,73) schnell und umstandslos den Abschied gibt.

Das Eingreifen Luthers markiert den ersten Wendepunkt in der Erzählung, die bis dahin in steter Steigerung die wachsende Gefährdung der staatlichen Ordnung Sachsens durch die Rebellion des Kohlhaas dargestellt hat. Kleists Quelle zufolge hat es tatsächlich eine Zusammenkunft Kohlhases mit dem Reformator gegeben, die sich freilich sehr viel freundlicher gestaltete als diejenige von Kleists ›Luther‹ mit Michael Kohlhaas. Den mitfühlenden und maßvoll ermahnenden Brief Martin Luthers an Hans Kohlhase vom 8. Dezember 1534[41] ersetzt Kleist durch ein wüst polterndes Plakat, dessen Verfasser es mit der Wahrheit nicht sonderlich genau nimmt (SWB III,75). Laut Hafftitz hat Luther Hans Kohlhase selbst eingelassen und dann, zusammen mit Melanchthon, Cruciger und Major, bis tief in die Nacht hinein mit dem Rebellen debattiert. »Des Morgens frühe hat er dem D[octor] gebeichtet, das hochwürdige Sacrament empfangen, und ihnen zugesagt, daß er von seinem Vornehmen wolte abstehen, und dem Lande zu Sachsen keinen Schaden hinfort zufügen, welches er auch gehalten. Ist also unerkennt und unvermerckt aus der Herberge geschieden, weil sie ihn getröstet, seine Sache befodern zu helffen, daß sie eine gute Endschafft solle gewinnen.«[42] Kleists Luther dagegen vermengt Religiöses und Ju-

---

41 Vgl. den Abdruck bei Hagedorn, B 10a: 1983, S. 69f. und 72.
42 Zit. nach ebd., S 62.

ristisches, indem er die Bitte des Kohlhaas um Beichte und Abendmahl zu instrumentalisieren versucht, um den Rechtshandel aus der Welt zu schaffen: Kohlhaas solle dem Junker vergeben *und* auf die weitere Verfolgung seines Rechtsanspruchs (Dickfütterung der Rappen) verzichten. Als Kohlhaas auf diesen Handel nicht eingeht, verweigert ihm der ›staatskluge‹ Theologe das Abendmahl. Am Schluss der Erzählung lässt Kleist seinen Luther diese Handlungsweise revidieren: Kurz vor der Hinrichtung des Kohlhaas in Berlin, nachdem auch dessen Rechtsansprüche durchgefochten worden sind, Kohlhaas sich also keineswegs entsprechend den früheren Forderungen Luthers verhalten hat, lässt der ihm gleichwohl durch einen Abgesandten nicht nur einen »ohne Zweifel sehr merkwürdigen Brief« übergeben, sondern auch das Abendmahl reichen (SWB III,138).

Während laut Hafftitz die Bemühungen der Theologen um eine friedliche Lösung des Konflikts offenbar im Sande verliefen, erhält Kleists Kohlhaas tatsächlich durch Vermittlung Luthers freies Geleit, um in Dresden seine Rechtssache ordnungsgemäß verfechten zu können. Im Prinzen Christiern von Meißen und im Großkanzler Wrede findet er auch gerecht denkende Fürsprecher, aber das Ergebnis der Suche nach den Kohlhaasischen Rappen führt zu einem Eklat: Sie sind über einen Schäfer und einen Schweinehirten an den Abdecker von Döbbeln geraten, der sich mit den völlig heruntergekommenen Tieren in Dresden einfindet und, inmitten einer hohnlachenden Menge, den ihn befragenden Kämmerer Kunz von Tronka nicht gerade ehrerbietig behandelt. Nachdem der herbeizitierte Rosshändler die Identität der Rappen bestätigt hat, befiehlt Kunz einem Knecht, sie in seine Ställe zu führen, was Meister Himboldt verhindert, da die schon an den Schinder geratenen Tiere zuerst wieder »ehrlich gemacht« werden müssten (SWB III,97). Kunz wird tätlich gegen seinen Knecht und seinerseits von Himboldt und anderen zu Boden geschleudert, mit knapper Not von einer vorbeikommenden Wache gerettet. Diese ziemlich genau in der Mitte der Erzählung stehende, teilweise burlesk gestaltete Szene markiert Höhe- und Umschlagspunkt. Die »Stimmung im Lande« (SWB III,98) wendet sich gegen Kohlhaas, und die Tronkas beginnen das Verfahren durch »Wendungen arglistiger und rabulistischer Art« in die Länge zu ziehen (SWB III,103). Außerdem hat ein ehemaliger Unterführer des Kohlhaas, Johann Nagelschmidt, Reste von dessen ehemaliger Gefolgschaft in eine Mordbrennerbande umgewandelt und behauptet, im Interesse des angeblich in Dresden verhafteten Kohlhaas zu handeln. Den hierauf fußenden Verdacht eines geheimen Einverständnisses kann Kohlhaas zwar überzeugend zerstreuen, aber als gleichwohl die ihm anfangs zugesicherte Bewegungsfreiheit eingeschränkt und ihm auf sein insistierendes Fragen bestätigt wird, dass er sich als Gefangenen zu betrachten habe, lässt er sich zum Schein auf ein Angebot des Nagelschmidt ein, wieder die Führung zu übernehmen (in Wahrheit will er mit seinen Kindern über Hamburg auswandern). Sein Brief (wie schon der des Nagelschmidt an ihn) wird abgefangen, und auf dieser Grundlage macht man ihm den Prozess, der mit der Verurteilung zu einem qualvollen Tod (Vierteilung und Verbrennung) endet.

An diesem Punkt setzt die Gegenbewegung ein, die dem Kohlhaas doch noch zu seinem Recht verhelfen soll: Der Kurfürst von Brandenburg, dessen Untertan der Rosshändler ist, erfährt von Geusau dessen Geschichte und auch, dass sein Kanzler Kallheim die Unterdrückung der ersten Ansuchen des Kohlhaas verschuldet hat. Kallheim wird entlassen, Kohlhaas auf dringliches Ersuchen des neuen Kanzlers Geusau von Dresden nach Berlin überstellt. Da die Sachsen sich der Fragwürdigkeit des Dresdner Urteils bewusst sind, verfallen sie auf den Ausweg, den Kaiser zur Anklage gegen Kohlhaas zu veranlassen, weil der den kaiserlichen Landfrieden gebrochen hat (und dieses Vergehen von der sächsischen ›Amnestie‹[43] nicht berührt wird). Dementsprechend wird Kohlhaas zum Tod durch das Schwert verurteilt; gleichzeitig aber wird auch das Verfahren gegen den Junker durchgeführt, das mit dessen Verurteilung zu zwei Jahren Gefängnis, der Wiederherstellung der Rappen und der Zahlung einer Schadenersatzsumme endet, ganz zur Zufriedenheit des Kohlhaas. Nach seiner vom Volk betrauerten Hinrichtung schlägt der Kurfürst seine Söhne Heinrich und Leopold zu Rittern.

Wohl erst in einem späten Stadium der Ausarbeitung hat Kleist die sogenannte Zigeunerin-Episode eingefügt, die von manchen seiner Zeitgenossen als störende ›romantische‹ Zutat kritisiert worden ist, die aber dazu dient, die scheinbar so glatte Lösung des Schlusses sowohl zu vervollständigen als auch in Frage zu stellen. Der in den Augen des Kohlhaas eigentlich Schuldige, der die Tronka-Kallheim'sche Vetternwirtschaft und eine korrupte Justiz duldende und befördernde sächsische Kurfürst, wäre ohne den Zusatz dieser ›Episode‹ ungestraft davongekommen. Nun aber erfährt er bei einem zufälligen Zusammentreffen mit dem auf dem Weg nach Berlin durch die Erkrankung eines seiner Kinder aufgehaltenen Kohlhaas, dass der Rosshändler identisch ist mit jenem Mann, dem zu Beginn der Verwicklungen auf dem Markt zu Jüterbock eine wahrsagende Zigeunerin einen Zettel übergeben hat, und nach ihrer Behauptung das weitere Schicksal des sächsischen Herrscherhauses zu entnehmen ist (und den Kohlhaas nun in einer bleiernen Kapsel an einer Halskette trägt). Der Kurfürst setzt alles daran, den Kohlhaas zur Herausgabe des Zettels zu bewegen, lässt ihm Freiheit und Leben anbieten, versucht den Kaiser zur Rücknahme der Anklage zu veranlassen, hofft dann, dass sein ergebener Kämmerer Kunz

---

43 ›Freies Geleit‹ und ›Amnestie‹ werden im Text nicht klar unterschieden, und zwar deshalb nicht, weil Kohlhaas straflos bleiben sollte, wenn er in der Sache gegen Wenzel von Tronka Recht bekommen hätte.

von Tronka ihm helfen könne. Kunz begibt sich nach Berlin und stiftet ein altes Trödelweib an, sich als die Zigeunerin auszugeben, Kohlhaas aufzusuchen und ihm unter einem Vorwand den Zettel abzunehmen. Fatalerweise ist das Trödelweib mit der Zigeunerin identisch. Damals hat sie dem Rosshändler den Zettel gegeben, weil der ihm einmal das Leben retten könne, und auch jetzt redet sie ihm zu, sich mit dieser Hilfe freizukaufen. Kohlhaas aber hatte schon dem ersten Abgesandten des Kurfürsten gesagt, zwar könne ihn sein Herr aufs Schafott bringen, er aber könne ihm wehtun, »und ich will's!« (SWB III,123). Auch jetzt will er sich die neu gewonnene Macht, »seines Feindes Ferse, in dem Augenblick, da sie ihn in den Staub trat, tödlich zu verwunden« (SWB III,135), nicht nehmen lassen. Am Hinrichtungstag erhält Kohlhaas noch eine Nachricht von der Zigeunerin: Der sächsische Kurfürst wolle inkognito der Hinrichtung beiwohnen, später die Leiche ausgraben lassen, um doch noch in den Besitz von Kapsel und Zettel zu gelangen. Auf dem Richtplatz tritt Kohlhaas dicht an seinen Gegner heran, öffnet die Kapsel, liest die Angaben auf dem Zettel und verschlingt ihn, worauf der entmächtigte Kurfürst, nicht zum ersten Mal, in Ohnmacht fällt.

Die wenig wahrscheinliche Geschichte von der Zigeunerin, deren Unwahrscheinlichkeit der Erzähler augenzwinkernd einräumt (SWB III,134), wird noch um einiges geheimnisvoller durch den Umstand, dass die Frau »eine sonderbare Ähnlichkeit« mit der verstorbenen Lisbeth Kohlhaas aufweist (ebd.) und die Nachricht vom Hinrichtungstag mit »Deine Elisabeth« unterzeichnet hat (SWB III,139). Gerade in der Unwahrscheinlichkeit von Figur und Begebenheit liegt aber das kritische Potential der angeblichen ›Episode‹: Ohne das Erscheinen dieser Figur, ohne das Eingreifen ›höherer‹ Mächte wäre der sächsische Kurfürst straflos geblieben; das bedeutet umgekehrt: Auch bei bestem Willen (den der Kurfürst von Brandenburg beweist) sind die Möglichkeiten menschlicher Justiz unzureichend;

Gerechtigkeit ist mit Hilfe der Gesetze allein schwerlich zu erreichen.

Sosehr Kleist seinen Kohlhaas gegenüber dem historischen Vorbild aufgewertet hat, so sehr hütet er sich doch, ihn zu einer rein positiven Figur zu stilisieren. Wenn der Rosshändler die letzte, so nachdrückliche Bitte der sterbenden Lisbeth grimmig ignoriert, wenn er dem Junker ein von Vornherein auf Missachtung angelegtes Ultimatum stellt, wenn bei dem Überfall auf die Tronkenburg auch Frauen und Kinder erschlagen werden, wenn Kohlhaas sich zum einzig Gerechten in einer angeblich gänzlich in Arglist versunkenen Welt stilisiert, dann muss wohl doch eine gewisse Unverhältnismäßigkeit in der Reaktion auf die Wegnahme zweier Pferde konstatiert werden. Auch am Schluss hätte Kohlhaas die Möglichkeit gehabt, seinem ›Feind‹, in verachtender Ablehnung des Handels um Freiheit und Leben, den Zettel auszuhändigen, der für seinen Kontrahenten ohnehin nur Unerfreuliches zu vermelden hatte.[44] Aber: Das »Rechtgefühl« macht den Kohlhaas ja nur deshalb zum »Räuber und Mörder« (SWB III,13), weil die Rechtsordnung ihm gegenüber eklatant versagt. Nur seiner in der Tat außergewöhnlichen Energie ist es zu danken, dass einem Wenzel von Tronka und ähnlichen hohen Herren ihr ungesetzliches Handwerk gelegt wird. Kohlhaas *muss* ›übertrieben‹ reagieren, weil sonst das Unrecht triumphiert hätte.

Abgesehen vom »Kampf ums Recht«[45] stellt die Erzählung den Protagonisten auch in den Zwiespalt zwischen seinen Aufgaben als Staatsbürger und Gewerbetreibender einerseits, als Vater von fünf Kindern andererseits. Bekanntlich werden die Objekte des Rechtsstreits, die beiden Rappen, von Kleist leitmotivisch eingesetzt, um den jeweiligen Stand der Rechtssache zu verbildlichen: Anfangs

---

44 Vgl. SWB III,764.
45 So der Titel des Buchs von Rudolf von Ihering (Wien 1872; Nachdr. Nürnberg 1965), in dem auch von *Michael Kohlhaas* die Rede ist (S. 246 f.).

»wohlgenährt [...] und glänzend« (SWB III,13), kommen sie nach der Wegnahme mehr und mehr herunter, vom Schäfer über den Schweinehirten an den Abdecker; am Schluss aber glänzen sie wieder »von Wohlsein« (SWB III,140), und Kohlhaas schenkt sie seinen Söhnen. Diese Söhne, Heinrich und Leopold, wie auch die übrigen Kinder spielen in der Erzählung eine mindestens ebenso große Rolle wie die Rappen. An das Jüngste klammert sich Lisbeth, als Kohlhaas den Verkauf von Haus und Hof betreibt (SWB III,47 und 49), und dasselbe Kind hält er auf dem Arm, als er Lisbeths Grab ausheben lässt (SWB III,61). Zu Beginn der Fehde schickt er die Kinder über die Grenze (SWB III,63), zur vorher erwähnten Muhme Lisbeths nach Schwerin (SWB III,55 und 102), lässt sie nach der Zusicherung freien Geleits aber nach Dresden kommen, und von da an finden alle wichtigen Auftritte in Gegenwart der Kinder statt: die Rechtfertigung vor dem Prinzen von Meißen (SWB III,101f.), der Zusammenstoß mit dem »Gubernial-Offizianten« (SWB III,107f.), die Begegnung mit dem verräterischen Boten des Nagelschmidt (SWB III,111), das Zusammentreffen mit dem sächsischen Kurfürsten in Dahme (SWB III,118), der Besuch der Zigeunerin im Gefängnis (SWB III,134) und auch die Hinrichtung (SWB III,139–141). Beim Besuch der Zigeunerin wird der gegenläufige Sinn dieses Leitmotivs deutlich: Auf der einen Seite, markiert durch die Rappen, steht das Beharren auf Rechtsanspruch und Rache, auf der anderen das Interesse der Kinder, nach der Mutter nicht auch noch den Vater zu verlieren. Dass Kohlhaas ein liebevoller Vater ist, hat gerade die Szene in Dahme gezeigt (er füttert ein erkranktes Kind), und so reagiert er denn auch »verwirrt« auf den Vorhalt der Zigeunerin (SWB III,136), meint aber, seine Entscheidung gegen das sächsische Angebot liege auch im Interesse der Kinder. In gewisser Weise bestätigt wird das durch die sehr unterschiedliche Behandlung der Kinder in beiden Staaten. Hatten die Sachsen sie rücksichtslos getrennt und auf verschiedene Findel- und Waisenhäuser verteilt (SWB III,115), so gestattet der brandenburgische Kurfürst dem Angeklagten das Zusammensein mit seinen Kindern in einem ritterlichen Gefängnis (SWB III,132), gewährt die von Kohlhaas ausdrücklich erbetene Vergünstigung, Heinrich und Leopold am Hinrichtungstag bei sich zu haben (SWB III,139), und schlägt die beiden zu Rittern (SWB III,142): die Kinder haben einen neuen ›Vater‹ gefunden; das Gegeneinander von Rechtsinteresse und Familieninteresse (von Rappen und Kindern) wird ›aufgehoben‹.

Bei aller scheinbaren Abrundung und Ausgewogenheit dieses Schlusses bleibt festzuhalten, dass das ›ordentliche‹ Verfahren nur mit Hilfe eines Tricks – der Einschaltung des an die sächsische ›Amnestie‹ nicht gebundenen Kaisers – diese Ausgewogenheit erreicht und dass es des Eingriffs ›höherer‹ Mächte bedarf, damit der Hauptverantwortliche nicht ungeschoren davonkommt.

Die Frage, ob Gerechtigkeit innerhalb der bestehenden Gesellschaftsordnung möglich sei, bleibt sowohl im *Zerbrochnen Krug* als auch im *Michael Kohlhaas* offen. In den späten Erzählungen *Der Findling* und *Der Zweikampf* wird das Thema wieder aufgegriffen: mit der Exposition einer perversen ›Rechts‹-Ordnung im Kirchenstaat und mit einer scheinbar versöhnlichen, in Wahrheit von Ironie zersetzten Lösung, die man als Parodie auf ein »Happy End« bezeichnen könnte.

5
Das Scheitern der Non-plus-ultra-Tragödie:
Robert Guiskard, Herzog der Normänner

Mit der Arbeit an dieser Tragödie hat Kleist offenbar im Frühjahr 1802 in Thun begonnen, noch bevor *Die Familie Schroffenstein* ihre endgültige Form gefunden hatte. Zu Beginn des Jahres 1803 gelang es Christoph Martin Wieland, seinen Gast zur Deklamation etlicher Verse aus dem entstehenden Werk zu überreden; er war tief beeindruckt und suchte Kleist nachdrücklich in seinem Vorhaben zu bestärken (vgl. S. 70). Der aber tat sich schwer, das mit so viel Ehrgeiz und Erwartung belastete Werk, den Versuch einer »Synthese von ›Schicksalstragödie‹ (Sophokles) und ›Charaktertragödie‹ (Shakespeare)«[46], zu einem befriedigenden Ende zu bringen. Im Sommer 1803 reiste er mit seinem Freund Ernst von Pfuel in die Schweiz, wo er vom Ort des Beginns auch die Vollendung erhoffte. Die unruhigen Reisebewegungen der beiden, teilweise in Gesellschaft der Werdecks, lassen erkennen, dass von konzentrierter Arbeit kaum die Rede gewesen sein kann, allenfalls im September, da aber mit desaströsem Ergebnis. Am 5. Oktober bereits in Genf angelangt, gestand Kleist in einem Brief an die Halbschwester Ulrike das Scheitern seines Unternehmens ein, und in Paris hat er dann »mein Werk, so weit es fertig war, durchlesen, verworfen und verbrannt« (26. Oktober 1803 an Ulrike; SWB IV,321), stürzte sich in das Selbstmordunternehmen einer Aufnahme in Napoleons Invasionsarmee und fasste erst Jahre später wieder Zutrauen in seine dichterischen Fähigkeiten; vom *Guiskard* freilich war nicht mehr die Rede. 1808 jedoch, im Doppelheft 4/5 des *Phöbus*, erschien das *Fragment aus dem Trauerspiel: Robert Guiskard, Herzog der Normänner*, zehn Auftritte mit 524

---

46 Samuel, B 9b: 1981/82, 345.

Versen, und sowohl Kleist als auch Adam Müller erweckten in Briefen den Eindruck, das gesamte Stück sei bereits fertig oder doch nahezu fertig. Obwohl sich nie auch nur die Spur einer Weiterführung gefunden hat, muss sie wohl ernsthaft gewollt gewesen sein; denn das Fragment ist von Sprache und Stil her ziemlich eindeutig der Dresdner Zeit zuzuordnen[47], war also neu geschrieben, und das sicherlich nicht mit der Absicht, es bei einem Fragment zu belassen. Ob Kleist dann aus formalen oder aus inhaltlichen Gründen die Arbeit abgebrochen hat, ob anderes (*Das Käthchen von Heilbronn*, die zunehmende Politisierung, die zur *Herrmannsschlacht* führte) ihm wichtiger wurde, ist unbekannt.

Als Haupt- oder sogar einzige Quelle für Kleists Drama gilt Karl Wilhelm Ferdinand von Funcks umfänglicher Aufsatz *Robert Guiscard Herzog von Apulien und Calabrien*, der 1797 in Schillers *Horen* erschienen war.[48] Am Schicksal des eroberungssüchtigen Normannenfürsten aus dem 11. Jahrhundert mag Kleist zunächst eine zeitgeschichtliche Parallele interessiert haben: Guiscard, der es auf die Eroberung von Konstantinopel abgesehen hatte, war am 17. Juni 1085 gestorben, noch 900 km vor dem Ziel, und zwar an der Pest, die zuvor sein Heer dezimiert hatte. Ein anderer Usurpator, der von Kleist als »Aller-Welts-Consul« (SWB IV,300) geschmähte Napoleon Bonaparte, hatte im Zuge der gegen England gerichteten »Ägyptischen Expedition« die Belagerung der Festung Akko (im heutigen Nordisrael) im Mai 1799 abbrechen müssen, weil auch in seinem Lager die Pest ausbrach. Ihm wie auch Guiscard wurde nachgesagt, dass sie sich ohne Rücksicht auf die eigene Gefährdung an der Pflege der Erkrankten beteiligt hätten.

---

47 Vgl. Kreutzer, B 8: 1968, 157; Samuel, B 9b: 1981/82, 324–326.
48 Vgl. den Abdruck in Bd. I/2 der Brandenburger Kleist-Ausgabe, Frankfurt a. M. / Basel 2000, S. 39–98.

Über den aktuellen Bezug hinaus ergab die Konfrontation des zielstrebigen und bis dahin erfolgreichen Eroberers mit der von ihm nicht beherrschbaren Seuche eben jenen Antagonismus von Charakter und Schicksal, auf den es Kleist offenbar ankam. Für diese Absicht spricht auch ein indirektes Zeugnis, ein im Jahre 1804 veröffentlichtes Reisebuch von Christian Gottlieb Hölder[49], einem Bekannten Kleists aus der Zeit in Thun; Hölder berichtet von der Begegnung mit einem »Niederdeutschen«, der ihm »die Geseze des Trauerspiels in einer sehr einfachen mathematischen Figur« dargestellt habe.[50] Höchstwahrscheinlich ist von Kleist die Rede. Nach dem von Hölder mitgeteilten Diagramm und den zugehörigen Erläuterungen soll sich der Gang der dreiaktig gedachten tragischen Handlung aus dem Widerstreit zwischen »den Zwecken des Helden« und dem Schicksal ergeben, wobei das Schicksal die Bemühungen des Helden immer wieder konterkariert, bis er schließlich vom Schicksal zermalmt wird. Der Widerstreit zwischen den Zwecken des Helden und dem Schicksal ergibt keine geradlinige Resultante, vollzieht sich vielmehr in parabelähnlichen Bögen: Dem Helden gelingt es mehrmals, seinen Zielen wieder näher zu kommen, aber ebensooft wird er vom Schicksal noch über den vorherigen Stand hinaus in die entgegengesetzte Richtung gedrängt. Dieser Widerstreit soll das Interesse des Zuschauers, seine Erwartung, nicht etwa im ständigen Hin und Her ermüden, sondern sie kontinuierlich bis zum Schluss hin steigern. – Im Gegensatz zu dem später von Gustav Freytag kodifizierten pyramidenähnlichen Modell mit steigender und fallender Handlung wird hier also ein solches der (wenn auch in

---

49 *Meine Reise über den Gotthard nach den Borromäischen Inseln und Mailand: und von da zurück über das Val Formoza, die Grimsel und das Oberland im Sommer 1801*, Zweiter Teil, Stuttgart 1804. – Über Hölder vgl. Weiss, B 8: 1984, 47–56.
50 Zitiert nach Brown, B 8: 1988, 130. Dort (S. 130–132) der vollständige Text der betreffenden Passage.

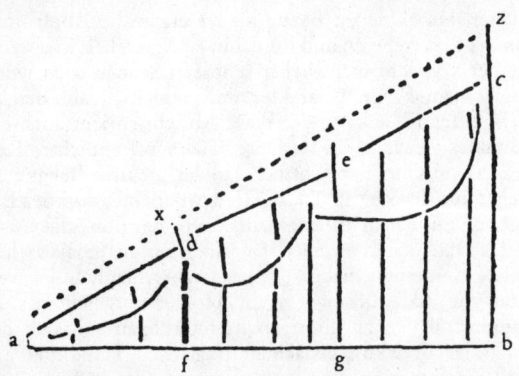

Das durch Christian Gottlieb Hölder überlieferte,
vermutlich auf Kleist zurückgehende Diagramm,
das »die Gesetze des Trauerspiels« veranschaulichen soll

Kurven verlaufenden) stetigen Spannungssteigerung propagiert, und es scheint durchaus möglich, dass Kleist eben hierin seine »Entdeckung im Gebiete der Kunst« gesehen hat (3. Juli 1803 an Ulrike; SWB IV,316), die »in der Reihe der menschlichen Erfindungen [...] unfehlbar ein Glied« bilde (5. Oktober 1803 an Ulrike; SWB IV,320).

Hinsichtlich des *Robert Guiskard* musste dieses Modell (sofern das *Phöbus*-Fragment als der Beginn des Stücks angesehen werden darf) auf große Schwierigkeiten stoßen. Kleist lässt Guiskard schon vor den Toren Konstantinopels angekommen und die Pest bereits ausgebrochen sein, als eine Abordnung vor seinem Zelt erscheint, um ihn zum schleunigen Rückzug zu bewegen. Zunächst versucht Guiskards Tochter Helena die Leute zu vertrösten, dann tritt sein Sohn Robert ihnen schroff entgegen, während Guiskards Neffe Abälard sich dem Volk anzubiedern sucht.

Nach Roberts Abgang bestätigt Abälard, was ein Normann in der Nacht schon beobachtet zu haben glaubt: Guiskard selbst ist angesteckt und liegt schwerkrank darnieder. Gleich darauf aber tritt unter großem Jubel Guiskard doch selbst vor das Zelt, dem Anschein nach völlig gesund, und weist jeden Verdacht zurück, behauptet, gegebenenfalls sogar die Pest besiegen zu können (damit habe es »Sein eigenes Bewenden«, V. 480), erleidet dann aber einen Schwächeanfall, muss sich setzen, woraufhin der greise Wortführer der Abordnung zu seiner ursprünglichen Absicht zurückkehrt und dringlich bittet: »Führ uns zurück, zurück, in's Vaterland!« (V. 524). Damit endet das Fragment. – Der Zuschauer weiß also schon hier, dass Guiskard ernstlich krank ist, nach Abälards Schilderung (V. 349–358) sogar so krank, dass sein Erscheinen vor dem Zelt an ein Wunder grenzt; und dass er entgegen seinen Behauptungen wohl kaum in der Lage sein wird, die Seuche zu überwinden, zeigt sein Schwächeanfall. Wie soll unter solchen Voraussetzungen die Erwartung des Zuschauers noch ständig gesteigert werden können?

Wenn freilich der Titel der Tragödie ursprünglich, wie von Wieland angegeben, *Tod Guiscards des Normanns* (oder ähnlich) lauten sollte (SWB IV,807), dann greifen solche Einwände zu kurz, und es kam Kleist darauf an, die Zuspitzung der Konflikte unter der unausweichlichen Gewissheit des bevorstehenden Todes zu gestalten. In der Tat werden im Fragment Probleme der Thron- und Erbfolge, der Legitimation von Macht in gleich dreifacher Gestalt exponiert. Zum einen ist Guiskard selbst kein legitimer Herrscher, war von seinem verstorbenen Bruder Otto nur als Vormund für den noch minderjährigen Abälard bestellt, hat sich aber, gestützt auf seine Beliebtheit beim Volk, selbst zum Herzog aufgeschwungen.[51] Diese dreißig Jahre zurückliegende Usurpation wird in dem Augenblick wieder

---

51 Vgl. Kleists Fußnote zu V. 283 (SWB I,718).

ein Thema, da Guiskards eigene Nachfolge zur Debatte steht; darum kommt es vor allem Volk zu einer offenen Auseinandersetzung zwischen Abälard und Guiskards Sohn Robert, der offiziell als Thronerbe gilt, während Abälard das »Erbgesetz« auf seiner Seite wähnt (V. 281). Die dritte Facette des Problems ergibt sich aus dem Umstand, dass Guiskards Tochter Helena (bei Kleist) die Witwe des vormaligen griechischen Kaisers ist und Guiskard ihr den von Alexius Komnenes (recte: Alexios Komnenos) geraubten Thron zurückerobern will: Im Kampf gegen den Usurpator Alexius bekommt der Kriegszug des Usurpators Guiskard den Anschein, gerechtfertigt zu sein, und da überdies Helena mit Abälard verlobt ist, könnte Guiskard hoffen, den um die angestammte Herrschaft betrogenen Neffen mit der byzantinischen Kaiserkrone für Helena sozusagen ruhigzustellen. Diese Lösung aber wird, »wie sich in der Folge ausgewiesen haben würde«[52], vereitelt durch die Forderung von Verrätern in Konstantinopel, die Guiskard nur dann die Tore öffnen wollen, wenn er selbst statt seiner Tochter den Thron besteigt (ebd.). Abälard berichtet dem Volk, Guiskard habe den »Einen Punkt« in den Forderungen der Verräter mit den sprechenden Namen Nessus und Loxias[53] bislang »Mit würdiger Hartnäckigkeit verweigert«, nun aber bewilligt (V. 366–372). Ob Abälard hier schon weiß, worum es bei diesem »Einen Punkt« geht, bleibt unklar, aber im weiteren Verlauf sollte es offenbar zum Konflikt Guiskards mit dem dann zweifach Betrogenen und auch mit der geliebten Tochter kommen. – Ein weiteres Problem ergibt sich aus dem Umstand, dass weder der herrische Robert (die mit der Namengebung in ihn gesetzte Hoffnung der Gleichartigkeit mit dem Vater hat of-

---

52 Kleists Anmerkung zu V. 322 (SWB I,719).
53 In dem mit dem Blut des Kentauren Nessus getränkten Hemd ist der Sage nach Herakles verbrannt. Den Beinamen Loxias des Apollo erklärt Hederich (B 4: 1770/1986, Sp. 1474) als Ableitung von *loxé ia* (›schiefe Stimme‹): wegen der dunklen und zweifelhaften delphischen Orakelsprüche.

fenkundig getrogen) noch der vorlaute, dann feig sich duckende Abälard als der Nachfolge würdig erscheinen.

Der Pest kommt die Funktion zu, die aus all diesen Konflikten resultierende Katastrophe zu beschleunigen. Der täglich sich verschlechternde Zustand des Normannenheers und der eigene Gesundheitszustand zwingen Guiskard zur Eile, zwingen ihn auch zur Annahme der Forderung der Verräter, deren tatsächliche Erfüllung seine eigenen Pläne zunichte machen würde. Hier könnte er freilich mit seinem nahe bevorstehenden Ende spekulieren, den eigenen Tod gegen die dann betrogenen Verräter ausspielen, die Pest für seine eigenen Zwecke instrumentalisieren. – Dass außerdem die Pest auch – wie im *König Oedipus* des Sophokles, dem der Beginn des Fragments nachgebildet ist – als Strafe für den Protagonisten fungieren sollte (hier als Strafe für die Usurpation der Macht und für das Festhalten an der Thronfolgerschaft des eigenen Sohnes), ist anzunehmen.

In einem Brief an Heinrich Joseph von Collin vom 14. Februar 1808 hat Kleist den Stoff des *Guiskard* »noch ungeheurer« als den der *Penthesilea* genannt (SWB IV,413). Es ist durchaus denkbar, dass ihm für die Fortführung der Tragödie noch weit Gewaltigeres und Schockierenderes vorschwebte, als das Fragment uns ahnen lässt. Spekulationen über den Fortgang der Handlung scheinen danach müßig.

6

Das Plus und das Minus der Algebra:
Penthesilea und *Das Käthchen von Heilbronn*

Sowohl im Brief an Heinrich Joseph von Collin vom 8. Dezember 1808 als auch in einem Brief an Marie von Kleist vom Spätherbst 1807 hat Kleist darauf hingewiesen, dass für ihn die beiden Titelgestalten Penthesilea und Käthchen aufs Engste zusammengehören (»wie das + und – der Algebra«; SWB IV,424), zwar polar einander entgegengesetzt seien, gleichwohl »Ein und dasselbe Wesen, nur unter entgegengesetzten Beziehungen gedacht« (ebd.); das Käthchen sei »die Kehrseite der Penthesilea ihr andrer Pol, ein Wesen das eben so mächtig ist durch gänzliche Hingebung als jene durch Handeln« (SWB IV,398). Ganz widerspruchsfrei sind die beiden Äußerungen nicht, aber wenn man sie ernst nimmt, wird man zum einen den »entgegengesetzten Beziehungen« erhöhte Aufmerksamkeit zuwenden, andererseits eine einseitige Beurteilung der jeweiligen Figur zu vermeiden trachten, aber durchaus sich bewusst halten, dass sowohl das ›Plus‹ als auch das ›Minus‹ recht weit vom ›Nullpunkt‹ des Maßes und der ›Normalität‹ entfernt zu denken sind. Mit dem Ausruf: »Die verfluchte Unnatur!« soll Goethe das *Käthchen von Heilbronn* ins Feuer geworfen haben (LS, Nr. 385); ›natürlich‹ sind in der Tat weder die in Liebes- wie Tötungsverlangen rasende Amazonenkönigin noch die jeder Demütigung sich unterwerfende illegitime Kaisertochter, und Kleists Extremismus streift durchaus, wie Goethe ebenfalls bemerkt haben soll, hier und da »das Hochkomische« (LS, Nr. 281). Nur gilt es in beiden Fällen die höchst unnatürlichen »Beziehungen« zu beachten, die beide Frauen ihrer jeweiligen Umgebung und zuweilen sogar sich selbst als unbegreiflich bis hysterisch erscheinen lassen. Bei Penthesilea ist es einerseits das Amazonengesetz, das die personale Liebe zu einem Mann verbietet, andererseits die von ihrer sterbenden Mutter entgegen diesem Gesetz prädisponierte Fixierung auf Achill, ein Widerspruch, an dem die Königin zerbricht. Beim Käthchen ist es der Sylvesternachtstraum, der sie umso fester an den Grafen bindet, als er ihr, abgesehen von dessen äußerer Erscheinung, im Wachzustand nicht bewusst ist. Während Penthesilea jedoch, bei der ersten Begegnung mit dem Verheißenen, tatsächlich in Liebe (und Besitzverlangen) entbrennt, erscheint Käthchen nahezu als bloße ›Marionette‹ der Verheißung, welchen Eindruck die keineswegs überragenden Eigenschaften des Grafen noch bestärken. Hier wird die scheinbare Unmöglichkeit einer Verbindung am Ende aufgehoben; im Trauerspiel dagegen stoßen zwei Kulturen aufeinander, zwischen denen es letztlich zu einer gelingenden Kommunikation nicht kommen kann. Selbst als Achill zum Schein dem Gesetz der Amazonen entsprechen will, gilt es ihm nur als »eine Grille, die ihr heilig« (V. 2460), und umgekehrt kann Penthesilea die von einem Herold über- und vermittelte scheinhafte Herausforderung nur als schändlichen Hohn missverstehen.

Penthesilea

Kleists Wissen von den sagenhaften Amazonenvölkern und insbesondere von der Königin Penthesilea stammte nicht nur aus Hederichs *Gründlichem mythologischen Lexikon*, sondern höchstwahrscheinlich auch aus der 1763 ins Deutsche übersetzten *Histoire des Amazones* von Claude Marie Guyon; darüber hinaus mögen ihm frühere Amazonendichtungen sowie Darstellungen aus der bildenden Kunst bekannt gewesen sein (Appelt/Nutz, B 9e: 1992, 45–49). Der gängigen Überlieferung zufolge handelte es sich bei den Amazonen um skythische Frauenvölker, die Männer nur zur Begattung benutzten, nur die weiblichen Kinder aufzogen und diesen die rechte Brust wegbrannten, damit sie ungehindert den Bogen spannen konnten. Die Königin Penthesilea soll mit ihrer Schar den Trojanern im Kampf gegen die Griechen zu Hilfe gekommen und von Achill getötet worden sein; vom Blick der Sterbenden getroffen, habe Achill sich in sie verliebt und ihr, allerdings vergebens, wenigstens ein ehrenvolles Begräbnis verschaffen wollen.

Einer anderen Überlieferung zufolge hat Penthesilea zunächst den Achill erschlagen, der aber von seiner Mutter Thetis wiedererweckt wurde und erst dann die Amazone tötete. – Für die Zerreißung des Achill bei Kleist hat wohl der in den *Bakchen* des Euripides dramatisierte Mythos um den thebanischen König Pentheus als Vorbild gedient: Pentheus, der sich dem Kult des Dionysos widersetzte, wurde während eines bacchantischen Festes von der eigenen Mutter und deren Schwestern, die ihn im Wahn für ein wildes Schwein hielten, in Stücke gerissen.

Derlei wüste Überlieferungen standen in krassem Gegensatz zum Antike-Bild der Weimarer Klassik, im Gegensatz zu Winckelmanns bekanntem Diktum, das »vorzügliche Kennzeichen der griechischen Meisterstücke« seien »*eine edle Einfalt und eine stille Größe*«[54], im Gegensatz vor allem auch zur Darstellung des Griechentums in Goethes Schauspiel *Iphigenie auf Tauris*, das er selbst in einem Brief an Schiller vom 19. Januar 1802 »ganz verteufelt human« genannt hat. In diesem Seelendrama werden alle Affekte durch »reine Menschlichkeit« besänftigt und gesittigt, während in Kleists Seelen- *und* Körperdrama (vgl. Nutz, B 9e: 1988) eine bis zum Kannibalismus gesteigerte erotische Leidenschaft sich austobt. Mit Nietzsches Terminis: Dem »apollinischen« Griechenbild Goethes stellte Kleist das »dionysische« Antike entgegen. Antiklassisch sind auch der Bau des Dramas mit 24 Auftritten ohne Akt-Einteilung, der zuweilen schon halsbrecherische Gebrauch des Blankverses und die Häufung hyperbolischer Rede. Kleist hat hier ein Äußerstes gewagt, und dass Goethe auf das ihm übersandte »Organische Fragment« der *Penthesilea* befremdet reagiert hat, kann niemand verwundern. Kleist seinerseits reagierte mit satirischen Epigrammen (SWB III,412 f.).

---

54 Johann Joachim Winckelmann, *Gedanken über die Nachahmung der griechischen Werke in der Malerei und Bildhauerkunst* [1755], in: J. J. W., *Kleine Schriften und Briefe*, hrsg. von Hermann Uhde-Bernays, Leipzig 1925, Bd. 1, S. 59–105; hier: S. 81.

Penthesilea 221

Die »Penthesilea«-Schale (um 460 v. Chr.)

Die Amazonen sind seit der Antike ein beliebter Gegenstand der bildenden Kunst gewesen, dabei allerdings nie (wie, auf Grund einer irrigen Etymologie, in der Literatur) mit nur einer Brust dargestellt worden, sondern als möglichst entblößte schöne Frauen, sehr oft im Sujet der »Amazonenschlacht«, in der sie von Männern besiegt werden. Sie verkörperten also die ›starke Frau‹, die durch ihren Widerstand den Mann besonders reizt, ihm letztlich aber unterliegt. Nicht so bei Kleist. Er problematisiert die klare Geschlechtertrennung in Mann und Frau und personifiziert den Widerstand gegen eine solche Verunsicherung in der Verständnislosigkeit der Griechen, insbesondere in derjenigen des Rationalisten Odysseus. Die androgyne junge Königin ist durchaus ein »Drittes« (V. 126), das es laut Odysseus »in der Natur« (V. 125) nicht gibt (vgl. Brandstetter, B 9e: 1997, 76 und 86). Keineswegs hat Kleist in ihr das Schreckbild einer hysterischen Furie aufgestellt (so Kittler, B 8: 1987, 208), vielmehr ist die Sympathie des Autors für diese unglücklich Liebende unverkennbar.[55] Das Prinzip des Männlichen und das Prinzip des Weiblichen im Sinne von Eroberung bzw. Hingabe werden von der Gestalt der Penthesilea her, dann auch mit der (partiellen) Wandlung des Achill in Frage gestellt.

Achill, *der* Held des Trojanischen Krieges, der ›Mann an sich‹, darum in Christa Wolfs *Kassandra* stets »Achill das Vieh« genannt, tritt auch bei Kleist zunächst als purer ›Macho‹ auf. Erbost darüber, dass die Amazonenkönigin ihn hartnäckig verfolgt und beinahe gefangen hätte, lehnt er die Rückkehr vor die Mauern Trojas, die Rückkehr also in den Krieg, um den es ›eigentlich‹ geht, ab und tönt:

> Was *mir* die Göttliche begehrt, das weiß ich;
> Brautwerber schickt sie mir, gefiederte,
> Genug in Lüften zu, die ihre Wünsche
> Mit Todgeflüster in das Ohr mir raunen.
> Im Leben keiner Schönen war ich spröd;
> Seit mir der Bart gekeimt, ihr lieben Freunde,
> Ihr wißt's, zu Willen jeder war ich gern:
> Und wenn ich dieser mich gesperrt bis heute,
> Beim Zevs, des Donners Gott, geschah's, weil ich
> Das Plätzchen unter Büschen noch nicht fand,
> Sie ungestört, ganz wie ihr Herz es wünscht,
> Auf Küssen[56] heiß von Erz im Arm zu nehmen.
> [...]
>   [...] den Wagen dort
> Nicht ehr zu meinen Freunden will ich lenken,

---

[55] Vgl. auch den S. 40 zitierten Brief an Marie von Kleist.
[56] Mundartliche Variante von »Kissen«, hier wohl wegen der Doppeldeutigkeit eingesetzt.

Ich schwör's, und Pergamos nicht wiedersehn,
Als bis ich sie zu meiner Braut gemacht,
Und sie, die Stirn bekränzt mit Todeswunden,
Kann durch die Straßen häuptlings mit mir schleifen.
(V. 595–615)

Er hat der Amazone also dasselbe Schicksal zugedacht wie dem Trojaner Hektor, den er im Kampf getötet, dann an seinen Streitwagen gebunden und um die Mauern Trojas geschleift hat (denn Hektor hatte seinen intimsten Freund Patroklos im Kampf getötet). Von dieser schaudervollen Tat hat, wie wir später erfahren, auch Penthesilea gehört, was ihre aus Grauen und Bewunderung gemischte Fixierung auf Achill nur noch bestärkt.

Mit der sarkastischen Einkleidung des Kampfes in die Metaphorik eines Liebeswerbens trifft Achill unbewusst das Richtige und deutet ebenso unbewusst schon auf das grauenvolle Ende voraus, auf den Umschlag von Liebes- in Tötungsverlangen, auf die, wie Penthesilea dann sagt, ›Verwechslung‹ von »Küssen« mit »Bissen« (V. 2981–83).

Den übrigen Griechen, als deren Wortführer Odysseus auftritt, sind sowohl Achills Beharren auf dem Kampf mit Penthesilea als auch das Handeln der Amazonen überhaupt unbegreiflich. Auf ein klares Freund-Feind-Denken eingeschworen, verstehen sie nicht, warum die Amazonen sowohl die Trojaner als auch die Griechen angreifen; auch wir erfahren erst später, dass es den Amazonen darum geht, Männer ohne Ansehen ihrer Herkunft für die mannbaren Jungfrauen zu fangen. Der ganze 1. Auftritt ist der Verwunderung der Griechen über diesen scheinbar »sinnentblößten Kampf« (V. 211) gewidmet, den sie hilflos mit Metaphern aus dem Naturgeschehen zu umschreiben suchen (zwei erboste Wölfe, Gewitter, Donnerkrachen usw.).

Kleists Spott über diese flache und nur scheinhafte Rationalität, diese angeblich ›männliche‹ Vernunft, wird am deutlichsten im 21. Auftritt, wenn Odysseus und Diomedes

den Achill von seiner Absicht abbringen wollen, sich im
nur scheinbaren Kampf der Amazonenkönigin zu ergeben
und ihr fürs Erste nach Themiscyra zu folgen. Fassungslos
fragt Odysseus:

> Und unseren Helenenstreit,
> Vor der Dardanerburg, der Sinnentblößte,
> Den will er, wie ein Kinderspiel, weil sich
> Was anders Buntes zeigt, im Stiche lassen?
>
> (V. 2507–10)

Dass, um die vom Trojaner Paris dem griechischen Fürsten
Menelaos geraubte Gattin Helena zurückzuholen, ein aus
ganz Griechenland zusammengerufenes Heer zehn Jahre
lang vor Troja kämpft und verblutet, soll hiernach sinnvoller sein als Achills Kampf mit und um Penthesilea. Mit
Recht erwidert er:

> Wenn die Dardanerburg, Laertiade,
> Versänke, du verstehst, so daß ein See,
> Ein bläulicher, an ihre Stelle träte;
> Wenn graue Fischer, bei dem Schein des Monds,
> Den Kahn an ihre Wetterhähne knüpften;
> Wenn im Palast des Priamus ein Hecht
> Regiert', ein Ottern- oder Ratzenpaar
> Im Bette sich der Helena umarmten:
> So wär's für mich gerad' so viel, als jetzt.
>
> (V. 2518–26)

Inzwischen hat er, wie im 8. Auftritt berichtet wird, Penthesilea im Kampf besiegt, aber nicht getötet, ist vielmehr
(entsprechend der Überlieferung) von einem Blick der Gestürzten getroffen worden und so sehr in Liebe entbrannt,
dass er dem Amazonengesetz, wonach die Jungfrauen nur
mit solchen Männern schlafen dürfen, die sie im Kampf besiegt haben, wenigstens nach außen hin Genüge tun will. Er
lässt seine auftrumpfende Männlichkeit fahren und ist bereit, nicht als Sieger, sondern als Besiegter und Gefangener

der Geliebte Penthesileas zu werden und eine spätere Entscheidung ihr zu überlassen: »und folgt sie mir, / Beim Jupiter! ich wär' ein Seliger, / Könnt' ich auf meiner Väter Thron sie setzen.« (V. 2480–82). Achill kann sich also von seiner Männer-Rolle in gewisser Weise emanzipieren, hat es damit allerdings auch in mancher Hinsicht leichter als Penthesilea hinsichtlich ihrer Rolle(n). Denn er ist nicht in eine hierarchische Struktur eingezwängt, trägt Verantwortung – oder übernimmt Verantwortung – nur für sich selbst, kann sich über die Einwände seiner Gefährten hinwegsetzen, er, der Ausnahme-Held, der schon in der *Ilias* wie ein eigensinniges Kind agiert.

Penthesilea ist zwar Königin der Amazonen, dies aber erst seit kurzer Zeit und mit ihren 23 Jahren dem von der Oberpriesterin mit Nachdruck vertretenen Gesetz des Amazonenstaats mit besonderer Rigidität unterworfen, darum von Beginn an im Zwiespalt, darum auch die gegenüber Achill viel differenzierter gezeichnete Person.

Die Oberpriesterin ist, als Trägerin der Ideologie, eine Parallelfigur zu Odysseus. Ganz deutlich wird das im Übergang vom 21. zum 22. Auftritt: Dort will Odysseus den Achill knebeln und binden lassen, um ihn am Scheinkampf mit Penthesilea zu hindern; hier ruft die Oberpriesterin nach Stricken, um die rasende Königin zurückzuhalten. Während aber Odysseus im ganzen Stück machtlos ist gegenüber Achill, vertritt die Oberpriesterin Regeln, denen Penthesilea selbst sich verpflichtet weiß. Darüber hinaus trägt sie Verantwortung für ihr Volk, ist obendrein die Letzte in der Geschlechterfolge der Königinnen und dürfte sich nicht leichtfertig der Gefahr aussetzen, weil bei ihrem Tod wahrscheinlich ein Nachbarstamm die Macht an sich reißen wird (vgl. V. 2134–36).

Die Verfassung des Amazonenstaats ist ein wenig komplizierter, als man auf den ersten Blick annehmen würde. Denn hier steht nicht einfach einer patriarchalisch bestimmten Ordnung (bei den Griechen) eine matriarchalische gegenüber, sondern dieser Frauenstaat steht seinerseits unter einem ›männlichen‹ Vorzeichen, insofern die Frauen zugleich Kriegerinnen sein müssen, und dieser Staat stellt eine *Not*form dar, resultierend aus dem Umstand, dass ringsumher männlich dominierte Gesellschaften existieren.

Dieser Zwittercharakter des Frauenstaats erhellt aus der Gründungsgeschichte, die Penthesilea im 15. Auftritt ihrem vermeintlichen Gefangenen Achill erzählt. Ein Skythen-Stamm ist von einer fremden Macht besiegt worden, wobei alle Männer, auch Greise und Knaben, getötet, die Frauen dagegen in die Betten der Eroberer gezwungen wurden. Die von den Siegern geplante Hochzeit des Äthiopierkönigs Vexoris mit der Königin[57] Tanaïs endete mit der Ermordung der Eroberer durch die Frauen. Hierauf wurde beschlossen, einen reinen Frauenstaat zu gründen, nicht also einen matriarchalischen Staat, in dem auch Männer leben, die Frauen aber herrschen, sondern einen männer*losen* Staat, und dies aus Furcht vor der Herrschsucht der Männer. Bereits am Tag der Krönung der Tanaïs wurde das hieraus folgende Dilemma angesprochen und, sozusagen, ›gelöst‹:

> Gerad' als sie, im festlichsten Moment,
> Die Altarstuf' erstieg, um dort den Bogen,
> Den großen, goldenen, des Scythenreichs,
> Den sonst die Könige geführt, zu greifen,
> Von der geschmückten Oberpriesterin Hand,
> Ließ eine Stimme also sich vernehmen:
> »Den Spott der Männer werd' er reizen nur,
> Ein Staat, wie der, und gleich dem ersten Anfall
> Des kriegerischen Nachbarvolks erliegen:
> Weil doch die Kraft des Bogens nimmermehr,
> Von schwachen Frau'n beengt durch volle Brüste,
> Leicht, wie von Männern, sich regieren würde.«

---

[57] So nennt Penthesilea sie in V. 1945, wohl im Vorgriff auf ihre spätere Würde (vgl. V. 1962).

> Die Königin stand einen Augenblick,
> Und harrte still auf solcher Rede Glück;
> Doch als die feige Regung um sich griff,
> Riß sie die rechte Brust sich ab, und taufte:
> Die Fraun, die den Bogen spannen würden,
> Und fiel zusammen, eh' sie noch vollendet:
> Die Amazonen oder Busenlosen! –
> Hierauf ward ihr die Krone aufgesetzt.
>
> (V. 1971–90)

In der Folge wird *allen* Frauen und Mädchen die rechte Brust entfernt. Diese von Achill »unmenschlich, frevelhaft« und »barbarisch« genannte Verstümmelung (V. 2011, 2014) steht bildhaft für die notgedrungene Anähnelung dieser Frauen an das grundsätzlich abgelehnte ›männliche‹ Prinzip. Die ›Unnatur‹ des Amazonentums ist eine Folge der Erfahrung männlicher Gewalt und der Furcht vor ihr.

Dies ist auch die Ursache für die strikte Reglementierung der Sexualität. Zunächst muss die Königin einen Nachwuchsbedarf feststellen; sodann muss die Oberpriesterin die Einwilligung des Kriegsgottes Mars bekommen (wobei nach Penthesileas Erzählung die angebliche Einwilligung des Gottes wohl nur das offizielle Etikett für eine positive Berechnung der Nahrungsressourcen ist: »Denn oft verweigert er's, die Berge geben, / Die schneeigen, der Nahrung nicht zu viel«; V. 2049f.). Zum dritten müssen die Amazonen im daraufhin unternommenen Kriegszug Gefangene machen, diese nach Themiscyra führen und dort, im Tempel der Diana, das Rosenfest mit ihnen feiern. Schließlich: Nach Feststellung der Schwangerschaften müssen die Männer, reich beschenkt, wieder fortgeschickt werden, was, wie Penthesilea berichtet, vielen Amazonen Gram bereitet. Die Männer dürfen eben nicht als Personen geliebt werden, sondern dienen nur als Samenspender (Penthesilea: »[Wir] wehn die Reifsten derer, die da fallen, / Wie Samen, wenn die Wipfel sich zerschlagen, / In unsre heimatlichen Fluren hin.« (V. 2071–73).[58] Für Penthesilea als königliche Prinzessin bestand noch die zusätzliche Erschwernis, dass sie zu alledem nur auf ausdrückliches Geheiß des Kriegsgottes zugelassen werden durfte – was die Oberpriesterin offenbar bis zum spätestmöglichen Zeitpunkt (dem Tod von Penthesileas Mutter Otrere) hinausgezögert hat.

Diese, größtenteils von Kleist erfundenen, restriktiven Regeln können dazu beitragen, Penthesileas schon übermenschliche Intensität des Begehrens, dann des Hassens verständlicher zu machen. Ihre bis ins 23. Lebensjahr gewaltsam zurückgedrängte Sexualität bricht ebenso gewaltsam hervor; das führt sie in die persönliche Katastrophe, darüber hinaus in die Katastrophe ihres Volkes, das dann keine Königin mehr hat.

Penthesileas Verstoß gegen das Gesetz der Tanaïs wird nicht nur von den allgemeinen Voraussetzungen her und auch nicht nur aus ihrer Persönlichkeit erklärt. Schon ihre Mutter hat auf dem Sterbebett gegen die Regel verstoßen, dass die Amazonen sich im Kampf nicht etwa einen bestimmten Gegner aussuchen dürfen: »Sie sagte: ›geh, mein süßes Kind! Mars ruft dich! / Du wirst den Peleïden dir bekränzen« (V. 2137 f.). Damit ist Penthesilea an einen bestimmten Mann verwiesen, Achill, Sohn des Peleus, den größten Heros der Griechen. Sie hat seine Taten aufmerksam verfolgt, und die erste persönliche Begegnung mit ihm hat sie wie der Blitz getroffen, wie Odysseus und Diomedes zu Beginn des Stücks berichten, ohne freilich erklären zu können, warum sie dann den Achill im Kampf mit besonderer Wut zu verfolgen scheint und trotzdem einen anderen, der ihn töten will, erschlägt. Sie selbst sagt im 15. Auftritt: »Der Gott der Liebe hatte mich ereilt. / Doch

---

58 Dass männliche Nachkommen getötet werden, wäre zwar logisch, steht aber (abgesehen von den Nachkommen der äthiopischen Eroberer: V. 1965–67) nirgendwo bei Kleist, dafür in mancher Interpretation.

von zwei Dingen schnell beschloß ich Eines, / Dich zu gewinnen, oder umzukommen« (V. 2219–21). Wie Achill im 4. Auftritt von den anderen Griechenführern attackiert wird, weil er vom Kampf mit Penthesilea nicht ablassen will, so sieht sie sich im 5. Auftritt den entsprechenden Vorwürfen ausgesetzt, gegen die sie sich schlecht wehren kann, weil sie ja den eigentlichen Grund, ihre Liebe zu Achill, nicht eingestehen darf. So sucht sie das Problem zu verallgemeinern, redet von der fortdauernden Gefahr, solange Achill nicht besiegt sei, und setzt sogar die Freundschaft mit ihrer engsten Vertrauten aufs Spiel, Prothoe, die ebenso wie die anderen dazu rät, mit der Schar der bereits Gefangenen nach Themiscyra zurückzukehren. Die Nachricht, dass Achill herannahe, ruft Penthesilea zurück in den Kampf, und voreilig gibt sie schon die Weisung, das Rosenfest vorzubereiten.

Im 7. Auftritt wird die Oberpriesterin mit dem unerhörten Gerücht bekannt gemacht, Penthesileas jugendliches Herz sei vom »giftigsten der Pfeile Amors [...] getroffen« (V. 1075 f.). Der 8. Auftritt bringt den Botenbericht von der Niederlage Penthesileas gegen Achill und von dessen urplötzlichem Sinneswandel angesichts der vermeintlich Sterbenden und ihres Blicks: »Ein Gott hat, in der erzgekeilten Brust, / Das Herz in Liebe plötzlich ihm geschmelzt« (V. 1154 f.). Er wirft seine Waffen weg, entledigt sich seiner Rüstung[59] und folgt den flüchtenden Amazonen, die ihn, dem Befehl ihrer Königin entsprechend, nicht angreifen.

Im 9. Auftritt wird die todesmatte Penthesilea herbeigeführt, will bereits Hunde, Elefanten und Sichelwagen gegen Achill aufbieten, weil der nicht begriffen habe, dass sie ihn

---

59 So die Regieanweisung zum 11. Auftritt, der diejenige zum 16. Auftritt entspricht. Dass Achill im 15. Auftritt von Penthesilea anhand seiner Rüstung identifiziert wird (V. 1801–04), ist also ein ›Fehler‹, resultierend aus der Notwendigkeit, der wegen Achills Weichheit und Milde (V. 1790) verwirrten Königin einen Beweis für seine Identität mit dem wilden Krieger zu liefern, den sie kennt.

liebt. Damit wird, in spiegelbildlicher Verkehrung, dem tödlichen Missverständnis am Schluss präludiert. Penthesilea kann sich nicht aufraffen, den Befehl zum Rückzug zu geben, fühlt sich als Frau missachtet, mag nicht mehr leben, steigert sich dann in eine wahnhafte Identifizierung Achills mit dem Sonnengott Helios hinein, zu dem sie einerseits emporklimmen, in dessen Spiegelbild (im Wasser) sie sich andererseits hineinstürzen will: »Da liegt er mir zu Füßen ja!« (V. 1388) Der Wechsel zwischen Sieger und Besiegtem, Kriegsheld und sanftem Liebhaber (der dann tatsächlich zu ihren Füßen liegt: V. 1750) wird in dieser Wahnidee hyperbolisch verbildlicht.

Penthesilea bricht ohnmächtig zusammen, und in dieser Ohnmacht verharrt sie, während Achill eintrifft, die ihn nun doch angreifenden Amazonen verjagen oder töten lässt, während Griechen unter Odysseus und Diomedes auftreten und von Achill weggeschickt werden, und auch noch während des im 13. Auftritt folgenden Gesprächs zwischen Achill und Prothoe, in dem er seine Liebe zu Penthesilea beteuert sowie seine Absicht, sie in seiner Heimat zu seiner Königin zu machen.

Als sie erwacht, verbirgt Achill sich auf Prothoes Bitte zunächst; als sie ihn dann erblickt, will sie sich erdolchen, wird davon abgehalten nur durch die Vorspiegelung, Achill sei *ihr* Gefangener, was er mit dem doppeldeutigen Satz bestätigt: »In jedem schön'ren Sinn, erhabne Königin!« (V. 1611) Penthesilea bricht in Jubel aus:

> Die Eumeniden fliehn, die schrecklichen,
> Es weht, wie Nahn der Götter um mich her,
> Ich möchte gleich in ihren Chor mich mischen,
> Zum Tode war ich nie so reif als jetzt.[60]
>
> (V. 1679–82)

---

[60] Die Bereitschaft, im Augenblick des höchsten Glücks zu sterben, äußert Penthesilea nochmals im 24. Auftritt, als sie wahnhaft den wiederkehrenden Achill erwartet: »Ganz reif zum Tod' o Diana, fühl' ich mich!« (V. 2865).

Doch während in Goethes *Iphigenie* Orest tatsächlich den Rachegeistern (den Eumeniden) entkommen kann (V. 1358–61), bleibt Penthesileas ›Erlösung‹ scheinhaft. Der 15. Auftritt, in dem sie und Achill das Wesen des jeweils anderen zu ergründen trachten, die Person hinter dem Mythos suchen und in dem Penthesilea auf Achills Bitte die Geschichte des Amazonenstaats erzählt, stellt eine schon durch die Anwesenheit der angstvollen Prothoe und durch das Wissen des Zuschauers um die wahren Umstände unterminierte Idylle dar;[61] jäh wird sie beendet, als Prothoe die von den Amazonen zurückgedrängten Griechen nahen hört und Achill nicht mehr umhin kann, die Königin über den tatsächlichen Ausgang des Kampfes aufzuklären und ihr zu sagen, dass er sie in seine Heimat mitnehmen will. Sie ist wie vom Donner gerührt, sieht entsetzt, wie Achill sich beim Eintreffen der Griechen wieder in einen Krieger verwandelt, und wird, als beide sich gegenseitig in entgegengesetzte Richtungen zu zerren versuchen, von den Amazonen befreit, während Odysseus den Achill mit sich reißt.

Auf ihre Befreiung reagiert Penthesilea ganz anders als von den Amazonen erwartet: Sie verflucht den Sieg, beharrt darauf, nach dem Kriegsgesetz sei sie dem Achill zugefal-

---

Ebenso Kleist selbst im Brief vom 9. November 1811 an Marie von Kleist: »Nur so viel wisse, daß meine Seele, durch die Berührung mit der ihrigen [sc. Henriette Vogels], zum Tode ganz reif geworden ist; daß ich die ganze Herrlichkeit des menschlichen Gemüths an dem ihrigen ermessen habe, und daß ich sterbe weil mir auf Erden nichts mehr zu lernen und zu erwerben übrig bleibt.« (SWB IV,507). Vgl. auch die Beteuerung des Grafen vom Strahl: »Hätt' ich zehn Leben, nach der Hochzeitsnacht, / Opfr' ich sie jauchzend jedem von euch hin!« (SWB II,430, 2649f.). – Eine parodistische Ausformung dieses Gedankens, das Leben im höchsten Glücksmoment enden zu wollen, findet sich in Büchners *Leonce und Lena* (II,4, Leonce: »Zu viel! Zu viel! Mein ganzes Sein ist in dem einen Augenblick. Jetzt stirb. Mehr ist unmöglich«, was Valerio als »Lieutenantsromantik« abtut).

61 Es besteht eine gewisse Ähnlichkeit mit dem Mittelteil der Erzählung *Das Erdbeben in Chili*; dort wird allerdings auch der Leser suggestiv in die trügerische Idylle hineingezogen.

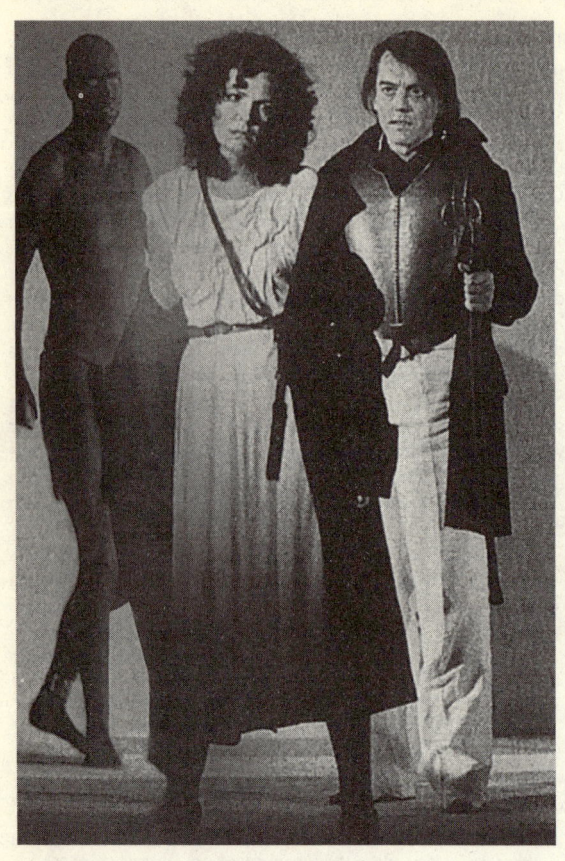

Elisabeth Trissenaar (Penthesilea) und Hermann Treusch (Achill)
in der *Penthesilea*-Inszenierung von Hans Neuenfels
am Berliner Schillertheater (1981)

len, und ruft nach ihm. Voller Empörung stellt die Oberpriesterin ihr vor Augen, dass die Amazonen wegen der Befreiungsaktion sämtliche Gefangenen eingebüßt haben, das Ziel des ganzen Kriegszugs also zunichte gemacht worden ist. Die Erkenntnis, als Königin versagt zu haben, lässt Penthesilea verzweifeln. In diese Situation platzt ein griechischer Herold herein, von dem Penthesilea erst noch »mit schwacher Freude« (vor V. 2353) eine frohe Botschaft Achills erhofft, der ihr stattdessen aber die Forderung zum Zweikampf überbringt. Penthesilea braucht eine ganze Weile, bis sie begreift, *scheinbar* begreift, und dann verfällt sie in eine barbarische Wut. Die Verzweiflung über ihr Versagen als Königin (»Ihr sollt *all'* die Gefangnen wieder haben!« V. 2397) und vor allem die Verzweiflung über ihre, wie sie glaubt, betrogene und verratene Liebe lassen sie zur Furie werden; »mit allen Zeichen des Wahnsinns« (vor V. 2428) ruft sie Hunde, Elefanten, Sichelwagen herbei, weil sie in Grund und Boden vernichten will, was sie über alles geliebt hat.

In diesem Missverstehen von Achills Forderung zum Zweikampf, die ja, wie wir im nächsten Auftritt erfahren, nur zum Schein erfolgt, wird die durchaus verallgemeinerbare Tragik des Stück sichtbar. Zwei Menschen unterschiedlichen Geschlechts und unterschiedlicher kultureller Prägung treffen aufeinander, lieben einander und scheitern doch an der Unmöglichkeit der Verständigung. Das lange Gespräch im 15. Auftritt hat zwar ausgereicht, um Achill das Normensystem der Amazonen deutlich werden zu lassen, nicht aber, um ihm die Persönlichkeit Penthesilea klar genug vor Augen zu stellen. Erst recht hat umgekehrt Penthesilea von Achill kein hinreichendes Bild bekommen. Während sie zunächst fragte, ob der so weich und mild dreinschauende Mann zu ihren Füßen wahrhaftig der Pelide sei, so fragte sie umgekehrt beim Eintreffen der Griechen: »Nein, sieh' den Schrecklichen! Ist das derselbe –?« (V. 2267). Jetzt, da er versucht, sich wenigstens zum Schein ihrem Normensystem zu beugen, glaubt sie ihn gefühllos in seine frühere Krieger-Rolle zurückgefallen und übernimmt ihrerseits dieses – wie sie glaubt: sein – System; denn nun will sie nicht mehr gefangen nehmen, heimführen und lieben, sondern jetzt will (auch) sie töten, vernichten, zerreißen.

Nicht nur die Unterschiede in Geschlecht und kultureller Prägung verursachen das Missverständnis, sondern auch, wie oft bei Kleist, die Sprache, hier zusätzlich: die Vermitteltheit von Achills Botschaft. Der Herold kann nur die Worte überbringen; Achill selbst hätte durch Mimik und Gestik (vielleicht) signalisieren können, was er eigentlich meint. So aber wird Penthesilea zur Hündin, wie die Oberpriesterin schaudernd sagt: »Jetzt unter ihren Hunden wütet sie, / Mit schaumbedeckter Lipp'«, und nennt sie Schwestern« (V. 2567 f.).

In der *Herrmannsschlacht* wird die von dem römischen Galan Ventidius schmählich betrogene Thusnelda dem Verräter statt ihrer eine Bärin zum Rendezvous schicken und ihn von ihr zerfleischen lassen; zur Begründung sagt sie: »Er hat zur Bärin mich gemacht!« (V. 2321): Er hat sie zum Tier erniedrigt, und sie reagiert mit tierischer Grausamkeit. Ebenso Penthesilea, die freilich so sehr liebt und darum jetzt so sehr hasst, dass sie selbst, zusammen mit den Hunden, ihre Zähne in die Brust des sterbenden Geliebten schlägt.

Im Aktäon-Mythos, auf den im Text mehrfach angespielt wird (und den Kleist auch in dem ironischen Idyllen-Gedicht *Der Schrecken im Bade* erwähnen lässt), wird erzählt, wie Diana (die Göttin also, zu der die Amazonen beten) von dem Jäger Aktäon im Bad belauscht wurde, ihn zur Strafe in einen Hirsch verwandelte und ihn von seinen eigenen Hunden zerfleischen ließ. Der Nacktheit der jungfräulichen Göttin entspricht die Entblößung von Penthesileas Seele im Gespräch mit Achill, von dem sie sich nun verraten glaubt. Seine ›Erlegung‹ schildert Meroe so:

Und da er eben, die Gezweige öffnend,
Zu ihren Füßen niedersinken will:
Ha! sein Geweih verrät' den Hirsch, ruft sie,
Und spannt mit Kraft der Rasenden, sogleich
Den Bogen an, daß sich die Enden küssen,
Und hebt den Bogen auf und zielt und schießt,
Und jagt den Pfeil ihm durch den Hals; [...].
(V. 2643–49)[62]

Endlich tritt Penthesilea selbst vor die zurückschaudernden Amazonen, blutbesudelt und geistesabwesend; den mit einem roten Teppich bedeckten Leichnam des Achill lässt sie zu Füßen der Oberpriesterin niederlegen, die entsetzt jede Verantwortung zurückweist, sich dann entschließt, die in Schweigen erstarrte Königin für ihre Tat zu loben, was dieser aber nur eine Träne entlockt. Schließlich gelingt es Prothoe, wenigstens von ihr gehört zu werden, sie zu überreden, sich zu waschen, was sie allmählich auch die Sprache wiederfinden lässt, noch nicht aber die Besinnung. Erst hofft oder glaubt sie noch, den Achill nur gefangen zu haben; dann entdeckt sie die Leiche, und nach und nach fragt sie die grauenvolle Wahrheit aus den anderen heraus. Ihre scheinbar gelassene Reaktion steht sozusagen schon jenseits des Grabes:

– So war es ein Versehen. Küsse, Bisse,
Das reimt sich, und wer recht von Herzen liebt,
Kann schon das Eine für das Andre greifen.
(V. 2981–83)

Sie habe sich »bloß versprochen« (V. 2986) und die Redensart ›jemanden vor Liebe auffressen mögen‹ wörtlich genommen. Diese hart das Kalauerhafte streifende Begrün-

---

[62] Mit Recht weist Gabriele Brandstetter darauf hin, dass die in der *Penthesilea* auffallend häufigen ›Botenberichte‹ und ›Mauerschauen‹ keineswegs einer episierenden Distanzierung dienen, sondern umgekehrt im »rhetorischen Modus des ›Vor-Augen-Stellens‹ – der Hypotypose« eine Dynamisierung bewirken (B 9e: 1997,88). Vgl. Klotz, B 9: 1996,86–94.

dung findet sich auch in einem Brief des Autors an Marie von Kleist (SWB IV,396: »Sie hat ihn wirklich aufgegeßen den Achill vor Liebe«),[63] rechtfertigt sich freilich in der Erkenntnis, dass die Zerfleischung des Achill eben demselben übermächtigen Gefühl für ihn entsprang wie die ersehnte Vereinigung.[64]

Nach Themiscyra gehe sie nicht zurück, sagt Penthesilea (und hier lässt Kleist den Versbau völlig zusammenbrechen: V. 3003–07); fast beiläufig gibt sie die Weisung: »Der Tanaïs Asche, streut sie in die Luft!« (V. 3009) und teilt mit: »Ich sage vom Gesetz der Fraun mich los, / Und folge diesem Jüngling hier.« (V. 3012 f.). Den entsetzten Freundinnen, die einen Selbstmord verhindern wollen, händigt sie bereitwillig alle Waffen aus, denn derer bedarf sie nicht:

> Denn jetzt steig' ich in meinen Busen nieder,
> Gleich einem Schacht, und grabe, kalt wie Erz,
> Mir ein vernichtendes Gefühl hervor.
> Dies Erz, dies läutr' ich in der Glut des Jammers
> Hart mir zu Stahl; tränk' es mit Gift sodann,
> Heißätzendem, der Reue, durch und durch;
> Trag' es der Hoffnung ew'gem Amboß zu,
> Und schärf' und spitz es mir zu einem Dolch;
> Und diesem Dolch jetzt reich' ich meine Brust:
> So! So! So! So! Und wieder! – Nun ist's gut.
> *Sie fällt und stirbt.*[65]
>
> (V. 3025–34)

---

63 Vgl. ferner das ironische Epigramm *Dedikation der Penthesilea*: »Zärtlichen Herzen gefühlvoll geweiht! Mit Hunden zerreißt sie, / Welchen sie liebet, und ißt, Haut dann und Haare, ihn auf.« (SWB III,412).

64 So auch Gabriele Brandstetter (B 9e: 1997,110), die allerdings das »Versehen« der Penthesilea wörtlich zu nehmen und es »aus der Konstitution der symbolischen Ordnung, ihrer sprachlichen Verfaßtheit« resultieren zu lassen versucht (ebd.,111).

65 Bei aller Bewunderung für die Gestaltung dieser in der Weltliteratur wohl einmaligen Selbsttötung kann man Penthesileas Rede als allzu bewusst allegorisch durchgeformt empfinden.

Wenn Kleist die Formulierung der früheren Fassung: »der Liebe Amboß« (SWB II,107, V. 2684) in »der Hoffnung ew'gem Amboß« ändert, dann darf man wohl vermuten, dass der Tod Penthesileas nicht nur als ein Akt der Selbstvernichtung zu deuten ist, dass vielmehr, wenn man auch den Kommentar der Meroe (»Sie folgt ihm, in der Tat!«, V. 3035) wörtlich nimmt, die Hoffnung auf eine Vereinigung mit Achill in einer anderen Welt zumindest nicht ausgeschlossen werden soll.

Dass es Kleist *nicht* darum gegangen ist, in der Figur der Penthesilea ein abschreckendes Bild der emanzipierten Frau oder dergleichen vor Augen zu stellen, wird noch einmal klar, wenn er die erste Priesterin weinend klagen lässt:

> Solch eine Jungfrau, Hermia! So sittsam!
> In jeder Kunst der Hände so geschickt!
> So reizend, wenn sie tanzte, wenn sie sang!
> So voll Verstand und Würd' und Grazie!
>
> (V. 2677–80)

Die Vereinigung von Grazie (Anmut) und Würde galt im 18. Jahrhundert bekanntlich als Kennzeichen der ›schönen Seele‹. In provokativer Überschreitung der von Wieland, Schiller und Goethe gesetzten Normen erkennt Kleist auch der mörderischen Penthesilea die Attribute der ›schönen Seele‹ zu (wie er es dann noch einmal in Beziehung auf die ehemalige Mordgehilfin Toni in der *Verlobung in St. Domingo* tun wird). Kleist gesteht der ›schönen Seele‹ entschieden mehr Dimensionen zu, auch bedrohliche und erschreckende, als das Klischee es wollte. Bei Penthesilea ist es die übergroße Liebesfähigkeit, die die ›sittsame Jungfrau‹ in eine Furie verwandelt, ebenso wie Michael Kohlhaas, *weil* er der »rechtschaffenste« Mensch ist, der »entsetzlichste« wird. Das liegt nicht an den Personen, sondern an den ›Verhältnissen‹, die eine Verwirklichung der von Goethe beschworenen ›reinen Menschlichkeit‹ nicht zulassen. Die verzwickten Gesetze und Regeln des Amazonenstaates stehen stellvertretend für *alle* gesellschaftlichen Regelungen, die eine ›natürliche‹ Entfaltung des Individuums be- oder gar verhindern. Dass Kleist die ›un-natürlichen‹ Gesetze der Amazonen letztlich aus den übergeordneten und übermächtigen, von Männern bestimmten patriarchalischen Strukturen ableitet, zeugt von seinem scharfen Blick auf die Gesellschaft seiner Zeit.

Das Käthchen von Heilbronn

Die Irritationen, die dieses Stück erregt, beginnen bereits bei Untertitel und Gattungsbezeichnung: *Das | Käthchen von Heilbronn | oder | die Feuerprobe | ein großes historisches Ritterschauspiel.*[66] Eine Feuerprobe im eigentlichen Sinne – als Gottesurteil zum Erweis von Schuld oder Unschuld[67] – findet nicht statt, die Bezeichnung »Ritterschauspiel« trifft eher Nebensächliches, und ›historisch‹ meint hier allenfalls ›in früheren Zeiten spielend‹; denn die Anhaltspunkte verteilen sich auf nicht weniger als vier Jahrhunderte: Der Burggraf von Freiburg kommt angeblich von einem Kreuzzug nach Hause (II 5,881 f.),[68] was spätestens im letzten Drittel des 13. Jahrhunderts geschehen könnte; die Zeit der Femgerichte weist dagegen ins 14. bis 16. Jahrhundert; in den Orden der Ursulinerinnen (III 1,1496) könnte das Käthchen erst nach dessen Gründung

---

66 Abbildung des Titelblatts der Erstausgabe in: Grathoff, B 9f: 1994, 109.
67 Vgl. *Handwörterbuch des deutschen Aberglaubens* (B 4: 1987), Bd. 3, Sp. 1017–26.
68 Da das Stück teilweise in Prosa, teilweise in (Blank-)Versen verfasst ist, behelfen sich die Herausgeber mit einer fortlaufenden Vers- und Zeilenzählung, die je nach Satzspiegel unterschiedlich ausfällt. Hier wird der Text nach der zugrunde liegenden Ausgabe (SWB) mit Akt-, Szenen- und Vers- bzw. Zeilenzahl zitiert.

im Jahre 1535 eintreten, und das 1495 eingerichtete Reichskammergericht ist erst 1693 nach Wetzlar (II 12,1393) übersiedelt. Auch gibt es keinen Hinweis darauf, dass irgendeine Figur des Stücks einer historischen Person nachgebildet wäre. Hatte Goethe sich bei seinem *Götz von Berlichingen* (1773) noch ziemlich eng an seine Quelle (Götzens Autobiographie) gehalten, so waren in der durch den Erfolg dieses Stücks ausgelösten Flut von Ritterdramen die historischen Fakten zugunsten einer bloßen Kostümdramatik zunehmend in den Hintergrund getreten (vgl. Grathoff, B 9f: 1994, 74f.). Mit der Kennzeichnung des *Käthchen von Heilbronn* als »großes historisches Ritterschauspiel« dürfte Kleist einerseits auf den damaligen Publikumsgeschmack spekuliert, andererseits sich über eben diesen Geschmack lustig gemacht haben. Um ›Historie‹ ist es ihm mit Sicherheit nicht gegangen. In einem Brief an Marie von Kleist aus dem Jahre 1811 klagte er über »Mißgriffe«, zu denen ihn bei der Abfassung des *Käthchen von Heilbronn* das »Urtheil der Menschen« und »die Absicht, es für die Bühne paßend zu machen« verführt hätten (SWB IV,484). Andererseits neigt das Stück hier und da schon zur (Selbst-)Parodie, trägt Züge des Lustspiels (Martini, B 9f: 1976) oder des derben Volksstücks. Schwerlich wird man Wilhelm Grimm darin zustimmen können, »daß das ganze Werk durchweg aus *einem* Gusse ist« (zit. nach SWB II,878). Es ist, im Wechsel von Vers und Prosa, in der Aufnahme märchenhafter wie trivialdramatischer Elemente, in der Durchdringung von Intrigenstück und Seelendrama, durchaus ein Mixtum compositum, wenn auch ein durchaus erfreulicheres als die ›mosaisch‹ zusammengestückelte Kunigunde von Thurneck.

Es geht, wieder einmal, um eine (scheinbar) unmögliche Liebe zweier gleichwohl füreinander bestimmter Menschen. War bei Penthesilea und Achill eine Gleichrangigkeit von Herkunft und Kampfstärke her gegeben, so trennt das Käthchen und den Grafen Wetter vom Strahl zunächst der

Standesunterschied, grundsätzlicher allerdings die Frage, womit denn der Graf dieses »Kind recht nach der Lust Gottes« (I 1,71 f.) überhaupt verdient hat; mit einigem Recht nennt er sich selbst einen »Elenden, der nichts für sich hat, als das Wappen auf seinem Schild« (IV 2,2097 f.). Dass er so leicht und so schnell den Schmeicheleien und Verführungskünsten der Kunigunde von Thurneck zum Opfer fällt, spricht nicht gerade für ihn; unüberhörbar ist der Spott Kleists über seinen Helden, wenn er die Gräfin Helena auf das leidenschaftliche Bekenntnis ihres Sohnes: »So wahr, als ich ein Mann bin, die begehr ich / Zur Frau!« antworten lässt: »Nun, nun, nun, nun!« (II 13,1419 f.). Um gleichwohl den Eindruck erwecken zu können, dass der Graf und das Käthchen füreinander bestimmt seien, bemüht Kleist höhere Mächte: Ein Cherub hat den Geist des todkranken Grafen in der Sylvesternacht[69] in Käthchens Kammer geführt und sie ihm als Kaisertochter zur Gattin versprochen; und eben den entsprechenden Traum hat auch das Käthchen gehabt.[70] Bezeichnend ist freilich, was davon im jeweiligen Gedächtnis haften bleibt: Dem Käthchen ist im wachen Zustand nur das Aussehen des Verheißenen gegenwärtig, sodass sie ihn bei seinem Besuch in der Werkstatt ihres ›Vaters‹ sofort (wieder)erkennt. Umgekehrt hat er den Traum in allen Einzelheiten behalten und so plastisch erzählt, dass die alte Brigitte ihn Monate später noch wiedergeben kann (II 9,1263–82);[71] eingeprägt hat sich ihm aber vor allem, dass das Mädchen eine Kaisertochter

---

69 Diese Nacht, der Übergang vom alten zum neuen Jahr, steht symbolisch für das dem sterbenskranken, schon scheintoten Melancholiker verheißene ›neue Leben‹.

70 Das Motiv des Doppeltraums hat Kleist wahrscheinlich von Wieland übernommen, in dessen Werken Derartiges mehrfach begegnet; vgl. Grathoff, B 9f: 1994,84 f.

71 Die im *Phöbus* abgedruckten Teile des Stücks haben im 2. Akt eine ganz andere Szene 9 (vgl. SWB II,308–310), und in Szene 13 fehlt der Hinweis des Grafen auf die angeblich kaiserliche Abstammung Kunigundes (ebd., 319); hiernach scheint es möglich, dass das Motiv des *Doppel*traums erst in einer

sei, während ihr Aussehen ihm völlig entfallen ist. Darum kann Kunigunde, die angeblich »vom Stamm der alten sächs'schen Kaiser« ist (II 13,1425), ihm vorspiegeln, *sie* sei die Verheißene.

Diese Zusammenhänge werden erst im 4. Akt klar (und führen zur Aufdeckung von Käthchens tatsächlicher Abstammung). Zuvor steht der Zuschauer Käthchens ›hündischer‹ Ergebenheit fast so ratlos gegenüber wie ihr vermeintlicher Vater, der Waffenschmied Theobald Friedeborn, der zu Beginn des Stücks vor einem Femgericht den Grafen vom Strahl satanischer Künste bezichtigt, sich nach der Vernehmung des Mädchens – die man notgedrungen dem Grafen selbst überlässt – von den Richtern jedoch muss bescheiden lassen, die grenzenlose Anhänglichkeit seiner Tochter an den Grafen sei »dem gemeinen Zauber der Natur« zuzuschreiben (I 2,637). Der Weisung der Richter entsprechend nimmt Graf Wetter dem Käthchen das Versprechen ab, nach Heilbronn zurückzukehren, worauf sie – ebenso wie am Ende des Stücks – zunächst ohnmächtig wird. Wir begegnen ihr erst wieder im 3. Akt, als sie sich von Friedeborn und dem ihr einst zugedachten Bräutigam ins Kloster bringen lassen will.

Der 2. Akt ist nämlich der Gegenspielerin gewidmet, Fräulein Kunigunde von Thurneck, die mit dem Grafen wegen einiger Ländereien im Streit liegt, immer wieder andere Ritter für sich gewinnt und gegen ihn aufhetzt, ihm nun aber auf schon burleske Weise in die Hände fällt. Ihre Schönheit und ihr scheinbar edelmütiger Verzicht auf die strittigen Gebiete, ferner ihre angeblich kaiserliche Abstammung nehmen den Grafen so für sie ein, dass er seine

---

späteren Entstehungsphase eingeführt wurde. Auch im Personenverzeichnis zur Wiener Uraufführung (in Collins Bearbeitung) fehlt die Figur der Brigitte; der Besprechung von Franz Karl Weidmann ist allerdings zu entnehmen, dass dem Grafen auch in dieser Version von einem »Genius« mitgeteilt wurde, »daß er eine Fürstin heiraten würde« (LS, Nr. 352; vgl. Grathoff, B 9f: 1994,98).

zu Beginn des 2. Akts noch (allzu) wort- und bilderreich
beschworene Liebe zum Käthchen vergisst; schon da freilich hatte er seinen (von ihm imaginierten) Ahnen versichert: »Zum Weibe, wenn ich sie gleich liebe, begehr' ich
sie nicht; eurem stolzen Reigen will ich mich anschließen«
(II 1,733–735).

Im 3. Akt unternimmt der zuvor von Kunigunde gegen
den Grafen aufgebotene, jetzt aber verschmähte Rheingraf
vom Stein einen Überfall auf Schloss Thurneck; dort hat
Graf Wetter inzwischen dem Fräulein eine Schenkungsurkunde bezüglich der vormals strittigen Ländereien sowie
einen Heiratsantrag übermittelt, auf den sie noch nicht eindeutig reagiert hat.[72] Infolge der tölpelhaften Verwechslung
zweier Briefe erfährt das Käthchen von dem Angriffsplan
des Rheingrafen, eilt nach Thurneck, wo sie erst nach heftigem Widerstand des Grafen (und darum fast zu spät) sagen
darf, was sie weiß; dazu gehören auch sehr präzise Angaben über Anzahl und Aufstellung der Feinde (III 6,
1777–85), was, neben anderem, darauf hindeutet, dass wir
uns die nun auch vom Grafen achtungsvoll »Katharina« genannte junge Frau (III 6,1776) nicht etwa als weltabge-
wandt versponnene Träumerin denken sollen (vgl. Klüger,
B 9f: 1993). Den Angreifern gelingt es, das Schloss in Brand
zu schießen, und Kunigunde jammert um ein Bild samt
Futteral, das der Graf ihr geschenkt hat. Käthchen übernimmt es, das Bild aus dem brennenden Gebäude zu holen,
kommt dabei fast um, und als das Schloss in sich zusammenbricht, glauben alle sie tot. Sie aber tritt aus dem Portal,
das Bild in der Hand und von einem Cherub beschirmt
(den freilich nur sie und die Zuschauer sehen können, da
die anderen sich entsetzt abgewandt haben).[73] – Dies wäre

---

72 Vgl. III 2. Offenkundig entschließt Kunigunde sich zu der Verbindung mit
Wetter erst, als sie nach dem Schlossbrand die Schenkungsurkunde verloren
glaubt.
73 Vgl. im *Erdbeben in Chili* die Rettung des kleinen Philipp: »Josephe stürzte
sich, unerschrocken durch den Dampf, der ihr entgegenqualmte, in das von

die im Untertitel des Stücks verheißene »Feuerprobe«, die hier freilich vor allem metaphorisch (als Bewährung unbedingter Liebe) aufzufassen wäre, und auch das geht nicht ganz auf, da es sich eher um einen ›Liebesdienst‹ für Kunigunde handelt, den der Graf erfolglos zu verhindern sucht. – Als Kunigunde das Bild, nicht aber das Futteral gerettet sieht, beschimpft sie das Mädchen als »dumme Trine« (III 15,1972), was den Grafen erstmals auf Distanz gehen lässt: »Mein Fräulein, eure Güte macht mich stumm.« (III 15,1980). Der Akt schließt mit der Nachricht vom Sieg der Thurnecker über den Rheingrafen.

In der ersten Szene des 4. Akts übergibt Käthchen dem Knecht des Grafen das von Kunigunde so arg vermisste Futteral, das sie auch noch aus dem Schutt geborgen hat; es enthält die Schenkungsurkunde (womit Kunigunde entlarvt ist). Beim Versuch, dem den Angreifern durch einen »Forellenbach« (III 1,2021) nachsetzenden Grafen zu folgen, kommt es, wie manche Interpreten meinen, zum Pendant der vorangegangenen ›Feuerprobe‹, zu einer ›Wasserprobe‹ nämlich, die aber eher als Karikatur einer solchen anzusehen ist: Mit größter Zimperlichkeit weigert sich das Mädchen, den Rock auch nur bis zum Knöchel zu schürzen, läuft lieber der Quelle des Baches zu, wo der Knecht sie verloren glaubt, »wenn sich kein Fährmann [!] ihrer erbarmt« (III 1,2076f.). Und in der Tat sehen wir in der nächsten Szene an den Zweigen des berühmten Holunderstrauchs »ein Hemdchen und ein paar Strümpfe u. s. w. zum Trocknen aufgehängt.« (SWB II,404).[74]

allen Seiten schon zusammenfallende Gebäude, und gleich, als ob alle Engel des Himmels sie umschirmten, trat sie mit ihm unbeschädigt wieder aus dem Portal hervor.« (SWB III,199). Im *Käthchen* wird das »gleich als ob« in ›Realität‹ überführt, die aber auch als Vision Käthchens deutbar bleibt.

74 Unklar bleibt, was das Käthchen nun am Leibe hat, da sie wohl kaum mit einer zweiten Garnitur unterwegs ist. – Dass Kleist in der Tat mit den Motiven von Feuer- und Wasserprobe *spielt* (vielleicht in Erinnerung an Mozarts *Zauberflöte*), erhellt aus den Worten des Grafen, er müsse herausfinden, »warum sie hinter mir herschreitet, einem Hunde gleich, durch Feuer und Wasser« (IV 2,2096f.).

Diese zweite Szene des 4. Akts, die bekannteste des Stücks überhaupt, bringt die Befragung des schlafenden (›somnambulen‹) Mädchens durch den Grafen, dem sie das Geschehen in der Sylvesternacht erzählt und der sie an ihrem Muttermal eindeutig identifiziert,[75] was ihn in die größte Verwirrung stürzt: »Nun steht mir bei, ihr Götter: ich bin doppelt!« (IV 2,2208). Dem Knecht Gottschalk gibt er den Auftrag, »[d]ie Friedborn«, wie er sie jetzt respektvoll nennt, zu seiner Mutter aufs Schloss zu bringen (IV 3,2233), während er selbst sich aufmacht, das Rätsel ihrer Herkunft zu lösen. Der Rest des 4. Akts ist einer schrecklichen Entdeckung gewidmet: Unbeabsichtigt hat das Käthchen in einer Grotte Kunigunde im Bad gesehen, kommt sprachlos vor Entsetzen heraus und schwankt, ob sie den Grafen aufklären lassen soll. Kunigunde, von ihrer Zofe unterrichtet, gibt den Auftrag, das Käthchen mit Gift zu beseitigen. Für uns löst sich das Rätsel erst im dritten Auftritt des 5. Akts, wenn Ritter Flammberg dem Burggrafen von Freiburg, einem ehemaligen Verehrer der Kunigunde, von deren missglücktem Mordanschlag auf das Käthchen berichtet und der Burggraf ihm mitteilt, das Fräulein sei »eine mosaische Arbeit«, ein Mosaik also, »aus allen drei Reichen der Natur zusammengesetzt. Ihre Zähne gehören einem Mädchen aus München, ihre Haare sind aus Frankreich verschrieben, ihrer Wangen Gesundheit kommt aus den Bergwerken in Ungarn, und den Wuchs, den ihr an ihr bewundert, hat sie einem Hemde zu danken, das ihr der Schmidt, aus schwedischem Eisen, verfertigt hat.« (V 3,2515–22). Sein Gefährte lässt dem Grafen vom Strahl noch ausrichten, er solle Kunigunde unangemeldet am Morgen überraschen, »wenn ihre Reize auf den Stühlen liegen« (V 3,2527f.). Der tut das auch, »steht wie vom Donner gerührt« (V 5, vor 2536) und

---

75 Dieser schon damals eher trivialliterarisch gewordene Topos wird abgewandelt in der Erinnerungserzählung des Kaisers (V 2): Er hat Käthchens Mutter eine Schaumünze geschenkt, die das Käthchen noch besitzt.

Katharina Thalbach in Jürgen Flimms Inszenierung des *Käthchen von Heilbronn* am Schauspielhaus Köln (1979)

lässt sich durch Täuschungsmanöver nicht mehr überzeugen, täuscht vielmehr selber vor, anderntags werde die Hochzeit stattfinden (und das Käthchen sei tot).

In der Zwischenzeit (V 1 und 2) hat der Graf, von Käthchens vermeintlichem Vater zum Zweikampf als Gottesgericht herausgefordert, in Anwesenheit des Kaisers und des Erzbischofs von Worms den Theobald waffenlos zu Boden gestoßen, was den Kaiser zu einer Gewissenserforschung veranlasst und ihm die Erinnerung an das Zusammensein mit Käthchens Mutter zurückbringt. Im 10. und 11. Auftritt vollzieht er in aller Form die ›Adoption‹ des Mädchens: »Das Käthchen fürderhin ist meine Tochter, / Und Katharina heißt sie jetzt von Schwaben.« (V 11,2619 f.). Der leibliche wie der Zieh-Vater geben ihre Einwilligung zur Verbindung Käthchens mit dem Grafen vom Strahl, der sich dann allerdings noch – einem Theatercoup zuliebe – eine letzte Prüfung für die Geliebte einfallen lässt: Bei seiner morgigen Hochzeit soll sie im Festgewand anwesend sein. Diese Zumutung, unmittelbar einer schwärmerischen Liebeserklärung folgend,[76] wirkt denn doch einigermaßen degoutant, entspricht allerdings Kleists Vorliebe für spektakuläre Glücksumschwünge.[77] Diesen inszeniert hier der Graf Wetter vom Strahl, indem er die im Brautschmuck erschienene Kunigunde stehen und ausgerechnet ihre früheren Galane, den Rheingrafen vom Stein und den Burggrafen von Freiburg, die wahre Braut holen lässt: das Käthchen, das einer Ohnmacht nahe ist, während Kunigunde mit Racheschwüren abgeht und der Graf ihr, als letztes Wort des Dramas, »Giftmischerin!« nachruft (V 14,2753). Das ist effektvoll, mehr aber auch nicht.

---

[76] Dies ist der gravierende Unterschied zum Verhalten des Grafen Walter in Gottfried August Bürgers gleichnamiger Ballade (der Übertragung der alten englischen Volksballade *Child Waters*), die Kleist als Anregung gedient haben dürfte (vgl. Grathoff, B 9f: 1994,82–84).
[77] Vgl. vor allem die Schlüsse des Stücks *Prinz Friedrich von Homburg* und der Erzählung *Der Zweikampf*.

Das Motiv ›ein Mann zwischen zwei Frauen‹ hatte schon Goethe aus dem bürgerlichen Trauerspiel (vor allem Lessings *Miß Sara Sampson*) ins historische Drama hereingeholt (Weislingen zwischen Adelheid von Walldorf und Götzens Schwester Maria); bei Kleist werden die beiden Frauencharaktere ins Extrem gesteigert: Das Käthchen hat zwar nicht »der Himmel von Schwaben [...] erzeugt« (I 1,84 f.), wohl aber der Kaiser, und das, während Jupiter leuchtete (V 2,2476 f.);[78] ihrer Reinheit und Natürlichkeit stehen die monströse Unnatur und die Verlogenheit Kunigundes gegenüber, die mit Lessings Marwood und Goethes Adelheid auch die Eigenschaft der »Giftmischerin« teilt. Wie Lessings Mellefont und Goethes Weislingen ist der Graf Wetter vom Strahl als ein schwankendes Rohr gezeichnet, als ein leicht bestimmbarer Mann, den an der ihm verheißenen Braut vor allem deren kaiserliche Abkunft zu interessieren scheint. Eine ›strahlende‹ Glanzerscheinung ist er wahrhaftig nicht.

Wie schon zitiert, hat Kleist von der Penthesilea gesagt, sie sei ebenso mächtig durch Handeln wie das Käthchen durch gänzliche Hingebung (SWB IV,398). Zu fragen ist, auf *wen* die beiden ihre Macht ausüben. Achill wird von seinem Unterwerfungs- und Vernichtungswillen erst durch den Blick der scheinbar sterbenden Penthesilea zur Liebe bekehrt, und der Graf vom Strahl wehrt sich gegen Käthchens Anhänglichkeit bis zum Griff nach der Peitsche. So bliebe die ›Macht‹ über das Gemüt des Zuschauers, dem die Kriegerin Penthesilea imponieren und deren aus ihrem Kriegertum erwachsende Tragik sein Mitleid erregen mag. Ob die nicht aus Käthchens Selbst erwachsende, sondern durch den Sylvesternachtstraum ihr sozusagen verordnete Liebe zu einem ihr vorher ganz unbekannten (und obendrein wankelmütigen) Adligen eine vergleichbare ›Macht‹

---

[78] Vgl. Jupiters Zeugung des Herkules mit Alkmene und Penthesileas Eigenschaft als Tochter des Mars.

auszuüben vermag, darf, zumindest heute, bezweifelt werden. Der große Erfolg des (von Holbein und anderen bearbeiteten) Stücks im 19. Jahrhundert ist sicherlich auch eben jenem Frauenbild zu verdanken, das über das bedingungslos ergebene Käthchen vermittelt wird. Eben darin liegt das Problem für eine heutige Adaption. Historisch erklären kann man die Ausformung von Käthchens Verhalten mit Kleists Bezugnahmen auf die damals kurrenten Theorien über den ›tierischen Magnetismus‹ und den ›Somnambulismus‹ (vgl. Uffe Hansen, B 6: 1997, 175–200 und Schott, B 9f: 2000). Offenkundig hat Kleist hier eine Möglichkeit gesehen, einer gegenüber der rational und sinnlich erfassbaren Welt ›tieferen‹ Wahrheit auf die Spur zu kommen, einer Wahrhaftigkeit des Seelischen, wie sie dann in der Eingangsszene von *Prinz Friedrich von Homburg* tatsächlich zur Erscheinung kommt, während Käthchens ›Liebe‹ zum Grafen Wetter doch allzu sehr von ›außen‹ oktroyiert zu sein scheint. Neuere Inszenierungen des Stücks haben denn auch, wie Jürgen Fehling es 1923 vorgemacht hatte, ihre Zuflucht zu komischen, ironischen, parodistischen Relativierungen genommen (vgl. SWB II,932–936 und 938–940).

7

Kleists Lyrik

Als Verfasser von Gedichten ist Kleist, sieht man einmal ab von der blutrünstig-todessüchtigen Ode *Germania an ihre Kinder*, nahezu unbekannt geblieben. Gemessen an den großen Lyrikern seiner Zeit, von Goethe über Hölderlin bis Brentano und Eichendorff, ist Kleist sicherlich von geringer Bedeutung, aber in diese Gattung hat er auch keinen Ehrgeiz gesetzt. Fast alle seine lyrischen Arbeiten können als

›Gelegenheitsgedichte‹ gelten, wobei der österreichisch-französische Krieg von 1809 die bedeutendste ›Gelegenheit‹ geboten hat (vgl. das folgende Kapitel). Ähnliches gilt für die im *Phöbus* publizierten Epigramme, die, in der Nachfolge der Xenien von Schiller und Goethe, weitgehend der witzigen Verteidigung eigener Werke und Ansichten dienten. Auf die Gedankenlyrik Schillers hat Kleist sich vornehmlich in der Form der Kontrafaktur bezogen (vor allem: die *Germania*-Ode als ›Umkehrung‹ von Schillers Lied *An die Freude*; *Das letzte Lied* als ›Erwiderung‹ auf *Die Macht des Gesanges*; vgl. SWB III,1004 und 1023). ›Unmittelbaren‹ Gefühlsausdruck bietet Kleist allenfalls in Rollengedichten (*Jünglingsklage*, *Mädchenrätsel*, *Katharina von Frankreich*; SWB III,418f.). Acht Gedichte wären in einer Rubrik »An Personen« zusammenzufassen, wovon fünf zur Kriegslyrik von 1809 zählen, eines – *An die Königin Luise von Preußen* – sogar in drei Fassungen vorliegt (SWB III,440–443), was Kleists Bemühen um eine möglichst persönliche Ansprache seiner vermeintlichen Gönnerin erkennen lässt, während das angeblich von »einem Vaterländischen Dichter« verfasste Gedicht *An unsern Iffland* (SWB III,443f.) den scheinbaren Panegyrikus ironisch ins Gegenteil verkehrt.

Eine Sonderstellung nimmt das Dialog-Gedicht *Der Schrecken im Bade* ein (SWB III,420–425), das, als angebliche »Idylle«, Motive dieser Gattung (Belauschung im Bad, Gespräch der Braut mit einer Freundin am Vorabend der Hochzeit u. a.) aufnimmt, die von der ländlichen Szenerie evozierte Vorstellung ›naturhafter Unschuld‹ aber mit christlichem Sündenbewusstsein kollidieren lässt und obendrein das Thema uneindeutiger sexueller Orientierung ins Spiel bringt. Unter einem Vorwand muss Margarethe sich an einem heißen Maiabend davonstehlen, um im Bergsee baden zu können, und zu Tode erschrickt sie, als sie sich von ihrem Bräutigam beobachtet glaubt. Als ›Fritz‹ (in Wahrheit die verkleidete Freundin Johanna) auf seinem/ihrem Voyeurismus beharrt und – wohl nicht nur ironisch –

Gretes Schönheit in allen Einzelheiten preist, kündigt die ans Land gestiegene und wieder angekleidete Braut die Verlobung auf: »Denn wisse: wessen Aug' mich nackt gesehn, / Sieht weder nackt mich noch bekleidet wieder!« (SWB III,424,6f.). Die Möglichkeit eines noch schlimmeren Ausgangs deutet Johanna mit ihrem Hinweis auf den Aktäon-Mythos[79] an (SWB III,421,4–13). Dass andererseits Margarethe mit ihrem Beharren auf Sitte und Anstand ein eigenes Begehren unterdrückt, wird deutlich in ihrer Rekapitulation der Szene, nachdem Johanna die Täuschung aufgedeckt hat; denn keineswegs hat der angebliche Fritz gesagt: »Was meinst du, Kind; / Soll ich herab zu dir vom Ufer sinken?« (SWB III,424,30f.); ihrer imaginierten frivolen Zustimmung hält Johanna entgegen, dergleichen verbiete »irgendwo ein schwarzes Buch« (SWB III,425,9), die Bibel also, die das Bewusstsein vom Sündenfall vermittelt, davon, dass paradiesisch unschuldige Nacktheit nicht mehr möglich ist (sein soll).[80]

8

Politischer Furor:
Dichtungen und Schriften im Umkreis der österreichischen Erhebung von 1809

Wie im biographischen Teil dargelegt,[81] hat Kleist im Jahre 1808, unter dem Eindruck der spanischen Erhebung gegen Napoleon und auf Mitteilungen des österreichischen Ge-

---

79 Vgl. S. 234.
80 Dass Kleists ›Idylle‹ von seiner Begeisterung für den nackt im Thuner See badenden Freund Ernst von Pfuel (SWB IV,336) zumindest mitinspiriert ist, scheint offenkundig.
81 Vgl. S. 99–101.

schäftsträgers Buol über ähnliche Bestrebungen Wiens hin, einen baldigen Krieg gegen Frankreich erhofft und sich als Dichter und Schriftsteller in den Dienst dieser Erhebung zu stellen versucht. Die erste Frucht solcher Bemühungen war das Drama *Die Herrmannsschlacht*, das Kleist als »einzig und allein auf diesen Augenblick berechnet« (SWB IV,432; vgl. 429) unbedingt in Wien aufgeführt wissen wollte, das aber zu seinen Lebzeiten weder aufgeführt noch gedruckt worden ist. Die Uraufführung einer von Fedor Wehl bearbeiteten Fassung fand am 18. Oktober 1860 in Breslau statt, am Jahrestag der Völkerschlacht bei Leipzig,[82] und das wiederholte sich 1863 ebenso wie 1913 (zum 50- bzw. 100-jährigen Jubiläum); in der Kaiserzeit feierte man das Drama als prophetische Vorhersage von Bismarcks ›Einigungswerk‹, und im ›Dritten Reich‹ wurde es – als Aufruf zum Revanchekrieg – das meistgespielte Stück Kleists überhaupt (vgl. SWB II,1093–99). – Hier schlicht einen ›Missbrauch‹ der Dichtung zu konstatieren fällt schwer angesichts der nicht nur dieses Stück, sondern auch einige Texte aus dem Jahre 1809 prägenden Aufrufe zu einem – für damalige Verhältnisse – ›totalen Krieg‹. Im 1. Akt des Dramas verlangt Herrmann von den anderen germanischen Fürsten eine ›Politik der verbrannten Erde‹: Sie sollen im Interesse des Freiheitskampfes nicht nur allen Besitz verkaufen oder vernichten, sondern »Verheeren Eure Fluren, Eure Herden / Erschlagen, Eure Plätze niederbrennen« (V. 380f.), und als man ihn am Schluss darauf hinweist, dass Teutoburg zerstört sei, erwidert er leichthin: »Mag sein! Wir bauen uns ein schön'res auf.« (V. 2565). Ähnlich agitierte Kleist in der Schlussstrophe der Ode *An Friedrich Wilhelm den Dritten*:

Und müßt' auch selbst noch, auf der Hauptstadt
                 Türmen,
Der Kampf sich, für das heilige Recht, erneun:

---

82 Damals hielt man den 18. Oktober noch *nicht* für Kleists Geburtstag. Der Frankfurter Taufeintrag wurde erst 1876 entdeckt.

Sie sind gebaut, o Herr, wie hell sie blinken,
Für beßre Güter, in den Staub zu sinken!

(SWB III,437)

Aufs Äußerste zugespitzt heißt es in der ersten Fassung des Aufsatzes *Über die Rettung von Österreich*, der Sieg werde um keine Träne zu teuer erkauft sein, »wenn auch der Wert des ganzen Nationalreichtums im Kampf vernichtet würde, und das Volk so nackt daraus hervorginge, wie vor 2000 Jahren aus seinen Wäldern.« (SWB III,500). Kleist arbeitet hier mit apokalyptischen Vorstellungen von Untergang und Auferstehung, die mit einem rationalen politischen Handeln wenig zu tun haben (vgl. Müller-Salget, B 8: 2002). Im 4. Akt des Dramas gibt Herrmann den Auftrag, den Leichnam der von Römern geschändeten (und vom eigenen Vater zwecks Tilgung der Schande getöteten) Hally in fünfzehn Stücke zu teilen und je eines den fünfzehn germanischen Stämmen zu überbringen, um die allgemeine Empörung anzufachen – ein grotesker Einfall, dessen Absurdität (und Scheußlichkeit) durch den Hinweis auf das alttestamentliche Vorbild (Richter 19,22) schwerlich aufgehoben wird.

Die Schlacht im Teutoburger Wald, der Sieg der vom Cheruskerfürsten Arminius geführten Germanen über ein römisches Heer unter P. Quinctilius Varus im Jahr 9 n. Chr., ist schon vor Kleist des öfteren Gegenstand der Dichtung gewesen, zuletzt in Klopstocks »Bardiet« *Hermanns Schlacht* (1769). Stets galt Arminius (fragwürdig zu ›Hermann‹ eingedeutscht) als Eideshelfer einer ›deutschen‹ Selbstbehauptung, später: eines deutschen Nationalgefühls. Kleist ging über die ihm vorliegenden Muster hinaus, indem er das historisch bzw. literarisch Überlieferte im Interesse aktueller Bestrebungen, der Erhebung der ›Deutschen‹ gegen die napoleonische Fremdherrschaft, entschlossen umformte. So wurde aus dem Suebenfürsten Marbod, einem Gegner des Arminius, ein Verbündeter Herrmanns,

Bruno Decarli in Max Reinhardts Inszenierung der
Herrmannsschlacht (Berlin 1916)

weil Kleist für ein Zusammengehen Österreichs mit den ›norddeutschen Ländern‹ (SWB III,498), insbesondere Preußen, eintrat. Ferner ist bei Kleist nicht Herrmann, sondern Marbod der Sieger in der »Herrmannsschlacht« (V. 2461f.), und selbst die eigenhändige Tötung des Varus muss Herrmann einem anderen überlassen (V. 2516). Gleichwohl ist er der Spiritus Rector des Ganzen, derjenige, der unter höchstem Einsatz Marbod als Kampfgenossen gewinnt, derjenige, der den Schlachtplan entwirft, und derjenige, der mit Gräuelpropaganda, mit vorgespiegelten Verstößen der Besatzer und jener schauerlichen Hally-Distribution die Germanen zum Kampf angestachelt hat. Hierin besteht die wesentliche Umdeutung der überlieferten Figur: Aus dem militärischen Helden wird ein Intellektueller, der die verlogen hinterhältigen Besatzer mit ihren eigenen Waffen, mit Lug und Trug, besiegt. Herrmann exekutiert eine Guerilla-Taktik, wie sie zu Kleists Zeit vom Freiherrn vom Stein und anderen propagiert wurde (vgl. Samuel, B 9g: 1961).

Betrug, Täuschung (die Kleistsche Ursünde also) beherrschen das Stück von Anfang an. Thuiskomar, einer der »Missvergnügten«, die vorläufig über unmutige Reden nicht hinauskommen, beklagt sich über einen Wortbruch des Varus (V. 23) und bekennt, er hätte niemals mit »diesen Kindern des Betruges« Frieden schließen dürfen (V. 202). Im 2. Auftritt beginnt bereits die ebenfalls betrügerische Gegenaktion: Die Germanen feiern den eitlen Legaten Ventidius als angeblichen Besieger eines Auerochsen und Retter von Herrmanns Gattin Thusnelda; das ist der Beginn der von Herrmann manipulierten Beziehung zwischen Thusnelda und Ventidius. Auf politischem Gebiet mimt Herrmann den naiven Ehrgeizling, der sich nur zu gerne gegen den in Rom missliebig gewordenen Marbod in Stellung bringen ließe (V. 460–467), und Ventidius glaubt daher den mit seinen Truppen eingerückten Varus hinsichtlich des Cheruskers beruhigen zu können: »Er ist ein

Deutscher. / In einem Hämmling ist, der an der Tiber graset, / Mehr Lug' und Trug, muß ich Dir sagen, / Als in dem ganzen Volk, dem er gehört.« (V. 1250–53). Da sind wir schon im 3. Akt und haben längst Herrmanns Kriegsplan gegen Varus mitangehört (II 10), sind auch Zeuge seiner Technik der Gräuelpropaganda und der Herbeiführung vorgetäuschter Untaten der Römer geworden (III 2). Umgekehrt wird Varus von Ventidius über den vom Kaiser beabsichtigten Verrat auch an Herrmann unterrichtet und reagiert als getreuer Befehlsempfänger (V. 1266–80). – In der Zwischenzeit hat Herrmann die sich anbahnende erotische Beziehung zwischen Ventidius und Thusnelda nach Kräften zu befördern gesucht. Mit glühenden Liebesschwüren hat der Legat Thusnelda um eine Locke gebeten, sie ihr schließlich, da sie sich weigerte, eigenmächtig abgeschnitten. Wiederholt wehrt Thusnelda sich gegen ihre Instrumentalisierung in Herrmanns Kampf gegen die Römer (V. 511, 612–618, 651–653), glaubt allerdings, Ventidius habe sich tatsächlich in sie verliebt (V. 669–671), hält Herrmanns Erzählung, dass die Römer den Germaninnen die Haare abschneiden und die Zähne ausreißen, um sie ihren Damen daheim zu verehren, zunächst für eines seiner Gräuelmärchen (III 3).

Der 4. Akt bringt die entscheidende Wendung. Die ersten beiden Szenen spielen im Zelt des Sueven-Fürsten Marbod. Herrmann hat ihm, außer dem Bündnisangebot und dem Kriegsplan, seine beiden Söhne als Geiseln geschickt. Da, mit den Worten des Michael Kohlhaas, die ganze Welt in Arglist versunken (vgl. SWB III,73) und gegenseitiger Verrat an der Tagesordnung ist, bedarf es zur Bekräftigung eines ausnahmsweise ehrlich gemeinten Angebots offenbar solch augenfälliger Argumente. Marbod, nachdem er sich der Identität der beiden Jungen vergewissert hat und nachdem die ihm beigeordneten Römer sich unter Hinterlassung einer eindeutig negativen Botschaft von ihm abgesetzt haben, schlägt sich auf Herrmanns Seite. – Dem liefert derweil in Teutoburg die Schändung Hallys das willkommene Fanal, und auch Thusnelda kann er mit Hilfe eines abgefangenen Briefes des Ventidius an die Kaiserin Livia (enthaltend Thusneldas Locke und die Zusicherung der kompletten Lieferung) aus ihrem Irrglauben befreien.[83] Ihren Entschluss, sich persönlich an Ventidius zu rächen, begrüßt Herrmann als seinen »erste[n] Sieg« (V. 1865). Hier wird klar, warum Kleist der Thusnelda-Ventidius-Handlung so viel Platz einräumt: In Thusneldas ›Bekehrung‹ spiegelt sich exemplarisch der Erfolg von Herrmanns Überzeugungsarbeit gegenüber den anderen germanischen Fürsten und Stämmen. Dass er damit eine persönliche Tragödie in Gang setzt, zeigt erst der 5. Akt. Der Historiker Dahlmann hat mehrfach mitgeteilt, Kleist habe ihm gegenüber seine Thusnelda als »brav, aber ein wenig einfältig« bezeichnet: »wie heute die Mädchen sind, denen die Franzosen imponieren« (LS, Nr. 319; vgl. Nr. 317). Dem entspricht die reichlich arrogante Art, mit der Herrmann seinem »Thuschen« entgegentritt, z. B.: »Nun, Herzchen, sprich, wie geht's Dir, mein Planet? / Was macht Ventidius, Dein Mond?« (V. 967 f.). Die im 5. Akt vorgeführte selbstzerstörerische Rache Thusneldas an Ventidius erlaubt eine differenziertere Deutung. Den nach einem Rendezvous lüsternen Ventidius lässt sie von einer Bärin zerfleischen. Von ihrer Dienerin Gertrud, die ihr den Mord ausreden will, sagt sie: »Sie auch / Ist in das Affenangesicht verliebt!« (V. 2371 f.). Die von Herrmann beförderten Avancen des Legaten sind also nicht ohne Wirkung geblieben, und umso schrecklicher fällt die Rache aus. Thusnelda sagt: »Er hat

---

83 Die von Regina Schäfer vertretene Meinung, auch dieser Brief sei als von Herrmann veranlasste Fälschung anzusehen (»Der gefälschte Brief. Eine unkonventionelle Hypothese zu Kleists *Hermannsschlacht*«, in: KJb 1993, S. 181–189), ist vom Kontext her nicht zu halten. Im 4. Auftritt des 2. Akts heißt Ventidius einen nach Rom reisenden Boten warten, weil ihm noch »ein Geschäft, / Für Livia« obliege (V. 528 f.); dem folgen seine Bitte um eine Locke und der Lockenraub.

zur Bärin mich gemacht! / Arminius will ich wieder würdig werden!« (V. 2321 f.). Dementsprechend begleitet sie die Zerfleischung des Ventidius mit orgiastischen Hohnreden, fällt dann aber in Ohnmacht, und am Ende des Stücks, im allgemeinen Siegestaumel und nachdem Herrmann sie als »Heldin« begrüßt hat, sagt sie nur noch: »Das ist geschehn. Laß sein.« (V. 2545). – Offenbar ist es dem Autor denn doch als zu simpel erschienen, die Cheruskerfürstin als naives Dummchen erscheinen zu lassen, und so hat er dem militärischen Triumph des Arminius die seelische Tragödie der Thusnelda entgegengestellt und damit sogar diesem Stück, das so ganz auf Eindeutigkeit angelegt ist, einen Widerspruch eingepflanzt.

Dass diese Eindeutigkeit erzwungen ist und selbst einem Herrmann gegen die Natur geht, wird deutlich in seinem Gespräch mit Thusnelda im 4. Akt, wenn sie ihn an die rettende Heldentat eines römischen Centurio erinnert und er diese mögliche Beirrung seines Gefühls »glühend« zurückweist: »Ich *will* die höhnische Dämonenbrut nicht lieben! / So lang' sie in Germanien trotzt, / Ist Haß mein Amt und meine Tugend Rache!« (V. 1723–25).[84] Die Barden wiederum glauben ihn gegen weichere Gefühle abhärten zu müssen: »Du bist so mild, o Sohn der Götter, / Der Frühling kann nicht milder sein: / Sei schrecklich heut, ein Schlossenwetter, / Und Blitze laß Dein Antlitz spein!« (V. 2264–67).

Der Forciertheit der verordneten Hasses entspricht die Forciertheit der Form. Es wimmelt von unvollständigen oder aber übermäßigen Versen, und die Einteilung in fünf Akte gehorcht nur scheinbar der Tradition. Statt der Symmetrie von steigender und fallender Handlung finden wir

---

84 Gerhard Gönners Unterstellung eines generellen Fremdenhasses, gar des Rassismus (B 8: 1989,70–81) gewinnt auch durch Berufungen auf Hannelore Schlaffer (ebd., 217 f.) und durch Inokulierung einschlägiger Termini wie »›nordische Anlage‹« (ebd., 73) nichts an Glaubwürdigkeit. In der *Herrmannsschlacht* geht es nicht um ›das Fremde‹, ›das Andere‹ schlechthin, sondern um Fremd*herrschaft*.

eine stetige Steigerung,[85] die sich auch im wachsenden Umfang der Akte spiegelt: Auf den kurzen ersten Akt (396 Verse) folgen zwei längere, untereinander fast gleich lange Akte (469 und 453 Verse), während der vierte Akt 549 und der fünfte gar 769 Verse zählt. Es gibt keine Peripetie, und die ›Momente der letzten Spannung‹ (Herrmanns Besorgnis wegen der Diszipliniertheit der in Teutoburg verbliebenen Römer bzw. Thusneldas Eintreten für die Schonung ›guter‹ Römer) werden schnell beiseite geschafft. Der 5. Akt verzichtet zwar auf die Darbietung der eigentlichen Schlacht, ersetzt sie aber durch und spiegelt sie in Thusneldas Rache an Ventidius. Zuvor erleben wir die zunehmende Verwirrung und Beängstigung der getäuschten Römer, hernach die demütigende Tötung des Varus (dem der – historisch bezeugte – Selbstmord misslungen ist: V. 2476–79) und am Schluss die triumphale Siegesfeier mitsamt der Einigung Marbods und Herrmanns auf eine Königswahl und der Hinrichtung des halsstarrigen Fürsten Aristan. Ein letzter Aufruf Herrmanns gilt der Fortführung des Kampfes bis zur Zerstörung Roms: Die Steigerung des Geschehens wird also noch über das Ende des Stücks hinaus verlängert.

Forcierte Eindeutigkeit kennzeichnet auch die Gedichte des Jahres 1809, die erst später (ab 1813) veröffentlicht wurden, von denen einige aber schon damals in Manuskripten Kleists und in Abschriften von anderer Hand im Umlauf waren. Das gilt vor allem für die *Germania*-Ode, die sich formal an Schillers Lied *An die Freude* anlehnt, inhaltlich aber die Idee einer allgemeinen Menschheitsverbrüderung ins Gegenteil verkehrt. Strukturiert ist das Gedicht als Wechselgesang zwischen »Germania«, der Personifikation Deutschlands, und ›ihren Kindern‹: den Bewohnern all je-

---

[85] Vgl. das im Kapitel über *Robert Guiskard* diskutierte Tragödienschema (S. 213 f.), das hier allerdings im Sinne eines (scheinbar?) nicht tragischen Schlusses verändert wäre.

ner Regionen, die Kleist unter dem Namen ›Deutschland‹ zusammenfasst. Dem Weckruf ›Germanias‹ antwortet der Chor zunächst mit einer erstaunten Frage, dann mit dem Griff zu den Waffen, und im folgenden übertrumpft er sogar das jeweils von ›Germania‹ Vorgegebene oder fasst es hyperbolisch zusammen. Hier wird also genau das vorgeführt, was Kleist sich als Wirkung seiner Agitation erhoffte: Seinem Aufruf sollte begeisterte und tatkräftige Zustimmung folgen. In der vierten Strophe steigert sich der Vernichtungswille zu schon deliranter Wut:

> Alle Plätze, Trift' und Stätten,
> Färbt mit ihren Knochen weiß;
> Welchen Rab' und Fuchs verschmähten,
> Gebet ihn den Fischen preis;
> Dämmt den Rhein mit ihren Leichen;
> Laßt, gestäuft von ihrem Bein,
> Schäumend um die Pfalz ihn weichen,
> Und ihn dann die Grenze sein!
>
> *Chor*
> Eine Lustjagd, wie wenn Schützen
> Auf der Spur dem Wolfe sitzen!
> Schlagt ihn tot! Das Weltgericht
> Fragt euch nach den Gründen nicht!
>
> (SWB III,428/430).[86]

Die hier wie bereits in der *Herrmannsschlacht* betriebene ›Vertierung‹ der Feinde findet sich auch im *Kriegslied des Deutschen*: Bären, Panther, Wölfe, Füchse, Adler, Geier

---

[86] Entgegen einer häufig vertretenen Meinung handelt es sich hier nicht um eine Verspottung oder Zurückweisung von Schillers Diktum »Die Weltgeschichte ist das Weltgericht« (aus dem Gedicht *Resignation*), sondern um eine Vereinnahmung dieses Diktums in der hyperbolischen Behauptung, die Gründe für die Tötung der Franzosen seien so offensichtlich und selbstverständlich, dass sie einer expliziten Darlegung vor dem ›Weltgericht‹ gar nicht bedürften.

und Schlangen seien erfolgreich ausgerottet oder vertrieben: »Nur der Franzmann zeigt sich noch / In dem deutschen Reiche; / Brüder, nehmt die Keule doch, / Daß er gleichfalls weiche.« (SWB III,434).

Den Aufrufen zur Vernichtung der Feinde entspricht der Appell an eine unbegrenzte Opferbereitschaft, wie sie schon Kleists Herrmann verlangt hatte. Ein Gedicht an den Erzherzog Carl, den österreichischen Oberkommandierenden, propagiert den Kampf selbst um den Preis der totalen Niederlage: »Nicht der Sieg ists, den der Deutsche fodert, / Hülflos, wie er schon am Abgrund steht; / Wenn der Kampf nur fackelgleich entlodert, / Wert der Leiche die zu Grabe geht.« (SWB III,436). Die Parole »Sieg oder Untergang« steht auch am Schluss der *Germania*-Ode und am Schluss des *Katechismus der Deutschen*:

> Eine Pyramide bauen
> Laßt uns, in des Himmels Auen,
> Krönen mit dem Gipfelstein:
> Oder unser Grabmal sein!«
> (SWB III,432)[87]

und:

> *Fr.* [...] Also auch, wenn Alles untergigne, und kein Mensch, Weiber und Kinder mit eingerechnet, am Leben bliebe, würdest du den Kampf noch billigen?
> *Antw.* Allerdings, mein Vater.
> *Fr.* Warum?
> *Antw.* Weil es Gott lieb ist, wenn Menschen, ihrer Freiheit wegen, sterben.
> *Fr.* Was aber ist ihm ein Greuel?
> *Antw.* Wenn Sklaven leben.
>
> (SWB III,491)

---

87 Das Bild ist der *Penthesilea* entnommen (vgl. dort V. 716–720).

Im Ganzen freilich zeigen die Prosatexte aus dem Jahre 1809 ein differenzierteres Bild als die gleichzeitigen hyperbolisch überanstrengten Gedichte. Da gibt es den tendenziös gefärbten Bericht *Über die Abreise des Königs von Sachsen aus Dreßden*, es gibt ein sarkastisches *Lehrbuch der französischen Journalistik*, das in der Form eines Mathematikbuchs die verschiedenen Methoden der Verschleierung und der Lüge vorführt; es gibt die *Satyrischen Briefe*, in denen Kleist die Rollen von Negativ-Figuren einnimmt: eines opportunistischen Rheinbund-Offiziers, eines dümmlichen Landfräuleins, das sich von einem französischen Fatzke hat schwängern lassen, und eines verräterischen Bürgermeisters, dem sein Profit wichtiger ist als die Verteidigung der Stadt gegen die Franzosen.[88] Ferner gibt es den rhetorisch glänzenden Aufruf *Was gilt es in diesem Kriege?* und die Fabel *Die Bedingung des Gärtners*, die im Bild einer wirksamen Bekämpfung von Überschwemmungen die österreichischen Landwehren dazu animieren wollte, auch außerhalb der Landesgrenzen zu kämpfen.

Für den *Katechismus der Deutschen* gab es ein spanisches Vorbild, das die österreichischen Behörden hatten übersetzen lassen und das Kleist entschieden umformte. Das war schon deshalb nötig, weil zunächst einmal geklärt werden musste, für welches Land eigentlich gekämpft werden sollte, da ein Staat ›Deutschland‹ ja nicht existierte. Kleist behalf sich mit einem Rückgriff auf das 1806 aufgelöste »Heilige Römische Reich Deutscher Nation« und mit der Berufung auf den Kaiser Franz als des »Vormunds, Retters und Wiederherstellers der Deutschen« (SWB III,491). – Nach der verlorenen Schlacht bei Wagram, als die österreichische Führung hinsichtlich der weiteren Schritte noch unschlüssig war, verfasste Kleist in Prag den Aufruf *Über die Rettung von Österreich*, mit dem er und seine Gesinnungsge-

---

88 Der vierte Text, der *Brief eines politischen Pescherä über einen Nürnberger Zeitungsartikel* (SWB III,474–477), hat dagegen einen in Kleists eigenem Sinn argumentierenden fiktiven Verfasser.

nossen für eine entschlossene Wiederaufnahme der Kämpfe eintraten. An diesem Aufruf, der über ein mehrfach durchkorrigiertes Manuskript nicht hinausgelangte (vgl. Müller-Salget, B 13: 1994), ist bemerkenswert, dass Kleist dem Kaiser (der das Ganze gleichwohl unterschreiben sollte) nur noch die Rolle eines »provisorische[n] Regent[en] der Deutschen« zusprach und ihn für die Zeit nach dem Sieg einen allgemeinen Reichstag ankündigen ließ, auf dem die Stände eine Verfassung beschließen sollten (SWB III,501/503). Insgesamt weisen die Korrekturen an und in diesem Aufsatz bereits darauf hin, dass Kleist dabei war, sich von seinem poetisch-hyperbolischen Furor zugunsten einer pragmatischeren Haltung zu verabschieden.

Dass die politischen Texte aus dem Jahre 1809 mit ihrer Propagierung von unbändigem Hass, ›totalem Krieg‹ und verklärtem Untergang von Chauvinisten, Imperialisten und Nationalsozialisten begierig aufgenommen und in ihre jeweiligen Zielsetzungen eingebaut worden sind, ist erwiesen (vgl. Busch, B 3: 1974). Das war umso leichter, als Kleist hier fast gänzlich von seinem Prinzip der Darstellung einer unauflöslichen Mehrdeutigkeit abgegangen war, vielmehr mit blanken Eindeutigkeiten und einer grellen Schwarz-Weiß-Zeichnung aufzutrumpfen suchte. Gerade das wild Übertreibende dieser Texte zeigt, wie sehr und mit welcher Anstrengung er an seiner Eigenart vorbei-, gegen sie anschrieb. – Historisch bleibt festzuhalten, dass Kleist keinem Imperialismus das Wort geredet hat, nicht einer Machterweiterung ›Deutschlands‹ und nicht der Eroberung fremden Terrains. Ihm ging es um die Befreiung von Fremdherrschaft und, in der *Rettung von Österreich*, um eine Umgestaltung der Herrschaftsverhältnisse in Deutschland. In dem Aufruf *Was gilt es in diesem Kriege?* wird als Fernziel die Schaffung einer Weltregierung genannt, »die, in freier Wahl, von der Gesamtheit aller Brüder-Nationen, gesetzt wäre« (SWB III,478), eine Idee, die auch in der *Herrmannsschlacht*

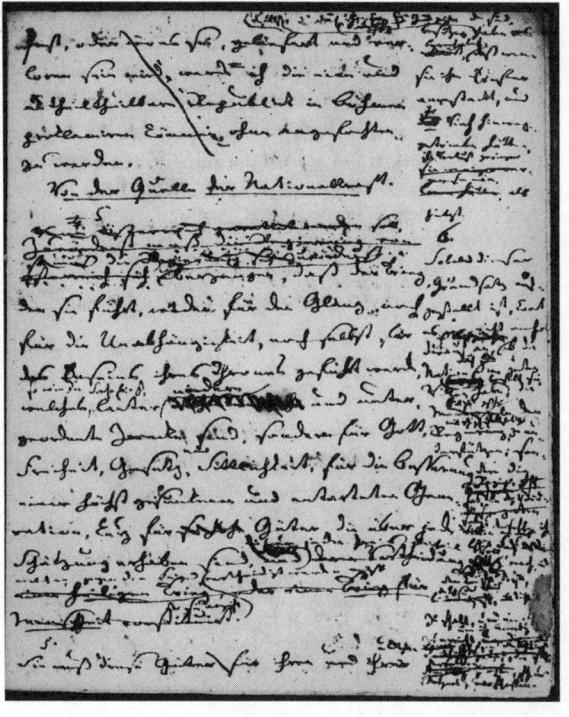

Kleists Entwurf *Über die Rettung von Österreich*, Seite 3

ausgesprochen wird (V. 304–314). – Wer also Kleist im Sinne eines Imperialismus vereinnahmen (oder anklagen) will, muss die historische Situation von 1809 wegretuschieren. Erst recht gilt das für den Nationalsozialismus und seinen Rassismus. Kleist hat sich niemals rassistisch oder antijüdisch geäußert, dies sehr im Unterschied zu Clemens Brentano und vor allem zu Achim von Arnim. Es ist denn auch ausgerechnet ein aus dem Reich Hitlers vertriebener deutsch-jüdischer Wissenschaftler gewesen, Richard Samuel, der sowohl in seiner umfänglichen Dissertation, 1938 in Cambridge vorgelegt und erst sehr spät ins Deutsche übertragen (B 8: 1995), als auch in zahlreichen Aufsätzen nach 1945 immer wieder auf die auch fortschrittlichen Züge in Kleists politischen Schriften aufmerksam gemacht hat.

9

Ein »vaterländisches« Traumspiel[89]:
Prinz Friedrich von Homburg

Das (ebenso wie *Die Herrmannsschlacht*) erst 1821 aus dem Nachlass publizierte und im gleichen Jahr in Wien uraufgeführte Stück ist im 19. Jahrhundert, nach dem *Käthchen*

---

[89] Kleist hat das Stück in zwei Briefen ein »vaterländisches« genannt (SWB IV,496,501), wobei ›vaterländisch‹ nicht unbedingt mit ›patriotisch‹ gleichzusetzen ist. Johann Friedrich Reichardt hat 1796 den *Hofmeister* von Lenz ein »vaterländische[s] Stück« genannt, und zwar wegen der treffenden Zeichnung kurländischer und preußischer (also: heimischer) Sitten (zit. nach: Friedrich Voit, *Erläuterungen und Dokumente: Jakob Michael Reinhold Lenz, »Der Hofmeister oder Vorteile der Privaterziehung«*, Stuttgart 1986, S. 81). – Adelungs Wörterbuch (B 4: 1811) erklärt »vaterländisch« mit »in dem Vaterlande gegründet, aus demselben her, in demselben üblich.« – Kleist *kann* also schlicht gemeint haben: ein Stück, das auf heimischem Boden spielt bzw. dessen Stoff aus der brandenburgischen Geschichte genommen ist.

von Heilbronn, Kleists größter Theatererfolg geworden. Diesen Erfolg verdankte es nicht zum wenigsten einem bis heute fortwirkenden Missverständnis, dem zufolge der träumerisch ruhmsüchtige Prinz von einem gottvaterähnlichen Großen Kurfürsten einem Erziehungsprozess unterworfen und solcherart zu einem brauchbaren Mitglied und Diener des Staates gemacht werde. In dieser Optik konnte das Stück zum Lieblingsdrama Kaiser Wilhelms II. avancieren, zum »Weihespiel der Hohenzollern« (Seeba in SWB II,1212). Oft übersehen wird der Umstand, dass auch der Kurfürst einen Lernprozess durchmacht und dass es wohl kaum nur um Erziehung geht, wenn bereits das Grab für den Hinzurichtenden geöffnet wird. Als Schlüsselfigur fungiert die von Kleist erfundene Prinzessin Natalie von Oranien, und zwar in zweierlei Hinsicht: als Eifersuchtsobjekt in dem persönlichen Konflikt zwischen dem Prinzen und dem Kurfürsten, der als Vater-Sohn-Konflikt angelegt ist, und zum anderen als die vermittelnde, klar denkende und entscheidend eingreifende Person, die im Gegensatz zu den männlichen Prinzipienreitern imstande ist, »sowohl – als auch« zu denken:

> Das Kriegsgesetz, das weiß ich wohl, soll herrschen,
> Jedoch die lieblichen Gefühle auch.
>
> (V. 1129f.)

Historisch liegt dem Stück der Sieg des (»Großen«) Kurfürsten Friedrich Wilhelm I. von Brandenburg über ein (mit Frankreich verbündetes) schwedisches Heer zugrunde, der am 28. Juni 1675 bei Fehrbellin (gut 50 km nordwestlich von Berlin) erfochten wurde. Ebenso wie die Schlacht im Teutoburger Wald gilt der Sieg bei Fehrbellin als einschneidendes Ereignis, weil mit der Verdrängung der Schweden der Aufstieg Brandenburgs (dann: Preußens) zur Großmacht begann. Als Führer der Reiterei nahm auch Friedrich von Homburg an der Schlacht teil; der nachmalige Landgraf von Hessen-Homburg zählte damals 42 Jahre, war in zweiter Ehe mit einer Nichte des Kurfürsten verheiratet, hatte eine ganze Reihe von Kindern und trug seit einer schweren Verwundung im Jahre 1659 statt des linken Beins eine silberne Prothese. Er war also alles andere als der träumende Jüngling, den Kleist aus ihm gemacht hat.

Neben der Vertreibung eines Besatzerheeres ergab sich für den Autor ein weiterer aktueller Bezug aus der Geschichte von der angeblichen Insubordination des Homburgers gegen einen ausdrücklichen Befehl des Kurfürsten; diese Legende entstammt den 1751 in Berlin veröffentlichten *Mémoires pour servir à l'histoire de la Maison de Brandebourg* Friedrichs des Großen und besagt, Friedrich von Homburg habe befehlswidrig den Kampf zu früh eröffnet und wäre verloren gewesen, hätte nicht der Kurfürst selbst ihn mit den übrigen Truppen herausgehauen.[90] Nach der Schlacht habe der Kurfürst zu ihm gesagt: »Wenn ich Euch nach der Strenge der Kriegsgesetze richtete, hättet Ihr das Leben verwirkt. Aber verhüte Gott, daß ich den Glanz eines solchen Glückstages beflecke, indem ich das Blut eines Fürsten vergieße, der ein Hauptwerkzeug meines Sieges war!« (zit. nach SWB II,1166). Kleist radikalisiert das zum tatsächlichen Kriegsgerichtsverfahren samt Todesurteil und kompliziert die Handlung durch die Rivalität zwischen Prinz und Kurfürst um Natalie (und um den Ruhm).

Das Thema Insubordination (Gehorsamsverweigerung während einer Kriegshandlung) war zur Entstehungszeit des Stücks höchst aktuell. Der preußische König Friedrich Wilhelm III. lehnte von seinem legalistischen Standpunkt aus die von Scharnhorst, Gneisenau und dem Freiherrn vom Stein befürworteten Pläne für einen Volksaufstand gegen die Franzosen kategorisch ab und verurteilte alle selbständig gegen die Besatzungsmacht gerichteten Unternehmungen aufs Schärfste, so z. B. das Freikorps-Unterneh-

---

[90] Die von Kleist ebenfalls verwendete Legende um den Tod des Stallmeisters Froben (V. 655–677) entstammt derselben Quelle.

men des Majors Ferdinand von Schill im April/Mai 1809, das einen allgemeinen Aufstand provozieren sollte, aber von französischen Hilfstruppen niedergeschlagen wurde. Einige Jahre zuvor hatte sogar ein preußischer Prinz ein entsprechend ›schlechtes Beispiel‹ gegeben: Vier Tage vor der Schlacht bei Jena und Auerstedt, am 10. Oktober 1806 (Kleists Geburtstag), hatte Prinz Louis Ferdinand entgegen dem Befehl der Oberkommandierenden mit seinen Vorhuttruppen bei Saalfeld die Franzosen angegriffen und war in diesem aussichtslosen Kampf ums Leben gekommen. Die ungünstigen Urteile, die am Hof über den kunstliebenden und feinsinnigen, dabei patriotisch und kühn denkenden Prinzen umgingen, dürften bei Kleist auf erheblichen Widerstand gestoßen sein. Der hier bestehende Bezug wird durch eine briefliche Mitteilung des Autors bestärkt, der zufolge sein *Prinz Friedrich von Homburg* »auf dem Privattheater des Prinzen Radziwil« aufgeführt werden sollte (SWB IV,443); Radziwill war mit Louis Ferdinands Lieblingsschwester Louise Friederike verheiratet.

Über die Halbherzigkeit und Zögerlichkeit seines Königs hat Kleist sich des Öfteren beklagt, vor allem darüber, dass er die Pläne zu einer Volkserhebung als pure ›Anarchie‹ verwarf und entsprechende Ratgeber vor den Kopf stieß. Rühmend hob Kleist stattdessen die Haltung der Königin Louise hervor (vgl. S. 83). Ihr wollte er ursprünglich ja auch das Stück *Prinz Friedrich von Homburg* widmen, und als Huldigung an sie dürfte die Gestaltung der Prinzessin Natalie gedacht gewesen sein.

Offenkundig wollte Kleist die Erinnerung an die ›heroische‹ Vergangenheit Brandenburg-Preußens für einen Appell an seinen König nutzen, auch ungewöhnliche, abweichende Vorschläge und Gestalten zu akzeptieren, sofern sie vom ›richtigen‹ Geist beseelt waren.

Im Stück geht es nicht um eine mögliche Volkserhebung, sondern in der Tat um einen klaren Fall von Insubordination. Höchst unklar und vermischt sind freilich die Ursachen und die Motive für diese Befehlsmissachtung, und einigermaßen kompliziert sind auch die Reaktionen der Betroffenen. Das liegt nicht nur daran, dass der militärische Diskurs mit einem erotischen Diskurs verschränkt ist; es kommt noch hinzu, dass Kleists Prinz ein Schlafwandler ist und zu Beginn des Stücks während eines solchen ›Anfalls‹ in höchst rücksichtsloser Weise ›vorgeführt‹ wird. Sein Freund Hohenzollern, offenkundig nicht ganz frei von Missgunst, holt den Kurfürsten, die Kurfürstin, die Prinzessin Natalie und andere in den Garten, um ihnen zu zeigen, wie der Prinz, »mit bloßem Haupt und offner Brust« (vor V. 1), also ganz ›ungeschützt‹, im Mondschein sitzt und sich einen Lorbeerkranz flicht: »Sterngucker sieht er, wett' ich, schon im Geist, / Aus Sonnen einen Siegeskranz ihm winden.« (V. 57f.). Die Kurfürstin und Natalie urteilen ganz richtig, dass man dem Prinzen lieber helfen statt seiner spotten sollte, aber der Kurfürst will sehen, »wie weit er's treibt« (V. 64). In Wahrheit ist es der Kurfürst, der den Prinzen dazu treibt, sein Innerstes zu offenbaren; denn er nimmt ihm den Kranz aus der Hand, schlingt seine Halskette darum und gibt beides der Prinzessin Natalie, die der Prinz flüsternd als »Mein Mädchen! Meine Braut!« anspricht, den Kurfürsten als »Mein Vater!«, die Kurfürstin als »O meine Mutter!« (V. 65–68). Betroffen weicht man vor ihm zurück, wobei er einen Handschuh Natalies erhascht. Der Kurfürst verabschiedet sich mit einer harschen Zurechtweisung:

> In's Nichts mit dir zurück, Herr Prinz von Homburg,
> In's Nichts, in's Nichts! In dem Gefild der Schlacht,
> Sehn wir, wenn's Dir gefällig ist, uns wieder!
> Im Traum erringt man solche Dinge nicht!
>
> (V. 74–77)

Sowohl die Beteiligten als auch die Zuschauer wissen nun um die innersten Wünsche des Prinzen, haben dieses Wissen aber auf unredliche Weise erworben. Die heftigen Worte des Kurfürsten lassen auf Eifersucht schließen, sowohl hinsichtlich des Kriegsruhms als auch bezüglich des »Töchterchens« Natalie (V. 243 u. ö.). Von der Handlung her motiviert die Szene die Verwirrtheit des Prinzen, nachdem Hohenzollern ihn aufgeweckt hat. Dagegen, alles für bloßen Traum zu halten, spricht das Indiz, der Handschuh; wer dessen Besitzerin ist, wird dem Prinzen erst während der Befehlsausgabe klar, die in einem zusätzlich verwirrenden Durcheinander stattfindet, da der Kurfürst, seine Gattin und Natalie gleichzeitig die Abreise der beiden Damen organisieren:

EIN HEIDUCK *tritt auf:*
 Der Wagen gnäd'ge Frau, ist vorgefahren.
  Die Damen stehen auf.
FELDMARSCHALL.
 Der Prinz von Homburg –
DER KURFÜRST *erhebt sich gleichfalls:*
   – Ist Ramin bereit?
DER HEIDUCK Er harrt zu Pferd' schon unten am Portal.
 Die Herrschaften nehmen Abschied voneinander.
GRAF TRUCHSESS *schreibt:*
 Der hinter ihrem rechten Flügel liegt.
FELDMARSCHALL. Der Prinz von Homburg –
 Wo ist der Prinz von Homburg?
GRAF VON HOHENZOLLERN *heimlich:* Arthur![91]
DER PRINZ VON HOMBURG *fährt zusammen:* Hier!
HOHENZOLLERN.
 Bist Du bei Sinnen?
DER PRINZ VON HOMBURG.
    Was befiehlt mein Marschall?
       (V. 266–272)

---

[91] Den von Kleist erfundenen, seinerzeit nur in England gebräuchlichen ›zweiten‹ Vornamen des Prinzen hat Horst Häker als Huldigung an den englischen General Arthur Wellesley, Lord Wellington verstanden, über dessen Kämpfe gegen die französischen Truppen in Portugal die *Berliner Abendblätter* sehr aufmerksam und mit merklicher Sympathie berichtet haben (Häker, B 6: 1989, 140f.).

Die Entdeckung, dass der Handschuh Natalie gehört, trifft den Prinzen dann wie ein Blitz, während gleichzeitig die ihn betreffenden Anweisungen erteilt werden, und diese Entdeckung ist ihm entschieden wichtiger als die Mahnung des Kurfürsten, ihm nicht wieder, wie schon zweimal zuvor, durch Übereiltheit einen Sieg zu verscherzen. Der 1. Akt schließt mit einer siegesgewissen Anrede Homburgs an die Glücksgöttin (V. 355–365).

Die Inszenierung des Kurfürsten im ersten Auftritt hat also nicht nur die Verwirrung des Prinzen bei der Befehlsausgabe bewirkt, sondern ihn auch in seiner Ruhmbegierde noch entschieden bestärkt. Darum hält er sich andertags nicht an die ihm nochmals in aller Klarheit mitgeteilte Order (einen ausdrücklichen Befehl zum Vorrücken abzuwarten), sondern lässt, als alle bereits in Siegesgeschrei ausbrechen (V. 467), zum Angriff blasen: Offenkundig will er auf keinen Fall zu spät kommen. Diese verfrühte Attacke kostet viele seiner Reiter das Leben (V. 531–533) und ermöglicht es den Schweden, sich über eine noch nicht besetzte Brücke zurückzuziehen (V. 559–562). Sogar den Kurfürsten glaubt man gefallen (in Wahrheit hatte sein Stallmeister Froben ihn dazu bewegt, mit ihm das Pferd – einen weithin sichtbaren Schimmel – zu tauschen); dieser Fehlglaube spornt dann allerdings die Prinzen zur entscheidend siegreichen Attacke an (V. 550–562). Im Gespräch mit der trauernden Kurfürstin und Natalie ist er schon dabei, die Stelle des Kurfürsten einzunehmen, und kann Natalie zu einem Liebesgeständnis bewegen (II 6).

Der Stallmeister Froben ist, als »Opfer seiner Treue« (V. 676), eine Gegenfigur zum egozentrischen Prinzen. Diese Entgegensetzung wird in den letzten Auftritten des 2. Akts sinnfällig in Szene gesetzt, insofern die Verhaftung des Prinzen im Angesicht der feierlich aufgebahrten Leiche Frobens vor sich geht. Der Kurfürst (in der Meinung freilich, der Prinz habe, einer Verwundung wegen, die Reiterei *nicht* geführt) erklärt den Anführer der Reiterei für »des

Todes schuldig« und lädt ihn vor ein Kriegsgericht (V. 720f. und 735–737).[92] Als dann der Prinz mit den erbeuteten schwedischen Fahnen erscheint, lässt der Kurfürst ihn konsequenterweise gefangen nehmen; die Offiziere sind betroffen, glauben aber: »Es wird den Hals nicht kosten« (V. 775), während der Prinz den Kurfürsten mit dem römischen Konsul Lucius Junius Brutus gleichsetzt, der seine beiden Söhne (wegen Teilnahme an einer antirepublikanischen Verschwörung) hinrichten ließ: »Bei Gott, in mir nicht findet er den Sohn, / Der, unterm Beil des Henkers, ihn bewundre.« (V. 782f.).[93] Ausdrücklich also wird hier die Vater-Sohn-Konstellation aus dem ersten Auftritt wieder aufgenommen, allerdings unter dramatisch veränderten Vorzeichen.

Zum rigorosen Vorgehen des Kurfürsten gibt es ein wenig beachtetes Pendant im 2. Auftritt des 2. Akts: Als der erste Offizier den Prinzen an seiner unbotmäßigen Attacke hindern und ihm den Degen abnehmen lassen will, wird Homburg tätlich, reißt dem Offizier »das Schwert samt dem Gürtel« ab (vor V. 489) und lässt ihn, unter Berufung auf die – offenbar ›ungeschriebenen‹ – »zehn märkischen Gebote« (V. 487), gefangen ins Hauptquartier abführen. Demgegenüber erscheint die Maßnahme des Kurfürsten bei weitem gerechtfertigter.[94]

Der 3. Akt zeigt Homburg im Gefängnis. Das Kriegsgericht hat ihn erwartungsgemäß zum Tode verurteilt, was er aber als bloße Formalie ansieht: »Der Kurfürst hat getan, was Pflicht erheischte, / Und nun wird er dem Herzen auch gehorchen.« (V. 820f.). Er sei dem Kurfürsten wert »wie ein Sohn« (V. 830) – womit er die frühere Brutus-As-

---

92 Entgegen der Meinung einiger Interpreten nimmt der Kurfürst hier nicht das Urteil vorweg, sondern formuliert seine Anklage (so auch Hamacher, B 9h: 1999a, 36).

93 Vgl. hierzu Grathoff, B 8: 1999, 190–197 (erstmals 1994) sowie Hamacher, B 9h: 1999a, 38–41.

94 Kleist geht von den Kriegsrechtsverhältnissen seiner Zeit aus; zur Zeit des Großen Kurfürsten gab es keine gesetzliche Handhabe gegen Insubordination von Seiten eines Generals (Just, B 9h: 1993, 52).

soziation offenbar verdrängt. Erst als Hohenzollern ihm mitteilt, dass der Kurfürst sich das Urteil zur Unterschrift hat kommen lassen, wird er irre an seiner Zuversicht, und dann glauben beide den Grund für die Unerbittlichkeit des Fürsten in Homburgs Fast-Verlobung mit Natalie gefunden zu haben; denn an die Verbindung mit der Prinzessin hat der schwedische König seine Zustimmung zu einem Friedensschluss geknüpft. Der Prinz eilt zur Kurfürstin und erscheint dort (nach einem Szenenwechsel) in bejammernswürdiger Verfassung: Er hat unterwegs das für ihn bereits geöffnete Grab gesehen, will nichts mehr wie leben und sagt sich von Natalie los, der er unsinnigerweise nahelegt, in ein Jungfrauenstift einzutreten. Trotz dieser starken Zumutungen versucht sie ihn aufzurichten und verspricht ihm, sich bei ihrem Oheim für ihn einzusetzen. – Diese sogenannte Todesfurcht-Szene ist von vielen Zeitgenossen als anstößig empfunden und in mancher Bearbeitung abgeschwächt oder ganz getilgt worden: Ein preußischer Offizier habe keine Todesangst zu empfinden (vgl. SWB II,1200f.). Dass es etwas ganz anderes ist, sich wagemutig in eine Schlacht mit für den Einzelnen ganz ungewissem Ausgang zu stürzen, als mit der Gewissheit konfrontiert zu sein, anderntags exekutiert zu werden, wurde dabei ignoriert. Höchst unerquicklich bleibt gleichwohl die Art, wie Homburg sich von Natalie lossagt und sie gleichzeitig (über die ihr ›empfohlene‹ Ehelosigkeit) an sich zu fesseln sucht.

Erst im 4. Akt erfolgt die Peripetie. Zunächst verweigert der Kurfürst auch Natalie gegenüber hartnäckig die Begnadigung,[95] reagiert aber betroffen auf die Schilderung von Homburgs Zusammenbruch und sichert nun die Begnadigung zu, freilich unter einer Bedingung: »Wenn er den

---

95 Seltsam berührt, dass die von Homburg zuvor genannten Alternativen zur Hinrichtung (z. B. Ausschluss aus dem Heer; vgl. V. 1000–02) mit keinem Wort erwogen werden, so, als sei Begnadigung gleichbedeutend mit totalem Straferlass.

Prinz Friedrich von Homburg: Gérard Philippe in der Inszenierung von Jean Vilar (Paris 1951)

Spruch für ungerecht kann halten / Kassier' ich die Artikel; er ist frei!« (V. 1185 f.). Natalie ist viel zu klug, als dass sie dem plötzlichen Sinneswandel ihres Oheims trauen könnte. Dass Graf Reuß ihr eine Bittschrift zugunsten des Prinzen vorlegt, kommt ihr gerade recht. Da ihr die Zahl der Unterzeichner zu gering erscheint, beordert sie den Obristen Kottwitz mitsamt ihrem Regiment, angeblich auf Befehl des Kurfürsten, nach Fehrbellin, lässt diese (strafwürdige!) Ordre aber erst nach dem Gespräch mit dem Prinzen abgehen.

Homburg wird uns zunächst allein gezeigt; sein Monolog über die Kürze des Lebens und über den Tod lässt ihn schon sehr viel gefasster erscheinen. Natalie überbringt den Brief des Kurfürsten, erkennt sofort den Pferdefuß (V. 1311: »Meint ihr, ein Unrecht sei euch widerfahren«), versucht darüber wegzureden, kann den Prinzen aber nicht täuschen. Der reagiert sarkastisch: »Recht wacker, in der Tat, recht würdig! / Recht, wie ein großes Herz sich fassen muß!« (V. 1343 f.). Seinen Antwortbrief kommentiert er so:

> Ich will ihm, der so würdig vor mir steht,
> Nicht, ein Unwürd'ger, gegenüber stehn!
> Schuld ruht, bedeutende, mir auf der Brust,
> Wie ich es wohl erkenne; kann er mir
> Vergeben nur, wenn ich mit ihm drum streite,
> So mag ich nichts von seiner Gnade wissen.
>
> (V. 1380–85)

Damit gewinnt er die moralische Überlegenheit zurück – und Natalies Liebe:

> Nimm diesen Kuß! – Und bohrten gleich zwölf
>   Kugeln
> Dich jetzt in Staub, nicht halten könnt' ich mich,
> Und jauchzt' und weint' und spräche: Du gefällst mir;
> […].
>
> (V. 1386–88)

Gleichwohl schickt sie nun den Grafen Reuß mit dem angeblichen Befehl des Kurfürsten zu Kottwitz (da es ihr gescheiterweise nicht genügt, einen toten Helden zu bewundern).

Der 5. Akt beginnt mit der Reaktion des Kurfürsten auf die unbotmäßige Veranstaltung einer Zusammenkunft der gesamten Generalität (V. 1412f.: »Wenn ich der Dei von Tunis wäre [ein orientalischer Tyrann also], / Schlüg' ich, bei so zweideut'gem Vorfall, Lärm«). Feldmarschall Dörfling will von Plänen zur gewaltsamen Befreiung Homburgs gehört haben, drängt auf Begnadigung. Noch bevor die Abgesandten der Generalität eintreten, erhält der Kurfürst den Brief des Prinzen, der ihn offensichtlich dazu bestimmt, nun tatsächlich die Begnadigung auszusprechen: Er verlangt, dass ihm das Todesurteil und der Pass für den schwedischen Gesandten gebracht werden.

Kottwitz, der im Namen des gesamten Heeres die Bittschrift überreicht, beruft sich, nach dem Grund seines Erscheinens befragt, auf die Ordre Natalies, gegen die der Kurfürst nun eigentlich auch ein Verfahren wegen Befehlsanmaßung oder dergleichen anstrengen müsste. Wohl im Bewusstsein, damit den Bogen endgültig zu überspannen, deckt er Natalies Eigenmächtigkeit, lässt stattdessen seinen Unmut an den Offizieren aus und behauptet, Kottwitz sei herbeibeordert worden, um anderntags mit seinen Schwadronen dem Prinzen die letzte Ehre zu erweisen (V. 1498-1500). Kottwitz, nachdem er sich wieder gefasst hat, führt gegen das starre Gesetzesdenken des Kurfürsten, gegen die totale Instrumentalisierung der Soldaten deren persönliche Beziehung zum Fürsten und die Notwendigkeit eines gewissen Ermessensspielraums des Einzelnen ins Feld. Um solches abzuwehren, schickt der Kurfürst nach dem Prinzen, muss sich vorher aber noch von Hohenzollern vorhalten lassen, dass er selbst mit seiner Inszenierung zu Beginn die Geistesabwesenheit Homburgs verschuldet habe. Hierauf reagiert er mit Schimpfworten (V. 1714: »Tor, der Du bist, Blödsinniger!«), was zeigt (zeigen soll), dass diese Argumentation ihm doch zusetzt.

Der Prinz, der zuvor noch einmal sein Grab betrachtet hat, erscheint und beharrt auf seinem Entschluss, »den Tod, der mir erkannt, [zu] erdulden« (V. 1745):

> Ich will das heilige Gesetz des Kriegs,
> Das ich verletzt' im Angesicht des Heers,
> Durch einen freien Tod verherrlichen!
>
> (V. 1750–52)

Mit dieser Volte hat er dem Kurfürsten das Gesetz des Handelns aus der Hand genommen: Er wird nicht als ein Verurteilter sterben, sondern weil er selbst es will. Dieses Superioritätsgefühl prägt auch noch seinen berühmten Monolog im 10. Auftritt (V. 1830: »Nun, o Unsterblichkeit, bist Du ganz mein!«), der ja nichts weniger imaginiert als eine Himmelfahrt. – In der vorangehenden Szene hat ihm der Kurfürst noch zugesagt, Natalie nicht an den schwedischen König zu verheiraten, sondern den Kampf, mit Homburgs »Geist, tot vor den Fahnen schreitend« (V. 1792), weiterzuführen, wofür er vom Prinzen mit exaltiertem Lob bedankt wurde. Als die Offiziere nach Homburgs Abgang sich kalt verabschieden wollen, lässt der Kurfürst endlich die Verstellung fallen und fragt sie, ob sie es noch einmal mit dem Prinzen versuchen wollen. Nun verfällt auch Kottwitz in Exaltation:

> Bei dem lebend'gen Gott,
> Du könntest an Verderbens Abgrund stehn,
> Daß er, um Dir zu helfen, dich zu retten,
> Auch nicht das Schwert mehr zückte, ungerufen!
>
> (V. 1825–28)[96]

---

[96] Hamacher (B 9h: 1999a, 65) meint: »Der gegen den Kurfürsten gerichtete Sarkasmus der Stelle ist kaum zu überhören.« Vom Kontext her scheint diese Deutung des hyperbolischen Lobpreises dessen, was die »Schule dieser Tage« (V. 1822) erbracht hat, eher unwahrscheinlich (leider).

Die Schlussszenen bringen wieder einmal einen sadistisch getönten rabiaten Glückswechsel. Zu den Klängen des »Totenmarsches« (vor V. 1830) wird der Prinz mit verbundenen Augen zu seiner vermeintlichen Hinrichtung geführt; dann aber wird die Inszenierung der Eingangsszene Wirklichkeit, woraufhin der Prinz in Ohnmacht fällt. Mit einigem Recht meint Natalie: »Himmel! Die Freude tötet ihn!« (V. 1852), während der Kurfürst ihn mit Kanonendonner aufwecken lässt. Nun hat er die Superiorität zurückgewonnen. Verwirrt fragt der Prinz: »Nein, sagt! Ist es ein Traum?«, und Kottwitz antwortet vieldeutig: »Ein Traum, was sonst?« (V. 1856). Das abschließende Feldgeschrei (V. 1858: »In Staub mit allen Feinden Brandenburgs!«) kann über die Zwiespältigkeit dieses Schlusses nicht hinwegtäuschen, soll es wohl auch kaum.

Ob wirklich Freude den Prinzen in Ohnmacht fallen lässt oder aber die Enttäuschung über den Rückfall aus Unsterblichkeit in Sterblichkeit (auch des Ruhms), bleibt unentschieden, und ob der Kurfürst, über den Einzelfall (und über die Rücksicht auf das »Töchterchen«) hinaus, etwas gelernt haben soll im Sinne einer Auffassung vom »Recht als Verständigung unter Gleichen« (Lüderssen, B 9h: 1985), wird in der herrscherlichen Schluss-Inszenierung nicht mehr thematisiert. Mit Recht hat Bernd Leistner von einer »dissonanten Utopie« gesprochen (B 9h: 1979).

10

Die *Berliner Abendblätter*

Die Geschichte dieses ehrgeizigen Unternehmens ist schon im biographischen Teil dargestellt worden (S. 105–113). Ebenfalls schon erwähnt wurde die neuere Tendenz, nicht

Berliner Abendblätter.

1stes Blatt. Den 1sten October 1810.

Einleitung.

Gebet des Zoroaster.
(Aus einer indischen Handschrift, von einem Reisenden in den Ruinen von Palmyra gefunden.)

Gott, mein Vater im Himmel! Du hast dem Menschen ein so freies, herrliches und üppiges Leben bestimmt. Kräfte unendlicher Art, göttliche und thierische, spielen in seiner Brust zusammen, um ihn zum König der Erde zu machen. Gleichwohl, von unsichtbaren Geistern überwältigt, liegt er, auf verwunderungswürdige und unbegreifliche Weise, in Ketten und Banden; das Höchste, von Irrthum geblendet, läßt er zur Seite liegen, und wandelt, wie mit Blindheit geschlagen, unter Jämmerlichkeiten und Nichtigkeiten umher. Ja, er gefällt sich in seinem Zustand; und wenn die Vorwelt nicht wäre und die göttlichen Lieder, die von ihr Kunde geben, so würden wir gar nicht mehr ahnden, von welchen Gipfeln, o Herr! der Mensch um sich schauen kann. Nun lässest du es, von Zeit zu Zeit, niederfallen, wie Schuppen, von dem Auge Eines deiner Knechte, den du dir erwählt, daß er die Thorheiten und Irrthümer seiner Gattung überschaue; ihn rüstest du mit dem Köcher der Rede, daß er, furchtlos und liebreich, mitten unter sie trete, und sie mit Pfeilen, bald schärfer, bald leiser, aus der wunderlichen Schlafsucht, in welcher sie befangen liegen, wecke. Auch mich, o Herr, hast du, in deiner Weisheit, mich wenig Würdigen,

[1]

Berliner Abendblätter. Titelseite des ersten Blatts

nur die zweifelsfrei oder mit hoher Wahrscheinlichkeit von Kleist stammenden oder signifikant bearbeiteten Beiträge, sondern die Zeitung als Ganzes seinem Werk zuzurechnen, da ja die Komposition der jeweiligen Nummer in der Tat in seiner alleinigen Verantwortung gelegen hat (soweit die Zensur keine Änderungen erzwang). Man beruft sich gerne auf die Ankündigung vom 25. September 1810, der zufolge »ein weitläufiger Plan des Werks« existiert habe, der am Schluss des Jahrgangs hätte veröffentlicht werden sollen, damit das Publikum zwischen Absicht und Erfüllung unterscheiden könne (SWB III,651). Sollte ein solcher Plan tatsächlich existiert haben, so kann er, da es sich um eine auf die Zufälligkeiten der vorfallenden Ereignisse verwiesene Tageszeitung handelte, nur recht allgemeine Grundsätze enthalten haben. Zumindest die ersten Nummern lassen allerdings doch erkennen, wie Kleist es bewerkstelligen wollte, »*alle Stände* des Volks« (SWB IV,454) »auf eine vernünftige Art« zu unterhalten (SWB III,651). Die Sensationsgier des Publikums bedienten die zum Teil in Extrablättern abgedruckten Polizeiberichte, die anfangs, zahlreicher Brandstiftungen in und um Berlin halber, größte Aufmerksamkeit erregten. Eine mehr oder minder camouflierte Kritik an französischem Wesen übte das im 1. und 2. Blatt abgedruckte *Fragment eines Schreibens aus Paris* (SWB III,590– 592), dessen erster Teil unmittelbar dem als »Einleitung« zum Gesamtunternehmen der *Abendblätter* fungierenden *Gebet des Zoroaster* folgte (SWB III,541 f.). Unter der Maske des persischen Religionsstifters Zarathustra beklagt Kleist dort das Elend, »in welchem dies Zeitalter darnieder liegt«, und nimmt für sich in Anspruch, über »die Torheiten und Irrtümer seiner Gattung« richten und einen jeden nach seinem Verdienst würdigen oder aburteilen zu können. Schon hier wird deutlich, dass es dem Herausgeber keineswegs um bloße ›Unterhaltung‹ ging, dass er vielmehr sich und seine Mitarbeiter für berechtigt hielt, zu aktuellen Problemen Stellung zu beziehen (was schon in den Blättern 2–4 mit Adam Müllers Beitrag

Freimüthige Gedanken bei Gelegenheit der neuerrichteten Universität in Berlin in die Tat umgesetzt wurde). Ganz am Schluss des 1. Blatts, vor einer redaktionellen Mitteilung, findet sich der unscheinbare Eintrag »*Privatnachrichten*. Der Gr. Gottorp soll in Riga angekommen sein.«[97] Als Graf Gottorp irrte der 1809 gestürzte schwedische König Gustav IV. Adolf, ein glühender Feind Napoleons, durch Europa, um Unterstützung für seine bzw. seines Sohnes Thronansprüche zu finden und die Inthronisation des (von Kleist gehassten) französischen Marschalls Bernadotte (als Karl XIV. Johann) zu verhindern. Diesen letztlich scheiternden Bemühungen hat Kleist in den *Abendblättern* auf verschiedene Weise die Aufmerksamkeit des Publikums zuzuwenden versucht (vgl. Müller-Salget, B 8: 2002). Ähnlich operierte er hinsichtlich des Kampfes der Madame de Staël mit der Zensur (vgl. SWB III,585, 612f., 1170) und vor allem in Bezug auf die kriegerischen Ereignisse in Portugal.

Am 3. November 1810 waren am Schluss der Rubrik »Miscellen« folgende Mitteilungen zu lesen:

> Laut Partikularberichten aus Paris soll das Armee-Korps des Gen. Reynier, an den Portugiesischen Grenzen, von einer großen Übermacht und mit ansehnlichem Verlust zurückgedrängt worden sein. Der Herzog von Abrantes soll dieses Korps zu spät oder gar nicht unterstützt haben, worauf er in Ungnade gefallen und zur Verantwortung gezogen sein soll.
>
> (Schweiz. N. d. 19. Okt.)
>
> Der Moniteur vom 24. Okt. enthält zwei Briefe von Div.Gen. Drouet und vom General-Intendanten der Portug. Armee, Lambert, über die glücklichen Fortschritte der französischen Truppen in Portugal.
>
> (SWB III,613)

---

97 Zitiert nach dem von Helmut Sembdner herausgegebenen reprographischen Nachdruck der *Berliner Abendblätter* (Darmstadt 1982).

Der Widerspruch zwischen den beiden Meldungen musste jedem Leser ins Auge springen, und er mochte geneigt sein, statt dem mit Sicherheit parteilichen *Moniteur* lieber den *Gemeinnützigen Schweizerischen Nachrichten* Glauben zu schenken. Diese Veröffentlichung hatte, wie schon erwähnt (S. 109), eine Beschwerde des französischen Gesandten beim preußischen Außenminister zur Folge, und Kleist reagierte am 5. November mit einem ›Dementi‹, das so gewunden und konjunktivisch abgefasst war, dass es unglaubwürdig wirken musste:

> Ein französischer Kurier, der vergangenen Donnerstag in Berlin angekommen, soll, dem Vernehmen nach dem Gerüchte, als ob die französischen Waffen in Portugal Nachteile erlitten hätten, widersprochen, und im Gegenteil von Siegsnachrichten erzählt haben, die bei seinem Abgang aus Paris in dieser Stadt angekommen wären. (SWB III,613)

Fatal für die *Abendblätter* wurden nicht diese subtilen Widerstandssignale, sondern die Debatte über die preußischen Wirtschaftsreformen, die Adam Müller im 11. Blatt (vom 12. Oktober) mit dem Artikel *Ueber Christian Jakob Kraus* eröffnete und die schließlich zum Verbot aller politischen Beiträge führte.

Der erste der ebenfalls allerhöchstes Missfallen hervorrufenden Theaterberichte findet sich in Blatt 4 (vgl. SWB III,571); vorangegangen war in Blatt 3 das ironische Preisgedicht *An unsern Iffland* (SWB III,443f.). Die Reihe der den Rahmen der Theaterkritik sprengenden kunsttheoretischen Texte eröffnete im 12. Blatt Kleists Bearbeitung eines Textes von Arnim und Brentano, der unter dem Titel *Empfindungen vor Friedrichs Seelandschaft* erschien (SWB III,543f.) und bis zum heutigen Tage kontroverse Deutungen hervorgerufen hat. Neben dem Dialoggespräch *Über das Marionettentheater* (Blätter 63–66 vom 12.–15. Dezember 1810) gehören hierhin vor allem die ebenfalls in Rollenprosa gehaltenen Texte *Brief eines Malers an seinen Sohn* (Bl. 19 vom 22. Oktober), *Brief eines jungen Dichters an einen jungen Maler* (Bl. 32 vom 6. November) und der *Brief eines Dichters an einen anderen* (Nr. 4 vom 5. Januar 1811) (SWB III,544, 552–554 und 565–567). Gemeinsam ist diesen ›Briefen‹ das Plädoyer für ein ursprüngliches Schöpfertum unter Hintanstellung der Tradition sowie außerkünstlerischer Rücksichten.

Eine besondere Rolle hatte Kleist den *Anekdoten* zugedacht (welche Spezies damals er und der eher gemütlich plaudernde Johann Peter Hebel auf eine nicht mehr erreichte Höhe geführt haben). Als im Oktober Eduard Prinz von Lichnowsky sich über die Geschichten *Der Branntweinsäufer und die Berliner Glocken* (deren Titelheld als »Ein Soldat vom ehemaligen Regiment Lignowsky« vorgestellt worden war) und *Anekdote aus dem letzten Kriege* (SWB III,360f.) mokiert hatte, schrieb Kleist zurück, »daß Aufsätze, wie der vom Tambour [...] das Volk vergnügen und dasselbe reizen, auch wohl die anderen Aufsätze, die nicht unmittelbar für dasselbe geschrieben sind, zu überlesen.« (SWB IV,454). Diese kurzen Geschichten, die nicht immer als »Anekdote« bezeichnet waren, sollten also als eine Art Lockspeise für die weniger Gebildeten dienen, wobei über die Exponierung bloßer Merk-Würdigkeiten hinaus auch didaktische Absichten im Spiel waren, wie der gleiche Brief belegt. Über den Tambour nämlich, der nach der Schlacht bei Jena auf eigene Faust den Krieg fortführte, von den Franzosen gefangen und zum Tode verurteilt wurde und darauf bestand, in den Hintern geschossen zu werden (»damit das F... kein L... bekäme«; SWB III,361), schreibt Kleist, »daß der Kerl, nach meinem innersten Gefühl, verglichen mit dem, was bei Jena vorgefallen, eine so herrliche und göttliche Erscheinung ist, daß mich dünkt, das Unschickliche, was in seiner That liegt, verschwinde ganz und gar, und die Geschichte könnte, so wie ich sie aufgeschrieben, in Erz gegraben werden.« (SWB IV,454). –

Die berühmte *Anekdote aus dem letzten preußischen Kriege* (SWB III,356f.) zielt auf Ähnliches, sichert sich aber zugleich dadurch ab, dass die – wenn auch selbst nachträglich noch schlotternde – Bewunderung für den tollkühnen preußischen Reiter einem Wirt in den Mund gelegt wird, was andererseits einen sehr lebhaften und glaubwürdigen ›Augenzeugenbericht‹ ermöglicht. Auch die vorweggenommene Schlussfolgerung (»daß wenn alle Soldaten, die an diesem Tage mitgefochten, so tapfer gewesen wären, wie dieser, die Franzosen hätten geschlagen werden müssen, wären sie auch noch dreimal stärker gewesen, als sie in der Tat waren«) gibt der Erzähler als Meinung des Wirts aus. Ob Kleist sich der Bedeutung der am Schluss verballhornt zitierten ungarischen Husarenflüche bewusst war,[98] bleibe dahingestellt. – Erzieherisch gemeint, diesmal mit vorbildlichem Verhalten des ›Feindes‹ argumentierend, sind auch die Texte *Franzosen-Billigkeit | wert in Erz gegraben zu werden* (SWB III,354) und *Französisches Exercitium | das man nachmachen sollte* (SWB III,362). Anderes, wie *Unwahrscheinliche Wahrhaftigkeiten* (SWB III,376–379) oder *Geschichte eines merkwürdigen Zweikampfs* (SWB III,383–385), spielt mit dem Problem, dass »die Wahrscheinlichkeit nicht immer auf Seiten der Wahrheit ist«, wie der Erzähler des *Michael Kohlhaas* augenzwinkernd anmerkt (SWB III,134). Die *Sonderbare Geschichte, die sich, zu meiner Zeit, in Italien zutrug* (SWB III,368–371) sowie *Der neuere (glücklichere) Werther* (SWB III,372f.) können als humoristische Seitenstücke zur *Marquise von O....* bzw. zum *Findling* gelesen werden.

Ein Kabinettstück besonderer Art stellt die »Baxer«-Anekdote dar (SWB III,366f.).[99] Die scheinsachliche Schilderung des letztlich für beide Kämpfer (»der Eine aus

---

[98] Vgl. Földényi, B 8: 1999, 40–43.
[99] Die Schreibung »Baxer« statt »Boxer« hat Kleist wohl aus dem Werk *England und Italien* (1785) von Johann Wilhelm von Archenholz übernommen.

Portsmouth gebürtig, der Andere aus Plymouth«) tödlich endenden Wettkampfs stellt eine unübertreffliche Satire auf ›sportliche Fairness‹ dar, ist zugleich ein selbstironisches Sprachkunststück, insofern Kleist seine berühmt-berüchtigten Schachtelsätze hier, in der genau parallel konstruierten Erzählung der beiden Schlagabtausche, einer Steigerung der Komik dienen lässt. Diese Anekdote darf als ein frühes Beispiel für ›schwarzen Humor‹ gelten.

Kleist hat also für die *Berliner Abendblätter* eine große Spannbreite projektiert, eine Mischung aus Erzählendem und Essayistischem, von Kunstkritik und politischer Erörterung, von Nachrichtenvermittlung und Nachrichtenmanipulation: noch einmal, wie der *Phöbus* es schon auf dem Gebiet der Kunst hatte werden sollen, ein Forum für freimütige Erörterung (und für ›vernünftige Unterhaltung‹), diesmal abzielend nicht auf ein elitäres, sondern auf ein sehr breites Publikum. Die politischen Umstände und die maßgebenden öffentlichen Personen haben solches nicht zugelassen.

11
Eingriffe von ›oben‹?
Das Bettelweib von Locarno und *Die heilige Cäcilie oder die Gewalt der Musik*

Beide Texte sind zunächst in den *Berliner Abendblättern* veröffentlicht und dann in den zweiten Band der *Erzählungen* übernommen worden, wobei *Die heilige Cäcilie* erheblich erweitert und umgearbeitet wurde. In beiden Erzählungen werden wir mit ›unbegreiflichen‹ Ereignissen konfrontiert, die auf das Eingreifen ›höherer Mächte‹ zu deuten scheinen, deren etwaige ›Absichten‹ freilich kaum nachvollziehbar sind.

Die Geschichte *Das Bettelweib von Locarno* ist Kleists kürzeste, schon fast anekdotenhafte Erzählung, deren dramatischer Stil Bewunderung hervorgerufen hat (Staiger, B 10e: 1942), während man sich in neuerer Zeit befleißigt, möglichst viele tatsächliche oder vermeintliche Unstimmigkeiten im Text zu entdecken (vgl. Pastor/Leroy, B 10e: 1979; Zeller, B 10: 1994, 95–97).

Kleist spielt hier mit dem Genus ›Gespenstergeschichte‹ und mit dem Erzählschema ›Schuld und Strafe‹. Eine alte, kranke Bettlerin wird von der Gattin eines italienischen Marchese mitleidig in einem Zimmer untergebracht, vom heimkehrenden Schlossherrn unwillig hinter den Ofen gewiesen, stürzt auf dem Weg dorthin und stirbt an ihrer Verletzung. Mehrere Jahre später gerät der Marchese in finanzielle Schwierigkeiten, will das Schloss verkaufen, erfährt aber vom ersten Kaufinteressenten, der in eben jenem Unglückszimmer nächtigen sollte, dass es dort zur Geisterstunde spuke, »indem etwas, das dem Blick unsichtbar gewesen, mit einem Geräusch, als ob es auf Stroh gelegen, im Zimmerwinkel aufgestanden, mit vernehmlichen Schritten, langsam und gebrechlich, quer über das Zimmer gegangen, und hinter dem Ofen, unter Stöhnen und Ächzen, niedergesunken sei.« (SWB III,261 f.). Da das hiernach entstehende Gerücht mehrere Interessenten abschreckt, begibt sich der Marchese selbst in das ominöse Zimmer und erlebt zu seinem Schrecken eben dasselbe Phänomen; das wiederholt sich in der Nacht darauf in Gegenwart der Marquise[100] und eines Bedienten, und in der dritten Nacht bezeugt sogar der Haushund die Tatsächlichkeit der unsichtbaren Erscheinung: »erwacht der Hund, hebt sich plötzlich, die Ohren spitzend, vom Boden empor, und knurrend und bellend, grad' als ob ein Mensch auf ihn eingeschritten käme, rück-

---

100 Korrekt wäre – wie von einigen Forschern angemerkt – der Titel »Marchesa«; das gilt aber ebenso für die Marquise von O.... und ist dem Autor offenkundig ganz gleich-gültig gewesen.

wärts gegen den Ofen weicht er aus.« (SWB III,263). Die Marquise stürzt davon und lässt anspannen, während der Marchese nach vergeblichen Degenstreichen verzweifelt, das Schloss in Brand steckt und darin umkommt; »noch jetzt liegen, von den Landleuten zusammengetragen, seine weißen Gebeine in dem Winkel des Zimmers, von welchem er das Bettelweib von Locarno hatte aufstehen heißen.« (SWB III,264).

Dieser Schlusssatz – der im Übrigen schwer zu vereinbaren ist mit der anfänglichen Mitteilung, das Schloss liege »jetzt [...] in Schutt und Trümmern« (SWB III,261) – suggeriert eben jene Kausalität von Schuld und Strafe, die von der Geringfügigkeit des ›Vergehens‹ her (Unfreundlichkeit und allenfalls ›unterlassene Hilfeleistung‹) in keiner Weise plausibel erscheint. Dass den sterblichen Überresten des Marchese sogar ein christliches Begräbnis versagt bleibt, seine Gebeine vielmehr als sichtbares Zeichen für die Bestrafung eines offenbar unsühnbaren Verbrechens zur Schau gestellt werden, ist nicht nachvollziehbar, selbst dann nicht, wenn man versucht, eine ›objektive‹ Schuld zu unterstellen, so, als büße der Marchese (ähnlich wie Herr von Villeneuve in der *Verlobung in St. Domingo*) stellvertretend für alle Besitzenden, denen es selbstverständlich ist, mit armen Leuten herrisch umzuspringen (vgl. SWB III,858f.). Es bleibt eine nicht wegzuleugnende Diskrepanz.

Auch das Genus ›Gespenstergeschichte‹ erfährt eine entschiedene Abwandlung, insofern es sich um eine nicht sichtbare, ›nur‹ akustische Erscheinung handelt (in der Form ständiger Wiederholung des Anfangsereignisses[101]; da ist kein ›Geist‹, der sich drohend oder mahnend äußert, und es bleibt sogar unklar, ob der Marchese den für den Leser offensichtlichen Zusammenhang zwischen dem Spuk und dem für ihn wohl eher unbedeutenden und jedenfalls Jahre zurückliegenden Vorfall überhaupt erkennt.

---

101 Es fehlt allerdings das Geräusch des – doch entscheidenden – Sturzes.

In zwei Briefen Kleists vom August 1806 findet sich die Beschwörung: »Es kann kein böser Geist sein, der an der Spitze der Welt steht: es ist ein bloß unbegriffener!« (SWB IV,358, vgl. 361). Es mag von hierher die Versuchung naheliegen, das »unbegreifliche« Geschehen in der *Bettelweib*-Geschichte doch als ›Eingriff von oben‹ begreifen zu wollen. Näherliegend ist die Ansicht, dass Kleist hier, wie in den damals entstehenden Erzählungen noch öfter, mit Lesererwartungen spielt, Deutungsrichtungen vorgibt, um sie dann wieder zu desavouieren.

Ganz deutlich wird das auch in der angeblichen »Legende« *Die heilige Cäcilie oder die Gewalt der Musik*. Die kürzere Fassung in den *Abendblättern* war als »Taufangebinde« für Adam Müllers Tochter Cäcilie deklariert (SWB III,286), zu deren Paten Kleist zählte. Müller war zwar schon 1805 zum Katholizismus konvertiert, hielt diesen Umstand in Berlin aber geheim und ließ die am 27. Oktober 1810 geborene Tochter Isidora Marie Cäcilie Kunigunde am 16. November von dem mit ihm befreundeten französisch-reformierten Geistlichen Franz Theremin taufen. Ob man Kleists »Taufangebinde« dieser Zusammenhänge wegen als »Persiflage von Konversionen« lesen soll, wie Gerhard Schulz vorschlägt,[102] bleibe dahingestellt. Auffällig ist jedenfalls der Umstand, dass in dieser ersten Fassung gleich zweimal mitgeteilt wird, dass das angeblich von der heiligen Cäcilie persönlich gerettete Kloster etwa fünfzig Jahre später »gleichwohl« säkularisiert worden sei (SWB III,292 und 312).

Die gegen Ende des 16. Jahrhunderts spielende Geschichte handelt von vier protestantischen Brüdern, die, nach dem Vorbild von Bilderstürmereien in ihrer niederländischen

---

102 Gerhard Schulz, *Die deutsche Literatur zwischen französischer Revolution und Restauration*, Tl. 2: *Das Zeitalter der napoleonischen Kriege und der Restauration. 1806–1830*, München 1989, S. 393.

Heimat und unterstützt von etlichen Gesinnungsgenossen, die Feier des Fronleichnamsfestes im Aachener Cäcilien-Kloster dazu benutzen wollen, die Kirche dem Erdboden gleichzumachen. Verhindert wird diese Unternehmung durch die Aufführung einer »uralte[n], von einem unbekannten Meister herrührende[n], italienische[n] Messe«, »mit welcher die Kapelle oftmals schon, einer besonderen Heiligkeit und Innigkeit wegen, mit welcher sie gedichtet war, die größten Wirkungen hervorgebracht hatte« (SWB III,288/290). Die Brüder sind, wie man später erfährt, auf die Knie gesunken und haben nach der Rückkehr in ihren Gasthof ein asketisches »Klosterleben« begonnen (SWB III,298), das sie nur zur Geisterstunde unterbrechen, um mit grässlich schreienden Stimmen das »Gloria« aus eben jener Messe zu intonieren. – Wer diese Messe dirigiert hat, weiß niemand, denn Schwester Antonia, die scheinbar »frisch und gesund« (SWB III,290) dieses Amt ausübte, hat nach dem Zeugnis einer Pflegerin während der Feierlichkeit bewusstlos in ihrer Zelle gelegen und ist bald darauf an dem Nervenfieber gestorben, das sie schon einige Tage vor Fronleichnam befallen hatte. In der Folge kommen der Erzbischof von Trier und der Papst zu dem Schluss, »daß die heilige Cäcilia selbst dieses, zu gleicher Zeit schreckliche und herrliche, Wunder vollbracht habe.« (SWB III,312).

In der Umarbeitung für die Buchausgabe hat Kleist das Gewicht vom ohnehin schon frag-würdigen Geschehen auf die *Deutung* des Geschehens verlegt, und dazu setzt er verschiedene Perspektiven ein. Auch in der Erstfassung wurde über den Zustand der Brüder nicht vom Erzähler berichtet, sondern vom Gastwirt, vom Arzt, von Augenzeugen der Fronleichnamsfeier, aber diese Berichte fungierten nur im Sinne gegenseitiger Ergänzung und Bestätigung, während jetzt unterschiedliche Sehweisen ins Spiel kommen. Das wird möglich durch Einführung einer ›Detektivin‹: Die Mutter der vier Brüder kommt sechs Jahre später aus Den Haag nach Aachen, um dem Verbleib ihrer verschollenen

Söhne nachzuforschen.[103] Man erinnert sich an vier Insassen des städtischen Irrenhauses, und die Mutter erkennt zu ihrem Entsetzen in den still ein Kruzifix anbetenden ›geisterartigen‹ Gestalten ihre Söhne. Die Vorsteher der Anstalt berichten ihr nicht nur vom allmitternächtlichen Schreigesang der Brüder, sondern auch, dass sie sich einer tieferen religiösen Einsicht teilhaftig glauben und »daß man ihnen sogar eine gewisse, obschon sehr ernste und feierliche, Heiterkeit nicht absprechen könnte« (SWB III,297). Gleichwohl flieht die Mutter vor dem »schauderhaften Anblick dieser Unglücklichen« (ebd.).

Andorntags lässt sie sich von einem ehemaligen Gesinnungsgenossen ihrer Söhne, dem inzwischen wohlachtbaren Tuchhändler Veit Gotthelf,[104] die Ereignisse am Fronleichnamstag erzählen. Die Wirkung der Musik auf die Bilderstürmer wird hier noch viel eindrücklicher geschildert als in der Erstfassung (die Brüder müssen abends mit Gewalt aus der Kirche entfernt werden usw.), und über den Brüllgesang des »Gloria« meint Gotthelf, er habe sich angehört »wie von den Lippen ewig verdammter Sünder, aus dem tiefsten Grund der flammenvollen Hölle« (SWB III,303).

Drei Tage später besucht die Mutter das Kloster, um »den entsetzlichen Schauplatz in Augenschein zu nehmen, auf welchem Gott ihre Söhne wie durch unsichtbare Blitze zu Grunde gerichtet hatte« (SWB III,307).[105] Die Äbtissin

---

103 Von einem realistischen Standpunkt aus kann man mit Recht fragen, warum die Mutter sich so viel Zeit gelassen hat und warum sie später nicht versucht, mit ihren Söhnen zu sprechen (vgl. Hinderer, B 10g: 1998, 203 f.). Kleist ›braucht‹ die Figur aber nur in ihren Funktionen als Nachforscherin und als Trägerin einer Perspektive. Der Abstand von sechs Jahren scheint notwendig, weil die Bestätigung des ›Wunders‹ durch den Papst Zeit braucht (vgl. in der Erstfassung: »Der Papst, mehrere Jahre darauf, bestätigte es«; SWB III,312) und weil auf diese Weise der Zustand der Brüder als unabänderlich, ›unheilbar‹ vor Augen gestellt werden kann.
104 Zur Doppeldeutigkeit dieses Namens vgl. Müller-Salget, B 10: 1972, 198 f.
105 Als Gegenbild fungiert das eben abziehende Gewitter, das einige »kraftlose Blitze, gegen die Richtung, wo der Dom stand« schleudert und dann »mißvergnügt murmelnd« niedersinkt (ebd.).

erfährt zufällig von der Anwesenheit der Frau und lässt sie zu sich kommen. Während sie den inzwischen an die Mutter gelangten Brief liest, in dem einer der Söhne damals einem Freund in Antwerpen das bilderstürmerische Vorhaben angekündigt hatte, erblickt die Mutter die aufgeschlagen auf einem Pult liegende Partitur der seinerzeit aufgeführten Messe; nach Gotthelfs Bericht war sie auf den Gedanken gekommen, vielleicht habe »die Gewalt der Töne« den Zustand ihrer Söhne bewirkt (SWB III,309), und angesichts des »Gloria« wird ihr, »als ob das ganze Schrecken der Tonkunst, das ihre Söhne verderbt hatte, über ihrem Haupte rauschend daherzöge« (SWB III,311). Dem widerspricht freilich die Erklärung, mit der die Äbtissin die heilige Cäcilie für die Rettung des Klosters in Anspruch nimmt, und von der Mutter wird berichtet, dass sie ein Jahr später »durch diesen Vorfall tief bewegt, in den Schoß der katholischen Kirche zurückkehrte« (SWB III,313).

Den vier Brüdern, die in der Erstfassung, nach der Klage des Wirts und der Diagnose des Arztes, ohne jede Nachricht über ihr weiteres Schicksal von der Bildfläche verschwanden, gehört nun der letzte Satz der Erzählung: »die Söhne aber starben, im späten Alter, eines heitern und vergnügten Todes, nachdem sie noch einmal, ihrer Gewohnheit gemäß, das Gloria in excelsis abgesungen hatten.« (SWB III,313). Das klingt keineswegs nach ewiger Verdammnis (was Gotthelf insinuiert) oder nach trostloser Zugrunderichtung (so die Mutter). Ganz ungeklärt bleibt vor allem die Frage, ob denn nun – wie der Titel der Erzählung durchaus *auch* disjunktiv zu bedenken gibt – die heilige Cäcilie *oder* die Gewalt der Musik für das Geschehen verantwortlich zu machen sei. Wenn es die Heilige war: Wieso benötigt sie gerade diese »uralte von einem unbekannten Meister herrührende, italienische Messe«, die zudem schon mehrmals »die größten Wirkungen hervorgebracht hatte« (SWB III,291)? Warum maskiert sie sich so täuschend (SWB III,293: »ein wenig bleich im Gesicht«) als Schwester

Antonia? Und wieso bewahrt sie das Kloster fünfzig Jahre später nicht vor der Säkularisation? – Umgekehrt: Wenn es »die Gewalt der Musik« war – von der Kleist auch in einem Brief an Wilhelmine von Zenge gesprochen hat[106] –: Warum wirkt sie so selektiv, schlägt nur die vier Rädelsführer völlig in ihren Bann? Warum müssen die Brüder ihr »Gloria« so entsetzlich brüllen? Und, vor allem: Wer hat die Messe dirigiert? Warum sollte die Äbtissin oder die Pflegerin die Mär von der bewusstlos darniederliegenden Schwester Antonia erfinden, da doch schon von der Messe gesagt wird, sie sei mit »einer besondern Heiligkeit und Herrlichkeit [...] gedichtet« (SWB III,291), und da die Partitur im Zimmer der Äbtissin einen Ehrenplatz zugeteilt bekommen hat?[107] Die Heiligkeit der Musik und die Heiligkeit der Heiligen stehen da in Konkurrenz; eine lückenlos stimmige Erklärung ist unmöglich, und um eben diese Unauflösbarkeit, um die Suggestion unterschiedlicher, stets aber insuffizient bleibender Deutungen ist es Kleist offenkundig gegangen.

---

106 SWB IV,225: »Nirgends fand ich mich aber tiefer in meinem Innersten gerührt, als in der Katholischen Kirche, wo die größte, erhabenste Musik noch zu den andern Künsten trit, das Herz gewaltsam zu bewegen.« (21. Mai 1801).
107 Eine Tendenz, die Erzählung sozusagen als Tatsachenbericht zu lesen und Fragen wie die nach dem Vater der vier Brüder zu stellen, beeinträchtigt leider den Wert der informativen und durchaus lesenswerten Interpretation von Walter Hinderer (B 10g: 1998). – Hochinteressant scheint mir hingegen Hans-Jürgen Schraders Vorschlag, das Auftreten der sterbenskranken Antonia in der Kirche im Sinne romantischer Magnetismus-Vorstellungen als dasjenige ihres Astralleibes zu interpretieren (Schrader, B 8: 2001, 115).

12
Bündelungen:
Der Findling – Der Zweikampf

In diesen beiden Erzählungen, den letzten wohl, die Kleist geschrieben hat (vgl. SWB III,862), bündelt er Themen und Motive aus früheren Werken, radikalisiert die Unzuverlässigkeit der Erzählinstanz ebenso wie die Technik syntaktischer Verschachtelung und des von Gerhard Neumann so genannten »einrückenden Erzählens« (Neumann, B 10h: 1998). Im *Findling* wird das Motiv vom Ende der *Erdbeben*-Erzählung – Adoption eines Knaben, dessen Rettung das Leben des eigenen Sohnes gefordert hat – wieder aufgenommen und einer katastrophalen Entwicklung überantwortet; die Doppelexistenz des Grafen F... aus der *Marquise von O....* (›Engel‹ und ›Teufel‹) wird zur Doppelgänger-Existenz von Retter und Vernichter. Dieses Doppelgängertum wiederum stellt eine Variation der *Amphitryon*-Problematik dar: Hatte dort die Vergöttlichung des Geliebten die Eifersucht des Gottes und sein Täuschungsmanöver (freilich auch seine Enttäuschung) bewirkt, so wird hier Elvires Liebeskult die Ursache für Täuschung, Enttäuschung und Täuschungsversuch des ›Findlings‹. – Im *Zweikampf* kehrt Kleist in die Welt des *Käthchen von Heilbronn* zurück, benutzt ähnliches Personal (und teilweise dieselben Personennamen), wendet die dort eher komische Gottesgericht-Szene ins Ernsthafte, fast Tragische, um schließlich die Fragwürdigkeit nicht nur dieses Rechtsinstruments, sondern juristischer Wahrheitssuche überhaupt zu exponieren (womit also auch die Problematik des *Zerbrochnen Krugs* nochmals ins Spiel kommt). Die weibliche Hauptfigur wird ebenso wie die Marquise von O.... und Evchen zu Unrecht einer sexuellen Verfehlung beschuldigt und sogar durch ein Gottesurteil scheinbar überführt, was es ihr unmöglich macht, sich wie die Marquise »an ihrer eigenen Hand« (SWB III,167) aus der Tiefe der Verzweiflung emporzuheben; dazu bedarf es eines Geliebten, der imstande ist, das in anderen Werken Kleists vergeblich geforderte unbedingte Vertrauen aufzubringen.

Der Findling

Der römische Immobilienmakler Antonio[108] Piachi verliert auf einer Geschäftsreise seinen einzigen Sohn aus erster Ehe und bringt statt des an einer »pestartige[n] Krankheit« (SWB III,265) gestorbenen Paolo einen anderen Jungen mit: den Waisenknaben Nicolo, der Paolo angesteckt hatte, während er selbst gesundete. Piachi und seine erheblich jüngere zweite Frau – sie heißt Elvire wie die Gattin Don Fernandos im *Erdbeben in Chili* – adoptieren den Nicolo, von dem es ganz ähnlich wie von Josephes Sohn Philipp heißt, Piachi habe ihn »in dem Maße lieb gewonnen, als er ihm teuer zu stehen gekommen war« (SWB III,267; vgl. 221). Nicolo bekommt Paolos Bett und seine Kleider, ersetzt später, nach standesgemäßer Schulausbildung, einen Angestellten in Piachis Kontor und führt die Geschäfte zu dessen völliger Zufriedenheit. Den aller Bigotterie abgeneigten Piachi stört lediglich Nicolos eifriger Umgang mit den Karmelitermönchen, und Elvire tadelt »einen früh, wie es ihr schien, in der Brust desselben sich regenden Hang für das weibliche Geschlecht.« (SWB III,267). Er ist mit vierzehn Jahren »die Beute der Verführung einer gewissen *Xaviera Tartini*, Beischläferin ihres Bischofs, geworden« (SWB III,268), zu der die Verbindung nie ganz abreißt, auch nicht,

---

108 Der Vorname *kann* ironisch gemeint sein: Der heilige Antonius (der Einsiedler) galt als Pestpatron (*Handwörterbuch des deutschen Aberglaubens*, B 4: 1987, Bd. I,504).

nachdem er mit einer Nichte Elvires, Constanza Parquet, verheiratet worden ist (und die Eltern dieses »Übel damit an der Quelle verstopft« wähnen). Nach Erreichung des 60. Lebensjahres überschreibt Piachi dem Adoptivsohn nahezu den gesamten Besitz und zieht sich »mit seiner treuen, trefflichen Elvire« in den Ruhestand zurück (ebd.).

Hier unterbricht der Erzähler den Erzählfluss, um Elvires Vorgeschichte einzuschieben: Wie die Dreizehnjährige in ihrer Heimatstadt Genua von einem jungen Ritter aus Feuersnot gerettet wurde, dieser aber an einer hierbei erlittenen Verletzung trotz ihrer aufopfernden Pflege drei Jahre später starb; wie Piachi (der mit dem Haus ihres Vaters »in Handelsverbindungen stand«; SWB III,269) sie kennen lernte und zwei Jahre später heiratete (worauf sie mit »einem hitzigen Fieber« reagierte; SWB III,270) und wie Elvire schon durch die geringste Andeutung auf die frühe Rettungs- und Leidensgeschichte in heftigste Gemütsbewegung gestürzt wird.

Sogleich anschließend werden wir Zeuge eines solchen Vorfalls: Beim Anblick Nicolos, der in der Maske eines genuesischen Ritters verbotenerweise einen Karnevalsball besucht hat, stürzt Elvire ohnmächtig zu Boden (wobei Nicolo sich so geschickt aus der Affäre zieht, dass Elvire nachträglich im Zweifel sein kann, ob sie nicht einer Einbildung zum Opfer gefallen ist).[109]

Als Nicolos Gattin Constanze mitsamt dem neugeborenen Kind im Wochenbett stirbt, nimmt er seine alten Gewohnheiten wieder auf und bittet, noch ehe Constanze begraben ist, Xaviera um ein Rendezvous. Piachi fängt den Brief ab, bestellt Nicolo in Xavieras Namen in eine Kirche, wo er ihn auf demütigende Weise mit dem Leichenzug für Constanze konfrontiert. Nicolo glaubt irrigerweise, Elvire sei für diesen Schimpf verantwortlich, und sinnt auf Rache.

---

109 Elvire wird die ganze Erzählung hindurch konsequent nur von außen dargestellt.

In der Tat kann er durch ein Schlüsselloch beobachten, wie sie in ihrem Zimmer, »in der Stellung der Verzückung, zu Jemandes Füßen« liegend, »Colino« flüstert (SWB III,273),[110] entdeckt später aber in einer Nische dieses Zimmers lediglich »das Bild eines jungen Ritters in Lebensgröße« (SWB III,274). Als er, um das Rätsel zu lösen, die weltläufige Xaviera und ihre Tochter Klara (»die sie von dem Kardinal hatte«) vor das Bild führt, ruft das Mädchen: »Gott, mein Vater! Signor Nicolo, wer ist das anders, als Sie?« (SWB III,275). Auch Xaviera bemerkt die »auffallende Ähnlichkeit«, streitet sie aber aus Eifersucht ab. Nicolo seinerseits erinnert sich des Vorfalls nach dem Ball und entdeckt überdies zufällig, dass sein Name aus denselben Buchstaben besteht wie der Name Colino, was ihn mit »rasenden Hoffnungen« erfüllt (SWB III,277). Er wird aber aufs Unangenehmste »aus der Wiege genommen« (SWB III,278), als Xaviera (nach Erkundigung bei Elvires Beichtvater) ihm eröffnet, dass es sich bei dem abgebildeten Ritter um den schon vor zwölf Jahren verstorbenen Retter der jungen Elvire handelt. – »Beschämung, Wollust und Rache« (SWB III,279) treiben Nicolo dazu, sich im Ritterkostüm vor dem Bild zu postieren und sich an der bei diesem An-

---

110 Dass Elvire ihren Liebeskult nackt und onanierend treibt (Földényi, B 8: 1999, 245 und 321), stellt ein Phantasieprodukt des Interpreten dar, wird auch nicht gestützt durch die spätere Angabe, dass Elvire sich dem Bild »nach einer stillen und ruhigen Entkleidung, wie sie gewöhnlich zu tun pflegte«, nähert (SWB III,279f.): Es geht um das Ablegen der Tageskleidung, das die Marquise in der Erzählung vom Bettelweib vermeidet, weshalb sie »unausgezogen« ist (SWB III,263); auch das hat bereits zu seltsamen Spekulationen geführt, zu den angeblich berechtigten Fragen nämlich, »ob sich denn die Marquise, in Erwartung des Gespensts, etwa hätte ausziehen sollen? oder ob man annehmen soll, der Marchese sei nackt?« (Zeller, B 10: 1994, 95f.). – Ebenso gut könnte man Lessings Angabe zu Beginn des 3. Auftritts von Akt I der *Miß Sara Sampson*: »Mellefont (unangekleidet in einem Lehnstuhle)« für einen Nackt-Auftritt nutzen. Vgl. auch die Weisung des Majors an Lenzens Hofmeister Läuffer, er solle gefälligst »angezogen« und nicht etwa »im Schlafrock« zu Gustchens Unterricht erscheinen (I,4).

blick in Ohnmacht gesunkenen Elvire zu vergreifen. Unvermutet kommt Piachi dazu, will Nicolo aus dem Haus weisen, wird von diesem aber darüber belehrt, dass infolge der seinerzeitigen Vermögensübertragung das Haus ihm selbst gehöre. Vergeblich versucht der zunächst kopflos davongerannte Piachi, Nicolo seines Besitzes für verlustig erklären zu lassen; denn Nicolo willigt darin ein, Xaviera, »welche der Bischof los zu sein wünschte« (SWB III,281), zu heiraten, woraufhin die Regierung ein Dekret zu seinen Gunsten erlässt.

Ähnlich wie Kohlhaas empfängt Piachi dieses Dekret am Tage nach der Beerdigung der »an den Folgen eines hitzigen Fiebers« verstorbenen Elvire; er geht zu Nicolo, drückt ihm »das Gehirn an der Wand ein« und stopft ihm das Dekret in den Mund (SWB III,281). Er wird zum Tode verurteilt, kann aber, einem Gesetz im Kirchenstaat zufolge, nicht hingerichtet werden, weil er Beichte und Absolution verweigert; denn er will dem Nicolo in die Hölle folgen, um dort seine Rache wieder aufzunehmen. Da nichts ihn hiervon abbringen kann, befiehlt der Papst schließlich den Gesetzesbruch und lässt ihn ohne Absolution aufknüpfen.

Diese tiefschwarze Geschichte wird vom Erzähler mit scheinbar eindeutigen Bewertungen der Personen versehen. Piachi ist ›der gute Alte‹ (SWB III,265), ›der redliche Alte‹ (SWB III,273), schließlich ›der Unglückliche‹ (SWB III,282); Elvire ist ›seine junge treffliche Gemahlin‹ (SWB III,267), die ›treue, treffliche Elvire‹ (SWB III,268), hat ein »schönes und empfindliches Gemüt« (SWB III,269) sowie eine ›reine Seele‹ (SWB III,279). Nicolo dagegen wird nach der Demütigung in der Magdalenenkirche zwar ›der Unglückliche‹ genannt (SWB III,272), dann aber immer negativer beurteilt: »sein verwildertes Herz« (SWB III,276) wird von »heimtückischen« bzw. »unnatürlichen« Hoffnungen bewegt (SWB III,273 und 278), lässt ihn einen »satanischen Plan« zur Stillung seiner »schändlichen Leidenschaft« fassen (SWB III,279), und schließlich wird »der

Elende« (SWB III,280) zum ›höllischen Bösewicht‹ (SWB III,281).

Dieser scheinbaren Eindeutigkeit sind die Interpreten lange Zeit gefolgt. Man *kann* die Erzählung so lesen, dass ein von Natur aus grundböser Mensch ›treffliche‹, ›gute‹ Menschen zugrunde richtet. Unheil geht von ihm schon ohne böse Absicht aus (Paolos Tod, Constanzes und des neugeborenen Kindes Tod). Rätselhaft (und von der aufgeklärten Physiognomik her unmöglich) bleibt dann die frappierende Ähnlichkeit zwischen ihm, dem Zerstörer, und Colino, dem sich aufopfernden Retter. Sinn bekommt dieses Doppelgängertum allerdings, wenn man bedenkt, dass letztlich Colino als Gegenstand von Elvires Liebeskult zum Auslöser der Katastrophe wird.

Hauptsächlich Jürgen Schröder hat, mit seinem »Plädoyer für Nicolo«, den Versuch befördert, die Erzählung gegenläufig zu den zitierten Bewertungen von Seiten des Erzählers zu lesen und das Augenmerk auf die Entwicklung des zu Beginn elfjährigen Jungen zu heften (Schröder, B 10f: 1985). Da ist zum einen der Umstand, dass Nicolo als Person, als er selbst, offenbar von niemandem wahrgenommen wird. Von Piachi wird er »an seines Sohnes statt« mitgenommen (SWB III,266) und adoptiert, tritt »statt« des Kommis in Piachis Geschäft ein (SWB III,267), darf hin und wieder statt des Bischofs der Xaviera Tartini beiliegen, wird verheiratet mit einer Frau, die statt der Geliebten seine Sexualität dämpfen soll, wird Statthalter Piachis in der Geschäftsführung. Was er selbst will, erfährt man nicht; es scheint unerheblich. Wenn er sich dann in der Hoffnung wiegt, als er selbst das Begehren der Stiefmutter erregt zu haben, wird er »unangenehm [...] aus der Wiege genommen« (SWB III,278). Diese Metapher darf man wohl wörtlich nehmen: Nach allen Stellvertreterfunktionen (in die er zum Schluss durch die vorgesehene Eheschließung mit Xaviera wieder hineingestoßen wird) glaubt er hier einmal sich selbst gemeint, könnte in gemeinsamer Liebe mit Elvire er selbst werden, sozusagen eine Neugeburt erleben. Die fundamentale Enttäuschung darüber, dass wieder einmal nicht er gemeint ist, führt ihn auf den »satanischen Plan« (SWB III,279), sich sein Stellvertreterdasein endlich einmal für seine eigenen Absichten zunutze zu machen.

Auch Nicolos Umwelt bietet nicht gerade die günstigsten Bedingungen für eine positive Entwicklung. Das Verhältnis zwischen seinen Adoptiveltern, die ein Altersunterschied von 33 Jahren trennt, ist prekär, wahrscheinlich eine Josephs-Ehe, zusätzlich beeinträchtigt durch Elvires krankhaften Liebeskult gegenüber einem Toten. Inwieweit Piachi davon weiß, bleibt unklar, wie überhaupt die Kommunikation zwischen den Eheleuten und gegenüber dem Adoptivsohn als ziemlich gestört erscheint. Von Constanze erfahren wir nachträglich, sie habe »den Nicolo sehr geliebt« (SWB III,272), doch wirkt das in solchem Lakonismus eher als bloßes Gegenstück zur vorangegangenen Mitteilung, Nicolo habe an ihr »nur mit geringer Liebe und Treue gehangen« (SWB III,271); eine zwischen den beiden spielende Szene gibt es nicht. – Die weitere Umgebung bildet der als total korrupt gezeichnete Kirchenstaat. Da gibt es zum einen die nach Nicolos Vermögen gierenden Karmelitermönche (SWB III,267), zum anderen die Beischläferin des Bischofs, die am Schluss zum Handelsobjekt wird. Hieran knüpfen sich die Vorbehalte der Adoptiveltern gegenüber Nicolo: Bigotterie (für die uns freilich kein rechter Beweis geliefert wird) und allzu früher Hang zum weiblichen Geschlecht. Der letztere Vorwurf, schon durch den Zusatz »wie es ihr schien« relativiert (SWB III,267), wirkt angesichts der verqueren Erotik Elvires nicht unbedingt überzeugend; auch ist Nicolo ja »die Beute der Verführung« geworden (SWB III,268), und von anderen Beziehungen als derjenigen zu Xaviera Tartini ist nie die Rede. Jürgen Schröder hat, im Rückgriff auf Kleists *Allerneuesten Erziehungsplan* (dem zufolge dezidiert vorgetragene Ansichten und dezidiert vorgelebte Verhaltensweisen zu entgegengesetzten Ansichten und Verhaltensweisen animieren), Nicolos Umgang mit den Mönchen und mit Xaviera Tartini als Trotzreaktionen auf die Einstellungen der Adoptiveltern interpretiert (Schröder, B 10f: 1985, 121f.).

Ob all das ausreicht, um Nicolo zu ›entlasten‹, mag man bezweifeln. Für Günter Oesterle verkörpert Nicolo »ein das menschliche Maß überschreitendes absolut Böses« im Sinne Kants (Oesterle, B 10f: 1998, 179). Kleist allerdings hat bekanntlich (wenn auch zehn Jahre vor dem *Findling*) die Möglichkeit des absolut Bösen angezweifelt: »Was ist böse? *Absolut böse?* Tausendfältig verknüpft u verschlungen sind die Dinge der Welt, jede Handlung ist die Mutter von Millionen andern, u oft die schlechteste erzeugt die beßten – Sage mir, wer auf dieser Erde hat schon etwas *Böses* gethan? Etwas, das böse wäre in *alle Ewigkeit fort* –?« (Brief an Wilhelmine von Zenge, 15. August 1801; SWB IV,261f.).

Des Öfteren ist vermerkt worden, dass Nicolo eigentlich kein ›Findling‹ sei, da man seine Eltern ja gekannt hat. Als Findling werden aber bekanntlich nicht nur Findelkinder bezeichnet, sondern auch erratische Gesteinsblöcke, die (infolge der Verschiebungen während der Eiszeiten) verstreut auf fremdem Boden liegen. Dieses Moment der Fremdheit und der Vereinzelung hat Kleist wohl mitbedacht, als er den Titel wählte, und dabei nicht nur auf Nicolo gezielt.

Der Zweikampf

Diese Erzählung geht zurück auf Kleists eigene *Geschichte eines merkwürdigen Zweikampfs* (SWB III,383–385), die er am 20. und 21. Februar 1811 in den *Berliner Abendblättern* veröffentlicht hatte und die ihrerseits durch die im April

1810 in den Hamburger *Gemeinnützigen Unterhaltungsblättern* publizierte Erzählung *Hildegard von Carouge und Jacob der Graue* eines bis heute nicht identifizierten »C. Baechler« angeregt war.[111] Kleist muss aber auch die Quelle zu dieser Erzählung benutzt haben, einen Abschnitt aus Jean Froissarts *Chroniques de France, d'Angleterre, d'Ecosse, de Bretaigne, d'Espaigne, d'Ytalie, de Flandres et d'Allemaigne* (entstanden zwischen 1373 und 1400), ein Werk, das auch von Arnim und Brentano sehr hoch geschätzt und teilweise übersetzt wurde (vgl. Steig, B 8: 1901, 537–539).

Die ›Anekdote‹ handelt von zwei Vasallen des Grafen von Alençon, deren einer, Jakob der Graue, in der Abwesenheit des anderen dessen Gattin in Argenteuil besucht und vergewaltigt; da er für den Ritt über 23 Meilen und die Tat selbst nur knapp fünf Stunden benötigt hat, wird die Anschuldigung der Dame und ihres Gatten, Hans Carouge, als unglaubwürdig zurückgewiesen. In einem von Carouge dann doch erwirkten Zweikampf wird er selbst zwar zu Beginn verwundet, kann aber schließlich seinen Widersacher töten. – Damit ist alles erledigt, die angebliche Unmöglichkeit von Jakobs Gewalttritt steht nicht mehr zur Debatte, und die anfängliche Verwundung Carouges hat weiter keine Bedeutung.

Vielleicht angeregt durch *Die Drangsale des Persiles und der Sigismunda* von Cervantes,[112] die von einem Gottesgericht mit trügerischem Ausgang handeln, mag Kleist überlegt haben, ob nicht ein Fall denkbar wäre, in dem beide Gegner subjektiv im Recht sind, was den Anspruch auf ein

---

111 Helmut Sembdner hat seit 1981 die Meinung vertreten, die »Baechler«-Geschichte und drei weitere Beiträge im gleichen Blatt stammten in Wahrheit von Kleist (vgl. Sembdner, B 8: 1984, 324–357; dagegen SWB III,946 f.). In der letzte Auflage seiner Kleist-Ausgabe hat er dann diese Texte aufgenommen (Bd. 2, 1040–46).

112 Die von Franz Therimin im Jahre 1808 vorgelegte Übersetzung war Kleist bekannt; vgl. seinen Brief an Reimer vom Mai 1810 (SWB IV,446).

eindeutiges Urteil ›Gottes‹ als obsolet erweisen würde; so kann er darauf verfallen sein, die tatsächliche Vergewaltigung in ein hinsichtlich der Partnerin irriges Schäferstündchen umzuwandeln. Damit allein ließe sich aber der letztendliche Sieg des ›Guten‹ nicht rechtfertigen; also muss der ›Böse‹ doch eines Verbrechens schuldig sein, und zwar eines solchen, das er durch das Alibi jener Liebesnacht zu verdecken sucht. Das führt auf die Mordgeschichte, mit der die Erzählung *Der Zweikampf* beginnt.

In halsbrecherisch verschachtelten Langsätzen wird zu Beginn berichtet, wie der Herzog von Breysach, der soeben beim Kaiser die Legitimation für einen vorehelich geborenen Sohn erwirkt hat, bei seiner Rückkehr von einem Pfeilschuss tödlich verwundet wird, vor seinem Tod aber seinen Vasallen noch die Anerkennung des besagten Sohnes als Thronerben abringen kann. Graf Jacob der Rotbart, der Halbbruder des Herzogs, dem ohne diesen Legitimationsakt die Herrschaft zugefallen wäre, verschmerzt die seine Söhne erbitternde Wendung der Dinge scheinbar ungerührt. Der auffallend gearbeitete mörderische Pfeil erweist sich aber als für seine Rüstkammer angefertigt, und obendrein hat er laut Zeugenaussagen in der Mordnacht seine Burg verlassen. Die anstelle des noch unmündigen Thronerben regierende Herzogin, die die Probleme mit Jacob schon beseitigt wähnte und den vom Volk verehrten Grafen nicht anklagen möchte, informiert ihn lediglich über die Ergebnisse der Nachforschungen und beteuert ihre Überzeugung, dass er unschuldig sei. Jacob aber reagiert empört, beharrt auf einem förmlichen Verfahren, erklärt vor dem in Basel zusammengetretenen Gericht die Frage nach der Herkunft des in der Tat ihm gehörigen Pfeils für ›gänzlich unauflöslich‹ und gibt an, die fragliche Nacht »bei der schönen, in Liebe mir ergebenen Tochter des Landdrosts Winfried von Breda, Frau Wittib Littegarde von Auerstein« verbracht zu haben (SWB III,320); er könne also an dem Mord weder »persönlich« noch »mittelbar« beteiligt gewesen sein (ebd.). Dass das Gericht sich diese Auffassung zu Eigen macht, gibt einen ersten Hinweis auf den Sarkasmus, mit dem Kleist hier die Techniken juristischer Wahrheitsfindung bedenkt. Denn persönliche Abwesenheit sagt natürlich gar nichts aus über eine ›mittelbare‹ Täterschaft, und so gesteht der Graf am Ende ja auch, dass er einen Mörder gedungen hatte (SWB III,348).[113]

Nach dem Bericht von der Aussage des Grafen schiebt der Erzähler die Vorgeschichte der Littegarde[114] ein, die zugleich die Vorgeschichte des anfangs nur beiläufig erwähnten Kämmerers Friedrich von Trota ist und sich dann zur Geschichte dieser beiden ausweitet, hinter der die Mordgeschichte bis kurz vor Schluss ganz zurücktritt.

Im anfänglichen Schicksal Littegardes radikalisiert Kleist die Familienkonstellation aus der *Marquise von O.....* Auch Littegarde ist eine ehrbare, allerdings kinderlose Witwe und lebt »still und eingezogen auf der Burg ihres Vaters« (SWB III,321; vgl. 143); einer Vermählung mit Friedrich von Trota hat sie entsagt, um ihren beiden Brüdern ein ungeschmälertes Erbe zu sichern. Der ältere dieser Brüder hat ihre Abschiebung als Äbtissin in ein Frauenstift bereits in die Wege geleitet, als die Anschuldigung des Grafen mitsamt einem ›Beweisstück‹: einem in jener Nacht tatsächlich verschwundenen Ring Littegardes, auf der Burg eintrifft. Den Vater rafft ein Schlaganfall hinweg, und die Brüder, die von Jacobs angelegentlichem Werben um Littegarde wissen, zweifeln keinen Augenblick an der Wahrheit seiner Aussage und jagen die Schwester, die sich vergebens auf »die Unsträflichkeit ihres Lebenswandels« beruft (SWB III,323; vgl. 163), aus der Burg. – Nachdem sie wieder zur Besin-

---

113 Dass dieser Mörder dann wiederum ein so verräterisches Mordwerkzeug benutzte, mag man als ›reichlich unprofessionell‹ einstufen.
114 Über die ungewöhnliche Namensform ›Littegarde‹ (statt Liutgard, Littgardt, abgeleitet von ahd.-mhd. *liut* ›Volk‹ und *gart* ›Gerte, Reis‹) ist in jüngster Zeit viel, aber wenig überzeugend spekuliert worden; vgl. Reuß, B 10h: 1994, 4; Schuller, B 10h: 1999, 197 f.; Häker, B 10h: 2001,139 f.

nung gekommen ist, wendet sie sich an Friedrich von Trota mit der Bitte um Beistand vor Gericht. Ihrer Unschuldsbeteuerungen bedarf es ihm gegenüber nicht: »In meiner Brust spricht eine Stimme für euch, weit lebhafter und überzeugender, als alle Versicherungen« (SWB III,326). Littegardes habgierige Brüder dagegen versuchen bereits, sie unter lügenhafter Darstellung ihrer Entfernung von der Burg enterben zu lassen. In Basel, wo das Gericht den Rotbart allen Ernstes »von dem Verdacht, zur Ermordung des Herzogs mitgewirkt [!] zu haben« freisprechen will (SWB III,328), fordert Trota den Grafen wegen Verleumdung Littegardes zum Zweikampf heraus: Die Schuldlosigkeit der Frau von Auerstein wolle er »auf Tod und Leben, vor aller Welt, im Gottesurteil« beweisen (SWB III,329).

Der Zweikampf, in Anwesenheit Littegardes sowie der Mutter und der Schwestern Herrn Friedrichs vor der versammelten Ritterschaft Schwabens ausgefochten, nimmt einen fatalen Ausgang. Zwar kann Friedrich den Rotbart schon mit dem ersten Hieb leicht verwunden, doch wechselt er im weiteren Verlauf, auf das Murren der Zuschauer über sein eher defensives Verhalten hin, seine Stellung, gerät dabei ins Stolpern und wird von Jacob mit drei Hieben niedergestreckt. Niemand zweifelt an der Tödlichkeit dieser Wunden, niemand folglich an der Wahrheit von Jacobs Behauptungen; sogar Littegarde wird fast an sich selbst irre angesichts des scheinbar unanzweifelbaren Gottesurteils. Friedrich dagegen, der auf kaum glaubliche Weise wieder gesundet, hält fest an seinem Vertrauen in ihre Unschuld, nennt den Zweikampf noch nicht entschieden, da er ja noch lebe, und verwirft die Bestimmung, dass ein von den Kampfrichtern für abgeschlossen erklärter Kampf nicht wieder aufgenommen werden darf, als »diese willkürlichen Gesetze der Menschen« (SWB III,335). Littegardes Verzweiflung kann ihn nur kurz beirren, denn auf Verwerfungsworte seiner Mutter hin weist sie gereizt noch einmal nachdrücklich die Anschuldigungen von sich, worauf er sie beschwört: »türme das Gefühl, das in deiner Brust lebt, wie einen Felsen empor [...]! Laß uns, von zwei Gedanken, die die Sinne verwirren, den verständlicheren und begreiflicheren denken, und ehe du dich schuldig glaubst, lieber glauben, daß ich in dem Zweikampf, den ich für dich gefochten, siegte! [...] Wo liegt die Verpflichtung der höchsten göttlichen Weisheit, die Wahrheit im Augenblick der glaubensvollen Anrufung selbst, anzuzeigen und auszusprechen?« (SWB III,341) Das klingt teilweise sophistisch, und für uns sind natürlich nicht nur die Rahmenbedingungen, sondern ist bereits die Deklarierung eines Zweikampfs als ›Gottesurteil‹ eine ›willkürliche Setzung der Menschen‹. Für die Figur Friedrich von Trota aber stellt dieser Versuch, Gottes Gedanken zu enträtseln, ein Äußerstes dar.

Inzwischen werden die beiden, »dem bestehenden Gesetz gemäß« (SWB III,342), zum Feuertod verurteilt. Der Kaiser, der gegen den Grafen Rotbart »eine Art von Mißtrauen nicht unterdrücken konnte« (ebd.), wünscht ihn beim Vollzug des Urteils anwesend zu sehen. Jacob aber liegt, nachdem von der unbedeutenden Verwundung her »Eiterung und Fäulnis« seinen ganzen Körper ergriffen haben (SWB III,343), todkrank darnieder. Sein Beichtvater und er selbst kommen auf den Gedanken, er könne in der »Nacht des heiligen Remigius« (SWB III,314 u. ö.) Opfer einer Täuschung geworden sein.

Ähnlich wie die Vorgeschichte der Littegarde von Auerstein (SWB III,321: »Nun muß man wissen, daß [...]«) rückt der Erzähler nun diejenige ihrer ehemaligen Kammerzofe Rosalie ein (SWB III,343: »Man muß nämlich wissen, daß [...]«, vgl. Neumann B 10h: 1998): Sie, mit der der Rotbart schon seit längerem ein unsittliches Verhältnis unterhielt, hat sich aus Eifersucht auf Littegarde in jener Nacht ihm unterschoben und ihm den ihrer Herrin entwendeten Ring geschenkt. Auch sie hat von ihm einen Ring empfangen, ist überdies schwanger geworden, was ihre Eltern veranlasst, einen Unterhaltsprozess gegen den Grafen anzustrengen.

Jacob erfährt davon am Tag der nun doch angesetzten Hinrichtung, die durch seine Eröffnungen im letzten Augenblick verhindert wird. Nachdem er auch noch die Anstiftung zur Ermordung seines Halbbruders gestanden hat, stirbt er und wird auf dem Scheiterhaufen verbrannt. Littegarde wird nicht nur wieder in ihr väterliches Erbe eingesetzt, sondern erhält am Tag ihrer Hochzeit mit Friedrich von Trota auch noch einen großen Teil der konfiszierten Besitzungen des Rotbart von der Herzogin als Brautgeschenk. Der Kaiser aber lässt »in die Statuten des geheiligten göttlichen Zweikampfs, überall wo vorausgesetzt wird, daß die Schuld dadurch unmittelbar ans Tageslicht komme, die Worte einrücken: ›wenn es Gottes Wille ist.‹« (SWB III,349).

Damit scheint alles aufs Schönste geregelt, und Gott erscheint unter solcher Optik als ein genialer Schachspieler, wobei allenfalls zu fragen bliebe, warum er Littegarde und Friedrich so schweren ›Prüfungen‹ unterwirft. In Wahrheit aber wimmelt die Geschichte von Zufällen und Unwahrscheinlichkeiten, die wohl nicht nur ein heutiger Leser schwerlich auf Fügungen Gottes wird zurückführen wollen. Abgesehen davon, dass Jacobs Alibi gar nicht beweisen kann, was es beweisen soll, und abgesehen von dem schon haarsträubend auffälligen Mordwerkzeug, werden auch die übrigen Indizien mit großer Ironie behandelt: Littegardes Ring in Jacobs Hand ›beweist‹, dass sie mit ihm zusammen war (was nicht stimmt); andererseits ›beweist‹ Jacobs Ring in Rosalies Hand, »dies augenscheinliche Zeugnis« (SWB III,346), dass sie die Geliebte jener Nacht gewesen ist (was stimmt) und dass der Graf der Vater ihres Kindes ist (was bezweifelt werden kann). In Wahrheit beweist der Ring des Grafen gar nichts, denn auch ihn hat Rosalie auf unrechtmäßige Weise an sich gebracht; im Text heißt es, Jacob habe drei Tage hernach, natürlich mit Littegarde als Adressatin, den Ring, »den Rosalie wieder geschickt genug war aufzufangen«, auf die Burg gesandt (SWB III,345). Im Übrigen bliebe, da Rosalie inzwischen eines weiteren Diebstahls wegen aus dem Dienst entlassen und zu ihren Eltern zurückgeschickt worden ist, der ganze Vorgang ungeklärt, wäre die Zofe nicht ausgerechnet in dieser Nacht (und in keiner der zahlreichen Liebesnächte zuvor) schwanger geworden (immer vorausgesetzt, dass wenigstens *diese* Angabe ›stimmt‹). Was schließlich die Weisung des Kaisers hinsichtlich der »Statuten des geheiligten göttlichen Zweikampfs« betrifft, so kommt der Zusatz »wenn es Gottes Wille ist« der Abschaffung dieses Rechtsinstruments gleich, da dessen Sinn ja eben darin besteht, hier und jetzt und zweifelsfrei die mit menschlichen Mitteln nicht zu ergründende Wahrheit aufzudecken. Gibt man diesen Anspruch auf, so kann man sich auch gleich in Geduld fassen und darauf hoffen, dass die Wahrheit irgendwann »ans Tageslicht« oder, dem Sprichwort zufolge, »ans Licht der Sonnen« kommen werde.

Das Wahrheitsproblem ist es, das die Stoffwahl zumindest mitmotiviert haben dürfte: Der – von der Kirche schon seit dem 13. Jahrhundert verbotene – Zweikampf als Versuch, mit Gewalt ›die‹ Wahrheit ans Licht zu zerren, wird von der Komplexität der Umstände (die sich in der Komplexität der Anfangssätze spiegelt) desavouiert: Littegarde ist unschuldig, aber Jacob vertritt die Gegenposition guten Glaubens, ist andererseits des Mordes schuldig, was er mit Hilfe des Alibis von sich weisen wollte. Hierauf lässt sich nicht klar mit ›Ja‹ oder ›Nein‹ reagieren, und solches von Gott zu verlangen stellt ohnehin eine metaphysische Zumutung dar. Was hingegen Bestand hat, ist die Wahrhaftigkeit von Friedrichs innerer Überzeugung; im Gegensatz zum Sarkasmus bezüglich der verschiedenen Instrumente der ›Rechtsfindung‹ bleiben Littegarde und Friedrich – ähnlich wie die Marquise von O.... – von aller Ironie verschont. Mit dem fast übermenschlichen Vertrauen, das Trota der Geliebten entgegenbringt, hat Kleist in einem letzten Werk ein Idealbild aufgestellt. Im *Zerbrochnen Krug* hatte

Eve (wie schon einmal zitiert) von ihrem Ruprecht ein solches Vertrauen gefordert:

> Du hättest denken sollen: Ev' ist brav,
> Es wird sich alles ihr zum Ruhme lösen,
> Und ist's im Leben nicht, so ist es jenseits,
> Und wenn wir auferstehn ist auch ein Tag.
> (V. 1171–74)

Ruprecht antwortete (verständlicherweise): »Mein Seel, das dauert mir zu lange, Evchen« (V. 1175). Im *Zweikampf* aber sagt Friedrich von Trota (in genauer Entsprechung zu Eves Forderung):

> im Leben laß uns auf den Tod, und im Tode auf die Ewigkeit hinaus sehen, und des festen, unerschütterlichen Glaubens sein: deine Unschuld wird, und wird durch den Zweikampf, den ich für dich gefochten, zum heitern, hellen Licht der Sonne gebracht werden! (SWB III,341)

Siglen

Für den Textteil

SWB Heinrich von Kleist: Sämtliche Werke und Briefe. Hrsg. von Ilse-Marie Barth, Klaus Müller-Salget, Stefan Ormanns und Hinrich C. Seeba. 4 Bde. Frankfurt a. M.: Deutscher Klassiker Verlag, 1987–97.

LS Heinrich von Kleists Lebensspuren. Dokumente und Berichte der Zeitgenossen. Hrsg. von Helmut Sembdner. Bremen 1957. Neuausg. München 1996.

NR Heinrich von Kleists Nachruhm. Eine Wirkungsgeschichte in Dokumenten. Hrsg. von Helmut Sembdner. Bremen 1967. Neuausg. München 1996 bzw. (Taschenbuchausgabe) 1997.

Für die Bibliographie

BKF Beiträge zur Kleist-Forschung. Hrsg. von der Kleist-Gedenk- und Forschungsstätte (ab 2000: Kleist-Museum) Frankfurt (Oder).

DVjs Deutsche Vierteljahrsschrift für Literaturwissenschaft und Geistesgeschichte.

JbDSG Jahrbuch der Deutschen Schillergesellschaft.

KJb Kleist-Jahrbuch. Im Auftrag des Vorstandes der Heinrich-von-Kleist-Gesellschaft hrsg. von Hans Joachim Kreutzer (1980–96) bzw. von Sabine Doering (1997) bzw. von Günter Blamberger, Sabine Doering und Klaus Müller-Salget (1998ff.). Berlin 1980–89. Stuttgart 1990–91. Stuttgart/Weimar 1992ff.

ZfdPh Zeitschrift für deutsche Philologie.

Bibliographie

Im Text wird auf die Titel der Bibliographie (B) jeweils in Klammern mit Verfassernamen, der Nummer des entsprechenden Abschnitts der Bibliographie, dem Publikationsjahr und der Seitenzahl verwiesen.

1. Ausgaben

a) Werkausgaben

Heinrich von Kleists hinterlassene Schriften. Hrsg. von L[udwig] Tieck. Berlin: Reimer, 1821.

H. v. Kleists Werke. Im Verein mit Georg Minde-Pouet und Reinhold Steig hrsg. von Erich Schmidt. Krit. durchges. und erl. Gesamtausgabe. 5 Bde. Leipzig/Wien: Bibliographisches Institut, o. J. [1904–05/06].

Kleists Werke. Zweite Auflage. Nach der von Erich Schmidt, Reinhold Steig und Georg Minde-Pouet bes. Ausg. neu durchges. und erw. von Georg Minde-Pouet. 7 Bde. [Mehr nicht erschienen.] Leipzig: Bibliographisches Institut, [1936–38].

Sämtliche Werke und Briefe. Hrsg. von Helmut Sembdner. 2 Bde. 2., verm. und auf Grund der Erstdrucke und Handschriften völlig rev. Aufl. München: Hanser, 1961. 9., verm. und rev. Aufl. ebd. 1993.

Werke und Briefe in vier Bänden. Hrsg. von Siegfried Streller in Zsarb. mit Peter Goldammer und Wolfgang Barthel, Anita Golz, Rudolf Loch. Berlin/Weimar: Aufbau-Verlag, 1978. 3., erg. Aufl. ebd. 1993. Lizenzausg.: Frankfurt a. M.: Insel-Verlag, 1986.

SWB Sämtliche Werke und Briefe. Hrsg. von Ilse-Marie Barth, Klaus Müller-Salget, Stefan Ormanns und Hinrich C. Seeba. 4 Bde. Frankfurt a. M.: Deutscher Klassiker Verlag, 1987–97.

Sämtliche Werke. Brandenburger [1988–91: Berliner] Ausgabe. Hrsg. von Roland Reuß und Peter Staengle. Basel / Frankfurt a. M.: Stroemfeld / Roter Stern, 1988 ff. [Bisher 14 Bde.]

b) Einzelausgaben

Kleist, Heinrich von: Politische Schriften und andere Nachträge zu seinen Werken. Hrsg. von Rudolf Köpke. Berlin 1862.
Phöbus. Ein Journal für die Kunst. Hrsg. von Heinrich von Kleist und Adam H. Müller. Nachwort und Kommentar von Helmut Sembdner. Reprogr. Nachdr. Darmstadt: Wissenschaftliche Buchgesellschaft, 1961.
Berliner Abendblätter. Hrsg. von Heinrich von Kleist. Nachwort und Quellenregister von Helmut Sembdner. Reprogr. Nachdr. Darmstadt: Wissenschaftliche Buchgesellschaft, 1982.

2. Überlieferung

Kanzog, Klaus: Prolegomena zu einer historisch-kritischen Ausgabe der Werke Heinrich von Kleists. Theorie und Praxis einer modernen Klassiker-Edition. München 1970.
– Edition und Engagement. 150 Jahre Editionsgeschichte der Werke und Briefe Heinrich von Kleists. 2 Bde. Berlin / New York 1979.
– (Hrsg.): Text und Kontext. Quellen und Aufsätze zur Rezeptionsgeschichte der Werke Heinrich von Kleists. Berlin 1979.
Kreutzer, Hans Joachim: Überlieferung und Edition. Textkritische und editorische Probleme, dargestellt am Beispiel einer historisch-kritischen Kleist-Ausgabe. Mit einem Beitrag von Klaus Kanzog. Heidelberg 1976.
– Über die Geschicke der Kleist-Handschriften und über Kleists Handschrift. In: KJb 1981/82 (1983) S. 66–85.
Rothe, Eva / Sembdner, Helmut: Die Kleist-Handschriften und ihr Verbleib. In: JbDSG 8 (1964) S. 324–343.
Staengle, Peter: Kleist bei Varnhagen in Kraków. Eine Bestandsaufnahme mit Anhang. In: Brandenburger Kleist-Blätter 7 (1994) S. 53–103.

3. Bibliographien und Forschungsberichte

Busch, Rolf: Imperialistische und faschistische Kleist-Rezeption 1890–1945. Eine ideologiekritische Untersuchung. Frankfurt a. M. 1974.
Grathoff, Dirk: Bibliographie zur materialistischen Kleist-Rezeption seit 1945. In: Kanzog (Hrsg.): Text und Kontext (B 2). S. 180–192.
Kleist-Archiv Sembdner der Stadt Heilbronn. Bestandsverzeichnis. Bearb. von Brigitte Schillbach. Heilbronn 1994.
– Bestandsergänzungen Erscheinungsjahr 1990–1995. Zsgest. von Günther Emig. In Zsarb. mit Roland Reuß und Peter Staengle. Unter Mitarb. von Anke Tanzer. Heilbronn 1996.
– Bestandsergänzungen 1990–1996. In: Heilbronner Kleist-Blätter 1 (1996) S. 15–44.
Kleist-Bibliographie 1990ff. In: Heilbronner Kleist-Blätter 2ff. (1997ff.).
Kluckhohn, Paul: Das Kleist-Bild der Gegenwart. Bericht über die Kleist-Literatur der Jahre 1922–1925. In: DVjs 4 (1926) S. 798–830.
Lefèvre, Manfred: Kleist-Forschung 1961–1967. In: Colloquia Germanica 3 (1969) S. 1–86.
Minde-Pouet, Georg: Kleist-Bibliographie [1914–1937]. In: Jahrbuch der Kleist-Gesellschaft 1921 (1922) S. 89–116; 1922 (1923) S. 112–163; 1923/24 (1925) S. 181–230; 1929/30 (1931) S. 60–193; 1933–1937 (1937) S.186–263.
Reuß, Roland / Staengle, Peter: Auswahlbibliographie. In: Arnold (Hrsg.) (B 7: 1993). S. 224–234.
Ribbat, Ernst: Neue Kleist-Forschungen. Ein Zwischenbericht zu einigen Neuerscheinungen 1983–1984. In: ZfdPh 105 (1986) S. 283–292.
Rothe, Eva: Kleist-Bibliographie 1945–1960. In: JbDSG 5 (1961) S. 414–547.
Sembdner, Helmut: Kleist-Bibliographie 1803–1862. Heinrich von Kleists Schriften in frühen Drucken und Erstveröffentlichungen. Stuttgart 1966.

4. Hilfsmittel

Adelung, Johann Christoph: Grammatisch-kritisches Wörterbuch der Hochdeutschen Mundart, mit beständiger Vergleichung der übrigen Mundarten, besonders aber der Oberdeutschen. Mit D. W. Soltau's Beyträgen, revidirt und berichtiget von Franz Xaver Schönberger. Th. 1–4. Wien 1811.

Deutsches Wörterbuch. Hrsg. (bzw. begr.) von Jacob und Wilhelm Grimm. 33 Bde. Leipzig 1854–1962.

Handwörterbuch des deutschen Aberglaubens. Hrsg. von Hanns Bächtold-Stäubli unter Mitw. von Eduard Hoffmann-Krayer. 10 Bde. Berlin/Leipzig 1927–42. Nachdruck Berlin / New York 1987.

Hederich, Benjamin: Gründliches mythologisches Lexikon. Bearb. von Johann Joachim Schwaben. Leipzig 1770. Reprogr. Nachdr. Darmstadt 1986.

Index zu Heinrich von Kleist. Sämtliche Erzählungen, Erzählvarianten, Anekdoten. Bearb. von Helmut Schanze. Frankfurt a. M. / Bonn 1969. – Neufass. u. d. T.: Wörterbuch zu Heinrich von Kleist. […] Tübingen 1989.

Index zu Heinrich von Kleist. Kleine Schriften. Bearb. von Helmut Schanze. Frankfurt a. M. 1970.

Wörterbuch zu Heinrich von Kleist. Sämtliche Dramen und Dramenvarianten. Bearb. von Helmut Schanze. Nendeln 1978.

5. Dokumente und dokumentarische Darstellungen

Geschichte des Geschlechts von Kleist, Dritter Theil, Dritte Abtheilung, enthaltend die Biographien der Muttrin-Damenschen Linie, entworfen von H. Kypke. Berlin 1885.

Geschichte des Geschlechts von Kleist. Fortführung 1880–1980. Braunschweig 1982.

Goldammer, Peter (Hrsg.): Schriftsteller über Kleist. Eine Dokumentation. Berlin/Weimar 1976.

Sembdner, Helmut (Hrsg.): Dichter über ihre Dichtungen. Heinrich von Kleist. München 1969.

Sembdner, Helmut (Hrsg.): Heinrich von Kleists Lebensspuren. Dokumente und Berichte der Zeitgenossen. Bremen 1957. Neuausgabe: München 1996. [Zit. als: LS]
– (Hrsg.): Heinrich von Kleists Nachruhm. Eine Wirkungsgeschichte in Dokumenten. Bremen 1967. Neuausgabe: München 1996 bzw. (Taschenbuchausgabe) 1997. [Zit. als: NR.]

6. Biographien und kleinere Arbeiten zu Kleists Lebensumständen

Baumgart, Peter: Die preußische Armee zur Zeit Heinrich von Kleists. In: KJb 1983. S. 43–70.
Brown, Hilda M.: Kleist in Paris, 1804. In: Seminar 13 (1977) S. 88–98.
– Kleists Lebensspuren um 1804: Eine Antwort an Helmut Sembdner. In: JbDSG 36 (1922) S. 84–94.
Brüggemann, Diethelm: Drei Mystifikationen Heinrich von Kleists. Kleists Würzburger Reise. Kleists Lust-Spiel mit Goethe. Aloysius, Marquis von Montferrat. New York / Bern / Frankfurt a. M. 1985.
Bülow, Eduard von: Heinrich von Kleist's Leben und Briefe. Mit einem Anhange hrsg. von E. v. B. Berlin 1848.
Grathoff, Dirk: Kleists Geheimnisse. Unbekannte Seiten einer Biographie. Opladen 1993.
Günzel, Klaus: Kleist. Ein Lebensbild in Briefen und zeitgenössischen Berichten. Berlin 1984. Stuttgart 1985.
Häker, Horst: Kleists Berliner Aufenthalte. Ein biographischer Beitrag. Berlin 1989.
– 10. oder 18. Oktober? Ein Plädoyer für Kleist. In: BKF 7 (1993) S. 149–154.
Hansen, Uffe: Der Schlüssel zum Rätsel der Würzburger Reise Heinrich von Kleists. In: JbDSG 41 (1997) S. 170–209.
Hoffmann, Paul: Ulrike von Kleist über ihren Bruder Heinrich. Ein Beitrag zur Biographie des Dichters. In: Euphorion 10 (1903) S. 105–152.
– Kleist in Paris. Berlin 1924.
– Heinrich von Kleist und die Seinen. In: Archiv für das Studium der neueren Sprachen und Literaturen 84 (1929) Bd. 155. S. 161–185.

Hohoff, Curt: Heinrich von Kleist. In Selbstzeugnissen und Bilddokumenten. Reinbek bei Hamburg 1958 [u. ö.].
Horn, Peter: Kleist-Chronik. Königstein (Ts.) 1980.
Loch, Rudolf / Pruns, Herbert: Zu Kleists Ansiedlungsvorhaben in der Schweiz. In: BKF 7 (1993) S. 58–79.
Minde-Pouet, Georg: Kleists letzte Stunden. T. 1: Das Aktenmaterial. [Mehr nicht erschienen.] Berlin 1925. (Schriften der Kleist-Gesellschaft. 5.)
Reske, Hermann: Heinrich von Kleist in Thun. Bern 1972.
Röhl, Hans: Aus dem Reisetagebuch der Freifrau Adolphine von Werdeck im Sommer 1803. In: Jahrbuch der Kleist-Gesellschaft 1938. H. 2 (1941). S. 76–97.
Rothe, Eva: Die Bildnisse Heinrich von Kleists. Mit neuen Dokumenten zu Kleists Kriegsgefangenschaft. In: JbDSG 5 (1961) S. 136–186.
Ruffet, Jean: Kleist à Boulogne. In: Études Germaniques 31 (1976) S. 186–188.
– L'affaire Kleist. In: Revue de l'Institut Napoléon 133 (1977) S. 173–180.
Samuel, Richard: Heinrich von Kleist und Karl Baron von Altenstein. Eine Miszelle zu Kleists Biographie [1955]. In: R. H. S.: Selected Writings. Melbourne 1965. S. 85–91.
– Heinrich von Kleist und Neithardt von Gneisenau. In: JbDSG 7 (1963) S. 352–370.
Sembdner, Helmut: Die Doppelgänger des Herrn von Kleist. Funde und Irrtümer der Kleistforschung. In: JbDSG 35 (1991) S. 180–195.
Siebert, Eberhard: Heinrich von Kleist. Leben und Werk im Bild. Frankfurt a. M. 1980.
– War Heinrich von Kleist als Industriespion in Würzburg? In: Jahrbuch Preußischer Kulturbesitz 1985. Berlin 1986. S. 185–206.
Staengle, Peter: Heinrich von Kleist. München 1998.
Weigel, Sigrid: Ulrike von Kleist (1774–1849). Lebensspuren hinter dem Bild der Dichter-Schwester. In: Schwestern berühmter Männer. Zwölf biographische Portraits. Hrsg. von Luise F. Pusch. Frankfurt a. M. 1985. S. 235–287.
Weiss, Hermann F.: Zu Heinrich von Kleists Reise nach Paris im Jahre 1801. In: Archiv für das Studium der neueren Sprachen und Literaturen 142 (1990) Bd. 227. S. 1–12.
– Heinrich von Kleist und Hugh Elliot. Ein Beitrag zu Kleists Würzburger Reise. In: BKF 8 (1994) S. 109–114.

Weiss, Hermann F.: Heinrich von Kleists Freund Ludwig von Brockes. In: BKF 10 (1996) S. 102–131.
Zimmermann, Hans Dieter: Kleist, die Liebe und der Tod. Frankfurt a. M. 1989.
Zolling, Theophil: Heinrich v. Kleist in der Schweiz. Stuttgart 1882.

7. Sammelbände

Arnold, Heinz Ludwig (Hrsg., in Zsarb. mit Roland Reuß und Peter Staengle): Heinrich von Kleist. München 1993. (Text + Kritik. Sonderband.)
Erotik und Sexualität im Werk Heinrich von Kleists. Internationales Kolloquium des Kleist-Archivs Sembdner. 22. bis 24. April 1999. Heilbronner Kleist-Kolloquien 2. Im Auftrag der Stadt Heilbronn hrsg. von Günther Emig. Heilbronn 2000.
Grathoff, Dirk (Hrsg.): Heinrich von Kleist. Studien zu Werk und Wirkung. Opladen 1988.
Hinderer, Walter (Hrsg.): Kleists Dramen. Neue Interpretationen. Stuttgart 1981.
– (Hrsg.): Interpretationen: Kleists Dramen. Stuttgart 1997.
– (Hrsg.): Interpretationen: Kleists Erzählungen. Stuttgart 1998.
Käthchen und seine Schwestern. Frauenfiguren im Drama um 1800. Internationales Kolloquium des Kleist-Archivs Sembdner. 12. bis 13. Juni 1997. Heilbronner Kleist-Kolloquien 1. Im Auftrag der Stadt Heilbronn hrsg. von Günther Emig und Anton Philipp Knittel. Heilbronn 2000.
Kanzog, Klaus / Kreutzer, Hans Joachim (Hrsg.): Werke Kleists auf dem modernen Musiktheater. Berlin 1977.
Lubkoll, Christine / Oesterle, Günter (Hrsg.): Gewagte Experimente und kühne Konstellationen. Kleists Werk zwischen Klassizismus und Romantik. Würzburg 2001. (Stiftung für Romantikforschung. Bd. 12.)
Lützeler, Paul Michael / Pan, David (Hrsg.): Kleists Erzählungen und Dramen. Neue Studien. Würzburg 2001.
Müller-Seidel, Walter (Hrsg.): Heinrich von Kleist. Aufsätze und Essays. Darmstadt 1967. (Wege der Forschung. 147.)

Müller-Seidel, Walter (Hrsg.): Kleists Aktualität. Neue Aufsätze und Essays 1966–1978. Darmstadt 1981. (Wege der Forschung. 586.)
Neumann, Gerhard (Hrsg.): Heinrich von Kleist. Kriegsfall – Rechtsfall – Sündenfall. Freiburg i. Br. 1994.
Ugrinsky, Alexej (Hrsg.): Heinrich von Kleist-Studien. Berlin 1980.

8. Gesamtdarstellungen und Untersuchungen zu Einzelthemen

Angress, Ruth K.: Kleist's Treatment of Imperialism: *Die Hermannsschlacht* and *Die Verlobung in St. Domingo*. In: Monatshefte 69 (1977) S. 17–33. – Dt.: Freiheit, die ich meine: Fremdherrschaft in Kleists *Hermannsschlacht* und *Verlobung in St. Domingo*. In: Ruth Klüger: Katastrophen. Über deutsche Literatur. Göttingen 1994. S. 133–162.
– Kleists Abkehr von der Aufklärung: In: KJb 1987. S. 98–114. – Wiederabgedr. u. d. T.: Tellheims Neffe: Kleists Abkehr von der Aufklärung. In: Ruth Klüger: Katastrophen. Über deutsche Literatur. Göttingen 1994. S. 163–188.
Aretz, Heinrich: Heinrich von Kleist als Journalist. Untersuchungen zum *Phöbus*, zur *Germania* und zu den *Berliner Abendblättern*. Stuttgart 1983.
Beißner, Friedrich: Unvorgreifliche Gedanken über den Sprachrhythmus. In: Festschrift für Paul Kluckhohn und Hermann Schneider. Tübingen 1948. S. 427–444.
Birkenhauer, Klaus: Kleist. Tübingen 1977.
Blamberger, Günter: Agonalität und Theatralität. Kleists Gedankenfigur des Duells im Kontext der europäischen Moralistik. In: KJb 1999. S. 25–40.
Blöcker, Günter: Heinrich von Kleist oder Das absolute Ich. Berlin 1960.
Bohrer, Karl Heinz: Kleists Selbstmord [1978]. In: Müller-Seidel (Hrsg.): Kleists Aktualität (B 7: 1981). S. 281–306.
Brown, Hilda M.: Kleists Theorie der Tragödie – im Licht neuer Funde. In: Grathoff (Hrsg.): Heinrich von Kleist (B 7). S. 117–132.
Brown, Hilda Meldrum: Heinrich von Kleist. The Ambiguity of Art and the Necessity of Form. Oxford 1998.

Cassirer, Ernst: Heinrich von Kleist und die Kantische Philosophie. In: E. C.: Idee und Gestalt. Berlin 1921. S. 153–200.

Detering, Heinrich: Das offene Geheimnis. Zur literarischen Produktivität eines Tabus von Winckelmann bis zu Thomas Mann. Göttingen 1994. [S. 117–156: Kap. III. Amphibion, Kentaurin, Mestize. Heinrich von Kleist.]

Dettmering, Peter: Heinrich von Kleist. Zur Psychodynamik in seiner Dichtung. München 1975. Frankfurt a. M. 1979.

Dietrick, Linda: Prisons and Idylls. Studies in Heinrich von Kleist's Fictional World. Frankfurt a. M. / Bern / New York 1985.

Doering, Sabine: Heinrich von Kleist. Stuttgart 1996.

Dotzler, Bernhard J.: »Federkrieg«. Kleist und die Autorschaft des Produzenten. In: KJb 1998. S. 37–61.

Dyer, Denys G.: Kleist und das Paradoxe. In: KJb 1981/82. S. 210–219.

Ellis, John M.: Heinrich von Kleist. Studies in the Character and Meaning of his Writings. Chapel Hill 1979.

Endres, Johannes: Das »depotenzierte« Subjekt. Zu Geschichte und Funktion des Komischen bei Heinrich von Kleist. Würzburg 1996.

Ensberg, Peter: Das Gefäß des Inhalts. Zum Verhältnis von Philosophie und Literatur am Beispiel der »Kantkrise« Heinrich von Kleists. In: BKF 13 (1999) S. 61–123.

Fink, Gonthier-Louis: Das Motiv der Rebellion in Kleists Werk im Spannungsfeld der Französischen Revolution und der Napoleonischen Kriege. In: KJb 1988/89. S. 64–88.

Földényi, László F.: Heinrich von Kleist. Im Netz der Wörter. Aus dem Ungarischen übers. von Akos Doma. München 1999.

Fricke, Gerhard: Gefühl und Schicksal bei Heinrich v. Kleist. Studien über den inneren Vorgang im Leben und Schaffen des Dichters. Berlin 1929. Reprogr. Nachdr. Darmstadt 1975.

Gall, Ulrich: Philosophie bei Heinrich von Kleist. Bonn 1977.

Gönner, Gerhard: Von »zerspaltenen Herzen« und der »gebrechlichen Einrichtung der Welt«. Versuch einer Phänomenologie der Gewalt bei Kleist. Stuttgart 1989.

Graham, Ilse: Heinrich von Kleist. Word into Flesh: A Poet's Quest for the Symbol. Berlin / New York 1977.

Grathoff, Dirk: Kleist: Geschichte, Politik, Sprache. Opladen/Wiesbaden 1999.

Greiner, Bernhard: Kleists Dramen und Erzählungen. Experimente zum ›Fall‹ der Kunst. Tübingen/Basel 2000.

Groß, Thomas: »... grade wie im Gespräch ...«. Die Selbstreferentialität der Texte Heinrich von Kleists. Würzburg 1995.

Gundolf, Friedrich: Heinrich von Kleist. Berlin 1922.

Häker, Horst: Heinrich von Kleist. *Prinz Friedrich von Homburg* und *Die Verlobung in St. Domingo*. Studien, Beobachtungen, Bemerkungen. Frankfurt a. M. / Bern / New York 1987.

Heinrich von Kleist. Zum Gedenken an seinen 200. Geburtstag. Ausstellung der Staatsbibliothek Preußischer Kulturbesitz in Verbindung mit der Heinrich-von-Kleist-Gesellschaft e. V. in der Orangerie des Charlottenburger Schlosses. Berlin, 11. November 1977 – 8. Januar 1978. Ausstellung und Katalog von Eberhard Siebert in Zsarb. mit Barbara Wilk und Hans-Günther Klein. Berlin 1977. (Staatsbibliothek Preußischer Kulturbesitz, Ausstellungskataloge. 8.)

Heinrich von Kleist 1777–1811. Leben – Werk – Wirkung. Blickpunkte. Katalog der Dauerausstellung des Kleist-Museums. Hrsg. von Wolfgang Barthel und Hans-Jochen Marquardt. Frankfurt (Oder) 2000.

Hellmann, Hanna: Heinrich von Kleist. Darstellung des Problems. Heidelberg 1911.

Holz, Hans Heinz: Macht und Ohnmacht der Sprache. Untersuchungen zum Sprachverständnis und Stil Heinrich von Kleists. Frankfurt a. M. / Bonn 1962.

Hoverland, Lilian: Heinrich von Kleist und das Prinzip der Gestaltung. Königstein (Ts.) 1978.

Ide, Heinz: Der junge Kleist. »... in dieser wandelbaren Zeit ...«. Würzburg 1961.

Jansen, Peter K.: »Monk Lewis« und Heinrich von Kleist. In: KJb 1984. S. 25–54.

Kittler, Wolf: Die Geburt des Partisanen aus dem Geist der Poesie. Heinrich von Kleist und die Strategie der Befreiungskriege. Freiburg i. Br. 1987.

Kommerell, Max: Die Sprache und das Unaussprechliche. Eine Betrachtung über Heinrich von Kleist. In: Das Innere Reich 4 (1937) S. 654–697. – Auch in: M. K.: Geist und Buchstabe der Dichtung. Frankfurt a. M. 1940. S. 180–254.

Kreutzer, Hans Joachim: Die dichterische Entwicklung Heinrichs von Kleist. Untersuchungen zu seinen Briefen und zu Chronologie und Aufbau seiner Werke. Berlin 1968. ²1976.

– Über Gesellschaft und Geschichte im Werk Heinrichs von Kleist. In: KJb 1980. S. 34–72.

Loch, Rudolf: Heinrich von Kleist. Leben und Werk. Leipzig 1978.
Lukács, Georg: Die Tragödie Heinrich von Kleists. In: Internationale Literatur (Moskau) 8 (1937) H. 8. S. 105–126. Überarb. in: G. L.: Deutsche Realisten des 19. Jahrhunderts. Bern/Berlin 1951. S. 19–48. Auch in: G. L.: Deutsche Literatur in zwei Jahrhunderten. Neuwied 1964. S. 201–231.
MacGlathery, James M.: Desire's Sway. The Plays and Stories of Heinrich von Kleist. Detroit 1983.
Marquardt, Jochen: »Vermittelnde Geschichte«. Zum Verhältnis von ästhetischer Theorie und historischem Denken bei Adam Heinrich Müller. Stuttgart 1993. [S. 87–155: 4. Die »gegensätzische Identität« Adam Müllers und Kleists.]
Mayer, Hans: Heinrich von Kleist. Der geschichtliche Augenblick. Pfullingen 1962.
Moering, Michael: Witz und Ironie in der Prosa Heinrich von Kleists. München 1972.
Mommsen, Katharina: Kleists Kampf mit Goethe. Heidelberg 1974. Frankfurt a. M. 1979.
Moser, Christian: Verfehlte Gefühle. Wissen – Begehren – Darstellen bei Kleist und Rousseau. Würzburg 1993.
Müller, Gernot: Man müßte auf dem Gemälde selbst stehen. Kleist und die bildende Kunst. Tübingen/Basel 1995.
Müller-Salget, Klaus: Auferstehung, Apokalypse, Widerstand: Zur Artikulation des Politischen bei Heinrich von Kleist in den Jahren 1808 bis 1811. In: Kleists Beitrag zur Ästhetik der Moderne. Hrsg. von Peter Ensberg und Hans-Jochen Marquardt. Stuttgart 2002. S. 83–96.
Müller-Seidel, Walter: Versehen und Erkennen. Eine Studie über Heinrich von Kleist. Köln 1961. ³1971.
Muth, Ludwig: Kleist und Kant. Versuch einer neuen Interpretation. Köln 1954. (Kant-Studien. Erg.-Heft 68.)
Neumann, Gerhard: Hexenküche und Abendmahl. Die Sprache der Liebe im Werk Heinrich von Kleists. In: Freiburger Universitätsblätter 25 (1986) H. 91. S. 9–31.
– »… der Mensch ohne Hülle ist eigentlich der Mensch«. Goethe und Heinrich von Kleist in der Geschichte des physiognomischen Blicks. In: KJb 1988/89. S. 259–275.
– Das Stocken der Sprache und das Straucheln des Körpers. Umrisse von Kleists kultureller Anthropologie. In: Neumann (Hrsg.): Heinrich von Kleist (B 7). S. 13–29.

Pfeiffer, Joachim: Die zerbrochenen Bilder. Gestörte Ordnungen im Werk Heinrich von Kleists. Würzburg 1989.

Pfotenhauer, Helmut: Kleists Rede über Bilder und in Bildern. Briefe, Bildkommentare, erste literarische Werke. In: KJb 1997. S. 126–148.

Samuel, Richard: Heinrich von Kleists Teilnahme an den politischen Bewegungen der Jahre 1805–1809. [Urspr.: Heinrich von Kleist's Participation in the Political Movements of the Years 1805 to 1809. Diss. (masch.) Cambridge 1938.] Deutsch von Wolfgang Barthel. Frankfurt (Oder) 1995.

Samuel, R[ichard] H. / Brown, H[ilda] M.: Kleist's Lost Year and the Quest for *Robert Guiskard*. Leamington Spa 1981.

Schmidt, Herminio: Heinrich von Kleist. Naturwissenschaft als Dichtungsprinzip. Bern 1978.

Schmidt, Jochen: Heinrich von Kleist. Studien zu seiner poetischen Verfahrensweise. Tübingen 1974.

Schneider, Helmut J.: Verkehrung der Aufklärung. Zur Destruktion der Idylle im Werk Heinrich von Kleist. In: Ars Semeiotica 11 (1988) Nr. 1/2. S. 149–165.

Schrader, Hans-Jürgen: Ermutigungen und Reflexe. Über Kleists Verhältnis zu Wieland und einige Motivanregungen, namentlich aus dem ›Hexameron von Rosenhain‹. In: KJb 1988/89. S. 160– 194.

– Kleists Heilige oder die Gewalt der Sympathie. Abgerissene Traditionen magnetischer Korrespondenz. In: Einflüsse des Mesmerismus auf die europäische Literatur des 19. Jahrhunderts. Akten des internationalen Kolloquiums vom 9. und 10. November 1999. Brüssel 2001. S. 93–117.

Schulte, Bettina: Unmittelbarkeit und Vermittlung im Werk Heinrich von Kleists. Göttingen/Zürich 1988.

Schulz, Gerhard: Von der Verfassung der Deutschen. Kleist und der literarische Patriotismus nach 1806. In: KJb 1993. S. 56–74.

Sembdner, Helmut: In Sachen Kleist. Beiträge zur Forschung. München 1974. ²1984.

Silz, Walter: Heinrich von Kleist. Studies in his Works and his Literary Character. Philadelphia 1961. Nachdr. Westport (Connecticut) 1977.

Singer, Herbert: Kleists ›Verhöre‹. In: Studi in onore di Lorenzo Bianchi. Bologna 1960. S. 423–442.

Skrotzki, Ditmar: Die Gebärde des Errötens im Werk Heinrich von Kleists. Marburg 1971.

Steig, Reinhold: Heinrich von Kleist's Berliner Kämpfe. Berlin/ Stuttgart 1901.
– Neue Kunde von Heinrich von Kleist. Berlin 1902.
Stephens, Anthony: Kleist's Mythicisation of the Napoleonic Era. In: Romantic Nationalism in Europe. Hrsg. von J. C. Eade. Australian National University 1983. S. 165–179.
– »Das nenn ich menschlich nicht verfahren.« Skizze zu einer Theorie der Grausamkeit im Hinblick auf Kleist. In: Grathoff (Hrsg.): Heinrich von Kleist (B 7). S. 10–39. Auch in: A. St.: Kleist (B 8: 1999). S. 51–83.
– Kleists Familienmodelle. In: KJb 1988/89. S. 222–237. Auch in: A. St.: Kleist (B 8: 1999). S. 85–102.
– Heinrich von Kleist. The Dramas and Stories. Oxford / Providence 1994.
– Kleist – Sprache und Gewalt. Freiburg i. Br. 1999.
Theisen, Bianca: Bogenschluß. Kleists Formalisierung des Lesens. Freiburg i. Br. 1996.
Weidmann, Heiner: Heinrich von Kleist – Glück und Aufbegehren. Eine Exposition des Redens. Bonn 1984.
Weiss, Hermann F.: Funde und Studien zu Heinrich von Kleist. Tübingen 1984.
Wichmann, Thomas: Heinrich von Kleist. Stuttgart 1988.

9. Dramen

Allan, Séan: The Plays of Heinrich von Kleist. Ideals and Illusions. Cambridge 1996.
Allemann, Beda: Heinrich von Kleist. Ein dramaturgisches Modell. In: Ningyoshibai/Marionettentheater. Kleist-Blätter (Sendai [Japan]) 3 (1987) S. 23–61.
Fischer-Lichte, Erika: Theatralität. Zur Frage nach Kleists Theaterkonzeption. In: KJb 2001. S. 25–37.
Gerrekens, Louis: Nun bist du ein verschlossner Brief: Wörtlichkeit und Bildlichkeit in Heinrich von Kleists *Käthchen von Heilbronn* und *Familie Schroffenstein*. Frankfurt a. M. / New York 1988.
Harms, Ingeborg: Zwei Spiele Kleists um Trauer und Lust. *Die Familie Schroffenstein* und *Der zerbrochne Krug*. München 1990.

Hermann, Helmut G.: Der Dramatiker Heinrich von Kleist. Eine Bibliographie. In: Hinderer (Hrsg.): Kleists Dramen (B 7: 1981). S. 238–289.

Klotz, Volker: Radikaldramatik. Szenische Vor-Avantgarde: Von Holberg zu Nestroy, von Kleist zu Grabbe. Bielefeld 1996. [S. 63–121: Bühne im Kopf I: Kleists extremes Theater.]

Reeve, William C.: Kleist on Stage, 1804–1987. Montreal [u. a.] 1993.

Stephens, Anthony: »Was hilfts, daß ich jetzt schuldlos mich erzähle?« Zur Bedeutung der Erzählvorgänge in Kleists Dramen. In: JbDSG 29 (1985). S. 301–323. Auch in: A. St.: Kleist (B 8: 1999). S. 205–228.

Streller, Siegfried: Das dramatische Werk Heinrich von Kleists. Berlin 1966.

a) *Die Familie Schroffenstein*

Harms, Ingeborg: »Wie fliegender Sommer«. Eine Untersuchung der ›Höhlenszene‹ in Heinrich von Kleists *Familie Schroffenstein*. In: JbDSG 28 (1984) S. 270–314.

Michelsen, Peter: Die Betrogenen des Rechtgefühls. Zu Kleists *Die Familie Schroffenstein*. In: KJb 1992. S. 64–80.

Neuenfels, Hans: »Die Familie oder Schroffenstein«. Ein Film – Heinrich von Kleist, *Die Familie Schroffenstein*. Ein Trauerspiel. Mit einem Essay zur »Schroffenstein«-Geschichte von Ingeborg Harms. Zürich / Schwäbisch Hall 1984.

Seeba, Hinrich C.: Der Sündenfall des Verdachts. Identitätskrise und Sprachskepsis in Kleists *Familie Schroffenstein*. In: DVjs 44 (1970) S. 64–100.

Szondi, Peter: Kleists erstes Drama. In: P. S.: Versuch über das Tragische. Frankfurt a. M. 1961. S. 97–103.

b) *Robert Guiskard*

Denneler, Iris: Legitimation und Charisma. Zu *Robert Guiskard*. In: Hinderer (Hrsg.): Kleists Dramen (B 7: 1981). S. 73–92.

Ryan, Lawrence J.: Kleists »Entdeckung im Gebiete der Kunst«: *Robert Guiskard* und die Folgen. In: Gestaltungsgeschichte und

Gesellschaftsgeschichte. Literatur-, kunst- und musikwissenschaftliche Studien. Hrsg. von Helmut Kreuzer. Stuttgart 1969. S. 242–264.
Samuel, Richard: Heinrich von Kleists *Robert Guiskard* und seine Wiederbelebung 1807/8. In: KJb 1981/82. S. 315–348.

c) *Der zerbrochne Krug*

Graham, Ilse: Der zerbrochene Krug – Titelheld von Kleists Komödie. [Engl. 1955.] In: Müller-Seidel (Hrsg.): Heinrich von Kleist (B 7: 1973), S. 272–295.
Grathoff, Dirk: Der Fall des Krugs. Zum geschichtlichen Gehalt von Kleists Lustspiel. In: KJb 1981/82. S. 290–313. Auch in: D. G.: Kleist (B 8: 1999). S. 31–53.
Martini, Fritz: Kleists »Der zerbrochne Krug«. Bauformen des Lustspiels. In: F. M.: Lustspiele und das Lustspiel. Stuttgart 1974. S. 150–197.
Matala de Mazza, Ethel: Recht für bare Münze. Institution und Gesetzeskraft in Kleists *Zerbrochnem Krug*. In: KJb 2001. S. 160–177.
Michelsen, Peter: Die Lügen Adams und Eves Fall. In: Geist und Zeichen. Festschrift für Arthur Henkel. Hrsg. von Herbert Anton [u. a.]. Heidelberg 1977. S. 268–304.
Ribbat, Ernst: Babylon in Huisum oder der Schein des Scheins. Sprach- und Rechtsprobleme in Heinrich von Kleists *Der zerbrochne Krug*. In: Grathoff (Hrsg.): Heinrich von Kleist (B 7: 1988). S. 133–148.
Schadewaldt, Wolfgang: Der *Zerbrochene Krug* von Heinrich von Kleist und Sophokles' *König Ödipus*. [1957/58.] In: Müller-Seidel (Hrsg.): Heinrich von Kleist (B 7: 1973). S. 317–325.
Schneider, Hans-Peter: Justizkritik im *Zerbrochnen Krug*. In: KJb 1988/89. S. 309–326.
Schödlbauer, Ulrich: Heinrich von Kleist: *Der zerbrochne Krug*. In: Interpretationen: Dramen des 19. Jahrhunderts. Stuttgart 1997. S. 39–70.
Schrimpf, Hans Joachim: Heinrich von Kleists Komödie *Der zerbrochne Krug*. In: H. J. Sch.: Der Schriftsteller als öffentliche Person. Berlin 1972. S. 153–182.
Seeba, Hinrich C.: Overdragt der Nederlanden in't jaar 1555: Das

historische Faktum und das Loch im Bild der Geschichte bei Kleist. In: Barocker Lust-Spiegel. Studien zur Literatur des Barock. Festschrift für Blake Lee Spahr. Hrsg. von Martin Bircher [u. a.]. Amsterdam 1984. S. 409–443.

Seidlin, Oskar: Was die Stunde schlägt in Kleists *Der zerbrochne Krug*. [Engl. 1977.] In: Mythos und Mythologie in der Literatur des 19. Jahrhunderts. Hrsg. von Helmut Koopmann. Frankfurt a. M. 1979. S. 59–80.

Sembdner, Helmut: Der *Zerbrochne Krug* in Goethes Inszenierung. In: JbDSG 7 (1963) S. 371–382. Auch in: H. S.: In Sachen Kleist (B 7: ²1984): S. 57–67.

– Erläuterungen und Dokumente: Heinrich von Kleist, *Der zerbrochne Krug*. Stuttgart 1973. ²1982.

Voss, E. Theodor: Kleists *Zerbrochner Krug* im Lichte alter und neuer Quellen. In: Wissen aus Erfahrungen. Werkbegriff und Interpretation heute. Festschrift für Hermann Meyer zum 65. Geburtstag. In Verb. mit Karl Robert Mandelkow und Anthonius H. Touber hrsg. von Alexander von Bormann. Tübingen 1976. S. 338–370.

Wittkowski, Wolfgang: *Der zerbrochne Krug*: Gaukelspiel der Autorität, oder Kleists Kunst, Autoritätskritik durch Komödie zu verschleiern. In: Sprachkunst 12 (1981) S. 110–130.

Zick, Gisela: Der zerbrochene Krug als Bildmotiv des 18. Jahrhunderts. In: Wallraf-Richartz-Jahrbuch 31 (1969) S. 149–204.

d) *Amphitryon*

Arntzen, Helmut: Kleists *Amphitryon*. In: H. A.: Die ernste Komödie. München 1968. S. 200–245.

Bachmaier, Helmut (unter Mitarb. von Thomas Horst): Erläuterungen und Dokumente: Heinrich von Kleist, *Amphitryon*. Stuttgart 1983.

Brandstetter, Gabriele: Duell im Spiegel. Zum Rahmenspiel in Kleists *Amphitryon*. In: KJb 1999. S. 109–127.

Fetscher, Justus: Verzeichnungen. Kleists *Amphitryon* und seine Umschrift bei Goethe und Hofmannsthal. Köln 1998.

Gadamer, Hans-Georg: Der Gott des innersten Gefühls. Zu Kleists *Amphitryon*. [1961.] In: H.-G. G.: Kleine Schriften. Bd. 2. Tübingen 1967. S. 161–167.

Henkel, Arthur: Erwägungen zur Szene II,5 in Kleists Amphitryon. [1974.] In: Müller-Seidel (Hrsg.): Kleists Aktualität (B 7: 1981). S. 200–222.
Höller, Hans: Der *Amphitryon* von Molière und der von Kleist. Eine sozialgeschichtliche Studie. Heidelberg 1982.
Hölscher, Uvo: Gott und Gatte. Zum Hintergrund der ›*Amphitryon*‹-Komödie. In: KJb 1991. S. 109–123.
Jancke, Gerhard: Zum Problem des identischen Selbst in Kleists Lustspiel *Amphitryon*. In: Colloquia Germanica 3 (1969) S. 87–110.
Jauß, Hans Robert: Poetik und Problematik von Identität und Rolle in der Geschichte des Amphitryon. In: Identität. Hrsg. von Odo Marquard und Karlheinz Stierle. München 1979. (Poetik und Hermeneutik. 8.) S. 213–254.
Mann, Thomas: Kleists *Amphitryon*. Eine Wiedereroberung. [1928.] In: Th. M.: Gesammelte Werke. Bd. 9: Reden und Aufsätze. Frankfurt a. M. 1974. S. 574–608. Auch in: Müller-Seidel (Hrsg.): Heinrich von Kleist (B 7: 1967). S. 51–88.
Michelsen, Peter: Umnachtung durch die Liebe. Zu Kleists *Amphitryon*. In: KJb 1996. S. 123–139.
Müller-Seidel, Walter: Die Vermischung des Komischen mit dem Tragischen in Kleists Lustspiel *Amphitryon*. In: JbDSG 5 (1961) S. 118–135.
Neumann, Michael: Genius Malignus Jupiter oder Alkmenes Descartes-Krise. In: KJb 1994. S. 141–155.
Oellers, Norbert: »Kann auch so tief ein Mensch erniedrigt werden?« Warum »Amphitryon«? Warum »ein Lustspiel«? In: Arnold (Hrsg.): Heinrich von Kleist (B 7: 1993) S. 72–83.
Plard, Henri: Gottes Ehebruch? Sur l'arrière-plan religieux de l'*Amphitryon* de Kleist. In: Études germaniques 16 (1961) S. 335–374.
Reuß, Roland : »… daß man's mit Fingern läse«: zu Kleists *Amphitryon*. In: Berliner Kleist-Blätter 4 (1991) S. 3–26.
Schröder, Jürgen: Kleists *Amphitryon* – Die Eifersucht der Doppelgänger. Versuch einer Unterinterpretation. In: Erotik und Sexualität (B 7: 2000). S. 85–99.
Sembdner, Helmut: Kleist und Falk. Zur Entstehungsgeschichte von Kleists *Amphitryon*. [1961.] In: H. S.: In Sachen Kleist (B 8: ²1984). S. 23–56.
Stierle, Karlheinz: *Amphitryon*. Komödie des Absoluten. In: Hinderer (Hrsg.): Interpretationen: Kleists Dramen (B 7: 1997). S. 33–74.

Szondi, Peter. *Amphitryon*. Kleists ›Lustspiel nach Molière‹. [1961.] In: P. S.: Satz und Gegensatz. Sechs Essays. Frankfurt a. M. 1964. S. 44–57.
- Fünfmal *Amphitryon*. Plautus, Molière, Kleist, Giraudoux, Kaiser. In: Jean Bollack [u. a.] (Hrsg.): Lektüren und Lektionen. Frankfurt a. M. 1973. S. 153–184.
Wittkowski, Wolfgang: Heinrich von Kleists *Amphitryon*. Materialien zur Rezeption und Interpretation. Berlin / New York 1978.

e) *Penthesilea*

Angress, Ruth: Kleist's Nation of Amazones. In: Beyond the Eternal Feminine. Critical Essays on Women and German Literature. Hrsg. von Susan L. Cocalis and Kay Goodman. Stuttgart 1982. S. 99–134.
Appelt, Hedwig / Nutz, Maximilian: Erläuterungen und Dokumente: Heinrich von Kleist, *Penthesilea*. Stuttgart 1992.
Brandstetter, Gabriele: *Penthesilea*. »Das Wort des Greuelrätsels«. Die Überschreitung der Tragödie. In: Hinderer (Hrsg.): Interpretationen: Kleists Dramen (B 7: 1997). S. 75–115.
Brown, Hilda M.: Kleist and the Tragic Ideal. A Study of *Penthesilea* and its Relationship to Kleist's Personal and Literary Development 1806–1808. Frankfurt a. M. / Bern 1977.
Durzak, Manfred: Das Gesetz der Athene und das Gesetz der Tanais. Zur Funktion des Mythischen in Kleist's *Penthesilea*. In: Jahrbuch des freien Deutschen Hochstifts 1973. S. 354–370.
Fetscher, Justus: Über das Komische in Kleists Trauerspiel *Penthesilea*. In: Heilbronner Kleist-Blätter 8 (2000) S. 50–67.
Goldammer, Peter: Heinrich von Kleists *Penthesilea*. Kritik der Rezeptionsgeschichte als Beitrag zur Interpretation. In: Impulse 1 (1978) S. 200–231.
Grathoff, Dirk: Liebe und Gewalt. Überlegungen zu Kleists *Penthesilea*. [1985.] In: D. G.: Kleist (B 8: 1999). S. 125–131.
- Die Sprachen der *Penthesilea*. [It. 1988.] In: D. G.: Kleist (B 8: 1999). S. 132–138.
Kaiser, Gerhard: Mythos und Person in Kleists *Penthesilea*. In: G. K.: Wanderer und Idylle. Goethe und die Phänomenologie der Natur in der deutschen Dichtung von Geßner bis Gottfried Keller. Göttingen 1977. S. 209–239.

Lü, Yixu: Frauenherrschaft im Drama des frühen 19. Jahrhunderts. München 1993. [S. 148–203.]

Masini, Ferrucio: Der Weg der Seele in Kleists *Penthesilea*. In: Wege der Literaturwissenschaft. Hrsg. von Jutta Kolkenbroek-Netz, Gerhard Plumpe und Hans Joachim Schrimpf. Bonn 1985. S. 111–121.

Menke, Bettine: Körper-Bild und -Zerfällung, Staub. Über Heinrich von Kleists *Penthesilea*. In: Körper – Gedächtnis – Schrift. Der Körper als Medium kultureller Erinnerung. Hrsg. von Claudia Öhlschläger und Birgit Wiens. Berlin 1997. S. 122–156.

Michelsen, Peter: Der Imperativ des Unmöglichen. Über Heinrich von Kleists *Penthesilea*. In: Antike Tradition und neuere Philologien. Symposium zu Ehren des 75. Geburtstages von Rudolf Sühnel. Hrsg. von Hans-Joachim Zimmermann. Heidelberg 1984. S. 127–150.

Müller-Seidel, Walter: *Penthesilea* im Kontext der deutschen Klassik. In: Hinderer (Hrsg.): Kleists Dramen (B 7: 1981). S. 144–179.

Nutz, Maximilian: Lektüre der Sinne. Kleists *Penthesilea* als Körperdrama. In: Grathoff (Hrsg.): Heinrich von Kleist (B 7: 1988). S. 163–185.

Pickerodt, Gerhart: Penthesilea und Kleist. Tragödie der Leidenschaft und Leidenschaft der Tragödie. In: Germanisch-Romanische Monatsschrift 37 (1987) S. 52–67.

Sembdner, Helmut: »Schmerz« oder »Schmutz«? Zu Kleists Bemerkungen über die *Penthesilea*. [1966.] In: H. S.: In Sachen Kleist (B 8: [2]1984). S. 76–87.

Turk, Horst: Dramensprache als gesprochene Sprache. Untersuchungen zu Kleists *Penthesilea*. Bonn 1965.

Wolf, Christa: Kleists *Penthesilea*. [1983.] In: Ch. W.: Die Dimension des Autors. Essays und Aufsätze, Reden und Gespräche 1959–1983. Berlin/Weimar 1986. S. 660–676.

f) *Das Käthchen von Heilbronn*

Doering, Sabine: Himmelstochter, Höllenbraut. Bilder des Weiblichen bei Schiller und Kleist. In: Käthchen und seine Schwestern (B 7: 2000). S. 105–120.

Fink, Gonthier-Louis: »Das Käthchen von Heilbronn« »oder das Weib, wie es seyn sollte«. Ein Rittermärchenspiel. In: Käthchen und seine Schwestern (B 7: 2000). S. 9–37.

Grathoff, Dirk: Beerben oder Enterben? Probleme der gegenwärtigen Aneignung von Kleists *Käthchen von Heilbronn*. In: Der alte Kanon neu: Zur Revision des literarischen Kanons in Wissenschaft und Unterricht. Hrsg. von Walter Raitz und Erhard Schütz. Opladen 1976. S. 136–175.
- Erläuterungen und Dokumente: Heinrich von Kleist, *Das Käthchen von Heilbronn oder die Feuerprobe*. Stuttgart 1977. Bibliograph. erg. Ausg. 1994.
Klüger, Ruth: Die andere Hündin: Käthchen. In KJb 1993. S. 103–115.
Kreutzer, Hans-Joachim: Traum und Cherub. Über Kleists *Käthchen von Heilbronn*. Vortrag am 10. Oktober 1995 in der Stadtbücherei Heilbronn. Heilbronn 1995. (Heilbronner Kleist-Schriften. 7.)
Martini, Fritz: *Das Käthchen von Heilbronn* – Heinrich von Kleists drittes Lustspiel? In: JbDSG 20 (1976). S. 420–447.
Peters, Uwe Henrik: Somnambulismus und andere Nachtseiten der menschlichen Natur. In: KJb 1990. S. 135–152.
Schott, Heinz: Erotik und Sexualität im Mesmerismus. Anmerkungen zum *Käthchen von Heilbronn*. In: Erotik und Sexualität (B 7: 2000). S. 152–174.
Ueding, Gert: Zweideutige Bilderwelt: *Das Käthchen von Heilbronn*. In: Hinderer (Hrsg.): Kleists Dramen (B 7: 1981). S. 172–187.

g) *Die Herrmannsschlacht*

Kanzog, Klaus: Codierung – Umcodierung. Zu Heinrich von Kleists *Hermannsschlacht* in der Bühnen- und Filmrealisation Claus Peymanns. In: KJb 2001. S. 267–277.
Peymann, Claus / Kreutzer, Hans Joachim: Streitgespräch über Kleists *Hermannsschlacht*. In: KJb 1984. S. 77–97.
Ryan, Lawrence: Die ›vaterländische Umkehr‹ in der *Hermannsschlacht*. In: Hinderer (Hrsg.): Kleists Dramen (B 7: 1981). S. 188–212.
Sammons, Jeffrey L.: Rethinking Kleist's *Hermannsschlacht*. In: Ugrinsky (Hrsg.) (B 7: 1980). S. 33–40.
Samuel, Richard: Kleists *Hermannsschlacht* und der Freiherr vom

Stein. [1961.] In: Müller-Seidel (Hrsg.): Heinrich von Kleist (B 7: 1967). S. 412–458.
Schlosser, Hans D.: Zur Entstehungsgeschichte von Kleists *Hermannsschlacht*. In: Euphorion 61 (1967) S. 170–174.

h) *Prinz Friedrich von Homburg*

Catholy, Eckehard: Der preußische Hoftheater-Stil und seine Auswirkungen auf die Bühnen-Rezeption von Kleists Schauspiel *Prinz Friedrich von Homburg*. In: Kleist und die Gesellschaft. Eine Diskussion. Hrsg. von Walter Müller-Seidel. Berlin 1965. S. 75–94.
Ellis, John M.: Kleist's *Prinz Friedrich von Homburg*. A Critical Study. Berkeley 1970.
Grathoff, Dirk: Zur frühen Rezeptionsgeschichte von Kleists Schauspiel *Prinz Friedrich von Homburg*. [1980.] In: D. G.: Kleist (B 8: 1999). S. 160–172.
Hackert, Fritz: Erläuterungen und Dokumente: Heinrich von Kleist, *Prinz Friedrich von Homburg*. Stuttgart 1979.
Hamacher, Bernd: Erläuterungen und Dokumente: Heinrich von Kleist, *Prinz Friedrich von Homburg*. Stuttgart 1999.
– »Darf ichs mir deuten, wie es mir gefällt?« 25 Jahre *Homburg*-Forschung zwischen Rehistorisierung und Dekonstruktion (1973–1998). In: Heilbronner Kleist-Blätter 6 (1999) S. 9–67.
Heine, Roland: »Ein Traum, was sonst?« Zum Verhältnis von Traum und Wirklichkeit in Kleists *Prinz Friedrich von Homburg*. In: Literaturwissenschaft und Geistesgeschichte. Festschrift für Richard Brinkmann. Hrsg. von Jürgen Brummack [u. a.]. Tübingen 1981. S. 283–313.
Henkel, Arthur: Traum und Gesetz in Kleists *Prinz von Homburg*. [1962.] In: Müller-Seidel (Hrsg.): Heinrich von Kleist (B 7: 1967). S. 576–604.
Hinderer, Walter: *Prinz Friedrich von Homburg*. »Zweideutige Vorfälle«. In: Hinderer (Hrsg.): Interpretationen: Kleists Dramen (B 7: 1997). S. 144–185.
Just, Renate: Recht und Gnade in Heinrich von Kleists Schauspiel *Prinz Friedrich von Homburg*. Göttingen 1993.
Kanzog, Klaus: Heinrich von Kleist, *Prinz Friedrich von Homburg*. Text, Kontexte, Kommentar. München/Wien 1977. (Reihe Hanser. 236. Literatur-Kommentare. 7.)

Kanzog, Klaus: Geschichtlicher Stoff und geschichtlicher Code. Heinrich von Kleists *Prinz Friedrich von Homburg*. In: Walter Hinck (Hrsg.): Geschichte als Schauspiel. Deutsche Geschichtsdramen. Interpretationen. Frankfurt a. M. 1981. S. 147–163.

Kluge, Gerhard: Die mißlungene Apotheose des Prinzen von Homburg. In: Neophilologus 82 (1998) S. 279–290.

Leistner, Bernd: Dissonante Utopie. Zu Heinrich von Kleists *Prinz Friedrich von Homburg*. [1979.] In: B. L.: Spielraum des Poetischen. Goethe, Schiller, Kleist, Heine. Berlin/Weimar 1985. ²1989. S. 142–190.

Lüderssen, Klaus: Recht als Verständigung unter Gleichen in Kleists *Prinz Friedrich von Homburg* – ein aristokratisches oder ein demokratisches Prinzip? In: KJb 1985. S. 56–83.

Nobile, Nancy: »Der Buchstabe deines Willens«: Kleist's *Prinz Friedrich von Homburg* and the Letter of the Law. In: The Germanic Review 72 (1997) Nr. 4. S. 317–341.

Peter, Klaus: Für ein anderes Preußen. Romantik und Politik in Kleists *Prinz Friedrich von Homburg*. In: KJb 1992. S. 95–125.

Politzer, Heinz: Kleists Trauerspiel vom Traum: *Prinz Friedrich von Homburg*. In: Euphorion 64 (1970) S. 200–220. Auch in: H. P.: Hatte Ödipus einen Ödipuskomplex? München 1974. S. 150–181.

Schmidt, Jochen: Stoisches Ethos in Brandenburg-Preußen und Kleists *Prinz Friedrich von Homburg*. In: KJb 1993. S. 89–102.

Schröder, Jürgen: Geträumte Geschichte. Kleists *Prinz Friedrich von Homburg*. In: J. S.: Geschichtsdramen. Die »deutsche Misere« – von Goethes *Götz* bis Heiner Müllers *Germania*? Eine Vorlesung. Tübingen 1994. S. 114–136.

Schunicht, Manfred: Heinrich von Kleist, *Prinz Friedrich von Homburg*. Marionette, Patriot, Utopist? Paderborn [u. a.] 1996.

Schwarz, Egon: Die Wandlungen Friedrichs von Homburg. In: Aufsätze zur deutschen und europäischen Literatur. Festschrift für Bernhard Blume. Hrsg. von E. S., Hannum G. Hunter und Edgar Lohner. Göttingen 1967. S. 103–125.

Swales, Erika: Configurations of Irony: Kleist's *Prinz Friedrich von Homburg*. In: DVjs 56 (1982) S. 407–430.

Werner, Hans-Georg: Geschichtlichkeit in Kleists *Prinz Friedrich von Homburg*. In: KJb 1992. S. 81–94.

10. Erzählungen

Breuer, Ingo: ›Schauplätze jämmerlicher Mordgeschichte‹. Tradition der Novelle und Theatralität der Historia bei Heinrich von Kleist. In: KJb 2001. S. 196–225.
Conrady, Karl Otto: Das Moralische in Kleists Erzählungen. Ein Kapitel vom Dichter ohne Gesellschaft. [1963.] In: Müller-Seidel (Hrsg.): Heinrich von Kleist (B 7: 1967). S. 707–735.
Durzak, Manfred: Zur utopischen Funktion des Kindesbildes in Kleists Erzählungen. In: Colloquia Germanica 3 (1969) S. 111–129.
Dyer, Denys G.: The Stories of Kleist. A Critical Study. London 1977.
Fischer, Bernd: Ironische Metaphysik. Die Erzählungen Heinrich von Kleists. München 1988.
Heinritz, Reinhard: Kleists Erzähltexte. Interpretation nach formalistischen Theorieansätzen. Erlangen 1983.
Herrmann, Hans Peter: Zufall und Ich. Zum Begriff der Situation in den Novellen Heinrich von Kleists. [1961.] In: Müller-Seidel (Hrsg.): Heinrich von Kleist (B 7: 1967). S. 367–411.
Horn, Peter: Heinrich von Kleists Erzählungen. Eine Einführung. Königstein (Ts.) 1978.
Kanzog, Klaus (Hrsg.): Erzählstrukturen – Filmstrukturen. Erzählungen Heinrich von Kleists und ihre filmische Realisation. Berlin 1981.
Kayser, Wolfgang: Kleist als Erzähler. [1954/55.] In: Müller-Seidel (Hrsg.): Heinrich von Kleist (B 7: 1967). S. 230–243.
Kiefner, Hans: Species facti. Geschichtserzählung bei Kleist und in Relationen bei preußischen Kollegialbehörden um 1800. In: KJb 1988/89. S. 13–39.
Koopmann, Helmut: Das ›rätselhafte Faktum‹ und seine Vorgeschichte. Zum analytischen Charakter der Novellen Heinrich von Kleists. In: ZfdPh 83 (1965) S. 508–550.
Kunz, Josef: Die Novellen Heinrich von Kleists. In: J. K.: Die deutsche Novelle zwischen Klassik und Romantik. Berlin 1966. S. 123–164.
Mann, Thomas: Heinrich von Kleist und seine Erzählungen. [1954.] In: Th. M.: Gesammelte Werke. Bd. 9: Reden und Aufsätze. Frankfurt a. M. 1974. S. 823–842.

Marx, Stefanie: Beispiele des Beispiellosen. Heinrich von Kleists Erzählungen ohne Moral. Würzburg 1994.
Mehigan, Timothy J.: Text as Contract. The Nature and Function of Narrative Discourse in the Erzählungen of Heinrich von Kleist. Frankfurt a. M. [u. a.] 1988.
Müller-Salget, Klaus: Das Prinzip der Doppeldeutigkeit in Kleists Erzählungen [1973.] In: Müller-Seidel (Hrsg.): Kleists Aktualität (B 7: 1981). S. 166–199.
Ott, Michael: »... ich *will* keine andre Ehre mehr, als deine Schande ...«. Zu Ehre, Duell und Geschlechterdifferenz in Kleists Erzählungen. In: KJb 1999. S. 144–165.
Samuel, Richard: Heinrich von Kleists Novellen. In: Deutsche Weltliteratur. Von Goethe bis Ingeborg Bachmann. Tübingen 1972. S. 73–88.
Schlaffer, Hannelore: Nachwort. In: Heinrich von Kleist: Sämtliche Erzählungen. München 1980. S. 219–242.
Schunicht, Manfred: Heinrich von Kleist. In: Handbuch der deutschen Erzählung. Düsseldorf 1981. S. 91–103 und S. 568f.
Stephens, Anthony: »Eine Träne auf den Brief«. Zum Status der Ausdrucksformen in Kleists Erzählungen. [1984.] In: A. St.: Kleist (B 8: 1999). S. 157–193.
Wittkowski, Wolfgang: *Die heilige Cäcilie* und *Der Zweikampf.* Kleists Legenden und die romantische Ironie. In: Colloquia Germanica 6 (1972) S. 17–58.
Zeller, Hans: Kleists Novellen vor dem Hintergrund der Erzählnormen. Nichterfüllte Voraussetzungen ihrer Interpretation. In: KJb 1994, S. 83–103.

a) *Michael Kohlhaas*

Bogdal, Klaus-Michael: Heinrich von Kleist: *Michael Kohlhaas.* München 1981.
Bohnert, Joachim: Kohlhaas der Entsetzliche. In: KJb 1988/89. S. 404–431.
Boockmann, Hartmut: Mittelalterliches Recht bei Kleist. Ein Beitrag zum Verständnis des *Michael Kohlhaas.* In: KJb 1985. S. 84–108.
Diesselhorst, Malte: Hans Kohlhase / Michael Kohlhaas. In: KJb 1988/89. S. 334–356.

Fink, Adolf: Michael Kohlhaas – ein noch anhängiger Prozeß. Geschichte und Kritik der bisher ergangenen Urteile. In: Rechtsgeschichte als Kulturgeschichte. Festschrift für Adalbert Erler zum 70. Geburtstag. Hrsg. von Hans-Jürgen Becker unter Mitw. von A. F. Aalen 1976. S. 37–108.

Gallas, Helga: Das Textbegehren des *Michael Kohlhaas*. Die Sprache des Unbewußten und der Sinn der Literatur. Reinbek bei Hamburg 1981.

Grathoff, Dirk: *Michael Kohlhaas*. In: Hinderer (Hrsg.): Interpretationen. Kleists Erzählungen (B 7: 1998). S. 43–66.

Hagedorn, Günter: Erläuterungen und Dokumente: Heinrich von Kleist, *Michael Kohlhaas*. Stuttgart 1970. Bibliogr. ern. Ausg. 1983.

Horwath, Peter: Auf den Spuren Teniers, Vouets und Raphaels in Kleists *Michael Kohlhaas*. In: Seminar 5 (1969) S. 102–113.

Lützeler, Paul Michael: Heinrich von Kleist: *Michael Kohlhaas*. In: Interpretationen: Erzählungen und Novellen des 19. Jahrhunderts. Bd. 1. Stuttgart 1988. S. 133–180.

Passage, Charles E.: *Michael Kohlhaas*: Form Analysis. In: The Germanic Review 30 (1955) S. 181–197.

Reinhardt, Hartmut: Das Unrecht des Rechtskämpfers. Zum Problem des Widerstandes in Kleists Erzählung *Michael Kohlhaas*. In: JbDSG 31 (1987) S. 199–226.

– Rechtsverwirrung und Verdachtspsychologie. Spuren der Schiller-Rezeption bei Heinrich von Kleist. In: KJb 1988/89. S. 198–218.

Rückert, Joachim: »... der Welt in der Pflicht verfallen ...«. Kleists *Kohlhaas* als moral- und rechtsphilosophische Stellungnahme. In: KJb 1988/89. S. 375–403.

Schmidt, Jochen: Kleists *Michael Kohlhaas* in der Ära der preußischen Reformen. In: Heinrich von Kleist: Michael Kohlhaas. Aus einer alten Chronik. Mit einem Nachw. von Jochen Schmidt. Frankfurt a. M. / Leipzig 1991. S. 139–170.

Sendler, Horst: Michael Kohlhaas gestern und heute. Berlin / New York 1985.

b) *Die Marquise von O....*

Allan, Séan: »... auf einen Lasterhaften war ich gefaßt, aber auf keinen – – – Teufel.« Heinrich von Kleist's *Die Marquise von O...*. In: German Life and Letters 50, Nr. 3 (Juli 1997). S. 307–322.

Berthel, Werner (Hrsg.): Heinrich von Kleist: *Die Marquise von O...* . Mit Materialien und Bildern zu dem Film von Eric Rohmer und einem Aufsatz von Heinz Politzer. Frankfurt a. M. 1979.

Cohn, Dorrit: Kleist's *Marquise von O...* . The Problem of Knowledge. In: Monatshefte 67 (1975) S. 129–142.

Doering, Sabine: Erläuterungen und Dokumente: Heinrich von Kleist, *Die Marquise von O...* . Stuttgart 1993.

Grathoff, Dirk: Die Zeichen der Marquise: Das Schweigen, die Sprache und die Schriften. Drei Annäherungsversuche an eine komplexe Textstruktur. [1988.] In: D. G.: Kleist (B 8: 1999). S. 75–95.

Huff, Steven R.: Kleist and Expectant Virgins: The Meaning of the »O« in *Die Marquise von O...* . In: The Journal of English and Germanic Philology 81 (1982) S. 367–375.

Klaar, Alfred (Hrsg.): Heinrich von Kleist: *Die Marquise von O....* . Die Dichtung und ihre Quellen. Berlin 1922.

de Leeuwe, H. H.: Warum heisst Kleists »Marquise von O...« von O...? In: Neophilologus 68 (1984) S. 478 f.

Müller-Seidel, Walter: Die Struktur des Widerspruchs in Kleists *Marquise von O...* . [1954.] In: Müller-Seidel (Hrsg.): Heinrich von Kleist (B 7: 1967). S. 244–268.

Neumann, Gerhard: Skandalon. Geschlechterrolle und soziale Identität in Kleists *Marquise von O...* und in Cervantes' Novelle *La fuerza de la sangre*. In: Neumann (Hrsg.): Heinrich von Kleist (B 7: 1994). S. 149–192.

Pfeiffer, Joachim: Die wiedergefundene Ordnung. Literaturpsychologische Anmerkungen zu Kleists *Die Marquise von O...* . In: Grathoff (Hrsg.): Heinrich von Kleist (B 7: 1988). S. 230–247.

Politzer, Heinz: Der Fall der Frau Marquise. Beobachtungen zu Kleists *Die Marquise von O...* . In: DVjs 51 (1977) S. 98–128.

Schmidt, Jochen: *Die Marquise von O...* . In: Hinderer: Interpretationen: Kleists Erzählungen (B 7: 1998). S. 67–84.

Skrotzki, Ditmar: Kleists *Die Marquise von O...* . Vom Ärgernis radikaler Wahrheiten und den Schwierigkeiten, damit umzugehen. In: BKF 6 (1992) S. 49–62.

Swales, Erika: The Beleaguered Citadel: A Study of Kleist's *Die Marquise von O...* . In: DVjs 51 (1977) S. 129–147.

Weiss, Hermann F.: Precarious Idylls. The Relationship between Father and Daughter in Heinrich von Kleist's *Die Marquise von O...* . In: Modern Language Notes 91 (1976) S. 538–542.

c) *Das Erdbeben in Chili*

Aldridge, Alfred Owen: The Background of Kleist's *Das Erdbeben in Chili*. In: Arcadia 3 (1968) S. 173–180.

Appelt, Hedwig / Grathoff, Dirk: Erläuterungen und Dokumente: Heinrich von Kleist, *Das Erdbeben in Chili*. Stuttgart 1986.

Bourke, Thomas E.: Vorsehung und Katastrophe. Voltaires *Poème sur le désastre de Lisbonne* und Kleists *Erdbeben in Chili*. In: Klassik und Moderne. Walter Müller-Seidel zum 65. Geburtstag. Hrsg. von Karl Richter und Jörg Schönert. Stuttgart 1983. S. 228–253.

Ellis, John M.: Kleist's *Das Erdbeben in Chili*. In: Publications of the English Goethe-Society 33 (1963) S. 10–55.

Fischer, Bernd: Fatum und Idee. Zu Kleists *Erdbeben in Chili*. In: DVjs 58 (1984) S. 414–427.

Graevenitz, Gerhart von: Die Gewalt des Ähnlichen. Concettismus in Piranesis *Carceri* und in Kleists *Erdbeben in Chili*. In: Lubkoll / Oesterle (Hrsg.) (B 7: 2001). S. 63–92.

Ledanff, Susanne: Kleist und die »beste aller Welten«. *Das Erdbeben in Chili* – gesehen im Spiegel der philosophischen und literarischen Stellungnahmen zur Theodizee im 18. Jahrhundert. In: KJb 1986. S. 125–155.

Liebrand, Claudia: Das suspendierte Bewußtsein. Dissoziation und Amnesie in Kleists *Erdbeben in Chili*. In: JbDSG 36 (1992) S. 95–114.

Oellers, Norbert: *Das Erdbeben in Chili*. In: Hinderer (Hrsg.): Interpretationen: Kleists Erzählungen (B 7: 1998). S. 85–110.

Poeder, Elfriede: Interpretation zwischen Theorie und Praxis. Diskursanalyse und Feministische Theorie. Eine Untersuchung am Beispiel zweier Interpretationen von Kleists *Erdbeben in Chili*. Innsbruck 1994. (Innsbrucker Beiträge zur Kulturwissenschaft. Germanistische Reihe. Bd. 49.)

Schrader, Hans-Jürgen: Spuren Gottes in den Trümmern der Welt. Zur Bedeutung biblischer Bilder in Kleists *Erdbeben*. In: KJb 1991. S. 34–52.

Wellbery, David E. (Hrsg.): Positionen der Literaturwissenschaft. Acht Modellanalysen am Beispiel von Kleists *Das Erdbeben in Chili*. München 1985. [Enthält Interpretationen von Norbert Altenhofer, Christa Bürger, René Girard, Werner Hamacher, Friedrich A. Kittler, Helmut J. Schneider, Karlheinz Stierle und David E. Wellbery.]

Wiese, Benno von: Heinrich von Kleist: *Das Erdbeben in Chili*. In: B. v. W.: Die deutsche Novelle von Goethe bis Kafka. Bd. 2. Düsseldorf 1968. S. 53–70.
Wittkowski, Wolfgang: Skepsis, Noblesse, Ironie. Formen des Alsob in Kleists *Erdbeben*. In: Euphorion 63 (1969) S. 247–283.

d) *Die Verlobung in St. Domingo*

Bay, Hansjörg: »Als die Schwarzen die Weißen ermordeten«. Nachbeben einer Erschütterung des europäischen Diskurses in Kleists *Verlobung in St. Domingo*. In: KJb 1998. S. 80–108.
Buch, Hans-Christoph: Die Scheidung von San Domingo. Wie die Negersklaven von Haiti Robespierre beim Wort nahmen. Berlin 1976.
Charbon, Rémy: Der »weiße« Blick. Über Kleists *Die Verlobung in St. Domingo*. In: KJb 1996. S. 77–88.
Herrmann, Hans Peter: *Die Verlobung in St. Domingo*. In: Hinderer (Hrsg.): Interpretationen: Kleists Erzählungen (B 7: 1998). S. 111–140.
Müller-Salget, Klaus: August und die Mestize. Zu einigen Kontroversen um Kleists *Verlobung in St. Domingo*. In: Euphorion 92 (1998) S. 103–113.
Neumann, Gerhard: *Die Verlobung in St. Domingo*. Zum Problem literarischer Mimesis im Werk Heinrich von Kleists. In: Lubkoll / Oesterle (Hrsg.) (B 7: 2001). S. 93–117.
Reuß, Roland: *Die Verlobung in St. Domingo* – eine Einführung in Kleists Erzählen. Basel / Frankfurt a. M. 1988. (Berliner Kleist-Blätter. 1.)
Struck, Wolfgang: Schwarz – Weiß – Rot, oder: »Lernt des Verräthers Mitleid in Domingo«. *Die Verlobung in St. Domingo* zwischen Befreiungskrieg und Kolonialismus. In: KJb 1999. S. 203–214.
Uerlings, Herbert: Preußen in Haiti? Zur interkulturellen Begegnung in Kleists *Verlobung in St. Domingo*. In: KJb 1991. S. 185–201.
Weigel, Sigrid: Der Körper am Kreuzpunkt von Liebesgeschichte und Rassendiskurs in Kleists Erzählung *Die Verlobung in St. Domingo*. In: KJb 1991. S. 202–217.
Werlen, Hansjakob: Seduction and Betrayal: Race and Gender in

Kleist's *Verlobung in St. Domingo*. In: Monatshefte 84 (1992). S. 459–471.
Wittkowski, Wolfgang: Gerechtigkeit und Loyalität, Ethik und Politik. Kleists *Verlobung in St. Domingo* und Goethes teilweiser Widerspruch in der *Belagerung von Mainz*. In: KJb 1992. S. 152–171.

e) *Das Bettelweib von Locarno*

Grawe, Christian: Kleist, *Das Bettelweib von Locarno*: Eine Geschichte, die ›eines tiefren ideellen Gehalts entbehrt‹? In: Ch. G.: Sprache im Prosawerk. Bonn 1974. S. 89–97.
Kreft, Jürgen: Kleists *Bettelweib von Locarno*. Naiver oder kritischer Geisterdiskurs? In: KJb 1997. S. 185–201.
Pastor, Eckart / Leroy, Robert: Die Brüchigkeit als Erzählprinzip in Kleists *Bettelweib von Locarno*. In: Études germaniques 34 (1979). S. 164–175.
Schröder, Jürgen: *Das Bettelweib von Locarno*. Zum Gespenstischen in den Novellen Heinrich von Kleists. In: Germanisch-Romanische Monatsschrift 17 (1967). S. 193–207.
Staiger, Emil: Heinrich von Kleist, *Das Bettelweib von Locarno*. Zum Problem des dramatischen Stils. [1942.] In: Müller-Seidel (Hrsg.): Heinrich von Kleist (B 7: 1967). S. 113–129.

f) *Der Findling*

Behrens, Rudolf: *Der Findling* – Heinrich von Kleists Erzählung von den ›infortunes de la vertu‹ im Spannungsfeld zwischen Helvétius und Rousseau. In: Romanische Literaturbeziehungen im 19. und 20. Jahrhundert. Tübingen 1985. S. 9–28.
Gelus, Marjorie: Displacement of Meaning: Kleist's *Der Findling*. In: The German Quarterly 55 (1982) S. 541–553.
Moore, Erna: Heinrich von Kleists *Findling*: Psychologie des Verhängnisses. In: Colloquia Germanica 7 (1974). S. 275–297.
Oesterle, Günter: *Der Findling*. Redlichkeit versus Verstellung – oder zwei Arten, böse zu werden. In: Hinderer (Hrsg.): Interpretationen: Kleists Erzählungen (B 7: 1998). S. 157–180.
Ryder, Frank G.: Kleist's *Findling*: Oedipus manqué? In: Modern Language Notes 92 (1977) S. 509–524.

Schröder, Jürgen: Kleists Novelle *Der Findling*. Ein Plädoyer für Nicolo. In: KJb 1985. S. 109–127.

g) *Die heilige Cäcilie oder die Gewalt der Musik*

Haase, Donald P. / Freudenberg, Rachel: Power, Truth, and Interpretation: The Hermeneutic Act and Kleist's *Die heilige Cäcilie*. In: DVjs 60 (1986) S. 88–103.
Hinderer, Walter: *Die heilige Cäcilie oder die Gewalt der Musik*. In: Hinderer (Hrsg.): Interpretationen: Kleists Erzählungen (B 7: 1998). S. 181–215.
Hoffmeister, Werner: Die Doppeldeutigkeit der Erzählweise in Heinrich von Kleists *Die heilige Cäcilie oder die Gewalt der Musik*. In: Festschrift für Werner Neuse. Fides. Berlin 1967. S. 44–56.
Lubkoll, Christine: Die heilige Musik oder Die Gewalt der Zeichen. Zur musikalischen Poetik in Heinrich von Kleists *Cäcilien*-Novelle. In: Neumann (Hrsg.): Heinrich von Kleist (B 7: 1994). S. 337–364.
Neumann, Gerhard: Eselsgeschrei und Sphärenklang. Zeichensystem der Musik und Legitimation der Legende in Kleists Novelle *Die heilige Cäcilie oder die Gewalt der Musik*. In: Neumann (Hrsg.): Heinrich von Kleist (B 7: 1994). S. 365–389.
Puschmann, Rosemarie: Heinrich von Kleists Cäcilien-Erzählung. Kunst- und literarhistorische Recherchen. Bielefeld 1988.

h) *Der Zweikampf*

Conrady, Karl Otto: Der Zweikampf. Zur Aussageweise Heinrich von Kleists. In: Der Deutschunterricht (1951) H. 6. S. 85–96.
Demeritt, Linda: The Role of Reason in Kleist's *Der Zweikampf*. In: Colloquia Germanica 20 (1987) S. 38–52.
Häker, Horst: Wessen Recht und Ehre? Parabolische Hinweise in Heinrich von Kleists Erzählung *Der Zweikampf*. In: BKF 15 (2001) S. 129–148.
Krüger-Fürhoff, Irmela Marei: Den verwundeten Körper lesen. Zur Hermeneutik physischer und ästhetischer Grenzverletzungen im Kontext von Kleists *Zweikampf*. In: KJb 1998. S. 21–36.

Müller, Jan-Dirk: Kleists Mittelalter-Phantasma. Zur Erzählung *Der Zweikampf* (1811). In: KJb 1998. S. 3–20.
Neumann, Gerhard: *Der Zweikampf*. Kleists »einrückendes« Erzählen. In: Hinderer (Hrsg.): Interpretationen: Kleists Erzählungen (B 7: 1998). S. 216–246.
Reuß, Roland: »Mit gebrochenen Worten«. Zu Kleists Erzählung *Der Zweikampf*. In: Brandenburger Kleist-Blätter 7 (1994) S. 3–41.
Schuller, Marianne: Pfeil und Asche. Zu Kleists Erzählung *Der Zweikampf*. In: KJb 1999. S. 194–202.

11. Anekdoten

Durzak, Manfred: Der Erzähler Heinrich von Kleist. Zum ästhetischen Rang seiner Anekdoten. In: Der Deutschunterricht 40 (1988) H. 1. S. 19–31.
Selbmann, Rolf: Die andere Wirklichkeit des Erzählens. Zu Heinrich von Kleists *Anekdote aus dem letzten preußischen Kriege*. In: KJb 1997. S. 202–206.
Weber, Heinz-Dieter: Zu Heinrich von Kleists Kunst der Anekdote. In: Der Deutschunterricht 30 (1978) H. 6. S. 14–28.

12. Gedichte

Frick, Werner: Männlicher Blick aus weiblichen Augen. Heinrich von Kleists erotische Idylle *Der Schrecken im Bade* (1808) und die verlorene Unschuld der Literatur. In: Resonanzen. Festschrift für Hans Joachim Kreutzer zum 65. Geburtstag. Hrsg. von Sabine Doering, Waltraud Maierhofer und Peter Philipp Riedl. Würzburg 2000. S. 255–271.
Hettche, Walter: Heinrich von Kleists Lyrik. Frankfurt a. M. / Bern / New York 1986.
Must, Heiner: Zu Heinrich von Kleists Fabel *Die beiden Tauben*.

In: Studi di filologia germanica e di letteratura tedesca. Florenz 1977. S. 191–206.
Ringleb, Heinrich: Heinrich von Kleist: Das Ende der Idyllendichtung. In: JbDSG 7 (1963) S. 313–351.

13. Politische Schriften von 1809

Berg, Rudolf: Intention und Rezeption von Kleists politischen Schriften des Jahres 1809. In: Kanzog (Hrsg.): Text und Kontext (B 2: 1979). S. 193–253.
Müller-Salget, Klaus: Heinrich von Kleist: *Über die Rettung von Österreich.* Eine Wiederentdeckung. In: KJb 1994. S. 3–48.
Samuel, Richard: Zu Kleists Aufsatz *Über die Rettung von Österreich.* In: Gratulatio. Festschrift für Christian Wegner. Hamburg 1963. S. 171–189.
Weiss, Hermann F.: Heinrich von Kleists politisches Wirken in den Jahren 1808 und 1809. Mit einer neuentdeckten Originalhandschrift von *Was gilt es in diesem Kriege?* In: JbDSG 25 (1981) S. 9–40.
– Heinrich von Kleists *Was gilt es in diesem Kriege?* Eine Interpretation. In: ZfdPh 101 (1982) S. 161–172.
– Zur Datierung von Heinrich von Kleists politischen Schriften des Jahres 1809. In: Neophilologus 67 (1983) S. 568–574.

14. *Berliner Abendblätter*

Baxa, Jakob: Zuckernachrichten in Heinrich von Kleists *Berliner Abendblättern.* In: Zeitschrift für die Zuckerindustrie 6 (1956) Nr. 12. S. 636–640.
Grathoff, Dirk: Die Zensurkonflikte der *Berliner Abendblätter.* Zur Beziehung von Journalismus und Öffentlichkeit bei Heinrich von Kleist. In: Ideologiekritische Studien zur Literatur. Essays I. Frankfurt a. M. 1972. S. 35–168.
Häker, Horst: Neue Quellen zu Beiträgen Heinrich von Kleists in seinen *Berliner Abendblättern.* In: JbDSG 25 (1981) S. 41–46.

Marquardt, Jochen: Der mündige Zeitungsleser – Anmerkungen zur Kommunikationsstrategie der *Berliner Abendblätter*. In: BKF 1986. S. 7–36.
Sembdner, Helmut: Die *Berliner Abendblätter* Heinrich von Kleists, ihre Quellen und ihre Redaktion. Berlin 1939.
Wittkowski, Wolfgang: Schrieb Kleist regierungsfreundliche Artikel? Über den Umgang mit politischen Texten. In: Literaturwissenschaftliches Jahrbuch [der Görres-Gesellschaft] 23 (1982) S. 95–116.

15. Philosophische und kunsttheoretische Schriften

Allemann, Beda: Sinn und Unsinn von Kleists Gespräch *Über das Marionettentheater*. In: KJb 1981/82. S. 50–65.
Földényi, László: Die Inszenierung des Erotischen. Heinrich von Kleist, *Über das Marionettentheater*. In: KJb 2001. S. 135–147.
Gebhardt, Peter: Notizen zur Kunstanschauung Heinrich von Kleists. In: Euphorion 77 (1983) S. 483–499.
Kurock, Wolfgang: Heinrich von Kleist und die Marionette. In: Ugrinsky (Hrsg.) (B 7: 1980). S. 102–108.
Kurz, Gerhard: »Gott befohlen«. Kleists Dialog *Über das Marionettentheater* und der Mythos vom Sündenfall des Bewußtseins. In: KJb 1981/82. S. 264–277.
Lixl, Andreas: Utopie in der Miniatur. Heinrich von Kleists Aufsatz *Über das Marionettentheater*. In: The German Quarterly 56 (1983) S. 257–272.
Man, Paul de: Ästhetische Formalisierung: Kleists *Über das Marionettentheater*. [Engl. 1979.] In: P. de M.: Allegorien des Lesens. Aus dem Amerik. von Werner Hamacher und Peter Krumme. Frankfurt a. M. 1988. S. 205–233.
Nakamura, Shiro: Marionette und Gewölbe. Zur Differenzierung der Sinnbilder bei Kleist. In: Ugrinsky (Hrsg.) (B 7: 1980). S. 109–115.
Nicolai, Ralf R.: Schwerpunkt Kleist: Motive des Marionettentheaters im 20. Jahrhundert. In: Ugrinsky (Hrsg.) (B 7: 1980). S. 127–135.
Schneider, Helmut J.: Dekonstruktion des hermeneutischen Kör-

pers. Kleists Aufsatz *Über das Marionettentheater* und der Diskurs der klassischen Ästhetik. [Engl. 1994.] In: KJb 1998. S. 153–175.
Sembdner, Helmut (Hrsg.): Kleists Aufsatz über das Marionettentheater. Berlin 1967.
Weigel, Alexander: König, Polizist, Kasperle ... und Kleist. Auch ein Kapitel deutscher Theatergeschichte, nach bisher unbekannten Akten. In: Impulse 4 (1982) S. 253–277.
– Der Schauspieler als Maschinist. Heinrich von Kleists *Ueber das Marionettentheater* und das »Königliche Nationaltheater«. In: Grathoff (Hrsg.): Heinrich von Kleist (B 7: 1988). S. 263–280.
Weiss, Sydna Stern: Kleist and Mathematics: The Non-Euclidian Idea in the Conclusion of the *Marionettentheater*-Essay. In: Ugrinsky (Hrsg.) (B 7: 1980). S. 117–126.
Wölfel, Kurt: *Über das Marionettentheater.* In: Hinderer (Hrsg.): Interpretationen: Kleists Erzählungen (B 7: 1998). S. 17–42.

16. Briefe

Barthel, Wolfgang: Zu Briefen Kleists 1793–1803. Erster Teil. In: BKF 1978. S. 21–36.
Bennholdt-Thomsen, Anke: Zur Tradierung einer unbewiesenen Behauptung in der Kleist-Forschung. In: Euphorion 76 (1982) S. 169–173.
Bohrer, Karl Heinz: Der romantische Brief. Die Entstehung ästhetischer Subjektivität. München/Wien 1987. Frankfurt a. M. 1989.
Clauss, Elke: Liebeskunst. Untersuchungen zum Liebesbrief im 18. Jahrhundert. Stuttgart/Weimar 1993. [S. 201–270: IV. Heinrich von Kleist an Wilhelmine von Zenge.]
Dahlhaus, Carl: Kleists Wort über den Generalbaß. In: KJb 1984. S. 13–24.
Henkel, Arthur: Noch einmal – und vielleicht abschließend: »Schmerz« oder »Schmutz«. In: DVjs 66 (1992) S. 88–93.
Hoffmann, Paul: Zu den Briefen Heinrichs von Kleist. In: Studien zur vergleichenden Literaturgeschichte 3 (1903) S. 332–366.
– Zu den Briefen Heinrich von Kleist's. In: Euphorion 22 (1915) S. 70–76.

Kanzog, Klaus / Kanzog, Eva: Die Kleist-Aufzeichnungen von Wilhelm v. Schütz. Mit zwei bisher nicht entzifferten Briefstellen. In: JbDSG 13 (1969) S. 33–46.
- Heinrich von Kleists Brief an Christian Ernst Martini. Das textkritische Problem der Formulierungsübertragung. In: JbDSG 15 (1971) S. 231–250.
Knape, Joachim: Zur Struktur des Jugendbriefs an die Schwester im 18. Jahrhundert: Goethe, Mozart, Brentano, Kleist. In: KJb 1996. S. 91–105.
Kreutzer, Hans Joachim: Kleist in der Nähe der Romantik. Ein neugefundener Brief an Georg Andreas Reimer. In: KJb 1990. S. 153–157.
Müller-Salget, Klaus: Heinrich, Marie und Ulrike von Kleist. Zur Datierung und Deutung der Briefe vom Herbst 1811. In: ZfdPh 113 (1994). S. 543–553.
- Heinrich von Kleists Briefwerk. Probleme der Edition eines mehrfach fragmentierten Torsos. In: »Ich an Dich«. Edition, Rezeption und Kommentierung von Briefen. Hrsg. von Werner M. Bauer, Johannes John und Wolfgang Wiesmüller. Innsbruck 2001. (Innsbrucker Beiträge zur Kulturwissenschaft. Germanistische Reihe. 62.) S. 115–131.
Newman, Gail: ›Du bist nicht anders als ich‹: Kleist's Correspondence with Wilhelmine von Zenge. In: German Life and Letters 42, Nr. 2 (Januar 1989). S. 101–112.
Oesterle, Ingrid: Werther in Paris? Heinrich von Kleists Briefe über Paris. In: Grathoff (Hrsg.): Heinrich von Kleist (B 7: 1988). S. 97–116.
Perels, Christoph: Kleist an Fouqué. Ein Autographenpuzzle. In: KJb 1988/89. S. 440–444.
Schrader, Hans-Jürgen: Unsägliche Liebesbriefe. Heinrich von Kleist an Wilhelmine von Zenge. In: KJb 1981/82. S. 86–96.
- »Denke Du wärest in das Schiff meines Glückes gestiegen«. Widerrufene Rollenentwürfe in Kleists Briefen an die Braut. In: KJb 1983. S. 122–179.
Vogt, Helmut: Heinrich von Kleists Hydrostat. Die U-Boot-Idee des preußischen Dichters. In: Der Tagesspiegel. Nr. 9300. 18. April 1976. S. 5.

Verzeichnis der Abbildungen

17 Heinrich von Kleist. Miniaturporträt von Peter Friedel, 1801.

36 Wilhelmine von Zenge. Miniaturporträt, um 1800. – © Kleist-Museum, Frankfurt (Oder).

66 Das von Kleist 1802 bewohnte Haus auf der Aare-Insel mit Blick auf den Thuner See, Schadau sowie Mönch, Eiger und Jungfrau. Kolorierter Kupferstich von Daniel Simon Lafond, 1792. – © Kleist-Museum, Frankfurt (Oder).

85 Heinrich von Kleist: Dilettanten-Porträt aus der französischen Gefangenschaft, 1807.

91 Brief Kleists an Ulrike von Kleist vom 25. Oktober 1807, Seite 2. – Biblioteka Jagiellońska, Krakau.

94 Der von Ferdinand Hartmann gestaltete Umschlag für die ersten vier Hefte des *Phöbus*.

123 Kleist-Denkmal von Urban Thiersch in Thun.

179 Edith Clever als Marquise von O.... in Eric Rohmers Film-Version (1976).

190 Der Richter oder Der zerbrochene Krug. Kupferstich von Jean-Jacques Le Veau (1729–86) nach einem Gemälde von Louis-Philibert Debucourt.

192 *Der zerbrochne Krug*. Illustration von Adolph Menzel in der 1877 erschienenen Prachtausgabe des Lustspiels.

195 *Der zerbrochne Krug*. Emil Jannings und Max Gülstorff in der Film-Version von 1937.

214 Das durch Christian Gottlieb Hölder überlieferte, vermutlich auf Kleist zurückgehende Diagramm, das »die Gesetze des Trauerspiels« veranschaulichen soll.

221 Die »Penthesilea«-Schale (um 460 v. Chr.).

232 Elisabeth Trissenaar (Penthesilea) und Hermann Treusch (Achill) in der *Penthesilea*-Inszenierung von Hans Neuenfels am Berliner Schillertheater (1981).

245 Katharina Thalbach in Jürgen Flimms Inszenierung des *Käthchen von Heilbronn* am Schauspielhaus Köln (1979). – Foto: Stefan Odry, Walldorf.

253 Bruno Decarli in Max Reinhardts Inszenierung der *Herrmannsschlacht* (Berlin 1916).

263 Kleists Entwurf *Über die Rettung von Österreich*, Seite 3. – Deutsches Literaturarchiv, Marbach a. N. (Nachlass Paul Hoffmann).

273 *Prinz Friedrich von Homburg*: Gérard Philippe in der Inszenierung von Jean Vilar (Paris 1951).

278 *Berliner Abendblätter*. Titelseite des ersten Blatts.

Der Verlag Philipp Reclam jun. dankt für die Reproduktionsgenehmigung den Rechteinhabern, die durch einen Quellennachweis oder einen Copyrightvermerk bezeichnet sind. In einigen Fällen waren die Inhaber der Rechte nicht festzustellen; hier ist der Verlag bereit, nach Anforderung rechtmäßige Ansprüche abzugelten.

Werkregister

Die Titel lediglich geplanter bzw. nicht erhalten gebliebener Werke stehen in eckigen Klammern. Kursive Ziffern verweisen auf ausführlichere Behandlung.

Dramen

Amphitryon 23, 80, 86f., 95, 130, 135, *169-178*, 181f., 292

Das Käthchen von Heilbronn 23, 88f., 97-99, 103f., 107f., 130, 135f., 140, 143, 150, 176, 212, 217-219, 231, *238-248*, 264f., 292

Der zerbrochne Krug 66f., 80, 87, 89, 96f., 104, 139-141, *186-199*, 210, 292, 306f.

Die Familie Schroffenstein (Die Familie Ghonorez, Die Familie Thierrez) 23, 33, 65-67, 69, 71, 76, 95, 135, *142-151*, 156f., 163, 182, 211

Die Herrmannsschlacht 82, 99, 104, 113, 131, 139, 142, 212, 234, *251-258*, 259, 262/264

[Die Zerstörung Jerusalems] 113

Penthesilea 8, 11, 14, 40, 50f., 80, 84, 89, 93, 95, 97f., 130f., 136, *217-238*, 247, 260

Prinz Friedrich von Homburg 23, 82, 88, 113f., 130, 143, 176, 246, 248, *264-277*

Robert Guiskard, Herzog der Normänner 27, 51, 66, 68-73, 77, 97, *211-217*, 258

Erzählendes

Anekdote (Baxer) 283f.

Anekdote aus dem letzten Kriege 282

Anekdote aus dem letzten preußischen Kriege 283

Das Bettelweib von Locarno 113, 115, *284-287*, 295

Das Erdbeben in Chili 23, 80, 83, 87, 104, 130, 135, 150f., *159-169*, 231, 242, 292f.

Der Branntweinsäufer und die Berliner Glocken 282

Der Findling 12, 23, 115, 131, 134f., 169, 210, 283, *292-299*

Der neuere (glücklichere) Werther 135, 283

Der Zweikampf 23, 115, 135, 210, 246, 292f., *299-307*

Die heilige Cäcilie oder die

Gewalt der Musik 113, 115, 284, *287-291*
Die Marquise von O.... 23, 80, 84, 89, 97, 104, 130-132, 135f., 140, 169f., *176-186*, 283, 292f.
Die Verlobung in St. Domingo 23, 66, 115, 131, 135, *150-159*, 161, 237, 286
Franzosen-Billigkeit 86, 283
Französisches Exercitium 283
Geschichte eines merkwürdigen Zweikampfs 283, 299f.

Jeronimo und Josephe *siehe* Das Erdbeben in Chili
Michael Kohlhaas 11, 22, 80, 97, 104, 132, 134-136, 138-140, 170, 186f., *199-210*, 237, 283
[Roman] 115
Sonderbare Geschichte, die sich, zu meiner Zeit, in Italien zutrug 178, 283
Unwahrscheinliche Wahrhaftigkeiten 283

Gedichte

An den Erzherzog Carl 101, 260
An die Königin Louise von Preußen / An die Königin von Preußen 104, 249
An Franz den Ersten, Kaiser von Österreich 100
An Friedrich Wilhelm den Dritten 251f.
An unsern Iffland 249, 281
Das letzte Lied 249
Dedikation der Penthesilea 236
Der Engel am Grabe des Herrn 93

Der höhere Frieden 26
Der Schrecken im Bade 234, 249f.
Die Marquise von O... 181
Germania an ihre Kinder 100, 248f., 258-260
Jünglingsklage 249
Katharina von Frankreich 249
Kriegslied der Deutschen 100, 259f.
Mädchenrätsel 249
Prolog (zum *Phöbus*) 93, 95

Schriften

Allerneuester Erziehungsplan 124, *132-136*, 298
Ankündigung (für das zweite Quartal der *Berliner Abendblätter*) 111

Anzeige (*Berliner Abendblätter*, 30. März 1811) 112
Aufsatz, den sichern Weg des Glücks zu finden und ungestört – auch unter den

größten Drangsalen des
Lebens, ihn zu genießen!
32
Berliner Abendblätter
(Ankündigung vom
25. September 1810) 107,
279
Brief eines Dichters an einen
anderen 124, *136f.*, 282
Brief eines jungen Dichters an
einen jungen Maler 282
Brief eines Malers an seinen
Sohn 282
Brief eines politischen Pescherä
über einen Nürnberger
Zeitungsartikel 261
Die Bedingung des Gärtners
261
Empfindungen vor Friedrichs
Seelandschaft 281
Erklärung (*Berliner
Abendblätter*, 22. Oktober
1810) 107

Fragment eines Schreibens aus
Paris 279
Fragmente 34
Gebet des Zoroaster 279
[Ideenmagazin] 50
Katechismus der Deutschen
260 f.
Lehrbuch der französischen
Journalistik 261
Satyrische Briefe 261
Über das Marionettentheater
113, *124-132*, 168, 281
Über die Abreise des Königs
von Sachsen aus Dreßden
261
Über die allmähige
Verfertigung der Gedanken
beim Reden 79, 124, *132f.*,
139f.
Über die Rettung von
Österreich 103, 252, 261 f.
Was gilt es in diesem Kriege?
261 f.

Zeitschriften

Berliner Abendblätter 7, 10,
12, 14, 34, 64 f., 86, 92,
105-114, 116 f., 124, 136, 142,
269, *277-284*, 287, 299

[Germania] 102 f.
Phöbus 7, *89-97*, 101, 169,
178, 181, 185, 200, 211, 214,
240, 249, 284

Personenregister

Abrantes *siehe* Junot
Adelung, Johann Christoph 264
Aischylos 70, 171
Altenstein, Karl Freiherr von Stein zum 77, 80f., 105
Appelt, Hedwig 219
Archenholz, Johann Wilhelm von 283
Arminius 252
Arnim, Achim von 34f., 81, 105, 108, 115f., 119, 122, 264, 281, 300
Arnold, Christoph 87
Auerswald, Hans Jakob von 78, 80
August, Prinz von Preußen 84

Baechler, C. 300
Barbinais 153
Barthel, Wolfgang 12
Bernadotte, Jean Baptiste 79, 280
Bernhard, Prinz von Sachsen-Weimar-Eisenach 88
Berthel, Werner 138, 183
Berthier, Alexandre 73f.
Bertuch, Carl 74f.
Bismarck, Otto von 251
Blücher, Gebhard Leberecht von 28
Bodmer, Johann Jakob 158
Böttiger, Karl August 95, 185f.
Bohrer, Karl Heinz 115
Bol, Ferdinand 163
Bonaparte *siehe* Jérôme; Napoleon
Bourgoing, Jean-François de 88, 92
Brandstetter, Gabriele 142, 222, 235f.
Brentano, Bettine 116
Brentano, Clemens 81, 104f., 119, 122, 139, 248, 264, 281, 300
Brockes, Ludwig von 27, 41, 56, 68
Brown, Hilda Meldrum 15, 74f., 213
Brutus, L. Junius 271
Büchner, Georg 231
Bülow, Eduard von 11
Bürger, Gottfried August 246
Buol zu Berenberg und Mühlingen, Joseph Freiherr von 88, 99, 101, 251
Busch, Rolf 262

Carl, Erzherzog von Österreich 103, 260
Carl August, Herzog von Sachsen-Weimar-Eisenach 68, 88, 96
Cassirer, Ernst 53
Catel, Samuel Henri 21
Cervantes Saavedra, Miguel de 300
Chamisso, Adelbert von 77

Clarke, Henri-Jacques-
 Guillaume 86
Clauss, Elke 47
Collin, Heinrich Joseph von
 98-100, 104, 136, 217, 241
Conrady, Karl Otto 142
Cotta, Johann Friedrich 87,
 98, 103, 122, 165
Cruciger (Creu[t]zi[n]ger),
 Caspar 203

Dahlmann, Friedrich
 Christoph 101-103, 256
Dames, George David Friedrich
 25, 47
Debucourt, Louis-Philibert
 188
Dessalines, Jean-Jacques 152
Doering, Sabine 14, 182
Drouet, Jean Baptiste 280

Ehrenberg, Wilhelm Jacob
 von 83 f.
Eichendorff, Joseph Freiherr
 von 248
Elliot, Hugh 42
Enghien, Louis-Antoine-Henri
 de Condé, Duc d' 75
Ensberg, Peter 15
Euripides 171, 220

Falk, Johann Daniel 171 f.
Fehling, Jürgen 248
Fichte, Johann Gottlieb 37, 53
Földényi, László F. 15, 283, 295
Fouqué, Friedrich Baron de la
 Motte 105, 111, 122
Franz II., römisch-deutscher
 Kaiser; als Franz I. Kaiser von
 Österreich 80, 93, 102, 262
Freytag, Gustav 213

Friedel, Peter 58, 62
Friedrich II. (der Große),
 König von Preußen 22, 29,
 266
Friedrich II., Landgraf von
 Hessen-Homburg 265 f.
Friedrich Wilhelm I. von
 Brandenburg (der Große
 Kurfürst) 265 f., 271
Friedrich Wilhelm II., König
 von Preußen 22, 26
Friedrich Wilhelm III., König
 von Preußen 27, 30 f., 73,
 76 f., 79 f., 82 f., 106 f., 110,
 112, 117 f., 122, 266 f.
Froben, Emanuel von 266
Froissart, Jean 300
Funck, Karl Wilhelm Ferdinand
 von 212

Gall, Ulrich 47, 53 f.
Gatschet, Niklaus 151
Gauvain, Carl Franz von 83 f.
Gellert, Christian
 Fürchtegott 158
Gentz, Friedrich 100
Geßner, Heinrich 66, 142 f.,
 149
Geßner, Salomon 66
Gleim, Johann Wilhelm
 Ludwig 59 f.
Gleißenberg, Carl von 27 f.
Gneisenau, August Wilhelm
 Anton Neidhardt von 118
Gönner, Gerhard 257
Görres, Joseph 104
Goethe, Johann Wolfgang (seit
 1782: von) 7-9, 40, 68-70,
 86, 89 f., 95 f., 218, 220, 231,
 237, 239, 247-249

Personenregister

Goldammer, Peter 12
Golz, Anita 12
Grathoff Dirk 44, 47-49, 75f., 193, 238-241, 246, 271
Greiner, Bernhard 15, 53, 193
Greuze, Jean Baptiste 189
Grimm, Jacob 7
Grimm, Wilhelm 7, 34f., 81, 104, 239
Gruner, Karl Justus 105f., 108-110
Gualtieri, Pierre de 77f.
Gustav IV. Adolf, König von Schweden 280
Guyon, Claude Marie 219

Häker, Horst 18, 157, 269, 302
Hafftitz, Peter 199, 203f.
Hagedorn, Günter 199, 203
Hamacher, Bernd 271, 276
Hansen, Uffe 46, 248
Hardenberg, Karl August Freiherr von 80, 105f., 110-114, 118
Hartmann, Ferdinand 89, 93-95
Hauchecorne, Frédéric Guillaume 21
Haugwitz, Christian Kurt Graf von 79
Hebel, Johann Peter 282
Hebbel, Friedrich 7
Hederich, Benjamin 171, 219
Heine, Heinrich 7
Heinrich, Prinz von Preußen 31
Hellmann, Hanna 124
Hendel-Schütz, Henriette 98
Herder, Johann Gottfried (seit 1801: von) 55, 68

Herrmann, Hans Peter 136
Hinderer, Walter 289, 291
Hitzig, Julius Eduard 105, 111
Hölder, Christian Gottlieb 213
Hölderlin, Friedrich 248
Hoffmann, Paul 49
Hohoff, Curt 14
Holbein, Franz Ignaz von 143, 248
Holz, Arno 141
Huber, Ludwig Ferdinand 69
Hüser, Johann 101
Hufeland, Christoph Wilhelm (seit 1809: von) 45, 48
Hulin, Pierre Augustin Comte de 84, 86
Humboldt, Wilhelm von 61
Huth, Johann Sigismund Gottfried 56

Iffland, August Wilhelm 107f.
Ihering, Rudolf von 208
Immermann, Karl Leberecht 143

Jean Paul (Johann Paul Friedrich Richter) 89
Jérôme (Bonaparte), König von Westfalen 93
Junot, Andoche Duc d'Abrantes 280
Just, Renate 271

Kafka, Franz 9
Kant, Immanuel 15, 32, 47, 52-57, 78, 131, 136
Kanzog, Klaus 10
Karl V., römisch-deutscher Kaiser 193
Kittler, Wolf 193, 222

Kleist, Auguste von siehe
    Pannwitz, Auguste von
Kleist, Caroline Louise von,
    geb. von Wulffen 20
Kleist, Ewald von (General)
    19
Kleist, Ewald Christian von
    (Dichter) 19, 60
Kleist, Ewald Jürgen von 133
Kleist, Franz Alexander
    von 19
Kleist, Friederike von siehe
    Stojentin, Friederike von
Kleist, Friedrich Wilhelm
    von 29
Kleist, Joachim Friedrich von
    19f., 22
Kleist, Juliane Ulrike von, geb.
    von Pannwitz 20, 25
Kleist, Leopold von 9, 22,
    25f., 82
Kleist, Marie von, geb. von
    Gualtieri 9, 23, 29f., 37, 40,
    77f., 82, 86, 105, 114,
    117-120, 217, 222, 231, 236,
    239
Kleist, Ulrike von 9, 20, 26f.,
    30f., 34f., 37-42, 44, 47-49,
    52, 55-60, 62, 65, 67-74, 79,
    82, 84, 86, 88f., 92, 100,
    102-104, 107, 113, 118, 120,
    137, 139, 211, 214
Klopstock, Friedrich Gottlieb
    252
Klotz, Volker 235
Klüger, Ruth 242
Knesebeck, Karl Friedrich von
    dem 101
Köckeritz (Köckritz), Carl
    Leopold von 76

Köpke, Rudolf 9
Körner, Christian Gottfried
    88
Kohlhase, Hans 199f., 202f.
Kolowrat-Liebsteinsky, Franz
    Anton von 102
Kotzebue, August (seit 1785:
    von) 69, 107
Kraus, Christian Jacob 78, 109
Kreutzer, Hans Joachim 14,
    116, 212
Krünitz, Johann Georg 153
Krug, Wilhelm Traugott 35,
    38, 78
Kuhn, August 111
Kunth, Christian 41, 47, 49,
    57
Kunze, Julie 88
Kurock, Wolfgang 125
Kurz, Gerhard 127

Lafontaine (La Fontaine), Jean
    de 140
Lambert 280
Laube, Heinrich 143
Leclerc d'Ostin, Charles-
    Emmanuel 152
Leibniz, Gottfried Wilhelm
    55, 160
Leistner, Bernd 277
Lenz, Jacob Michael Reinhold
    264, 295
Leroy, Robert 285
Lessing, Gotthold Ephraim
    247, 295
Le Sueur, Eustache 61
Levin, Rahel 77, 105, 122
Lichnowsky, Eduard Prinz von
    282
Loch, Rudolf 12, 63

Personenregister

Lose, Friedrich 39, 59, 72
Louis Ferdinand, Prinz von Preußen 82, 84, 267
Louise, Königin von Preußen 30, 83 104 f., 107, 113 f., 267
Louise Friederike, Prinzessin von Preußen 267
Lubkoll, Christine 15
Lucchesini, Girolamo Marchese 61, 73
Lüderssen, Klaus 277
Luther, Martin 203

Maass, Joachim 8
Madihn, Ludwig Gottfried 47
Mahal, Günther 141
Major (Meier/Maier), Georg 203
Man, Paul de 124
Mann, Heinrich 40
Mann, Thomas 40
Marbod 252
Marianne (Amalie Maria Anna), Prinzessin von Preußen 114
Marquardt, Hans-Jochen 14
Martini, Christian Ernst 21 f., 31 f.
Martini, Fritz 239
Masson, Charles-François-Philibert 74
Massow, Auguste Helene von 25
Matala de Mazza, Ethel 193
Melanchthon (Schwartzerd), Philipp 203
Metternich, Klemens Wenzel Graf (ab 1813: Fürst) 103
Minde-Pouet, Georg 10 f.
Mirabeau, Honoré-Gabriel Riqueti Comte de 132 f., 140
Moering, Michael 178
Molière (Jean Baptiste Poquelin) 86, 169-173
Mommsen, Katharina 95
Mozart, Wolfgang Amadeus 243
Müller, Adam Heinrich 86-90, 93, 95, 100, 105, 109 f., 116-120, 212, 279-281, 287
Müller, Cäcilie 119, 287
Müller, Sophie, gesch. von Haza, geb. von Taylor 119 f.
Müller-Salget, Klaus 93, 153, 252, 262, 289
Müller-Seidel, Walter 14, 182
Müntzer, Thomas 202
Musschenbroek, P. van 133
Muth, Ludwig 53

Napoleon I. (Napoléon Bonaparte, Napoleone Buonaparte), ab 1804 Kaiser der Franzosen 21, 28, 61, 63 f., 68, 73, 75, 79-82, 99-102, 105, 117 f., 152, 211 f., 250, 280
Neumann, Gerhard 15, 292, 304
Nietzsche, Friedrich 220
Nutz, Maximilian 219 f.

Oesterle, Günter 15, 299
Ormanns, Stefan 78

Pannwitz, Auguste von, geb. von Kleist 21, 118
Pannwitz, Carl von 21
Pannwitz, Carl Wilhelm von 21 f.

Pannwitz, Caroline von 27
Pannwitz, Juliane Charlotte von, geb. von Schönfeldt 20 f.
Pannwitz, Otto Heinrich von 20
Pannwitz, Wilhelm von 21, 47, 67
Passage, Charles E. 142
Pastor, Eckart 285
Peguilhen, Christoph Ernst Friedrich 119-122
Pfuel, Ernst von 27 f., 34, 39, 72 f., 82-84, 88 f., 97, 115, 211, 250
Philipp II., König von Spanien 193
Plautus, T. Maccius 171
Prévost d'Exiles, Antoine-François 115
Pruns, Herbert 63

Radziwill, Anton Heinrich, Fürst von Nieswiesz und Olyka 113, 267
Raffael (Raffaello Santi) 59, 61, 149
Raumer, Friedrich von 110, 112, 118
Reichardt, Johann Friedrich 264
Reimer, Georg Andreas 104, 113 f., 300
Reinhold, Karl Leonhard 53 f.
Rembrandt Harmensz van Rijn 163
Reni, Guido 61
Reuß, Roland 13 f., 302
Reynier, Jean-Louis-Ebenezer Comte de 280

Riebisch, Johann Friedrich 121
Rohmer, Eric (Maurice Scherer) 138, 183, 186
Rousseau, Jean-Jacques 40, 160, 183 f.
Routrou, Jean 171
Rühle von Lilienstein, Otto August 27-29, 32, 80-82, 86, 88 f., 97

Samuel, Richard 75, 211 f., 254, 264
Schäfer, Regina 256
Scharnhorst, Gerhard Johann David (seit 1802: von) 266
Schill, Ferdinand von 267
Schiller, Friedrich (seit 1802: von) 68-70, 88, 95, 126, 128, 212, 220, 237, 249, 258 f.
Schlabrendorf, Gustav Graf von 45, 48, 75 f.
Schlaf, Johannes 141
Schlaffer, Hannelore 257
Schlegel, August Wilhelm 89, 96
Schlegel, Friedrich 89, 96
Schlieben, Henriette von 37, 71 f., 74
Schlieben, Karoline von 37, 71 f.
Schlotheim, Hartmann von 28
Schmidt, Erich 10 f.
Schmidt, Herminio 134
Schmidt, Jochen 14
Schneider, Hans-Peter 199
Schönfeldt, Ernst von 21
Schönfeldt, Jeanne Marie von, geb. Baronesse Digeon de Monteton 21

Schorcht, Caroline, geb. Wieland 69
Schott, Heinz 248
Schrader, Hans-Jürgen 45f., 291
Schröder, Jürgen 134, 297-299
Schubert, Gotthilf Heinrich 88
Schütz, Friedrich Karl Justus 98
Schütz, Wilhelm von 30
Schuller, Marianne 302
Schulz, Gerhard 287
Seeba, Hinrich C. 265
Seghers, Anna (Netty Reiling) 132
Sembdner, Helmut 10-12, 15, 75, 171, 280, 300
Servaes, Franz 141
Shakespeare, William 70, 144, 211
Siebert, Eberhard 44, 48f.
Smith, Adam 109
Sophokles 70, 171, 188, 211, 217
Stadion, Friedrich Lothar Graf von 103
Stadion, Johann Philipp Graf von 102f.
Staegemann, Elisabeth 105
Staegemann, Friedrich August 105
Staël-Holstein, Anne-Louise-Germaine de, geb. Necker 280
Staengle, Peter 13
Staiger, Emil 142, 285
Steele, Richard 158
Steig, Reinhold 10, 300
Stein, Heinrich Friedrich Karl Reichsfreiherr vom und zum 99, 108f., 254, 266
Stephens, Anthony 14f., 55, 131
Stimming, Friderique 120
Stimming, Johann Friedrich 120f.
Stojentin, Friederike von, geb. von Kleist 20
Stojentin, Philipp von 20
Streller, Siegfried 12, 150
Struensee, Carl August/Gustav (seit 1789: von) 41, 44, 47-51

Talleyrand, Charles-Maurice de 79
Theremin, Franz 119, 287, 300
Tieck, Ludwig 7, 9, 30, 89, 114
Toussaint Louverture, François-Dominique 152

Varnhagen von Ense, Karl August 77, 119, 122
Varus, P. Quinctilius 252
Virgil (P. Vergilius Maro) 67
Vogel, Henriette 37, 119-121, 231
Vogel, Louis 119, 121
Voit, Friedrich 264
Voltaire (François-Marie Arouet) 160
Voss, E. Theodor 189

Wallis, Joseph Graf von 102
Walther, Georg Moritz 96f.
Wedekind, Georg 69, 74f.
Wehl, Fedor 251
Weidmann, Franz Karl 241
Weiss, Hermann F. 102, 151, 213

Weisser, Friedrich 122
Wellbery, David E. 160
Wellington, Sir Arthur Wellesley Duke of 269
Werdeck, Adolphine von, geb. von Klitzing 29, 37, 39, 72-74, 211
Werdeck, Christoph Wilhelm von 29, 72-74, 211
Wichmann, Thomas 14
Wieland, Christoph Martin 22, 26, 51, 55, 66, 68-71, 74, 76, 84, 89f., 96, 211, 215, 237, 240
Wieland, Louise 69
Wieland, Ludwig 66-69, 72, 143
Wilhelm, Prinz von Preußen 31, 112, 114
Wilhelm II., deutscher Kaiser 265

Winckelmann, Johann Joachim 220
Wirth, Joseph 42, 45
Wittkowski, Wolfgang 167
Wolf, Christa 222
Wünsch, Christian Ernst 35, 47, 55

Zaschwitz, Günter von 200
Zeller, Hans 285, 295
Zenge, Carl von 62
Zenge, Hartmann von 35
Zenge, Louise von 37, 78
Zenge, Wilhelmine von 9, 35-46, 48, 50-52, 54-58, 61-63, 78, 149, 291, 299
Zolling, Theophil 10
Zschokke, Heinrich 64-67, 143, 188

Zum Autor

KLAUS MÜLLER-SALGET, geboren 1940, studierte in Bonn Germanistik, Latein und Philosophie. Promotion 1970, Habilitation 1980. Lehrstuhlvertretungen in Passau und Bonn, 1986–88 Dozent in Erlangen, DFG-Projekt »Deutschsprachige Schriftsteller in Palästina/Israel« 1987– 92 (mit Unterbrechungen), Gastprofessur an der Hebrew University in Jerusalem 1992/93. Seit 1993 Ordinarius für Neuere deutsche Sprache und Literatur an der Universität Innsbruck. Mitherausgeber der Kleist-Ausgabe im Deutschen Klassiker Verlag.

Publikationen: Alfred Döblin. Werk und Entwicklung (1972, ²1988). – Erzählungen für das Volk. Evangelische Pfarrer als Volksschriftsteller im Deutschland des 19. Jahrhunderts (1984). – Erläuterungen und Dokumente: Max Frisch, *Homo faber* (1987 u. ö.). – Max Frisch (1996 u. ö.). – Zahlreiche Aufsätze zur deutschsprachigen Literatur vom 18. Jahrhundert bis zur Gegenwart.

Aposiopesen ?, 131